无以归类的
现代精神

—— 鲁迅文化论集

刘 勇 李浴洋 / 主编

文化艺术出版社
Culture and Art Publishing House

图书在版编目（CIP）数据

无以归类的现代精神：鲁迅文化论集 / 刘勇，李浴洋主编. — 北京：文化艺术出版社，2022.6
ISBN 978-7-5039-7215-7

Ⅰ.①无… Ⅱ.①刘… ②李… Ⅲ.①鲁迅研究—文集
Ⅳ.①K825.6-53

中国版本图书馆CIP数据核字（2022）第037275号

无以归类的现代精神——鲁迅文化论集

主　　编	刘　勇　李浴洋
责任编辑	刘锐桢
责任校对	董　斌
封面设计	姚雪媛
出版发行	文化藝術出版社
地　　址	北京市东城区东四八条52号　（100700）
网　　址	www.caaph.com
电子邮箱	s@caaph.com
电　　话	（010）84057666（总编室）　84057667（办公室） 　　　　　84057696—84057699（发行部）
传　　真	（010）84057660（总编室）　84057670（办公室） 　　　　　84057690（发行部）
经　　销	新华书店
印　　刷	国英印务有限公司
版　　次	2022年6月第1版
印　　次	2022年6月第1次印刷
开　　本	710毫米×1000毫米　1/16
印　　张	29
字　　数	300千字
书　　号	ISBN 978-7-5039-7215-7
定　　价	98.00元

版权所有，侵权必究。如有印装错误，随时调换。

> 鲁迅是超前的,也是说不尽的。鲁迅不仅属于过去,更属于21世纪,属于未来!
>
> 严家炎题赠北京师范大学鲁迅研究中心
> 2021年4月10日

著名学者、北京大学资深教授 严家炎 先生
为北京师范大学鲁迅研究中心题词

序一

过常宝

习近平总书记在纪念五四运动100周年大会上强调，五四运动，在近代以来中华民族追求民族独立和发展进步的历史进程中具有里程碑意义。而在五四开启的时代革新洪流中，鲁迅是一面特别耀眼的旗帜，是新青年知识启蒙与民族精神重塑的一个闪亮的标志。

2021年是鲁迅诞辰140周年，一个多世纪过去了，鲁迅精神仍然熠熠生辉，影响着一代又一代青年人的思想。鲁迅精神有着丰富而深刻的内涵，仅从立德树人的角度而言，突出表现为文化人格的示范意义、强烈的民族责任感、无畏的担当精神、深刻的批判意识，而这些对于我们今天的教育来说，对于今天的青年人来说，尤其珍贵。北京师范大学鲁迅研究中心在成立伊始，首先关注的就是鲁迅与当代教育这一论题，这既体现了鲁迅本人对青年的关爱和期待，也反映了当代学界对五四传统和鲁迅精神的深刻理解。

鲁迅自1920年秋到1926年8月离开北京南下，在整整六年的时间里，分别在北京高等师范学校、北京女子高等师范学校、北京师范大学、北京女子师范大学任教，这几所大学都是今天北师大的前身。从1921年3月到

1926年8月，鲁迅在日记中提到北师大就达到了304次之多。鲁迅的诸多代表作都是在这段时间完成的，其中影响深远的《记念刘和珍君》更是直接表达了对女师大学生运动的坚决支持，体现了真挚的师生之情。刘和珍的同学、女师大的学生会总干事许广平女士，也正是在这种血与火的斗争环境下和鲁迅走到一起的。

  鲁迅是北师大最为著名的先贤之一，同样，对于鲁迅的学习和研究也一直是北师大中文学科的优秀传统，前辈学者如李何林、郭预衡、王富仁，都是著名的鲁迅研究者。今天，鲁迅研究中心在北师大成立可谓水到渠成、理所应当。相信中心成立之后，一定能够发扬光大北师大的鲁迅研究传统，发扬光大鲁迅精神，为中国学术创新和当代文化建设做出新的贡献。

（过常宝，北京师范大学文学院教授、国家重大人才工程特聘教授，原北京师范大学文学院院长，现任河北大学副校长）

序二

王立军

鲁迅是伟大的文学家、思想家、革命家，是中国新文化运动的旗手。鲁迅留给我们的不仅是卓越的文学成就，更是他那伟大的精神和崇高的品格。毛泽东主席曾在《新民主主义论》中盛赞鲁迅："鲁迅是中国文化革命的主将，他不但是伟大的文学家，而且是伟大的思想家和伟大的革命家。鲁迅的骨头是最硬的，他没有丝毫的奴颜和媚骨，这是殖民地半殖民地人民最可宝贵的性格。鲁迅是在文化战线上，代表全民族的大多数，向着敌人冲锋陷阵的最正确、最勇敢、最坚决、最忠实、最热忱的空前的民族英雄。"

习近平总书记在有关文艺工作的讲话中，也曾多次高度评价鲁迅，将鲁迅誉为"灿若星辰的文艺大师"，认为鲁迅"对人民充满了热爱"。习近平总书记还曾在中国文联第十次全国代表大会、中国作协第九次全国代表大会开幕式上，引用鲁迅所说的"文艺是国民精神所发的火光，同时也是引导国民精神的前途的灯火"这一著名论断，阐释了"实现中华民族伟大复兴，是一场震古烁今的伟大事业，需要坚忍不拔的伟大精神，也需要振奋人心的伟大作品"的重要思想。这说明，鲁迅这座灯塔，不仅在新文化运动时期指引着文化战线的方向，在当今弘扬社会主义先进文化的伟大征程中仍然闪烁着耀眼的光芒。

鲁迅的一生，与北京师范大学有着密切的关系。20世纪20年代，鲁迅先后在北京高等师范学校、北京女子高等师范学校、北京师范大学、北京女子师范大学任教六年，这几所大学都是今天北师大的前身。1926年，"女师风潮"和"三一八"惨案相继爆发，女师大学生会主席刘和珍为国殉难，当时鲁迅正在女师大任教，他冒着危险参加刘和珍的追悼活动，并写下《记念刘和珍君》这一饱含悲愤情感的文章，与女师大青年学生结下了深厚的战斗情谊。1932年，已定居南方的鲁迅回到北京，又在师大刘和珍纪念碑前发表了题为"再论第三种人"的大型讲演。当时，师大学生渴望鲁迅留下来继续在师大任教，尽管鲁迅考虑诸多现实因素后未能继续留任，但他在师大学生心中播下的革命火种，一直在激励着师大的学子们。

鲁迅在师大工作的六年，也是他前期创作力最旺盛的时期之一。《阿Q正传》《华盖集》《华盖集续编》《坟》《两地书》《彷徨》《野草》《中国小说史略》等作品，都是在这段时间里完成的，这些创作与当时师大政治氛围、学术环境密切相关。可以说，鲁迅就像战士一样，与旧势力、旧体制进行着不懈的战斗，而他的这种"硬骨头"精神深深地影响着北师大人。

鲁迅先生曾师从章太炎先生，而北师大又是章黄学术的重要传承者，这是鲁迅与北师大的又一层历史渊源。1902年春，作为中国近代较早的进步思想倡导者之一，章太炎和孙中山在东京发起"中夏亡国二百四十二年纪念会"，当时鲁迅也已来到东京，深受章太炎革命思想的影响，并对章太炎产生由衷的敬意。鲁迅还特别钦佩章太炎这位国学大师的学术造诣，在东京期间曾师从章太炎学习国学。章太炎积极倡导"用国粹激动种性，增进爱国的热肠"，受其影响，鲁迅一生都十分注重以民族优秀传统文化激发人们的爱国热情。北师大作为章黄学术的重要传人，也一直在秉持"师古而不复古，坚守而不保守"的学术精神，继承章太炎和鲁迅的爱国精神，致力于发掘优秀传统文化的现代价值。

北师大在鲁迅研究方面有着深厚的学术积淀和优秀的学术传统。早在1935年鲁迅还健在的时候，25岁的北师大青年教师李长之就撰写了第一部系统研究鲁迅的名著《鲁迅批判》，并请鲁迅本人亲自审阅，在当时学术界引起了很大的轰动。后来，又一位北师大的青年才俊王富仁，靠他的博士学位论文《中国反封建思想革命的一面镜子——〈呐喊〉〈彷徨〉综论》而一炮打响，迅速成长为新一代鲁迅研究者中独树一帜的代表性人物。如今，在现当代文学学科带头人刘勇教授的带领下，北师大的鲁迅研究步入了一个新的发展阶段，产出了一系列高水平的标志性成果，并于不久前成立了"北京师范大学鲁迅研究中心"。今年恰逢鲁迅诞辰140周年，在这个时候，在北京师范大学成立"鲁迅研究中心"，可谓是恰逢其时，适得其所。

北京师范大学鲁迅研究中心的成立，既是对鲁迅与北师大渊源关系的延续与深化，也是对北师大鲁迅研究传统的传承与发扬。我们期待着中心成立之后在以下几个方面有重大推进：第一，能够深入阐发和弘扬鲁迅精神，为鲁迅精神在当代中国乃至世界范围内的传播积极贡献力量；第二，能够围绕鲁迅的文学与思想开展学术研究，组织各种形式的高端学术活动，提升学术活力和影响力；第三，能够加强与国内外学术团体、专家学者的联系与交流，吸纳并培养一支既有开拓精神又有扎实基础的科研队伍。我们相信，在中心全体同人的努力下，在学界朋友的大力支持下，北师大的鲁迅研究一定会产出更加厚重的成果。

这部《无以归类的现代精神——鲁迅文化论集》是"北京师范大学鲁迅研究中心"刚刚成立就推出的一部重要成果，这样一个高起点的开端，昭示着"北京师范大学鲁迅研究中心"必将很快迎来辉煌的明天！

是为序。

（王立军，北京师范大学文学院教授、院长，国家重大人才工程特聘教授，教育部人文社科重点研究基地民俗典籍文字研究中心主任，国家语委研究基地中国文字整理与规范研究中心主任）

目录

辑一 百年五四，百年树人

3　"五四文化"精神与"鲁迅文化"的构成　张福贵

17　鲁迅不是"新青年"　刘　勇

34　论鲁迅对"文士"身份的拒绝　林分份

54　从鲁迅与父亲的关系，说到鲁迅教育思想的形成　王锡荣

66　"理想父亲"建构与国民性反思
　　——以鲁迅《我们现在怎样做父亲》为中心　沈庆利

辑二 域外资源，文本经验

97　"百来篇外国作品"寻绎
　　——留日生周树人文学阅读视域下的"文之觉"　姜异新

171　"是聪明，聪明，第三个聪明"
　　——试论鲁迅的翻译语言　李松睿

191　《祝福》《野草》与鲁迅独异的生命哲学　曹禧修

210	陈词滥调里长不出新东西	张　莉
216	进化的家庭观下父性精神的重塑	
	——再读《我们现在怎样做父亲》	汤　晶
229	"存在"与"虚无"间的艰难跋涉	
	——再论鲁迅《野草》中的生命哲学	乔　宇
236	《女吊》："故事新编"一种	
	——被发明的"复仇"与作为方法的"民间"	苗　帅
258	一个世纪的精神还乡	
	——从鲁迅的《故乡》到莫言的《等待摩西》	张　悦

辑三　鲁迅研究的谱系与精神

275	直面无以归类的鲁迅	
	——读钱理群新著《鲁迅与当代中国》	吴晓东
292	王富仁对中国鲁迅研究的贡献	
	——从中国20世纪晚期的启蒙文化思潮的角度看	李　怡
311	王富仁鲁迅研究的俄罗斯文化视角	李春雨
324	何为鲁迅精神的"力"	
	——从李健吾的《关于鲁迅》谈起	解楚冰
332	评《复调小说：鲁迅的突出贡献》	罗　帅
340	"将苦难转化为精神资源"	
	——论钱理群的知识分子精神史研究	田明月
357	重塑鲁迅思想启蒙者形象	
	——论王富仁的鲁迅研究	何彦君

辑四　名著新读

375　采铜于山铸新钱
　　——评严家炎《论鲁迅的复调小说（增订版）》　陈蓉玥

382　"以心契心"：钱理群的《与鲁迅相遇》　杨玉雯

395　还原真实与张扬精神
　　——读汪晖《反抗绝望》　吴雨涵

406　重审"鲁迅的黑暗面"
　　——评李欧梵《铁屋中的呐喊》　王思娜

415　一篇小说的命运史
　　——评藤井省三《鲁迅〈故乡〉阅读史——现代中国的文学空间》　张程玉

425　附录：鲁迅研究的新探索与新境界
　　——2019鲁迅文化论坛·北京师范大学分论坛侧记　汤　晶

434　后记：承继传统，再次出发　李浴洋

441　作者简介

辑一　百年五四，百年树人

"五四文化"精神与"鲁迅文化"的构成*

张福贵

中国历史时代的转折点,往往都始于或终于某个重大的政治事件。中国文学的时代转折与中国社会政治亦步亦趋、如影随形,其中既有政治制度的制约机制作用,又有作家政治伦理本位的社会意识的影响,进而构成文学与政治、文学与文化紧密融合的实践发展过程。所以,无论是研究中国文学的分期还是作家思想的转化,都必须考察政治—文化—文学的次序关系。100年前的五四运动无疑是中国社会、文化和思想的转折点,它不仅是中国社会现代化的起点,而且是思想文化史中一个始终被关注和讨论的焦点问题。正如陈平原所说"不管你持什么立场,是左还是右,是激进还是保守,都必须不断地跟'五四'对话"①。这个焦点问题对于中国社会发展和思想文化转型的重要性到了这样一种程度:百年中国思想文化历史评价的纷争由此而生,未来发展路向构想的分歧也由此而生。而要从思想

---

* 本文为国家社科基金重大项目"鲁迅的文化选择对百年中国新文学的影响"(项目批准号:19ZDA267)阶段性成果。论文主要内容以俄文发表于俄罗斯《圣彼得堡大学学报·亚非学》(SCOPUS)2021年第3期。

① 陈平原:《作为一种"思想操练"的"五四"》,《探索与争鸣》2015年第7期。

史和社会史的角度很好地解释和解决这一纷争，鲁迅是最合适不过的历史标本和当下范例。

一、"五四文化"的确立与鲁迅的文化选择

百年过去，"五四"始终是中国思想文化领域中不能绕过的话题。评价历史和构想未来，无论是非毁誉都往往从评价"五四"开始。越来越多的迹象表明，今天在某种程度上又一次走入鲁迅在20世纪初所言的"大的时代"。而在这个时代里，如何来理解中国思想文化路向问题，我觉得，毛泽东早在40年代鲁迅去世不久，就做出的那个伟大的判断是一个根本性的认识："鲁迅的方向，就是中华民族新文化的方向。"[①]——这也是关于中国思想文化问题的一个具有长久性的最佳答案。也许，这个似乎在半个多世纪前就应该解决的历史课题，今天在各种思想力量的作用下，学界中特别是网络言论中的答案却变得越来越模糊和有歧义。我一直在想这样一个问题：在历史与未来之间，在这样一个大时代里，我们究竟该如何理解鲁迅的方向与百年新文学传统的文化属性问题？

要回答这一问题，首先需要明确和理解"中华民族新文化的方向"问题。民族新文化的方向是和中国新民主主义革命的方向一致的，新民主主义革命的目标是不仅要完成中国社会的政治变革，也要实现文化的变革。前者表现为"政治救亡"，后者表现为"思想启蒙"。二者不是对立取舍关系，而是互为表里、相辅相成的关系。这不单纯是一种理论的逻辑关系，更是一种历史发展和思想变革的实践关系。"人的解放"是"五四文化"与

---

① 毛泽东：《新民主主义论》，《毛泽东选集》第2卷，人民出版社1991年版，第698页。

文学表达基本主题，启蒙与救亡都是这一主题在不同历史阶段中的不同表述，至多也只是针对人的解放显示出不同侧重而已。人的解放包括思想的解放、政治的革命、经济的翻身和民族的独立，这就是"人的全面发展"的全部内涵。

"中华民族新文化的方向"是一个丰富的文化选择。从政治层面来看，是反帝反封建的政治革命与民族革命，这是五四新文化、新文学的总的口号和主题，而鲁迅是新文化、新文学的奠基者和代表作家，他的作品和思想最好地诠释了"五四"的时代精神。无论怎样评价，百年"五四"已经形成了一种中国近现代历史中特有的"五四文化"。即使是贬损和否定"五四文化"也从另外一面确立了"五四文化"的属性特征。历史的评价和性质判断，往往并不是仅由肯定立场上单方面做出的，而更是由否定立场上加以确认的，对于后者的历史定位我们往往仅从负面的角度轻轻一瞥而忽视其思想的历史功能。就"五四新文化"而言，其反传统的属性中就有新文化运动伊始对立面的指责和反拨判断。因此，"五四文化"概念的内涵就明显大于"五四新文化"，其包含新文化本身以及围绕着新文化的评价在内。从这一逻辑出发，选择鲁迅作为"五四文化"的表征和样本是最为贴切的。

与此同时，"五四文化"不单单是一个历史性概念，而且是一个动态的当下性概念，既包括"文化五四"，也包括"政治五四"，更为重要的是，还包括"五四"百年来人们对于"五四"价值的阐释。落实到鲁迅与"中华民族新文化的方向"的关系上，可能就是"鲁迅与21世纪中国""鲁迅与21世纪世界"的思想文化关系问题。像"五四文化"一样，"鲁迅文化"也在内容和逻辑上具有历史性和当下性共存的特点。具体一点说，"活着的鲁迅"就是"鲁迅文化"的形象阐释。历史上鲁迅思想的构成与当下鲁迅思想的影响，形成了一个生生不息的"鲁迅文化"。当下人类社会的思想文化处于一个努力趋同而又极度分裂的状态。大到国家冲突、历史评价，小到社会新闻、明星婚变、意外火灾等，经过网络推动都能立刻将族群和社会撕裂。这不是价值观的多元化，而是价值观的分裂。在这样一种复杂、困惑和严峻的思想环境下，如何在丰富的"鲁迅文化"中寻找到可用的思想资源，以成为我们当代思想文化的一个支点？

从单纯的学理逻辑来说，回顾历史、总结经验并不难，因为我们不是身在其中，人人不一定都有参与历史的机会，但是却有评价历史的权利，因为历史总是后人写的，而畅想未来，也是可以展开无数想象的。于是，对于历史我们往往可以轻而易举地得出结论。人类社会和思想文化都是从过去走向未来的，对于未来的追求和期待是人类社会发展的最高境界。然而，不可忽略的是二者之间的艰难过程。因此，有时候一切关键都在于中间环节，在于当下过程。历史与未来之间的关键是执着于现在；传统与世界之间的关键是培养人类意识，实践"人类命运共同体"意识。对于鲁迅而言，前者表现为"中间物"意识，后者表现为"世界人"意识。

历史与未来之间的桥梁是当下，当下决定着未来的走向，鲁迅文化为当下确立了一个路标。鲁迅研究界有一种共识：只有理解了中国社会才能读懂鲁迅，而只有读懂了鲁迅才能理解中国社会。鲁迅永远活在当下，鲁迅文化的本质精神是他对于中国社会、文化和中国人的深刻理解。鲁迅与中国之间存在一种解不开的纠葛。他一生批判和挑战的不是哪一个个人，而是中国的一种文化传统、一种民族根性、一种社会状态，他没有家仇只有公愤。鲁迅是常读常新的，他已经成为一个世纪性和世界性的话题，我们花费了半个多世纪的时光阅读鲁迅、理解鲁迅。鲁迅在历史与未来之间执着于现在，主要体现为深刻的忧患意识和批判精神。推动社会前进的有两种力量：肯定的力量与否定的力量。肯定是对于社会善行的歌唱，否定是对社会恶行的批判，这两种力量都是正能量。我们都认为鲁迅终生的使命是破坏与批判，其实不破不立，这本身就是一种建设。这主要是来自他对于善的社会的追求。鲁迅的真实让恶人的作恶变得困难，特别是让伪善者暴露出恶的本质。对于现实的认识程度决定着未来的正确程度，鲁迅的许多思想整整超前了一个世纪，其昔日所指正是今日所在。他一生中提出了许多攸关民族、社会和文化发展的重大命题，这些命题不只是指向当下的，也是指向未来的，成了"中华民族新文化"的宝贵资源。当我们如梦初醒理解了某个思想难题时，发现鲁迅早已站在那里，静静地接受我们的敬意。

鲁迅文化的存在，为民族文化提高了温度，也增加了深度。他的思考提升了民族思想的质量，也丰富了人类思想的容量，推动了社会时代思想的进步。这可能是对"中华民族新文化的方向"最深刻的理解。鲁迅文化已经成为我们文化选择和人生选择的一种价值尺度，鲁迅研究也成为理解历史与未来、传统与世界的一种话语权利和言说方式。任何历史研究都是追寻当代意义的，任何个体研究都不只是认识个人，而是认识社会。在这样一种理解之上，有感于当下人类社会的思想倾向，我们强调鲁迅研究的当下性和社会性，就是从鲁迅思想本体出发，把鲁迅作为一种话语方式，言说我们自己和我们的时代。我们需要"普及鲁迅"，这是对鲁迅文化的扩大和增值。

当下世界性的鲁迅研究十分广阔而细致，从高大形象的描绘到末梢神经的触摸，从思想性格到道德人格，从艺术价值到文化立场，显示出从来没有过的丰富和多样，而且许多研究已经构成了一种范式。研究范式不仅仅是一种研究方法或者模式，而是一种思想和学术价值观。鲁迅研究像其他作家研究一样，大致具有三种研究范式：第一，以史料挖掘为主的历史性研究；第二，以知识阐释和审美评价为主的学问化研究；第三，以追求思想的当下意义与价值为主的当代性研究，即鲁迅研究的当代价值和社会功能研究。前两种范式一直都是鲁迅研究的主要内容，都极大地丰富了鲁迅自身世界和鲁迅研究领域，成为我们认识鲁迅的基础。而第三种研究范式的研究历史和价值判断虽说比较复杂，但却是鲁迅文化的主要价值所在。

二、"五四文化"的气质和鲁迅的"悲观"与"激烈"

从五四新文化运动开始，鲁迅的精神世界里就存在着一种双重结构：悲观与激烈。毫无疑问，这是一种矛盾的思想性格，我过去认为这种矛盾体现了鲁迅精神世界的丰富性，可能除此之外，里面也包含了五四文化的某种文化品格。悲观与激烈，从心理机制上是一个刺激—反应的完整过程，二者之间具有思想和情绪的关联性。而这其中的起因之一就是来自对广大民众——"庸众"的精神状态的判断和理解，一种"哀其不幸怒其不争"的思想情绪。五四新文化先驱者大多持有这样一种"庸众"观，陈独秀、胡适、李大钊、钱玄同等人最初都怀有这种悲观与激烈交织的思想情绪。引人注意的是，如何理解作为"中华民族新文化的方向"的鲁迅，在五四新文化运动初期时的悲观和其后发展中的激烈，可能是认识鲁迅文化和五四文化精神及其思想逻辑关系的一个路径。

作为五四新文化运动的后来者，甚至在新文化运动之中表现出悲观和彷徨的鲁迅，如何能够代表新文化的方向？鲁迅从悲观到激烈两种并不和谐的思想性格，几乎同时存在于五四新文化运动中鲁迅的精神世界和社会实践之中。对于鲁迅的悲观与彷徨状态的分析正是五四新文化评价中较为薄弱的一点，理解了鲁迅这种精神状态才能更好地理解狂飙突进的五四新文化的思想深刻性和完整性。

毫无疑问，鲁迅并不是新文化运动最早的先驱者，他甚至在五四新文化运动刚刚发生时还苦闷沉寂了一段时间，最后是经钱玄同、刘半农等数十次动员被拉进新文化阵营的。我们过去往往由此得出鲁迅早期思想的局限性的结论。其实，这不是因为鲁迅的思想落后于时代，而更可能是超前于时代。鲁迅最终因为"决不能以我之必无的证明，来折服他之所谓可有"，因此决定"有时候仍不免呐喊几声，聊以慰藉那在寂寞里奔驰的猛士，使他们不惮于前驱"[①]。苦闷和沉寂并不等于平庸和浑噩，其实进入20世纪之后，鲁迅始终是清醒的。他在日本发表的有关文艺、文化、历史和宗教、科学等方面的文言论文，不管有多少是自己的创见与发现，多少是借用别人的思想和观点，鲁迅思想的先锋性和深刻性都是远远走在新思潮前沿的。正如他在辛亥革命前超越立宪派和革命党而否定尚未实现的"众治"一样，思想是大大超前的。鲁迅在启蒙主义方兴未艾之际预感到其在中国的未来命运，他意识到中国旧文化的历史惯性与氛围犹如"无物之阵"，最终"无物之物则是胜者"[②]。无论文化先驱者怎样地反抗和呼吁，到头来也只能是"两间余一卒，荷戟独彷徨"[③]，先驱者"最痛苦的是梦醒了无路可以走"[④]。他不无悲哀地认为，"中国太难改变了，即使搬动一张桌子，改装一个火炉，几乎也要血；而且即使有了血，也未必一定能搬动，能改

---

① 鲁迅：《呐喊·自序》，《鲁迅全集》第1卷，人民文学出版社2005年版，第437页。
② 鲁迅：《这样的战士》，《鲁迅全集》第2卷，人民文学出版社2005年版，第220页。
③ 鲁迅：《题〈彷徨〉》，《鲁迅全集》第7卷，人民文学出版社2005年版，第156页。
④ 鲁迅：《娜拉走后怎样》，《鲁迅全集》第1卷，人民文学出版社2005年版，第166页。

装"①。"像一只黑色的染缸，无论加进什么新东西去，都变成漆黑。"②从批判中国尚未实现的民主政体，到怀疑新文化运动和社会人心，看破的阴影笼罩了鲁迅的精神世界。而且这由于过于清醒和深刻所带来的痛苦，是伴随鲁迅终生的。我甚至觉得，在鲁迅的精神世界中，一直存在着表里两层结构：显在的鲁迅是呐喊激越的，潜在的鲁迅是痛苦孤寂的。"有一人的主张，得了赞和，是促其前进的，得了反对，是促其奋斗的，独有叫喊于生人中，而生人并无反应，既非赞同，也无反对，如置身毫无边际的荒原，无可措手的了，这是怎样的悲哀呵，我于是以我所感到者为寂寞。这寂寞又一天一天的长大起来，如大毒蛇，缠住了我的灵魂了。"③这种孤寂的痛苦不是身在其中的智者是很难体会到的。当看到这些从心底里流淌出来的字句，我们甚至觉得鲁迅有时候是可怜的。

鲁迅是多疑的，而多疑来自受骗过多，受骗是因为善良单纯：童年的经历、兄弟失和、同志和学生的背叛，都是其多疑的人生经验来源。我们指出鲁迅的悲观与多疑并不是要说明其思想的落伍和精神的颓唐，而是要从中抽象出鲁迅特有的一种思维方式：把别人思考的终点作为自己思考的起点，别人思考到第一步，鲁迅则要思考到第二步；别人是正面思考，鲁迅是反面思考。因此我们把这叫作"第二步思维"。这种思维方式的抽象不是源于后天人为的剥离，而是来自鲁迅思想实践的总结。相对于郭沫若等人在五四新文化运动和大革命高潮中的热烈乐观的表现，鲁迅无疑是低沉悲观的。在我们的教科书中常常以此做对比，认为这是鲁迅早期思想的

---

① 鲁迅：《娜拉走后怎样》，《鲁迅全集》第1卷，人民文学出版社2005年版，第171页。
② 鲁迅：《两地书》，《鲁迅全集》第11卷，人民文学出版社2005年版，第20页。
③ 鲁迅：《呐喊·自序》，《鲁迅全集》第1卷，人民文学出版社2005年版，第439页。

局限。但是，这恰恰是鲁迅以其与众不同的思维方式和历史洞察力所做出的深刻判断。1927年大革命高潮中，鲁迅到了广州之后，看到高潮背后的隐忧，与众不同地发出警示："坚苦的进击者向前进行，遗下广大的已经革命的地方，使我们可以放心歌呼，也显出革命者的色彩，其实是和革命毫不相干。这样的人们一多，革命的精神反而会从浮滑，稀薄，以至于消亡，再下去是复旧。广东是革命的策源地，因此也先成为革命的后方，因此也先有上面所说的危机。""黑暗的区域里，反革命者的工作也在默默地进行。"[1]不幸的是，两个月后广州事变证明了鲁迅的判断。对于鲁迅的悲观不能仅从思想内容中去理解，也应该从思想逻辑中去理解。鲁迅当年从严复所译赫胥黎的《天演论·序言》中接触了逻辑学，而又受到浙东文化中的刑名师爷"诉讼术"的影响，其思维缜密，观点独特，语言犀利，使人无法辩驳："你说甲生疮。甲是中国人，你就是说中国人生疮了。既然中国人生疮，你是中国人，就是你也生疮了。你既然也生疮，你就和甲一样。而你只说甲生疮，则竟无自知之明，你的话还有什么价值？倘你没有生疮，是说诳也。卖国贼是说诳的，所以你是卖国贼。我骂卖国贼，所以我是爱国者。爱国者的话是最有价值的，所以我的话是不错的，我的话既然不错，你就是卖国贼无疑了！"[2]几番推理，便将"言语爱国者"逻辑的荒谬揭示得一览无余。鲁迅这种逻辑的严密和语言的犀利来自思想的深刻，所以他在"第二步思维"的作用下，能够"于浩歌狂热之际中寒，于天上看见深渊，于一切眼中看见无所有，于无所希望中得救"[3]。所以，在大革命高潮

---

[1] 鲁迅:《庆祝沪宁克复的那一边》,《鲁迅全集》第8卷，人民文学出版社2005年版，第196页。

[2] 鲁迅:《论辩的魂灵》,《鲁迅全集》第3卷，人民文学出版社2005年版，第31—32页。

[3] 鲁迅:《墓碣文》,《鲁迅全集》第2卷，人民文学出版社2005年版，第207页。

中，郭沫若等人的兴奋乐观，是看到了革命高潮的即将到来，而鲁迅的悲观忧虑，则是看到了高潮到来之后的退潮。因此，这种思维方式使鲁迅的思想性格沉稳而深刻，执着而坚定：高潮之中冷静清醒，低潮之中坚毅沉着。其实，最彻底的悲观主义者就是最彻底的理想主义者。因为只有使用"完美"的理想标准去判断一切，才觉得一切都不完美，所以才有彻底的悲观和大的失望。悲观失望可能使人颓唐，也可能使人愤激。颓唐是弱者表现，最终自我消沉和毁灭；由颓唐走向愤激，最终是激烈的反抗。鲁迅有过"颓唐"："我那时对于'文学革命'，其实并没有怎样的热情。见过辛亥革命，见过二次革命，见过袁世凯称帝，张勋复辟，看来看去，就看得怀疑起来，于是失望，颓唐得很了。"① 但是，鲁迅的思想是完整的。由"失望"到"颓唐"并不是他思想的终点，他的悲观是前面所说的深刻与远见，而激烈是因为在绝望之中"反抗绝望"；"即是虽然明知前路是坟而偏要走，就是反抗绝望"。② 有人认为，"'反抗绝望'显示了鲁迅的生命陷于分裂而又希冀统一的倔强乃至偏执的狂放状态"③。由于"希望"而反抗，是对于反抗结果的珍视，也包括对于自己的珍视；由于"绝望"而反抗，缺少了前者的珍视，肯定不是最理想的状态，因为有一种"索性如此""不顾一切"的决绝和悲壮。然而，从"绝望"到"反抗"，这些在鲁迅的生命中不是一种"分裂"而是一种思想与行为的连续。正是由于先有了"绝望"，所以

---

① 鲁迅：《南腔北调集·〈自选集〉自序》，《鲁迅全集》第4卷，人民文学出版社2005年版，第468页。
② 鲁迅：《书信·250411 致赵其文》，《鲁迅全集》第11卷，人民文学出版社2005年版，第477页。
③ 赵江滨：《反抗绝望及其他——鲁迅的生命哲学探幽》，《宁波大学学报（人文科学版）》2015年第2期。

"反抗"的最终表现是"激烈":"因为我以为绝望而反抗者难,比因希望而战斗者更勇猛,更悲壮。"① 鲁迅的这种激烈的思想性格和战斗精神,既为新文化运动狂飙突进的激情时代增加了强度,也增加了深度。他与胡适、周作人、刘半农等人一起,以知识理性与思想逻辑为五四新文化的转化和深化提供了最重要的动力,也成为五四新文化运动最重要的思想成就。

我们在关注五四新文化与鲁迅"彻底反传统"的激情主义文化观问题时,不能忽视其背后蕴含的启蒙思想中的理性主义文化精神。鲁迅文化激进主义思想的内核睿智而深刻,甚至有些像杜甫的诗——沉郁顿挫。"五四"百年历史影响和评价始终处于社会思想的波峰浪谷之中,其中评价比较一致的,就是新文化运动中存在着文化激进主义流脉,且每每有人将鲁迅视为其代表者之一。鲁迅的思想性格的确是尖刻激烈的:"希望所寄,惟在大士天才;而以愚民为本位,则恶之不殊蛇蝎。""不若用庸众为牺牲,以冀一二天才之出世。"② "中国人向来就没有挣到过'人'的价格,至多不过是奴隶。"③ "群众——尤其是中国的——永远是戏剧的看客。"④ "中国人尚是食人民族。"⑤ "知道在硬化的社会里,不妨妄行。""惟一的疗救,是在另开药方:酸性剂,或者简直是强酸剂。"⑥ "所谓中国的文明者,其实不过是安排给阔人享用的人肉的筵宴。所谓中国者,其实不过是安排这人肉宴筵

---

① 鲁迅:《书信·250411 致赵其文》,《鲁迅全集》第11卷,人民文学出版社2005年版,第477—478页。
② 鲁迅:《文化偏至论》,《鲁迅全集》第1卷,人民文学出版社2005年版,第53页。
③ 鲁迅:《灯下漫笔》,《鲁迅全集》第1卷,人民文学出版社2005年版,第224页。
④ 鲁迅:《娜拉走后怎样》,《鲁迅全集》第1卷,人民文学出版社2005年版,第170页。
⑤ 鲁迅:《书信·180820 致许寿裳》,《鲁迅全集》第11卷,人民文学出版社2005年版,第365页。
⑥ 鲁迅:《十四年的"读经"》,《鲁迅全集》第3卷,人民文学出版社2005年版,第139页。

的厨房。"① "我以为要少——或者竟不——看中国书。"② "让他们怨恨去,我也一个都不宽恕。"③ 此等过激言论比比皆是,足见其思想性格的激烈甚至偏激。用其曾经的好友、后来的论敌林语堂的话说:"鲁迅与其称为文人,不如号为战士。战士者何?顶盔披甲,持矛把盾交锋以为乐。不交锋则不乐,不披甲则不乐,即使无锋可交,无矛可持,拾一石子投狗,偶中,亦快然于胸中,此鲁迅之一副活形也。"④ 林语堂的评价无疑是准确的,但是关键是该怎样理解鲁迅这种尖刻激烈的思想性格?我以为,尖刻来自认识的深刻,激烈来自意志的坚定,来自立场的不妥协态度。鲁迅的激烈是来自反抗对象的强势和广大。他反抗和对抗的主要对象有两个:反抗偶像或者威权——"上等人"、"名流"、"正人君子"、军阀、国民党当局等;对抗社会——"庸众""看客""无物之阵"等。前者强势,后者广大。虽说鲁迅对于两者的情感和立场是不同的,但是"威权"和"庸众"对于先驱者和觉醒者来说,都是对立面。相对于自我来说,都是强者。先驱者和觉醒者是"'个人的自大',就是独异,是对庸众宣战。除精神病学上的夸大狂外,这种自大的人,大抵有几分天才……也可说就是几分狂气,他们必定自己觉得思想见识高出庸众之上,又为庸众所不懂,所以愤世嫉俗……但一切新思想,多从他们出来,政治上宗教上道德上的改革,也从他们发端"⑤。正像《狂人日记》中狂人所处的环境一样,要吃自己的人有统治者,也有被

---

① 鲁迅:《灯下漫笔》,《鲁迅全集》第1卷,人民文学出版社2005年版,第228页。
② 鲁迅:《青年必读书》,《鲁迅全集》第3卷,人民文学出版社2005年版,第12页。
③ 鲁迅:《死》,《鲁迅全集》第6卷,人民文学出版社2005年版,第635页。
④ 林语堂:《鲁迅之死》,《林语堂文集》,群言出版社2011年版,第99页。未找到该版本的《林语堂文集》,有群言出版社《林语堂全集》2011年版和群言出版社《人生不过如此》2010年版。
⑤ 鲁迅:《随感录三十八》,《鲁迅全集》第1卷,人民文学出版社2005年版,第327页。

统治者，甚至包括觉醒前的自己。五四新文化运动作为一种思想革命，是传统中国向现代中国转型的时刻。社会变革总是从少数人甚至个别人开始的，或者说，觉醒者总是少数"异类"。正常只有在不正常的社会才会被视为"不正常"，相反，不正常在不正常的社会则被视为"正常"。这是一种强大的环境和机制，即使"看不见""无主名"，却时时发生着作用，使觉醒者成为受迫害者。当觉醒的少数和个人面对这样的对立面，如果不呐喊发狂才是怪事！被迫害者发狂就是绝望的反抗，而这反抗也因为对立面的强大而变得更加激烈。

在个人与威权和社会进行激烈的反抗中，鲁迅知道"我决不是一个振臂一呼应者云集的英雄"[1]。但是他的精神是清醒的，思想是明确的，意志是坚定的，情绪是激烈的。而其中更不能忽略的是他道德的高尚："勇者愤怒，抽刃向更强者；怯者愤怒，却抽刃向更弱者。"[2]"对手如凶兽时就如凶兽，对手如羊时就如羊！那么，无论什么魔鬼，就都只能到他自己的地狱里去。"[3]这高尚一方面表现在鲁迅对于传统的"威权"毫无顾忌、不留后路的决绝反抗："无论是古是今，是人是鬼，是《三坟》《五典》，百宋千元，天球河图，金人玉佛，祖传丸散，秘制膏丹，全都踏倒他。"[4]另一方面表现为在对抗"庸众"时"哀其不幸怒其不争"的同情与批判。爱之深而痛之切，模糊不会产生尖刻，犹豫不会形成激烈。进入鲁迅的精神世界，我们发现从悲观到激烈、从同情到批判，人间那么复杂的思想和情感这么清晰而一致地存在其中。即使是偏激或者极端，也包含有20世纪80年代学

---

[1] 鲁迅：《呐喊·自序》，《鲁迅全集》第1卷，人民文学出版社2005年版，第439—440页。
[2] 鲁迅：《杂感》，《鲁迅全集》第3卷，人民文学出版社2005年版，第52页。
[3] 鲁迅：《忽然想到七》，《鲁迅全集》第3卷，人民文学出版社2005年版，第64页。
[4] 鲁迅：《突然想到六》，《鲁迅全集》第3卷，人民文学出版社2005年版，第47页。

人常常说的一句话——"片面的深刻性"。陈平原说:"我并不否认'五四'新文化人的偏激、天真乃至浅薄,但那是一批识大体、做大事的人物,比起今天很多在书斋里条分缕析、口沫横飞的批评家,要高明得多。"[①]的确如此,我想,如果没有五四文化和鲁迅思想的激烈和决绝,现代中国又从何而来?

鲁迅的伟大在于其思想的深刻,而他的痛苦也在于其思想的深刻,"人生最痛苦的,莫过于梦醒了无路可以走"的慨叹。这是最清醒声音,是鲁迅个人思想人生的体验,也是那一代人共有的精神风貌。鲁迅文化这种最具独特性的精神气质影响了中国几代鲁迅学人。他们负重前行,点点滴滴印证了历史的流变和自己的精神历程。我们过去的鲁迅研究并不都是清醒的,而现在的鲁迅研究却展现出当代鲁迅研究从来未有过的真实和深刻。我们心中不忘鲁迅,鲁迅的存在,为我们确立了一面镜子,映照社会,也映照自己。鲁迅让我们活得很苦很沉重,但是,最后我仍要说一句,鲁迅,我们今生与你相伴。

---

① 陈平原:《作为一种"思想操练"的"五四"》,《探索与争鸣》2015年第7期。

鲁迅不是"新青年"*

刘 勇

"五四"百年之际,学校给我布置了一个任务,让我给青年学生讲讲为什么"五四"是青年节。我长期作为北师大现当代文学的学科带头人,说起来研究现当代文学也已经几十年了,但还真没有好好想过这个问题。通过大量查阅资料,反复重新认识,我现在对这个问题的看法是这样的:那就是青年作为一个阶层、作为一个整体,正式登上中国社会的历史舞台,是从"五四"开始的。在1912—1917年这五年间,中国大约有550万在新式学校学习或者出国留学的学生,到1919年五四运动开始时,已经约有1000万受过新式教育的青年学生。这1000万青年学生正是推动中国社会由古老向现代转型的根本力量。整个"五四"就是青春的一代,如果以1919年来算的话,刘半农28岁,胡适28岁,郭沫若27岁,郁达夫23岁,傅斯年23岁,沈雁冰23岁,徐志摩22岁,罗家伦22岁,郑振铎21岁,冰心最小,是19岁,鲁迅最大,是38岁。而当时被人们称之为"学

---

* 本文为国家社会科学基金重大项目"京津冀文脉谱系与'大京派'文学建构研究"(项目编号:18ZDA281)的阶段性成果。

衡老朽"的梅光迪 29 岁，吴宓和胡先骕都是 25 岁，正是这些青年，开天辟地，推进了中国社会由古老到现代的根本转型！

在"新青年"的浪潮中，鲁迅是一个特殊的存在。中国现代文学研究界对于鲁迅研究长期以来曾经存在两种认识：一种是就鲁迅自身而言，认为五四时期的鲁迅是奋激的、"呐喊"的，过了几年之后"彷徨"了、深沉了、犹豫了，其实《呐喊》出版于 1923 年，《彷徨》出版于 1926 年，其中的小说创作几乎是连续的，难道两个阶段就分得那么清楚、明白，那么断然吗？显然这是值得质疑的。另一种是对鲁迅与文学史关系的研究，认为鲁迅一出现就是成熟的，一出现就是高峰，尽管他的文学创作是从《新青年》正式起步的，当然这是由鲁迅厚积薄发的特点决定的。

其实，鲁迅与"新青年"的关系是值得重新关注、重新阐释的：其一，鲁迅与《新青年》同人同过路，他较早地接触了《新青年》，参与了《新青年》的编辑与撰稿，并在思想层面与《新青年》产生共鸣；其二，"青年"始终是鲁迅心中的一个情结，鲁迅自己是从青年阶段走过的，他理解青年，爱护、扶持青年，但同时也对青年充满了复杂的情感；其三，鲁迅不是"新青年"，他以 38 岁的高龄登上文坛，从思想到创作，一出现就是高峰，与其他"新青年"既在艺术水平与思想深度上拉开了差距，又在创作心态与社会视野上产生了分离。如果放到当下来说，其他"新青年"都"老了"，而鲁迅依然"年轻"。这或许是鲁迅的幸运，但可能也是我们民族的悲壮。

就鲁迅与整个新文学、新文化的关系来看，鲁迅代表了"新青年"和"新青年"的方向，但鲁迅自己并不是"新青年"！严肃面对鲁迅不是"新青年"这个话题，有助于我们重新审视鲁迅对《新青年》杂志的思想认同与实际支持，有助于我们重新理解鲁迅对青年的倾情付出与复杂心态，有助于我们重新厘清鲁迅对理想的诚挚追求与厚积薄发。

一、鲁迅与《新青年》

鲁迅是伴随《新青年》走上文坛的，可以说，鲁迅成为中国社会的"公众人物"始于《狂人日记》，始于《新青年》。鲁迅与《新青年》的联系首先是创作编辑上的联系，鲁迅很早就开始阅读《新青年》，为《新青年》撰稿，参与编辑事务；此外，鲁迅与《新青年》的联系更多是思想层面的，十月革命带来了新社会的曙光，鲁迅将《新青年》同人引为鼓吹思想革命的同道。

自1918年5月15日出版的第4卷第5号起，到1921年出版的第9卷第4号止，三年多时间里，鲁迅在《新青年》上陆续发表了小说5篇（《狂人日记》《孔乙己》《药》《风波》和《故乡》），新诗6首，随感录27篇，思想批判论文2篇，通信3则，翻译文学作品4篇，附记、正误等其他文字7则，共54篇。此外，辑录《什么话》5条，还有其他人的诗歌译作经过鲁迅修改或记录，有些文章还引述了他的零星的意见。

起初，鲁迅对《新青年》的态度并不热烈。鲁迅自1909年回国之后就开始了近十年的"沉默期"，自言"见过辛亥革命，见过二次革命，见过袁世凯称帝，张勋复辟，看来看去，就看得怀疑起来，于是失望、颓唐得很了"，故而"那时对'文学革命'，其实并没有怎样的热情"。[①] 根据周作人

---

① 鲁迅：《南腔北调集·〈自选集〉自序》，《鲁迅全集》第4卷，人民文学出版社2005年版，第468页。

的回忆，鲁迅开始"对《新青年》总是态度很冷淡的"[1]。早在1917年1月19日，鲁迅就接触到了《新青年》，彼时杂志名称还是《青年杂志》，鲁迅在当天的日记中记载："上午寄二弟《教育公报》二本，《青年杂志》十本，作一包。"[2] 此外，并无其他记载。而到了1918年，鲁迅何故一变冷淡的态度，转而积极地投入战斗呢？

首先，这一转变离不开同道者的激励与鼓动。1917年8月9日和17日，钱玄同两次拜访周氏兄弟，催生了鲁迅在《新青年》的横空出世，鲁迅"终于答应他也做文章了，这便是最初的一篇《狂人日记》"[3]。鲁迅在提及这一转变的时候也说自己"大半倒是为了对于热情者们的同感"[4]。1917年夏天，与钱玄同的谈话唤醒了鲁迅从《新生》开始即被压抑的思想革命的理想，从那些寂寞却勇猛的战斗中受到了鼓舞。同时，在陈独秀编辑方针的作用下，在胡适、钱玄同、刘半农等同人的共同努力下，《新青年》的影响力不断扩大，逐渐成为建构社会公共话语体系的一条重要通道。这样的发展势头也让鲁迅意识到，《新青年》的时代已经不同于《新生》的时代，因而重新燃起思想革命的理想，产生了"毁坏这铁屋的希望"[5]。

其次，鲁迅与《新青年》同人在思想上深层契合。根据周作人的回忆，当时"鲁迅对于文学革命即使是改写的白话文的问题，当时无甚兴趣，可是对思想革命却看得极重，这是他从办《新生》那时代起所有的愿望，现

---

[1] 周遐寿：《新青年》，《鲁迅的故家》，人民文学出版社1981年版，第205页。
[2] 鲁迅：《丁巳日记》，《鲁迅全集》第15卷，人民文学出版社2005年版，第273页。
[3] 鲁迅：《呐喊·自序》，《鲁迅全集》第1卷，人民文学出版社2005年版，第441页。
[4] 鲁迅：《南腔北调集·〈自选集〉自序》，《鲁迅全集》第4卷，人民文学出版社2005年版，第468页。
[5] 鲁迅：《呐喊·自序》，《鲁迅全集》第1卷，人民文学出版社2005年版，第441页。

在经钱君来旧事重提，好象是埋着的火药线上点了火，便立即爆发起来了。这旗帜是打倒吃人的礼教"[1]。鲁迅对思想革命看得极重，而这恰恰与《新青年》同人的办刊理念一致。实际上，从陈独秀到胡适，再到钱玄同，他们并不是所谓的文学家，他们之所提倡文学革命，无非是以文学打开思想更新及传播的渠道，推动中国社会的现代转型。1917年夏，《新青年》杂志提倡思想革命、力排尊孔复古的色彩日益加重。这一年8月出版的第3卷第6号《新青年》，登载了陈独秀的《复辟与尊孔》一文，更加猛烈地向"孔家店"开火。李大钊发表《"今"》一文，提倡思想革命，鼓动人们以革命的方式改变黑暗的社会现实。鲁迅经过长期沉默，一变而为欣然答应《新青年》编者之约，这并非偶然，而是在《新青年》同道者提倡的思想革命中，看到了彻底改造社会的希望。

此外，十月革命的胜利是一个不可忽视的时代背景。鲁迅从十月革命的胜利中感受到了社会发展的新力量和新希望。在1918年致许寿裳的一封信中，鲁迅谈到自己在《新青年》发表了《狂人日记》和白话诗，同时明确说过，虽然"历观国内无一佳象，而仆则思想颇变迁，毫不悲观"[2]。尽管当时社会一片乱象，但鲁迅并不"悲观"，而是在思想层面发生了一些"变迁"，开始以战士的姿态投入到彻底反帝反封建的行列，这种"思想变迁"的背后，最根本的原因就是在十月革命的影响下，鲁迅看到了彻底毁坏"铁屋子"的可能，这才有了讨伐封建礼教、发动思想革命的动力。《狂人日记》等战斗檄文的产生，也正是这种重大思想变迁的必然结果。

---

[1] 周遐寿：《新青年》，《鲁迅的故家》，人民文学出版社1981年版，第205页。
[2] 鲁迅：《书信·180820 致许寿裳》，《鲁迅全集》第11卷，人民文学出版社2005年版，第366页。

应该说,《新青年》在组织形式上并不是一个非常严密的团体,编委会没有严格的组织机构,作家团队也并非固定不变,但《新青年》之所以能够成为一代知识分子的中坚力量,恰恰离不开同人团体这种松散而又强势的组织风格。在鲁迅发表《狂人日记》之前,《新青年》即刊登了一则《本志编辑部启事》,云"本志自第四卷第一号起,投稿章程业已取消,所有撰译,悉由编辑部同人,公同担任,不另购稿"[①],即所有在《新青年》上刊发文章的作者一律是杂志的同人,这既是共同负责的一种宣示,也是对同人组织的一种认同。到了1919年,《新青年》又发表了宣言:"本志具体的主张,从来未曾完全发表。社员各人持论,也往往不能尽同。读者诸君或不免怀疑,社会上颇因此发生误会。现当第七卷开始,敢将全体社员的公同意见,明白宣布。就是后来加入的社员,也公同担负此次宣言的责任。"[②] 这看似强势的宣言将《新青年》同人紧紧地团结在一起,然而这"公同意见"涉及的内容又极为宽广,包括政治、道德、科学、艺术、宗教、教育、文学等诸多方面,俱在其中。这样的刊物定位,亦紧亦松,在更大程度上实现了人员的广泛性,故而能够容纳陈独秀、胡适、鲁迅等诸多思想倾向并不完全一致的中坚知识分子。

1918年5月,《狂人日记》发表之后,鲁迅即成为《新青年》的重要撰稿人。《新青年》自第6卷成立由陈独秀、钱玄同、高一涵、胡适、李大钊、沈尹默组成的编委会,六人轮流执编。鲁迅虽然没有正式加入杂志的编委会,但却经常参与编委活动。这首先有鲁迅及《新青年》同人的忆述为证。鲁迅在为李大钊全集写的题记中回忆:"我最初看见守常先生的时

---

① 《本志编辑部启事》,《新青年》第4卷第3号,1918年3月。
② 《本志宣言》,《新青年》第7卷第1号,1919年12月。

候,是在独秀先生邀去商量怎样进行《新青年》的集会上。"① 又在回忆刘半农的文字中提及:《新青年》每出一期,就开一次编辑会,商定下一期的稿件。其时最惹我注意的是陈独秀和胡适之。"② 当时《新青年》的同人沈尹默也曾有过记载:《新青年》杂志由陈独秀带到北京之后,有一个时期,曾交由鲁迅兄弟、玄同、胡适和我分期担任编辑。"③ 当然鲁迅并非每次编辑会议都会参加,周作人曾回忆说:"关于《新青年》的编辑会议,我一直没有参加过,《每周评论》的也是如此。因为我们是客员,平常写点稿子,只是遇着兴废的重要关头,才会被邀列席罢了。"④ 其中,"我们"即指鲁迅及周作人。鲁迅与《新青年》的联系主要是为该刊撰稿,并不过多介入具体的编辑事务,但却能参与有关刊物编辑方针和兴废去留等大事的决策会议与信函讨论,可见,当时的鲁迅在《新青年》团体中已经具有了相当的影响力。

二、鲁迅与"青年"

"青年"始终是鲁迅心中一个独特的情结。鲁迅与青年交往的过程不仅仅是向外的,更是向内的,不仅指向社会,更加指向鲁迅自己。这个过程伴随着鲁迅自己的人生体验,首先,鲁迅自己是从青年时期走过来的,对人生不同阶段有着深切的体会;其次,鲁迅也见过很多青年的面貌和变化,扶持青年,与青年论战乃至决裂,得到过青年的尊崇与喜爱,得到过青年

---

① 鲁迅:《〈守常全集〉题记》,《鲁迅全集》第4卷,人民文学出版社2005年版,第523页。
② 鲁迅:《忆刘半农君》,《鲁迅全集》第6卷,人民文学出版社2005年版,第73—77页。
③ 沈尹默等:《鲁迅生活中的一节》,《回忆伟大的鲁迅》,新文艺出版社1958年版,第3页。
④ 周作人:《知堂回想录》,河北教育出版社2002年版,第409页。

的批判与谩骂，也通过青年获得过新的思想，这导致了鲁迅面对青年的一种复杂姿态。

鲁迅的一生为青年付出了许多心血，扶持青年几乎成了鲁迅的本能。据不完全统计，鲁迅的一生曾先后为49位青年作家的书稿写序或跋，收到过1200多位青年的来信，并写了3500多封回信，经他帮助或资助过的青年作家、翻译家、木刻家有很多。鲁迅对青年的扶持不仅是给予青年实际的帮助，更加是一种设身处地的体贴，是一种"俯首甘为孺子牛"的无私奉献。在回忆鲁迅的文字中，黄源曾写下："他一生帮助青年，指导青年，把全部的精力献给青年。他每天要分出一二小时的精力给青年复信，看稿，有的青年还要他代办书籍。他平素来往的也都是青年。他为青年活着，他也活在青年中间。但他从不以青年领袖自居，从不使唤青年。"[1] 唐弢也曾说过："对待青年，对待在思想战线上一起作战的人，鲁迅先生是亲切的，热情的，一直保持着平等待人的态度。他和青年们谈话的时候，不爱使用教训的口吻，从来不说'你应该这样''你不应该那样'一类的话。他以自己的行动，以有趣的比喻和生动的故事，作出形象的暗示，让人体会到应该这样，不应该那样！"[2]

青年作家沙汀和艾芜曾给鲁迅写信请教创作问题，提出应该如何使自己的创作对于时代和社会有所贡献，鲁迅因病未能及时回信，而后向两位青年解释并向他们强调："如果是战斗的无产者，只要所写的是可以成为艺术品的东西，那就无论他所描写的是什么事情，所使用的是什么材料，对

---

[1] 黄源：《鲁迅先生》，载中国社会科学院文学研究所鲁迅研究室编《1913—1983鲁迅研究学术论著资料汇编2 1936—1939》，中国文联出版公司1986年版，第287页。
[2] 唐弢：《琐忆》，载尤廉、任凤生编《20世纪学者散文百家》，福建教育出版社1993年版，第404页。

于现代以及将来一定是有贡献的意义的。"①鲁迅鼓励他们根据自己能写的题材进行写作,"不必趋时,自然更不必硬造一个突变式的革命英雄,自称'革命文学';但也不可苟安于这一点,没有改革,以致沉没了自己——也就是消灭了对于时代的助力和贡献"②。鲁迅的指点影响了沙汀和艾芜的一生,他们按照鲁迅的意见努力创作,后来都成为著名的左翼作家。

鲁迅与萧红、萧军的友谊更是成了文坛佳话。当初这对文学青年从东北沦陷区流浪到上海时,在举目无亲、身无分文的情况下向鲁迅求助,鲁迅不仅热情地资助他们的生活,帮助他们与左翼进步作家建立了关系,还以"奴隶丛书"的名义为他们出版了著作《八月的乡村》和《生死场》,并亲自撰写了序言。他评价《八月的乡村》时说它"显示着中国的一份和全部,现在和未来,死路与活路。凡有人心的读者,是看得完的,而且有所得的"③,评价《生死场》时说:"北方人民的对于生的坚强,对于死的挣扎,却往往已经力透纸背;女性作者的细致的观察和越轨的笔致,又增加了不少明丽和新鲜。"④鲁迅的序言对这两部著作进行了高度评价,这对于刚涉足文坛的萧军和萧红两人来说无疑是巨大的鼓励与支持。

鲁迅对后进的提携并不仅仅在于关注青年作家。鲁迅曾收到青年邮电工人孙用的信件,随信所附的是孙用从世界语中翻译的中文诗稿。鲁迅当时就给这位素不相识的青年写了回信,并从他的译诗中选取了莱蒙托夫的诗刊登在《奔流》杂志上。孙用被鲁迅的亲切严谨所激励,继续翻译了裴

---

① 鲁迅:《关于小说题材的通信》,《鲁迅全集》第4卷,人民文学出版社2005年版,第376页。
② 鲁迅:《关于小说题材的通信》,《鲁迅全集》第4卷,人民文学出版社2005年版,第378页。
③ 鲁迅:《田军作〈八月的乡村〉序》,《鲁迅全集》第6卷,人民文学出版社2005年版,第296页。
④ 鲁迅:《萧红作〈生死场〉序》,《鲁迅全集》第6卷,人民文学出版社2005年版,第422页。

多菲的长诗《勇敢的约翰》，并再次寄给鲁迅请教。这一次鲁迅十分欣喜，裴多菲是匈牙利著名的爱国诗人，孙用的译文又很好，于是便热心地为之校改、注释，并多次寻找出版机会，历经曲折却并未放弃，最终在1931年由湖风书店出版。如今的绍兴鲁迅纪念馆依然保存着这份不长的译稿，鲁迅校改的痕迹多达30余处，他对青年一代的关爱和期待深深地倾注其中，不问出身，不求回报。

但是，鲁迅与青年的关系并不总是一团和气。高长虹等狂飙社的青年也是在鲁迅的培养和支持下走上文坛的。早在1924年，高长虹拿着《狂飙月刊》四处奔走的时候，鲁迅就注意到了这个文学青年，那时狂飙社虽已成立，但在文坛上并未产生影响。后来鲁迅与高长虹见面，组织起莽原社，并为他们校对稿件、出版著作，使莽原社迅速在文坛上获得了一定的声誉。后来高长虹公开与鲁迅决裂，最直接的原因是《莽原》的编辑韦素园压下了向培良的剧本《冬天》。限于刊物的篇幅，积压稿件抑或退稿原本是常事，高长虹却认为这是别有用心的党同伐异，借此与《莽原》决裂，又借鲁迅的未表态而对他展开暴风骤雨般的攻击与谩骂。对此，鲁迅也曾表达过自己的无奈，在给许广平的书信中提道："但培良和漱园在北京发生纠葛，而要在上海的长虹破口大骂，还要在厦门的我出来说话，办法真是离奇得很。"[①] 高长虹对鲁迅的不满背后，除了鲁迅与许广平的恋爱问题，还有二人在思想层面的根本分歧。受无政府主义思想的影响，高长虹等狂飙文学青年自命为时代的"超人"，目空一切，多有与鲁迅意见不合之处。鲁迅一直坚持"有青年攻击或讥笑我，我是向来不去还手的，他们还脆弱，还是我比较的经得起践踏"，而经历这一遭，却也决定要"拳来拳对，刀来刀

[①] 鲁迅：《两地书·六〇》，《鲁迅全集》第11卷，人民文学出版社2005年版，第173页。

当"①了。高长虹这样一些青年让鲁迅认识到，青年本身也是一个复杂的存在。鲁迅在很长一段时间内信奉进化论，认为青年一代受到西方先进思想的影响，与老一代人的路是根本不同的，青年人走向未来，而老一代人只能走向死亡。但真正与青年发生接触，甚至亲眼见证了青年之间党同伐异的斗争，发现情况不尽如此，加深了对青年复杂性的认识，这是鲁迅思想不断走向深刻与复杂的重要体现。

面对青年的攻讦，鲁迅始终保有独立的思考，甚至愿意向青年学习。1928年，革命文学兴起的时候，创造社和太阳社的一众骨干们首先拿鲁迅"开刀"，认为鲁迅是"资产阶级的代言人"，是"第一个有闲，第二个有闲，第三个还是有闲"，将"时代落伍的印贴利更追亚的自暴自弃""封建余孽""不得志的法西斯蒂"等诸多"帽子"都扣到鲁迅头上，好像不打倒鲁迅，就无法开展革命文学的事业。鲁迅在《"醉眼"中的朦胧》《上海文艺之一瞥》《文坛的掌故》《文艺与革命》等多篇文章中谈及对"革命文学"的认识和矫正。面对革命文学青年近于人身攻击的挑衅与诽谤，鲁迅并未表现出任何计较个人利益的态度，反而是中正平和地对革命文学建设提出简单切实的意见，甚至说："我有一件事要感谢创造社的，是他们'挤'我看了几种科学底文艺论，明白了先前的文学史家们说了一大堆，还是纠缠不清的疑问。并且因此译了一本蒲力汉诺夫的《艺术论》，以救正我——还因我而及于别人——的只信进化论的偏颇。"②革命文学论争的确促进了鲁迅对俄罗斯文学，尤其是普列汉诺夫和托洛茨基美学思想的理解与承继，加深了他对文学的阶级性、政治性的思考。而鲁迅对青年的包容与理解由此

---

① 鲁迅：《两地书·七九》，《鲁迅全集》第11卷，人民文学出版社2005年版，第216页。
② 鲁迅：《〈三闲集〉序言》，《鲁迅全集》第4卷，人民文学出版社2005年版，第6页。

也可见一斑。

鲁迅对青年的扶持绝不仅仅体现在他为困境中的青年指明方向，或者给予实际的帮助，更加体现在思想上的包容与指引。鲁迅对待青年不问身份、不计回报，甚至面对争议也决不进行人身攻击，是因为他从不站在个人的立场去看待青年。他帮助青年结社、办刊、出版，小到校对文稿、撰写文章，大到为青年社团规划前景、提供资金，所坚持的始终都是公共立场。在他眼里，青年是民族和国家的希望，而他作为一个"青年"的过来人，愿尽最大的努力保护和引领青年。实际上，鲁迅面对青年，并不是面对某一个群体，更不是某一个个人，鲁迅面对的是整个国家与民族的现状与未来，鲁迅的"青年情结"有着太多深刻和深沉的内涵。

三、鲁迅不是"新青年"

鲁迅与《新青年》有着不可分割的关系，甚至在参与《新青年》的撰稿、编辑活动中表现出一定的激进文化姿态，但鲁迅的思想修养、艺术情态是独特的、成熟的，绝对不是当时一般新青年所具有的情态，从思想到艺术都不是。提及"五四"与新青年，我们想到的词汇大概是青春、激情、幻想……鲁迅显然不属于这样的青年。鲁迅小说思想的深刻，杂文笔法的老辣，独语散文的深沉，都不是新青年所能具备的艺术风格和思想深度。新青年往往热情似火，鲁迅则始终是沉稳冷静、高度理性的；新青年往往充满理想，鲁迅却十分悲观深沉。

当我们强调鲁迅不是"新青年"的时候，有一个天然的时间限制，即"新青年"作为一个整体登上中国的历史舞台，在中国社会发挥作用的时代。在这样一个青春力量涌动、革命呼声高涨的时代里，鲁迅却呈现出与"新青年"不同的美学追求与思想深度。尽管鲁迅不同于当时的"新青年",但有一点不可忽略,那就是鲁迅自己是从青年时候过来的,他之"不是"新青年,首先在于他"曾是"新青年。鲁迅在《呐喊·自序》中说过:"我在青年时候也曾经做过许多梦,后来大半忘却了,但自己也并不以为可惜。"[1] 那么鲁迅在青年时候曾经做过什么梦呢?

1907年,在"五四"开始之前十年,周氏兄弟和许寿裳、袁文薮等五人共同策划着《新生》杂志。彼时的鲁迅虽然勉强找到了几个同伴,但他是孤独的,《新生》的设计并没有成功。当时社会的整体风气,尤其在日本的留学生界,普遍是重实用、轻文学的。鲁迅曾提及"在东京的留学生很有学法政理化以至警察工业的,但没有人治文学和美术"[2],许寿裳也说过"那时学文学的,除周氏兄弟外,根本没有一个人"[3],周作人又回忆说"那时候学生办的杂志并不少,但没有一种是讲文学的,所以发心要想创办"[4]。可见,在这种冷淡的社会氛围中,周氏兄弟、许寿裳等人仍欲以文学的力量改造愚弱的国民,改变时代的气象,这般青年意气恰恰与十年之后《新青年》的办刊宗旨不谋而合。据鲁迅所说,这是一本纯文学的杂志,而他当时为这本杂志创作的几篇文章又分明彰显着思想启蒙的目标。《科学史教篇》肯定了科学发展与实业救国密不可分的关系,同时又强调不可急功近利,不可因片面追求物质而忘记精神的作用;《文化偏至论》重申了物质文

---

[1] 鲁迅:《呐喊·自序》,《鲁迅全集》第1卷,人民文学出版社2005年版,第437页。
[2] 鲁迅:《呐喊·自序》,《鲁迅全集》第1卷,人民文学出版社2005年版,第439页。
[3] 许寿裳:《书信·440204 致林辰》,《亡友鲁迅印象记·许寿裳回忆鲁迅全编》,上海文化出版社2006年版,第276页。
[4] 周作人:《关于鲁迅之二》,《周作人代表作选》,全球书店1938年版,第14页。

明与人的精神之间的关系,主张"掊物质而张灵明,任个人而排众数"①,主张"首在立人,人立而后凡事举"②;《摩罗诗力说》在纵横梳理中分析比较了中西方的思想与文学,高度评价了拜伦、雪莱、普希金等浪漫主义诗人,倡导诗人应该成为精神界的战士;《破恶声论》关注宗教信仰所包含的人类最为宝贵的品质,即朴素之民的"白心"和向上之民的向上超越之心,主张要清除以科学、兽性的爱国主义相标榜的"伪士"。在鲁迅完成了这一系列前所未有的精神探索与启蒙思想之时,他实际上是提前十年演绎着未来"五四"的新文化主题,换句话说,1908年的前后就是鲁迅心目中的"五四",而《新生》就是鲁迅所要创办的《新青年》。

然而,《新生》终究是失败了。杂志创办的消息传出去之后,没有被人理解,甚至受到了嘲笑。原本"新生"之名,取"新的生命"之意。据许寿裳回忆说,当时就有人拿杂志的名目取笑,说"新生"是新进学的秀才。等待他们的结果,也就可想而知了:"《新生》的出版之期接近了,但最先就隐去了若干担当文字的人,接着又逃走了资本,结果只剩下不名一钱的三个人。创始时候既已背时,失败时候当然无可告语,而其后却连这三个人也都为各自的运命所驱策,不能在一处纵谈将来的好梦了,这就是我们的并未产生的《新生》的结局。"③

《新生》的失败让鲁迅"感到未曾经验的无聊",也让他意识到自己并非一个"振臂一呼应者云集的英雄"④,为此他感到悲哀,也感到寂寞,"于是用了种种法,来麻醉自己的灵魂,让我沉入于国民中,使我回到古代

---

① 鲁迅:《文化偏至论》,《鲁迅全集》第1卷,人民文学出版社2005年版,第47页。
② 鲁迅:《文化偏至论》,《鲁迅全集》第1卷,人民文学出版社2005年版,第58页。
③ 鲁迅:《呐喊·自序》,《鲁迅全集》第1卷,人民文学出版社2005年版,第439页。
④ 鲁迅:《呐喊·自序》,《鲁迅全集》第1卷,人民文学出版社2005年版,第439页。

去，后来也亲历或旁观过几样更寂寞更悲哀的事，都为我所不愿追怀，甘心使他们和我的脑一同消灭在泥土里的，但我的麻醉法却也似乎已经奏了功，再没有青年时候的慷慨激昂的意思了"①。失败的人总是感到苦闷，没有人甘愿享受失败的感觉，但失败于鲁迅而言并不仅仅是一次教训、一个挫折，鲁迅自言"虽然自有无端的悲哀，却也并不愤懑"，因为这样的经历反倒让他对人生的局限有了更加深刻的思考和体悟："凡有一人的主张，得了赞和，是促其前进的，得了反对，是促其奋斗的，独有叫喊于生人中，而生人并无反应，既非赞同，也无反对，如置身毫无边际的荒原，无可措手的了。"②个人一旦有了主张，便最好与社会现实发生关联，倘若失去了这种关联，不能引起"生人"的反应，个人的存在便失去了他的意义。鲁迅从满怀自信的自我期许转换为悲剧性的自我发现，始终是站在人与社会、人与现实关联的立场上进行深刻的反思。这样思想演进的深度似乎印证了鲁迅的"背时"：不仅在1907年与留学日本的中国知识界相"背"，而且在十年之后也与新青年的中国知识界相"背"。

当文学革命、五四运动如火如荼地进行，当青年作为一个整体登上了中国社会的历史舞台之时，鲁迅已经不是新青年了。五四运动期间，在千万青年学生为了国家、为了民族纷纷集会游行、罢课斗争，爱国热情激荡蓬勃之时，在陈独秀、李大钊等先驱者为青年学生奋力奔走之时，鲁迅似乎不为所动。在五四运动过去一周年之际，他曾在致其学生宋崇义的一封信中谈及对学生运动的看法："比年以来，国内不靖，影响及于学界，纷扰已经一年。世之守旧者，以此事实为乱源；而维新者则又赞扬甚至。全国

---

① 鲁迅：《呐喊·自序》，《鲁迅全集》第1卷，人民文学出版社2005年版，第440页。
② 鲁迅：《呐喊·自序》，《鲁迅全集》第1卷，人民文学出版社2005年版，第439页。

学生，或被称为祸萌，或被誉为志士；然由仆观之，则于中国实无何种影响，仅一时之现象而已；谓之志士固过誉，谓之乱萌，亦甚冤也。"[①]鲁迅认为，学生运动仅一时现象，对中国社会并无深刻影响，而鲁迅对学生运动的评价也有些不温不火的意味，认为这些青年学生既算不上"志士"，也算不上"乱萌"，颇有当年办《新生》杂志既无"赞和"，也无"反对"的"无可措手"的相同处境。

如果说1907年的鲁迅尚可算作新青年，十多年之后，当更多青年知识分子高举启蒙、思想与文学的大旗，重演着鲁迅早年间的理想时，鲁迅显然已经进入一个更加成熟的阶段。当一批年轻而热情的知识分子正在积极推动新文化运动之时，鲁迅却蜗居在人迹罕至的S会馆中，独自远离热闹的人群，守着古碑、空屋，默默地打量着当时"青年的时代"和"时代的青年"。实际上，《新生》时期的鲁迅与《新青年》时期的"新青年们"在思想层面是非常接近的，他们都倡导思想革命，坚持以文学文化的革新为思想启蒙的突破口，以此为变革社会的基础。这样一种思想倾向和社会理想无疑饱含了青年般的浪漫与热情。只不过，《新青年》时期的鲁迅毕竟经历过《新生》的失败和思想的孤独，由此便与一般"新青年"的兴趣和态度有了相当的差别。但行动上的区分并不能掩盖思想上的相通，鲁迅由青年般的浪漫理想开始转向更为冷静和深沉的思索，却始终没有放弃对思想启蒙的追求，始终没有放弃对立人思想的建构，也始终没有放弃对中国文化现代转型的推动。而这些，正是他在五四时期仍然能够继续与"新青年"们对话，并最终融入其中的重要思想基础。

[①] 鲁迅：《书信·200504 致宋崇义》，《鲁迅全集》第11卷，人民文学出版社2005年版，第382页。

从"新青年"的角度观察鲁迅，重要的并非鲁迅到底是不是"新青年"，而是在鲁迅与"新青年"的关系中重新阐释鲁迅的复杂性以及这种复杂性背后的民族立场与公共良知。鲁迅在我们当下乃至今后很长一段时间存在的意义其实是基于一个简单的事实，那就是，鲁迅是中国社会绕不过去的话题。当下很多年轻人读不懂鲁迅，甚至拒绝理解鲁迅，因为他们意识不到鲁迅的价值，意识不到鲁迅与青年之间复杂而又无法割舍的关系。鲁迅是"新青年"的过来人，一生致力于扶持青年，即便受了"委屈"，也从不计较私人的得失。在"新青年"的时代，鲁迅是一个成熟的引路人，也是一个适时的融入者，是一个冷静的旁观者，也是一个热诚的铺路人。鲁迅对于中国的历史与当下都有着极为重要的价值，这种价值集中体现在对于青年而言，鲁迅是最为不可替代的。

论鲁迅对"文士"身份的拒绝

林分份

在鲁迅一贯的表述中,"文士"指的是知书能文之士,是读书人、知识分子等相关群体的统称。早在留日时期,鲁迅在《摩罗诗力说》中就将"文士"与"哲士""爱智之士""思士""后贤""儒服之士""崇实之士""诗宗词客"等并用;在《文化偏至论》中也将"学者文家"与"识时之彦""识时之士""操觚之士""评骘之士"等并用;而在《破恶声论》中,他则将"知者""士人"与"浇季士夫""志士英雄""士大夫""志士"等并用。在彼时鲁迅别求"异域文术新宗"的构想中,所谓"递文事式微,则种人之运命亦尽,群生辍响,荣华收光"[①],实已将"文事"暨"文士"之兴废,视为种族存亡的关键。

辛亥革命前后,鲁迅居于故乡期间,从多种古书中辑得《文士传》一部,此为我国最早的文人传记专著。1913年,在《拟播布美术意见书》中,鲁迅则呼吁:"文艺会当招致文人学士,设立集会,审国人所为文艺,择其优者加以奖励,并助之流布。且决定域外著名图籍若干,译为华

---

① 令飞:《摩罗诗力说》,《河南》第2号,1908年2月。

文，布之国内。"① 这里创作文艺、翻译图籍的"文人学士"，既是文士的全称，也对应于鲁迅在新文化运动之后所界定的"文人学者"："研究文章的历史或理论的，是文学家，是学者；做做诗，或戏曲小说的，是做文章的人，就是古时候所谓文人，此刻所谓创作家。创作家不妨毫不理会文学史或理论，文学家也不妨做不出一句诗。"② 在鲁迅相关的表述中，"文人"所对应的称呼还有作家、文艺家、诗人、文家等，"学者"所对应的称呼则还有学士、研究家、教授等。此外，在具体场合中，鲁迅还使用学者文家、文士学者、天才、上等人、正人君子、博士等称呼来指代文士。但此时鲁迅眼中的文士，与新文化运动之前他所推崇的文士早已迥然有别。当然，本文的出发点不是梳理鲁迅对文士态度的前后之别，也并非讨论他对"文人""学者"等各类文士的具体立场③，而是想由此考察新文化运动以来，身为文士之一的鲁迅对于同类及自我身份的批判、反省与决裂，在探勘其思想抉择、自我更新的内在面貌的同时，从一个侧面呈现知识者鲁迅自我塑造的复杂性与独特性。

一、文士诸面目

新文化运动以来，鲁迅涉及文士的议论更为频繁。尤其经历与现代评论派、新月社、创造社及太阳社等集团的论争后，鲁迅在文章、演讲、书

---

① 周树人：《拟播布美术意见书》，《教育部编纂处月刊》第1卷第1册，1913年2月。
② 鲁迅：《读书杂谈——鲁迅在广州知用中学演讲》，黄易安笔记，《北新》第47、48期合刊，1927年9月16日。
③ 关于此问题，参看拙文《革命时代"学者"与"文人"的歧途——对顾颉刚与鲁迅冲突的另一种探讨》，《中国文学学报》（香港）2015年第6期。

信等场合中,屡屡批判文士。综合来看,鲁迅主要围绕几个面向,揭露了当下中国文士的面目和品性。

其一,文士喜欢沽名钓誉、附庸风雅,与历来所谓"道士"、"和尚"、隐士者流并无不同。鲁迅认为中国自南北朝以来,凡有文人学士、道士和尚,大抵以无特操为特色,而晋以来的名流,对于《论语》《孝经》《老子》《维摩诘经》等,不但采作谈资,并且常常做一点注解。流风所及,借主义,成大名,"成了现代学者一时的风尚"[1];而当今的文学家,则一面玩弄"自己替别人来给自己的东西作序,术语曰'摘录来信'"[2]的伎俩,一面又在城市里挂出"隐士"的招牌,但目的仍在于谋名乃至谋官。

其二,文士善于投机逐利,且往往变化神速,有如商人。鲁迅觉得,在那些"智识高超而眼光远大的先生们"看来,"生下来的倘不是圣贤,豪杰,天才,就不要生;写出来的倘不是不朽之作,就不要写;改革的事倘不是一下子就变成极乐世界,或者,至少能给我(!)有更多的好处,就万万不要动"[3]。而彼时的"革命文学家",其对于"革命"和"文学"的立场,则依据环境的变化而改变。他们时而打出革命的旗号,现出革命者的面孔,时而举起艺术的招牌,重拾文学家的行当。因而,所谓革命文学家,实乃"革命小贩",而"上海的文场,正如商场"[4],文人与商人殊无二致。

其三,文士擅长造谣,且往往手段卑劣,有如青皮。定居上海后,鲁迅感到自己经常被攻击,每年总有几回谣言缠身,原因之一便是"所谓

---

[1] 何家干:《萧伯纳颂》,《申报·自由谈》1933年2月17日。
[2] 桃椎:《序的解放》,《申报·自由谈》1933年7月7日。
[3] 鲁迅:《这个与那个》,《国民新报副刊》1925年12月22日。
[4] 参见鲁迅《书信·340920 致徐懋庸》,《鲁迅全集》第13卷,人民文学出版社2005年版,第210页。

'文学家'，如长虹一样，以我为'绊脚石'，以为将我除去，他们的文章便光焰万丈了"[1]。而漂聚于上海者，则"专用造谣，恫吓，播弄手段张网，以罗致不知底细的文学青年，给自己造地位；作品呢，却并没有"[2]。考察文学家卑劣的根源，鲁迅认为并不在于"文人无行"，倒还在于"文人无文"，因而，他们只能靠种种手段混迹文坛：

拾些琐事，做本随笔的是有的；改首古文，算是自作的是有的。讲一通昏话，称为评论；编几张期刊，暗捧自己的是有的。收罗猥谈，写成下作；聚集旧文，印作评传的是有的。甚至于翻些外国文坛消息，就成为世界文学史家；凑一本文学家辞典，连自己也塞在里面，就成为世界的文人的也有。然而，现在到底也都是中国的金字招牌的"文人"。[3]

鲁迅由此断言，这些人"不过是在'文人'这一面旗子的掩护之下，建立着害人肥己的事业的一群'商人与贼'的混血儿而已"[4]。

其四，文士往往教人做顺民，尽显"说客""帮闲者"的面目。1925年，鲁迅指出，"学者的进研究室主义，文学家和茶摊老板的莫谈国事律，教育家的勿视勿听勿言勿动论"，实与"遗老的圣经贤传法"相同，都是统治者用以麻痹、压迫人民的首选方法。[5]而它们的共同本质，即以种种理由

---

[1] 鲁迅：《书信·310202 致韦素园》，《鲁迅全集》第12卷，人民文学出版社2005年版，第253页。
[2] 鲁迅：《书信·360915 致王冶秋》，《鲁迅全集》第14卷，人民文学出版社2005年版，第148—149页。
[3] 何家干：《文人无文》，《申报·自由谈》1933年4月4日。
[4] 鲁迅：《辩"文人无行"》，《文学》第1卷第2号，1933年8月1日。
[5] 冥昭：《春末闲谈》，《莽原》第1期，1925年4月24日。

反对任何主张变革的激烈言论，乃至劝人甘做顺民：

> 古来就这样，所谓读书人，对于后起者却反而专用彰明较著的或改头换面的禁锢。近来自然客气些，有谁出来，大抵会遇见学士文人们挡驾：且住，请坐。接着是谈道理了：调查，研究，推敲，修养……结果是老死在原地方。否则，便得到"捣乱"的称号。①

而劝人"不走"的学士文人，其实"便是教人要安本分的老婆子"②。"三一八"惨案发生不久，鲁迅即指出，正是"慈善家，学者，文士，长者，青年，雅人，君子……"的"点头"（帮闲），使得许多战士灭亡，许多猛士无所用其力。③

其五，文士常常假公济私、党同伐异，充当统治者"保驾的打手"和"抬驾的轿夫"④。以陈西滢为代表的现代评论派是"所谓学者，文士，正人，君子等等，据说都是讲公话，谈公理，而且深不以'党同伐异'为然的"，但"可惜我和他们太不同了，所以也就被他们伐了几下"⑤。基于斗争经验，鲁迅揭露这些人是"自称'无枪阶级'而其实是拿着软刀子的妖魔"⑥。而稍后鼓吹"革命文学"的创造社、太阳社以及新月社的梁实秋等，在鲁迅看来，其手段与面目并无本质区别。

---

① 鲁迅：《这个与那个》，《国民新报副刊》1925 年 12 月 22 日。
② 培良：《记鲁迅先生的谈话》，《语丝》第 94 期，1926 年 8 月 28 日。
③ 鲁迅：《这样的战士——野草之十九》，《语丝》第 58 期，1925 年 12 月 21 日。
④ 隼：《五论"文人相轻"——明术》，《文学》第 5 卷第 3 号，1935 年 9 月 1 日。
⑤ 鲁迅：《〈华盖集〉题记》，《莽原》第 2 期，1926 年 1 月 25 日。
⑥ 鲁迅：《"坟"的题记》，《语丝》第 106 期，1926 年 11 月 20 日。

二、"伪士"与"虚文"

在中国古代,士最初专指武士,经过春秋、战国时期激烈的社会变动,尤其汉代尊儒禁侠之后,方才蜕化成不务农、工、商,而单纯以读书为专业,"其事在口舌"的文士。[①] 随后,由于统治者习惯于把天下的方士、文士统统豢养起来,这些人也就和后来的清客略同,都是统治阶级的玩物。无论作为幕僚抑或清客,知书能文是文士的共同特点,但在其内部,文人与学者的地位似乎尊卑有别,"中国诗人也每未免感得太浅太偏,走过宫人斜就做一首'无题',看见树桠叉就赋得一篇'有感'",就连以学问自许的道学先生,也"必以学者自居,生怕将来的国史将他附入文苑传"[②]。然而,文人学者的浅薄、褊狭与否倒是其次,关键是他们面对文章、学问时的言行不一:"自己一面点电灯,坐火车,吃西餐,一面却骂科学,讲国粹……往往只讲空话,以自示其不凡。"[③] 因而,在新文化运动落潮之后,尤其自国民革命爆发以来,鲁迅除了揭露文士的本来面目外,更将矛头集中指向其"虚怯""虚伪"与"虚文"的面向。

首先,鲁迅认为中国的文士对于人生,至少对于社会现象,向来就多没有正视的勇气,更不用说当面抗争。例如,1926 年 8 月,孙传芳在南京恢复古制,举行投壶之礼,马上就有"勇敢的文人学士们","在北京出版

[①] 参见顾颉刚《史林杂识》,中华书局 1963 年版,第 85—91 页。类似看法亦可见余英时《士与中国文化》,上海人民出版社 2003 年版,第 6 页。
[②] 鲁迅:《诗歌之敌》,《京报》附刊《文学周刊》第 5 期,1925 年 1 月 17 日。
[③] 鲁迅:《书信·360215 致阮善先》,《鲁迅全集》第 14 卷,人民文学出版社 2005 年版,第 27 页。

的周刊上斥骂孙传芳大帅"①，看似壮举，其骨子里却透着虚怯。有鉴于此，无论是现代评论派、新月社，抑或其他文士，多是投机逐利、欺世盗名的伪士："当他的主子被推翻时，他会及时投向新主子的怀抱，把枪口对准新主子的敌人，哪怕这新主子就是他此前反对的匪，哪怕新主子的敌人就是他此前的主子。"②当然，伪士总会改头换面，重新粉墨登场，比如段祺瑞执政府垮台之后，《新月》忽而大起劲，"这是将代《现代评论》而起，为政府作'诤友'，因为《现代》曾为老段诤友，不能再露面也"③。就此而言，诚如论者指出，鲁迅之所以把伪士认作"伪"，并非针对他们的思想内容，而是针对他们的态度，因为，伪士议论的内容虽然是"正"或"新"，而其态度却是"伪"或"旧"④。换句话说，伪士之所以伪，关键在于他们的议论并非发自内心，而是打着各种旗号威吓或压迫对手，以此获取自己想要的利益。

其次，基于对中国文士的洞察，处在思想左转时期的鲁迅，对当时鼓吹革命文学的创造社、太阳社也多有批评，重点之一是关于文学与革命能否统一的问题。郭沫若认为文学与革命能够统一："凡是表同情于无产阶级而且同时是反抗浪漫主义的便是革命文学。"⑤王独清也认为："我们的文学便是我们革命的一个战野，文学家与战士，笔与迫击炮，可以说是一而二

---

① 鲁迅：《上海通信》，《语丝》第99期，1926年10月2日。
② 鲁迅：《学界的三魂》，《语丝》第64期，1926年2月1日。
③ 鲁迅：《书信·290817 致章廷谦》，《鲁迅全集》第12卷，人民文学出版社2005年版，第201页。
④ 参见［日］伊藤虎丸《早期鲁迅的宗教观——"迷信"与"科学"之关系》，载《鲁迅、创造社与日本文学——中日近现代比较文学初探》，孙猛等译，北京大学出版社2005年版，第83页。
⑤ 郭沫若：《革命与文学》，《创造月刊》第1卷第3期，1926年5月16日。

二而一的东西。"[1]然而，鲁迅所认为的统一，是创作家与革命家在身份上的实际统一，而不是文学的表现内容与革命属性的统一，因为"知道革命与否，还在其人，不在文章的"[2]。因此，他批评当时的革命文学家"招牌是挂了，却只在吹嘘同伙的文章，对于目前的暴力和黑暗不敢正视"[3]，其虚怯和虚伪的品性与现代评论派、新月社诸公并无不同。

再次，关于文学与革命的先后关系，鲁迅坚持"革命先行，文艺后变"的观点：

革命时代总要有许多文艺家萎黄，有许多文艺家向新的山崩地塌般的大波冲进去，乃仍被吞没，或者受伤。被吞没的消灭了；受伤的生活着，开拓着自己的生活，唱着苦痛和愉悦之歌。待到这些逝去了，于是现出一个较新的新时代，产出更新的文艺来。[4]

继而，在1927年4月为黄埔军官学校学员所做的演讲中，鲁迅指出："到了大革命的时代，文学没有了，没有声音了，因为大家受革命潮流的鼓荡，大家由呼喊而转入行动，大家忙着革命，没有闲空谈文学了。"[5]此后，鲁迅进一步认为，在革命时代"注重实行的，动的"是智识阶级"不可免避的运命"[6]。因此，他希望青年不要成为躲进书斋的"糊涂的呆子"，

---

[1] 王独清：《文艺上之反对派种种——在暨南大学讲演》，《澎湃》创刊号，1928年8月5日。
[2] 鲁迅：《通信（并Y来信）》，《语丝》第4卷第17期，1928年4月23日。
[3] 鲁迅：《文艺与革命（并冬芬来信）》，《语丝》第4卷第16期，1928年4月16日。
[4] 鲁迅：《马上日记之二》，《世界日报副刊》1926年7月19日。
[5] 鲁迅：《而已集·革命时代的文学》，北新书局1928年版，第16页。
[6] 鲁迅：《关于智识阶级》，黄河清笔记，《国立劳动大学周刊》第5期，1927年11月13日。

而要成为"对于实社会实生活略有言动"乃至投身革命战争的"勇敢的呆子"①。质言之，在鲁迅看来，革命时代的中国迫切需要的是从事革命的实际工作，而非空谈革命的虚文，是战士而非文士。

在彼时的革命文学家中，太阳社成员蒋光慈最看重创作，他曾宣称："我以为与其空谈什么空空洞洞的理论，不如为事实的表现，因为革命文学是实际的艺术的创作，而不是几篇不可捉摸的论文所能建设出来的。"②然而，蒋光慈的创作也非鲁迅认可的革命文学，因其小说《短裤党》"写得并不好，他是将当时的革命人物歪曲了的"③。此外，就蒋光慈本人而言，据其友人回忆：

> 我们看到他的小说时，直觉地以为他是一个无论在思想上，行动上的革命人物，不知他竟是一个十足的罗曼谛克底小资产阶级……我们要认识蒋光慈，首先要知道他并不是一个意识行动完全相符的人，而是一个憧憬着曙光的，并绝对同情着劳苦阶级的"作家"。近来在文坛上所流行的两句：(I am not a fighter. But I am a writer.)，大可为光慈所吟。④

蒋光慈不是一个"战士"（fighter），而只是一个"作家"（writer），这不仅是友人对他的观察，也是鲁迅对所谓革命文学家的观感，而这与鲁迅关于真正的革命文学家本身是革命者、战士的主张正相乖离。

---

① 鲁迅：《〈书斋生活与其危险〉译者附记》，《莽原》第2卷第12期，1927年6月25日。
② 蒋光慈：《关于革命文学》，《太阳月刊》2月号，1928年2月1日。
③ 鲁迅：《书信·340714 致伊罗生》，《鲁迅全集》第14卷，人民文学出版社2005年版，第309页。
④ 杨剑花：《关于蒋光慈》，载杨之华主编《文坛史料》，中华日报社1944年版，第224页。

此外，在鲁迅看来，真正的革命文学，无论叫作无产阶级文学、大众文学抑或平民文学，都应该是由无产阶级创造并表达本阶级思想的文学，而不是读书人所写的表达智识阶级思想的文学。就此而言，彼时产生广泛影响的革命文学，其实都是小资产阶级观念的产物，因为作者还都是读书人，并不容易写出革命的实际来，就算是茅盾的《子夜》，也"只是作用于智识阶级的作品而已"[①]。因而，要在革命时代创造无产阶级自己的文学，首要任务就是要唤起民众，这既是革命先驱孙中山的遗嘱之一，也是其"知难行易"哲学的精髓：侧重在"知"，更要一般民众都"知"[②]。基于对统治阶级及其帮闲者愚民行径的洞察，鲁迅认为要想做成大规模的大众化的文艺，就必须依靠"政治之力"（暴力革命）的帮助，否则，"许多动听的话，不过文人的聊以自慰罢了"[③]。在这里，鲁迅再次强调革命的实行之于创造革命文学的实质意义，否定了革命文学家一厢情愿的空话与虚文。

三、"战士"与"实行"

虽然鲁迅如此批判文士及其虚文，但在他的论敌眼中，他与当时的中国文士并无不同。与鲁迅有过笔墨之争的地质学家李四光曾写道：

> 我听说鲁迅先生是当代比较有希望的文士。中国的文人，向来有作"捕

[①] 鲁迅:《书信·331213 致吴渤》，《鲁迅全集》第12卷，人民文学出版社2005年版，第516页。此外，鲁迅曾劝增田涉勿翻译《子夜》，"乃其非永久价值的作品"（[日]增田涉:《鲁迅的印象》，龙翔译，香港天地图书有限公司1980年版，第19页）。

[②] 鲁迅:《关于"子见南子"》，《语丝》第5卷第24期，1929年8月19日。

[③] 鲁迅:《文艺的大众化》，《大众文艺》第2卷第3期，1930年3月1日。

风捉影之谈"的习惯，并不奇怪。所以他一再笑骂，我都能忍受，不答一字。暗中希望有一天他自己查清事实，知道天下人不尽像鲁迅先生的镜子里照出来的模样。到那个时候，也许这个小小的动机，可以促鲁迅先生作十年读书、十年养气的功夫。也许中国因此可以产生一个真正的文士。那是何等的贡献！①

李四光在此明褒暗贬，其言下之意不难明白：目前的鲁迅与向来作捕风捉影之谈的中国文人并无不同，与"真正的文士"尚有距离。

对此，鲁迅不仅奉还了文士的称号，而且坚称"我是不属于这一类的"②，表明了不屑于与之为伍的立场。不仅如此，在上海几年之后，鲁迅对文士的身份及相关名号尤为反感："近二年来，一切无耻无良之事，几乎无所不有，'博士''学者'诸尊称，早已成为恶名……而在'作家'一名之中，则可包含无数恶行也。"③正是出于对文士身份的深恶痛绝，当林语堂、陶亢德邀约鲁迅在《人间世》半月刊登载所谓"作家"并"夫人及公子"的照片时，均被其婉言谢绝。④

鲁迅之所以拒绝文士身份及其相关名号，也是出于对自身文化情怀、战斗立场的确认。对于写作动因，鲁迅一方面坦承自己为改革者呐喊的创作初衷，另一方面则坚称之所以留心文学，并不想以文学家行世，不过想

---

① 李四光：《李四光先生来件》，《晨报副刊》第1434号，1926年2月1日。
② 鲁迅：《不是信》，《语丝》第65期，1926年2月8日。
③ 鲁迅：《书信·340412 致姚克》，《鲁迅全集》第13卷，人民文学出版社2005年版，第75页。
④ 参见鲁迅《书信·340415 致林语堂》，《鲁迅全集》第13卷，人民文学出版社2005年版，第78页；鲁迅《书信·340525 致陶亢德》，《鲁迅全集》第13卷，人民文学出版社2005年版，第123页。

利用它的力量来改良社会。①而对于自己缘何坚持写作不被看好的杂文，鲁迅写道：

> 我以为如果艺术之宫里有这么麻烦的禁令，倒不如不进去；还是站在沙漠上，看看飞沙走石，乐则大笑，悲则大叫，愤则大骂，即使被沙砾打得遍身粗糙，头破血流，而时时抚摩自己的凝血，觉得若有花纹，也未必不及跟着中国的文士们去陪莎士比亚吃黄油面包之有趣。②

在此，鲁迅以钟情于沙漠里飞沙走石、头破血流的生命砥砺，区别于迷恋艺术之宫里小桥流水、风花雪月的文人雅趣，也表达了自己对杂文的真切情感。

与此同时，选择杂文这一文体，也源于鲁迅自身的现实考量与斗争策略：

> 况且现在是多么迫切的时候，作者的任务，是在对于有害的事物，立刻给予反响或抗争，是感应的神经，是攻守的手足。潜心于他的鸿篇巨制，为未来的文化设想，固然是很好的，但为现在抗争，却也正是为现在和未来的战斗的作者，因为失掉了现在，也就没有了未来。③

质言之，鲁迅选择了杂文这一文体，也就选择了战士的角色和身份。

---

① 参见鲁迅《我怎么做起小说来》，载鲁迅、郑伯奇、洪深等《创作的经验》，上海天马书店1933年版，第1页。
② 鲁迅：《华盖集·题记》，北新书局1926年版，第Ⅲ—Ⅳ页。
③ 鲁迅：《且介亭杂文·序言》，上海三闲书屋1937年版，第Ⅱ页。

他不仅如此实践，而且以此鼓舞后辈："现在需要的是斗争的文学，如果作者是一个斗争者，那么无论他写什么，写出来的东西一定是斗争的。"① 或许正因如此，早在 1927 年，就有读者指出："《热风》和《华盖集》，都是先生的杂感短文，在这里的鲁迅先生，以战士身而显现了！"② 而稍后，林语堂则干脆称鲁迅为"一个光荣地胜利的'武夫作家'（Soldier-writer）"③。

作为时涉论争的战士，鲁迅强调，与陈西滢、梁实秋等祭出"公理""多数"等旗帜的手段不同，自己"所谈的道理是'我以为'的道理，所记的情状是我所见的情状"④，虽然文字往往让人不舒服，甚至使人气闷、憎恶、愤恨，"但实为公仇，决非私怨"⑤。因此，即便被贴上"毒笔文人"的标签，鲁迅都坚信自己文章的价值并不在文人学者的名文之下，"并且相信有些人会从中寻出合于他的用处的东西"⑥。而注重杂文的战斗功能并确信其有益于世人，也使得鲁迅对其读者别有期待："我的文章，未有阅历的人实在不见得看得懂，而中国的读书人，又是不注意世事的人居多，所以真是无法可想。"⑦

期待读者能注意世事，实与希望青年"注重实行的，动的"思想主张一以贯之，这使得鲁迅有别于同时代的其他青年导师。1925 年初，在《京

---

① 鲁迅：《书信·341009　致萧军》，《鲁迅全集》第 13 卷，人民文学出版社 2005 年版，第 224 页。
② 张迂庐：《欢迎鲁迅先生来广州》，载钟敬文编《鲁迅在广东》，北新书局 1927 年版，第 2 页。
③ 林玉堂：《鲁迅》，光落译，《北新》第 3 卷第 1 期，1929 年 1 月 1 日。
④ 鲁迅：《新的蔷薇》，《语丝》第 81 期，1926 年 5 月 31 日。
⑤ 鲁迅：《书信·340522　致杨霁云》，《鲁迅全集》第 13 卷，人民文学出版社 2005 年版，第 113 页。
⑥ 鲁迅：《且介亭杂文·序言》，上海三闲书屋 1937 年版，第 III 页。
⑦ 鲁迅：《书信·360405　致王冶秋》，《鲁迅全集》第 14 卷，人民文学出版社 2005 年版，第 70 页。

报副刊》发起的青年必读书目征集活动中,与梁启超、胡适、顾颉刚等人所开大量中国古典书目不同,鲁迅不仅交了白卷,而且还主张少看或不看中国书,并强调现在的青年最要紧的是"行"不是"言"①。对此,夏济安在20世纪60年代指出,如果将这个宣言放到鲁迅一生的经历中检验,依鲁迅的说法,人活着的证明便是"行"的能力,但反观他自己,一生并没有什么可供人缅怀的壮举,反倒是他所轻视的文学创作,成为他盛名的依傍。②夏氏此说堪称尖锐,但仅在字面上突出鲁迅自身言与行的截然对立,则所下结论未免武断,因这里涉及在"言"(文学创作)之外,鲁迅的思想主张、文化实践对20世纪中国革命的实际贡献的问题。

事实上,20世纪中国知识界所谈论的革命,并不单指政治层面的暴力行动,而更接近于1932年傅斯年所提出的广义的"近代意义的革命",即"这里所谓革命者,不只政治革命,应该包括一切社会的、文艺的、思想的改革而言"③。而这些改革都是需要知识者开展文艺创作、思想论争等文化实践的"行"。因此,相较于政治革命,鲁迅试图将自我从智识阶级中解救出来的思考、挣扎及论争,其实包含着知识者的今日之我与昨日之我,兼及言与行层面的多重对决,称得上是一场文艺的、思想的革命,一种蕴含文化实践的"行"。此外,彼时鲁迅作品的流播,其与"言"相关的讲演、通信,以及编辑出版、倡导木刻、签名请愿、参加"左联"等文化实践所产生的积极影响,正是新文化运动成就的体现。进一步讲,正因其对伪士、

---

① 鲁迅:《青年必读书(十)》,《京报副刊》第67号,1925年2月21日。
② 参见夏济安《黑暗的闸门:中国左翼文学运动研究》,高芷均等译,香港中文大学出版社2016年版,第131页。
③ 罗志田:《近代读书人的思想世界与治学取向》,北京大学出版社2009年版,第104—125页。

虚文的摒弃，对黑暗的决绝反抗，以及"从旧垒中来，情形看得较为分明，反戈一击，易制强敌的死命"[1]的文化实践和战斗功绩，鲁迅（乃至一代新文化人）以言为武器的文化革新运动，已然突破了传统言、行二元对立的畛域，称得上是一场实在的社会革命。

四、知识者的"理想典型"

虽说如此，对知识者自身的局限，鲁迅依然十分清醒。1925 年，鲁迅就曾感慨"说话的也不过能说话，弄笔的也不过能弄笔"[2]。两年之后在广州的亲身经历，更让他感到文学总是一种余裕的产物："掉弄笔墨的，从实行者看来，究竟还是闲人之业。"[3] 或许正因如此，鲁迅坦承"我并不希望做文章的人去直接行动，我知道做文章的人是大概只能做文章的"[4]。就此看来，鲁迅重行轻言的出发点，主要并非鼓动知识者直接参与暴力革命，而是强调其言行要与实际的社会生活相关，要尽可能地立足当下。

有鉴于此，鲁迅批评那些自称"超阶级"和"超时代"的作家：

生在有阶级的社会里而要做超阶级的作家，生在战斗的时代而要离开战斗而独立，生在现在而要做给与将来的作品，这样的人，实在也是一个心造的幻影，在现实世界上是没有的。要做这样的人，恰如用自己的手拔着头发，

---

[1] 鲁迅：《坟·写在〈坟〉后面》，未名社 1927 年版，第 303 页。
[2] 鲁迅：《编完写起》，《莽原》第 4 期，1925 年 5 月 15 日。
[3] 鲁迅：《叶永蓁作〈小小十年〉小引》，《春潮月刊》第 1 卷第 8 期，1929 年 8 月 15 日。
[4] 鲁迅：《"醉眼"中的朦胧》，《语丝》第 4 卷第 11 期，1928 年 3 月 12 日。

要离开地球一样……①

对于国民革命之后的中国知识界而言,鲁迅的批评堪称切中时弊。然而,恰恰在关于作家的创作与阶级、时代的关系方面,鲁迅一直备受攻击。比如,此前成仿吾形容他是"有闲阶级""趣味主义者"②,冯乃超嘲讽他是抱持"隐遁主义"的"落伍者"③,随后廖沫沙则挖苦他是专写"不痛不痒、毫无着落"文章的"花边文学家"④,等等。

对于创作,鲁迅曾从社会经济层面揭橥现代作家的来源及其与当今文坛的关系:

要之,凡有弄弄笔墨的人们,他先前总有一点凭借:不是祖遗的正在少下去的钱,就是父积的还在多起来的钱。要不然,他就无缘读书识字。现在虽然有了识字运动,我也不相信能够由此运出作家来。所以这文坛,从阴暗这方面看起来,暂时大约还要被两大类子弟,就是"破落户"和"暴发户"所占据。⑤

实际上,作为由家道中落的世家子弟成长起来的作家之一,鲁迅与其他"破落户""暴发户"不同,他不仅没有因成为作家而自豪,而且以一种

---

① 鲁迅:《论"第三种人"》,《文化月报》第1卷第1期,1932年11月15日。
② 仿吾:《完成我们的文学革命》,《洪水》第3卷第25期,1927年1月16日。
③ 冯乃超:《艺术与社会生活》,《文化批判》创刊号,1928年1月15日。
④ 林默:《论"花边文学"》,《大晚报》1934年7月3日。
⑤ 鲁迅:《文坛三户》,《文学》第5卷第1号,1935年7月1日。

"与强烈的悲剧感相伴随的自我反观和自我否定"的"中间物"意识[1]，反思自己的作家身份，挖掘和批判其所在智识阶级的劣根性。

换句话说，无须批评者的指责，鲁迅看待文学创作和作家身份的态度，本就十分矛盾。冯雪峰在回忆1928年同鲁迅交往时，曾描摹鲁迅彼时的心迹："他一方面蔑视着知识分子，一方面又非常执着地肯定着知识分子的任务和工作，并且为知识分子的地位和命运悲哀——这种矛盾的情绪和意见，确是他随时地流露出来的。"[2]一方面是羞与为伍且决心跳出，另一方面则身处其中无可逃脱，彼时鲁迅内心的矛盾和焦虑不难想象。对此，冯雪峰分析道："从他个人说，我觉得他是非常地要求保持独立性和独立活动的人；但从他的社会思想和向来的战斗目的说，他一直要求在时代的开辟运动中做一名战卒，这要求又在新的情势下在迫着他了。"那么，在鲁迅那里，保持个人独立性与"时代的新的社会任务"之间冲突的结果如何？冯雪峰认为，"那结果，是个人完全埋没到时代的集体的战斗中，而于获得新的社会力后开拓了最大限度的'独立性'"。[3]

就此而言，鲁迅为写作所赋予的战斗姿态，与以胡适为代表的自由主义知识者迥然有别，后者通过一种几近理性主义的抽象达到对于群众和当下的疏离，而前者则自觉选择成为时代的"战卒"，由此实现对于群众和当下的介入。当然，鲁迅与胡适之间的差异，除了源于家教、性情、社会地位、审美趣味的不同之外，还有学养背后哲学立场的差异："胡适的改良渐进立场，背后是杜威的实验主义哲学；反过来，鲁迅的彻底怀疑与坚决反

---

[1] 汪晖：《反抗绝望——鲁迅及其文学世界》，河北教育出版社2000年版，第191页。
[2] 冯雪峰：《鲁迅回忆录（二十一）》，《文汇报》1946年11月27日。
[3] 以上参见冯雪峰《鲁迅回忆录（十八）》，《文汇报》1946年11月23日。

叛，则有尼采哲学的深刻印记。"[1] 不过，鲁迅的这种介入，并非个体理性精神的独自远行，而是以战士的身份投入当下的不无血污的历史，同时保持足够的清醒，正如他所言："用笔和舌，将沦为异族的奴隶之苦告诉大家，自然是不错的，但要十分小心，不可使大家得着这样的结论：'那么，到底还不如我们似的做自己人的奴隶好。'"[2] 因而，鲁迅这种介入中的反省，不仅不同于胡适的理性主义，更与尼采式的精神狂人迥然有别。而这种区别的根源或许在于，与世界的疏离造成一种精神的个性，而介入当下则在个体自我中唤醒一切属于人的东西，前者要求的是自我修炼，后者强调的则是爱。[3] 从实际情况来看，1928年以后，鲁迅在调适自我修炼与集体战斗时，多取积极的姿态与合作的立场，所谓"创作总根于爱"[4]"革命的爱在大众"[5]，既是鲁迅赋予写作的使命，也是他在矛盾冲突中得以坚持前行的内在动力。

1932年，在回顾自己与文士阶级的斗争经历时，鲁迅援引德国马克思主义者梅林（Franz Mehring）的观点，大意是在坏下去的旧社会里，对持不同意见者攻击陷害最凶的是他同阶级的人，因为"他们以为这是最可恶的叛逆，比异阶级的奴隶造反还可恶，所以一定要除掉他"。于此，鲁迅不仅总结了以往四处碰壁的原因，而且检讨了自身"中产的智识阶级分子的

---

[1] 陈平原：《鹦鹉救火与铸剑复仇——胡适与鲁迅的济世情怀》，《学术月刊》2017年第8期。
[2] 鲁迅：《半夏小集》，《作家》第2卷第1期，1936年10月15日。
[3] 参见[德]卡尔·雅斯贝斯《时代的精神状况》，王德峰译，上海译文出版社1997年版，第176页。
[4] 鲁迅：《小杂感》，《语丝》第4卷第1期，1927年12月17日。
[5] 鲁迅：《书信·290407 致韦素园》，《鲁迅全集》第12卷，人民文学出版社2005年版，第160页。钱理群也认为："爱是构成鲁迅战士品格的基本要素之一。"（钱理群：《心灵的探寻》，生活·读书·新知三联书店2014年版，第188页）

坏脾气",更将自我身份的解放预约给了无产阶级革命:"只是原先是憎恶这熟识的本阶级,毫不可惜他的溃灭,后来又由于事实的教训,以为惟新兴的无产阶级才有将来,却是的确的。"[1] 这不仅是鲁迅思想左转以后的自我剖析,更是他对新的身份的热情期许。然而,在鲁迅去世80多年后的今天,或许有人会提出疑问:假若鲁迅期待的那场革命,确如雷蒙·阿隆指出的,"如同过去的所有革命一样,只是由一个精英集团通过暴力取代另一个精英集团","并未呈现出任何非同寻常的特征"[2],那么,他所执念的自我身份的解放,会不会只是一个心造的幻影?

对于鲁迅而言,这或许是无法回避的难题。然而不可否认的是,无论现实如何发展,革命能否彻底实现,鲁迅追求自我身份解放时的遭遇,正是一个不断追求改造世界、改造自我的知识者的生动写照。1927年10月在上海国立劳动大学的演讲中,鲁迅就指出,"真的智识阶级是不顾利害的",除了站在底层平民一边,"他们对于社会永不会满意的,所感受的永远是痛苦,所看到的永远是缺点,他们预备着将来的牺牲,社会也因为有了他们而热闹,不过他的本身——心身方面总是苦痛的"[3]。这既是鲁迅对"真的智识阶级"的定义和礼赞,也是其作为"永远的革命者"的夫子自道。就此而论,在反抗旧文化、旧秩序和解放自我的道路上,鲁迅虽然无法像胡适、周作人那样保持"爱智者"的理性与平和[4],但他或许才是更丰富、更伟大的"那一个",因为他深刻体验了革命时代的知识者新的兴奋与

---

[1] 鲁迅:《二心集·序言》,合众书店1932年版,第4—5页。
[2] [法]雷蒙·阿隆:《知识分子的鸦片》,吕一民、顾杭译,译林出版社2005年版,第42页。
[3] 鲁迅:《关于智识阶级》,黄河清笔记,《国立劳动大学周刊》第5期,1927年11月13日。
[4] 参见拙文《知识者"爱智之道"的背后——一九三〇、四〇年代周作人对儒家的论述》,《文学评论》2013年第2期。

挣扎，并选择直面超越个体经验和历史传统的更深层次的冲突。

进一步来看，鲁迅对文士身份的拒绝，其意义不仅在于他对智识阶级的否定与批判，更在于他以文学书写、文化实践诠释了一个不断追求革命，以至于革本阶级命的知识者的"理想典型"。这是鲁迅口中与"冒充的智识阶级""伪士"天壤有别的"真的智识阶级"，更是后人眼中"真正的知识分子"，一个"稀有罕见之人"，因为他"支持、维护的正是不属于这个世界的真理与正义的永恒标准"[①]。

[①] ［美］萨义德：《知识分子论》，单德兴译，生活·读书·新知三联书店2002年版，第12页。

从鲁迅与父亲的关系，说到鲁迅教育思想的形成

王锡荣

一、引言：一个不是父亲的人大谈怎样做父亲

讨论鲁迅与母亲的文章不少，而讨论鲁迅与父亲的文章不多。但是，鲁迅在自己还没有当父亲的时候，却写了一篇《我们现在怎样做父亲》的文章。为什么一个不是父亲的人，却偏偏来大谈怎样当父亲？这是一直让我百思不得其解的：他怎么能有这自信，准确把脉父亲们的心理，又怎能深刻切中了时弊，提出了一些重大的社会教育、家庭教育问题，而且开出药方。当时的读者必定以为这作者是个父亲，谁知这人不但没有儿女，而且几乎是个单身汉，连当"候补父亲"的资格，也还只是刚刚在萌生。[1]怎样当父亲，他显然并没有自身的实践经验。那么，他怎么会想到要来谈这个本来与他似乎无关的问题，即使要谈，又为什么不换个题目，回避自己不是父亲的尴尬，而竟然冒用了"我们现在"的名义？他对于怎样做父亲

---

[1] 鲁迅与原配夫人朱安，1906年结婚后，就一直处于"名义夫妻"的状态，毫无感情可言，不可能生儿育女。这时候鲁迅还不认识后来的爱人许广平。

的思考，是从哪里出发，又是从哪里看出病灶，得到启示，找到药方的？作为鲁迅观察"怎样做父亲"这个命题的最切近的窗口，当然就是他自己的父亲。虽然这不会是唯一的窗口，但却一定是最重要的窗口。因为一是贴近，每天看见；二是与自己有关。但当我们观察鲁迅与其父亲关系的时候，却发现了一幅多少有些模糊不清的复杂图景。

二、鲁迅对父亲的讲述

说起来，鲁迅没有写过类似于《我的母亲》这类文章，但却写过一篇专谈父亲的文章，这就是《父亲的病》①。在那里面，鲁迅明确表达"我很爱我的父亲"②。鲁迅在《呐喊·自序》里表达了对父亲逝去的哀痛——"我的父亲终于日重一日的亡故了"③，甚至因父亲的死而迁怒于整个中医："到现在，即使有人说中医怎样可靠，单方怎样灵，我还都不信。自然，其中大半是因为他们耽误了我的父亲的病的缘故罢。"④这个看法影响了鲁迅一生，甚至影响了鲁迅的择业，以致常被人诟病为偏见。另外，鲁迅也表现出一种认同家族遗传的态度："听说牙齿的性质的好坏，也有遗传的，那么，这就是我的父亲赏给我的一份遗产，因为他牙齿也很坏。"⑤这虽然不牵涉关系评价，也是一种认同的态度。鲁迅对父亲，也是有怀念的。在《故乡》中

---

① 《父亲的病》写于1926年10月7日，刊登于同年11月10日《莽原》周刊第1卷第21期，后收入《朝花夕拾》。
② 鲁迅：《父亲的病》，《鲁迅全集》第2卷，人民文学出版社2005年版，第298页。
③ 鲁迅：《呐喊·自序》，《鲁迅全集》第1卷，人民文学出版社2005年版，第437页。
④ 鲁迅：《从胡须说到牙齿》，《鲁迅全集》第1卷，人民文学出版社2005年版，第264页。
⑤ 鲁迅：《从胡须说到牙齿》，《鲁迅全集》第1卷，人民文学出版社2005年版，第263页。

说到闰土时说："我认识他（闰土）时，也不过十多岁，离现在将有三十年了；那时我的父亲还在世，家景也好，我正是一个少爷。"① 这是把父亲在世，与"家景好"联系在一起，虽未必是把"家景好"归功于父亲，但却明显是在怀念父亲在世的时代。其实，按照鲁迅家族和一些传记的说法，鲁迅的父亲思想开通，曾打算将来让几个儿子一个上东洋，一个上西洋。这或许就是后来鲁迅自己并带弟弟出洋的动力之一。鲁迅对父亲也有明确称颂："我的父亲也不是新学家，但竟毅然决然的给我种起'洋痘'来，恐怕还是受了这种学说的影响。"② "这种学说"即指种牛痘。这在鲁迅的幼年时代，还是刚刚传到中国不久的新鲜玩意儿，接种牛痘，是需要有接受新思想的眼光和勇气的。这明确表达了鲁迅对父亲思想开通的称颂。

三、两个细节揭示了鲁迅与父亲关系的微妙与复杂

鲁迅从正面谈到父亲时，常表现出肯定、尊敬、怀念甚至称颂的态度，但是在另一些不经意的叙述中，却流露出另一种态度。我们从两个细节来考察。

第一个细节是在《二十四孝图》里，鲁迅说，小时候看《二十四孝图》中的"郭巨埋儿"故事，曾经有这样的恐惧："家景正在坏下去，常听到父母愁柴米；祖母又老了，倘使我的父亲竟学了郭巨，那么，该埋的不正是我么？"③ 郭巨埋儿固然因感天动地，在挖坑时居然掘到大把黄金，从而使

---

① 鲁迅：《故乡》，《鲁迅全集》第1卷，人民文学出版社2005年版，第502页。
② 鲁迅：《我的种痘》，《鲁迅全集》第8卷，人民文学出版社2005年版，第385页。
③ 鲁迅：《二十四孝图》，《鲁迅全集》第2卷，人民文学出版社2005年版，第263页。

他的儿子逃过一劫，但那种侥幸显然不可能重复出现，那时候不就惨了？这种设想，看似荒唐。鲁迅的家景也还没有到那样的地步，危险的来临还比较遥远，而且鲁迅显然是出于一种调侃的假设，带着黑色幽默的某些特征。可以肯定，少年鲁迅并不会真正担心那悲剧发生在自己身上。鲁迅后来在文章中那样假设，只是为了强调郭巨那种做法的极端不合理，控诉封建礼教的不人道。

但是，耐人寻味的是，少年鲁迅为什么会有这样的心理活动？同是儿童，别的孩子在看这"郭巨埋儿"故事的时候，也会有如此的担忧吗？我们没有统计数据。从事理逻辑分析，一个孩子读到这个故事后，有这样的反应，也是正常的，特别是那些善于思考而家景不佳的孩子。但是，可以依据形式逻辑一般规律判断的是：至少不是每个孩子都有这样的担忧，根据我们的人生经验，这甚至不是多数孩子的表现。

郭巨埋儿是因为太穷，因此穷苦人家的孩子遭遇那种危险的概率应该更高些，这种担忧会更多一些。但在鲁迅的时代，穷苦人家的孩子多半是读不起书的，甚至连那个故事都没有听说过，也就比较少有那样的心理活动了。而富家子弟，则又不大会有那危险，同样不大会陷入那种恐惧。独有原本是富家子弟，知道这故事，而又处在迅速的穷落中，才有机会产生这样的心理活动。还有一个关键因素，就是这位父亲。"郭巨埋儿"故事的关键人物是郭巨这位父亲。他要是不孝，倒也不会那样做；他要是很爱孩子，也不会那样做；他要是没有穷落，自然更不会那样做；只有一个至孝，又处在急速穷落中，而并不是十分在意孩子（或者说重父母更甚于孩子）的父亲，才会出此下策。那么，少年鲁迅之所以产生那种担忧，是否足以说明鲁迅的父亲同时具备这三个要件呢？我们看到，周伯宜显然是个孝子，以周福清的强势性格，也不容他有丝毫叛逆；同时，其家道也正在迅速穷落。从这两个要件看来周伯宜是符合的,至于第三个要件,是否在意孩子或者重父母更甚于孩子,我们很难做判定。但如果孩子有这种想法,这说明在孩子的心目中,父亲并不是那么特别在意孩子,或者在父母与孩子之间会选择父母,不然孩子就不会那样想。

如果说这种情节并不是少年鲁迅的真实想法,而只是成年鲁迅为做文章而设计的情节,那么成年的鲁迅如若无中生有这样设计情节,就更加不合适了:如果幼年的鲁迅那样想,算是天真的表现,成年的鲁迅这样设计,就多少含着对父亲的不敬了。所以,这应该确实是幼年鲁迅的想法,成年鲁迅只是不惮忌讳把它写了出来。但尽管如此,这对父亲的形象或多或少有些不利。

第二个细节是在《父亲的病》里,写到父亲生病弥留时:"我有时竟至于电光一闪似的想道:'还是快一点喘完了罢……'立刻觉得这思想就不该,就是犯了罪;但同时又觉得这思想实在是正当的,我很爱我的父亲。便是现在,也还是这样想。"[1] 这文章是1926年在厦门时写的,但实际上在1919年,鲁迅已经在《自言自语》系列小杂感中有类似的表述。[2] 应该说,鲁迅看到父亲临终的痛苦万状,觉得不如早点结束那生不如死的苦难时刻,那想法无疑是正当的,在"安乐死"已经产生的21世纪的今天,人们就更能理解了。但是,这也要历史地看,毕竟那是在1896年。当时一般人是不大会这么想的,因为这在旧道德的语境中很容易被认为忤逆不孝。作为一个15岁的少年,鲁迅那时候是否已经具有了后来那样成熟的科学的思想,很难说。他当时的想法,显然是油然而生的,甚至是情不自禁的,自己也

---

[1] 鲁迅:《父亲的病》,《鲁迅全集》第2卷,人民文学出版社2005年版,第298页。
[2] 参见鲁迅《自言自语》,《鲁迅全集》第8卷,人民文学出版社2005年版,第120页。

立刻觉得好像犯了罪。他虽然认为是正当的，但似乎在当时的情境下，并不那么理直气壮，所以需要声明说"我很爱我的父亲"，表示不是出于忤逆不孝。而且说"便是现在，也还是这样想"，这又是表示"不管别人怎么看，我就是这样想的"，这又显然在辩白。我们毫不怀疑鲁迅爱父亲（实际上，这种爱更准确地说是"孝敬"），但是，如果自认为无可指摘，就不需要辩白；如果是担心别人不理解，那就表示他的想法可能与多数人不同。在这样的情境下，鲁迅与父亲的关系复杂性，也就逐渐浮了上来，特别是周边人公认鲁迅是旧道德范畴下的孝子，作为一个公认的孝子而产生了很容易被认为忤逆不孝的想法，鲁迅那种心理产生的机制，显然不是那么单纯和简单了。

四、一个终生难忘的记忆

但鲁迅谈到他父亲的一个最令人难忘的画面，是当少年鲁迅与邻居小伙伴们兴高采烈准备上船去看社戏的一刻，一脸冰霜的父亲出现在他身后，且命令他立刻去背书，等到背完书再上船去看戏，不但看戏过了时间，所有人也扫了兴，让小鲁迅索然无味。这件事对鲁迅的精神上的打击，绝非一时的扫兴，而是终身的伤害。直到几十年后，他还说："我至今一想起，还诧异我的父亲何以要在那时候叫我来背书。"① 鲁迅措辞很讲究分寸，虽然用的是"诧异"，实际上就是"无法理解"的意思。"一想起就诧异"，就是明白表示：这是他永远不会愈合的伤口，随时都会在胸中隐隐作痛。可以说，在这里，鲁迅公开表示对父亲这一举动永远无法原谅。作为一个旧时

---

① 鲁迅：《五猖会》，《鲁迅全集》第2卷，人民文学出版社2005年版，第273页。

代公认的"孝子"，他在行为举止上对父亲没有任何违拗的表现，但在几十年后，却公然用了可能被未脱封建时代氛围的人们认为"大不孝"的方式，公然谈论父亲违背孩子天性的做法。

鲁迅在这里为什么要揭父亲的短？不说无人知晓，说出来不是反让人鄙薄吗？显然，鲁迅的用意并不在此。鲁迅处于封建王朝时代向共和时代过渡的时代，社会刚刚打破了封建制度，新的社会秩序的建立还没有完成，封建礼教仍然盛行。但另一方面，新的观念正在成长。从旧道德的视角看，"父为子纲"，父亲做得无可非议；从新道德的视角看，这却是戕害人性。在这里，鲁迅就是以自己的切身体验，发出对封建礼教的沉痛控诉。我认为，这也就是他写《我们现在怎样做父亲》一文的内在逻辑起点。在1919年那个特定的年代，新旧社会、新旧制度、新旧道德、新旧思想正在大厮杀，鲁迅作为新制度、新道德、新思想的热烈拥护者、传扬者，当然要猛烈抨击旧道德、旧思想，要揭露旧礼制、旧道德、旧思想之恶。从这个角度出发，也就可以理解为什么不是父亲的鲁迅要"冒充"人之父来大谈怎样做父亲了，同样也就容易理解鲁迅为什么要把自己的父亲绑上封建礼教的耻辱桩了。

五、鲁迅教育思想的形成

应该看到，鲁迅当然并不是刻意发泄对死去30年的父亲的不满，其实父亲只是陪绑。鲁迅之所以不惜损坏自己父亲的形象，目的是在控诉整个封建旧道德的不人道、无人性。为了加大抨击的烈度，鲁迅不惜现身说法，揭出自己的旧伤疤，来痛斥维护封建旧道德者的不德。其实，读者还是能够看出，鲁迅针对的不是父亲，而是整个旧礼教、旧道德、旧思想。

在《我们现在怎样做父亲》中，鲁迅痛切指陈："他们以为父对于子，有绝对的权力和威严；若是老子说话，当然无所不可，儿子有话，却在未说之前早已错了。"[1] 在这里，鲁迅用的是"他们"，实指"圣人之徒"，泛指一切怀着旧观念的人们，其实他的父亲也在内。这是封建时代的基本逻辑。这也就是鲁迅父亲对鲁迅的逻辑。既然"父为子纲"，那服从父命，天经地义。在当时，这可说绝对正常，但从新道德的角度看，则绝对不人道、不科学、不正常。鲁迅从科学发展、人类进化的角度，指出人人都是"生命桥梁上的一级"，人类进化链子上的一环。父母生出子女，说不上有什么恩，"可惜的是中国的旧见解，竟与这道理完全相反"[2]，鲁迅甚至认为"后起的生命，总比以前的更有意义，更近完全，因此也更有价值，更可宝贵；前者的生命，应该牺牲于他"，可是"中国的旧见解，又恰恰与这道理完全相反。本位应在幼者，却反在长者；置重应在将来，却反在过去"[3]。

鲁迅认为，按照自然界的法则，父母生育后代，属于天性，而养育后代，则应该出于一种天性的"爱"，而非"恩"，否则娶妻就成了"放债"，以图将来有所回报。鲁迅指出："欧美家庭，大抵以幼者弱者为本位，便是最合于这生物学的真理的办法。"[4] 这才是父母的职责所在。"所以觉醒的人，此后应将这天性的爱，更加扩张，更加醇化；用无我的爱，自己牺牲于后起新人"[5]，也就是鲁迅一再主张的"自己肩住黑暗的闸门，放他们到宽阔光

---

[1] 鲁迅:《我们现在怎样做父亲》,《鲁迅全集》第1卷,人民文学出版社2005年版,第134页。
[2] 鲁迅:《我们现在怎样做父亲》,《鲁迅全集》第1卷,人民文学出版社2005年版,第136页。
[3] 鲁迅:《我们现在怎样做父亲》,《鲁迅全集》第1卷,人民文学出版社2005年版,第137页。
[4] 鲁迅:《我们现在怎样做父亲》,《鲁迅全集》第1卷,人民文学出版社2005年版,第138页。
[5] 鲁迅:《我们现在怎样做父亲》,《鲁迅全集》第1卷,人民文学出版社2005年版,第140页。

明的地方去，此后幸福的度日，合理的做人"①。

父母对子女应该怎样做？鲁迅提出了他的三大方针："开宗第一，便是理解。往昔的欧人对于孩子的误解，是以为成人的预备；中国人的误解，是以为缩小的成人。直到近来，经过许多学者的研究，才知道孩子的世界，与成人截然不同；倘不先行理解，一味蛮做，便大碍于孩子的发达。"②说得严重点，这便正是鲁迅对父亲做法的谴责。父亲那时完全不理解小鲁迅的心情，一味蛮做。鲁迅告诉自己死去的父亲：他的做法"大碍于孩子的发达"。

"第二，便是指导。时势既有改变，生活也必须进化；所以后起的人物，一定尤异于前，决不能用同一模型，无理嵌定。长者须是指导者协商者，却不该是命令者。"③毫无疑问，父亲当时的做法，也是包含在这个"命令者"群里的。

"第三，便是解放。子女是即我非我的人，但既已分立，也便是人类中的人。因为即我，所以更应该尽教育的义务，交给他们自立的能力；因为非我，所以也应同时解放，全部为他们自己所有，成一个独立的人。"④鲁迅的父亲也显然没有把鲁迅看作一个独立的人。别人家的孩子，都毫无挂碍地去看戏，而父亲却认为小鲁迅没有权利自作主张去看戏，无论之前有什么人同意过（甚至很可能他本人也同意过），无论多少人等着开船，无论是否耽误那么多人看戏，他都一概无视，只顾发挥自己的权威，背完了书

---

① 鲁迅：《我们现在怎样做父亲》，《鲁迅全集》第1卷，人民文学出版社2005年版，第135、145页。
② 鲁迅：《我们现在怎样做父亲》，《鲁迅全集》第1卷，人民文学出版社2005年版，第140页。
③ 鲁迅：《我们现在怎样做父亲》，《鲁迅全集》第1卷，人民文学出版社2005年版，第141页。
④ 鲁迅：《我们现在怎样做父亲》，《鲁迅全集》第1卷，人民文学出版社2005年版，第141页。

才能去看戏，毫无商量余地。这就是没有把孩子看作一个独立的人。尽管他还没有成人，但是别人家的孩子为什么不用在这个时候背书？或者鲁迅之前有过因玩耍而耽误了背书之类的"前科"？无论从人情、从事理的角度看，都是很不合理的，更不用说从现代教育理念看了。

当然，成年的鲁迅知道，父亲"中了旧习惯旧思想的毒太深了，决定悟不过来"[1]，不是三句两句话能说明白的，何况当他还在幼、少年时代。很明显，这也绝不是他一个人的现象，而是当时整个中国社会的普遍现象，尤其是那些高门大宅、富裕人家，穷人家反而没有那么多陈规陋习。所以平桥村那么多农人家孩子可以毫无挂碍地去看戏，而独有鲁迅这个算是富家子弟的孩子，却会在即将与全体一起出发的关键时刻被并非不爱孩子的父亲断然喝阻，不惜扫了所有人的兴，甚至可说不顾及大家的脸面。实际上，这时候父亲没有任何理由阻止孩子去看戏。迅哥儿历来是个听话、懂事、孝顺的孩子，此前也没有做错任何事。没有任何证据说明父亲不喜欢、不希望儿子跟那些农民的孩子在一起，父亲这么做或许纯粹只是为了防止孩子贪玩忘了功课。但在孩子欢天喜地准备参加集体的娱乐活动的时候去无端阻止，却明显是有些任性挥洒他作为父亲的权威了。

鲁迅这个心灵的伤口，几十年来始终没有愈合，同时他也在不断思考着断其病根。这就是鲁迅教育观念产生的根由。无独有偶，如果我们还记得鲁迅在另一篇文章中写自己怎样断然阻止年幼的弟弟玩风筝的故事[2]，就会看到，这同样是鲁迅心灵的创口。因为当他踩烂弟弟的风筝时，他所做的，正与当年父亲对自己做的一模一样，甚至有过之无不及！鲁迅不是后

---

[1] 鲁迅：《我们现在怎样做父亲》，《鲁迅全集》第1卷，人民文学出版社2005年版，第135页。
[2] 参见鲁迅《风筝》，《鲁迅全集》第2卷，人民文学出版社2005年版，第187—189页。

来终身为此自责、忏悔吗？在某种意义上，这种忏悔更加痛切。因为，他能够了解到父亲是中旧礼教的毒太深，不可能觉悟，而自己是曾经的受害者，却也以同样的方法加害于比他更年幼弱小者！他沿用了父亲的逻辑，甚至走得更远！这是数十年时时咬啮着鲁迅灵魂的心灵创伤。

正是有着这样的人生经历，有着这些痛切经验的鲁迅，随着逐渐接触西方新思想，接触到科学的教育观念与理论，又投入了反封建、反礼教的"五四"人潮，融入正反两方面的经验，鲁迅的教育理念便迅速地萌生，以至于形成了。

鲁迅的教育理念，内容很丰富，但最核心的部分恐怕就是"立人"。但"立人"也是一个内涵丰富的概念。"立人"不等同于"教育"。它不单单是知识的传输，也不单是思想与观念的建立，而是更重人格的树立。"教育"面对他人，"立人"包含自身。且立人须先立己，不取居高临下的姿态。鲁迅的"立人"观念，从作为父亲的角色来看就是"父母对于子女，应该健全的产生，尽力的教育，完全的解放"①。从这个角度看，也就容易理解为什么当鲁迅真正做起父亲来的时候，他对儿子的态度与教育方式，在浸润于传统观念的人们看来，已经到了"溺爱"的地步。老来得子固然是一个方面，但鲁迅已经具备了全新的教育理念，他对儿子采用的"全人格教育"，完全实现了自己"健全的产生，尽力的教育，完全的解放"的教育理念，却还有很多人不是很能理解。尽管历史已经来到了20世纪30年代，但新旧道德、新旧思想，尤其是教育观念上的大厮杀，还并没有完全分出胜负。根深蒂固的旧道德、旧思想，实际上到今天还没有完全消亡，甚至还时有回潮。可见，在中国，教育理念的革命并不是一场短兵相接的战斗，而是

---

① 鲁迅：《我们现在怎样做父亲》，《鲁迅全集》第1卷，人民文学出版社2005年版，第141页。

一场旷日持久的战争。鲁迅在这场战争中，既是一个启蒙的智者，也是一个身体力行的实践者。他为我们贡献了很多智慧的思想，也为我们树立了躬行的榜样。无论对儿子，还是对弟弟，或者对学生，对弟子，他都实践了自己的教育理念。鲁迅的教育理念丰富而深刻，但最初的发端却来自他自身的痛切经验与感悟，包括父亲对他的无端喝阻的伤痛记忆。

最后还必须重申，鲁迅的父亲是一个具有新思想的、开明的、有教养的知识分子。虽然一生很不得志，但总体上他的观念并不算保守，他对孩子也没有动粗的记录。他爱孩子，只是爱的方式是十分传统的、符合封建"纲常"而违反孩子的天性。同样，鲁迅也爱父亲、敬父亲、孝顺父亲，但对父亲那种管教孩子的方式，却深不以为然，并看到那是千百年来存在于中国人身上普遍而根深蒂固，且极难改变的封建传统或者说习性。而这种传统或习性之根深蒂固，甚至已经部分地濡染到鲁迅自己身上。发现这些，并因之发生灵魂的震颤，正是鲁迅教育思想产生的根源与动力。在今天看到这些，有助于理解鲁迅的教育思想的孕育过程中，隐藏着怎样咬啮心灵的灵魂创伤，也将有助于我们更加深刻理解鲁迅的教育思想。

"理想父亲"建构与国民性反思
——以鲁迅《我们现在怎样做父亲》为中心

沈庆利

导言:"父亲"的文化寓意功能

鲁迅先生的《我们现在怎样做父亲》一文创作于 1919 年 10 月,是鲁迅为数不多的长篇杂文之一。学界对这篇经典文献的解读主要采取家庭教育视角,其中最具代表性的是顾明远先生的观点。他认为鲁迅这篇文章既是对封建伦常的深刻批判,又是一部完整的教育教科书,具有深刻的科学性、民主性,"现在读起来,感到仍有极强的现实意义"[①]。王学谦则基于文化启蒙立场指出,鲁迅在《我们现在怎样做父亲》等文中建构了一个"自己背着因袭的重担,肩住了黑暗的闸门,放他们到宽阔光明的地方去",勇于担当和牺牲的"理想父亲"形象,并认为这一带有崇高感、悲壮性的"理想父亲"形象极具鲁迅个性色彩。鲁迅笔下那些顶天立地、奋发有为乃

---

① 顾明远:《我们现在怎样做父亲》,载鲁迅著,顾明远解读《鲁迅作品里的教育》,福建教育出版社 2013 年版,第 49 页。

至"知其不可为而为之"的男性英雄人物常常带有这种悲壮性和崇高感，"这是最具有鲁迅文学境界和意味的地方"。[①]王先生抓住了鲁迅的思想文化特质，但他未充分意识到鲁迅重建"理想父亲"的文化启蒙意义，反而颇为简单地戏称之为"好父亲主义"主张，并与胡适当年提出的"好政府主义"主张相提并论。笔者认为若将鲁迅对"理想父亲"的建构置于中西文化传统比较中宏观加以考察，其国民性省察的启示意义会彰显许多。

任何文明传统中的"父亲"及"父子"关系都是最具原初性、"终极性"的重大问题，并关乎我们的信仰。作为文化符码的"父亲"具有多重复杂的寓意功能：它既指现实中的生身之父，也是既定秩序和至高权威的隐喻；它既可以成为愚昧专制和强权霸权的象征，也可化身某种道德理想、文化价值体系和自我身份认同的标志。中外文化传统中的"父亲"都经常升华幻化为传说中的"父神""父王"及民族英雄、"民族精神之父"等文化符码，"崇父""恋父""审父"乃至极端化"弑父"与不顾一切冒险"寻父"的叙事母题，在东西方文学里都层出不穷。从荷马史诗《奥德赛》开始，人类便踏上了一条漫长而艰险的"寻父"之旅，古老的华夏民族也未例外。中国文学经典如《西游记》《封神演义》中哪吒"剔骨还父"之类故事表现的同样是这一"心路历程"。哪吒在"精神之父"（师父）太乙真人的教导救助下挣脱"生身之父（母）"的束缚，从一名顽皮好斗、惹祸招身的"坏孩子"成长为坚定成熟的（神明）英雄。不同于西方"弑父"的惨烈极端，哪吒通过将"身体发肤"归还父母（自杀）的方式，完成了对父母的"去恩化"过程。在某种程度上，任何人的成长都包含一个叛逆与超越"生身之父"、追寻"精神之父"，直至与父母代表的社会秩序"和解"

---

① 王学谦：《好父亲主义及其他——重读〈我们现在怎样做父亲〉》，《文艺争鸣》2020年第4期。

的曲折过程，作为五四文化先驱的鲁迅又何尝不如此？

一、以"爱"代"恩（威）"与鲁迅的"前卫"

鲁迅指出他作《我们现在怎样做父亲》这篇文章的目的，就是要反思批判传统父权观念，通俗而言是将革命"革到老子身上"[①]。在传统中国观念中，子女的性命既然来自父母，生命权归父母所有，"父让子死，子不得不死"乃理所应当，不夺、不杀则是无以回报的恩惠；与之对应的则是"君叫臣亡，臣不得不亡"，不夺、不杀即是"皇恩无边"。皇帝作为"天子"代表上苍统治人间万有，"普天之下，莫非王土"；同时皇帝也是宗法伦理体系中的"总爸爸"，是人们心中至高无上的"君父"，对天下子民拥有无限"恩惠"。因而要清算封建伦理体系对人的思想毒害，须从排除父母对子女的恩惠和子女对父母的报恩观念入手。而为了对传统"恩惠"观念进行釜底抽薪式的打击，鲁迅明确提出应摈弃愚昧落后的"性不洁""性罪恶"观念。他指出食欲和性欲都是生物界为"保存生命"而先天具有的本能，既然饮食并非罪恶和不净，性爱也并非罪恶和不净，"饮食的结果，养活了自己，对于自己没有恩；性交的结果，生出儿女，对于子女当然也算不了恩"[②]。但当时许多国人的观念却与此相反，一面难以摆脱性恐惧、性肮脏思维定式，并进而将这种性罪感转嫁于女性；另一面又将孩子的出生视为自己"天大的大功"。在鲁迅看来，这简直跟"偷了钱发迹的财主"一样不道德，他呼吁"此后觉醒的人，应该先洗净了东方固有的不净思想"，了解夫

[①] 鲁迅：《我们现在怎样做父亲》，《新青年》第6卷第6号，1919年11月。
[②] 鲁迅：《我们现在怎样做父亲》，《新青年》第6卷第6号，1919年11月。

无以归类的现代精神

妇既是伴侣又是"新生命创造者的意义";所生子女"固然是受领新生命的人",但父母却没有权利"永久占领",父母对于子女"只是前前后后,都做一个过付的经手人罢了"。①

鲁迅的这一主张与世界先进教育理念一脉相承。黎巴嫩作家纪伯伦曾通过先知(穆斯塔法)之口对为人父母者宣称:"你们的孩子都不是你们的孩子。他们是出自生命对自身的渴望而生出的子女。他们通过你们来到这世上,但并非是从你们的生命中到来;他们和你们生活在一起,但并不属于你们。"②纪伯伦还告诫父母们不应幻想子女变得和自己一样,因为生命要"前进"而非"后退"。鲁迅同样指出:"只要思想未遭锢蔽的人,谁也喜欢子女比自己更强,更健康,更聪明高尚——更幸福;就是超越了自己,超越了过去。"③超越便须改变和进步,所谓"三年无改于父之道可谓孝矣"的道德说教简直是"退婴的病根"。值得注意的是"退婴""巨婴"等词语在今天已成为人所熟知的时尚"关键词",但鲁迅100多年前就已使用了类似概念。鲁迅强调父母对于子女的情感价值恰恰在于"父母当时并无求报"的心思,倘若按照封建道学家鼓吹的那套伦理体系刻意将"爱"抹杀,一味标榜所谓"恩","又因此责望报偿,那便不但败坏了父子间的道德,而且也大反于做父母的实际的真情,播下乖剌的种子"④。父母与子女间的真情实爱就很容易蜕变为商业化的"买卖关系",导致人性堕落败坏。道学家们以为通过一套精心设计的道德说教——父母生下子女就已为其设下了永远

---

① 鲁迅:《我们现在怎样做父亲》,《新青年》第6卷第6号,1919年11月。
② [黎巴嫩]纪伯伦:《论孩子》,《先知:纪伯伦散文选》,王志华译,江苏文艺出版社2012年版,第8—9页。
③ 鲁迅:《我们现在怎样做父亲》,《新青年》第6卷第6号,1919年11月。
④ 鲁迅:《我们现在怎样做父亲》,《新青年》第6卷第6号,1919年11月。

报答不完的"恩债",孩子倘不偿还"恩债"便是"忘恩负义",而且无论怎么努力都无法偿还这一"恩债"——就可将天下子女囊括在"忠孝"的伦理体系内,鲁迅却认为这种对于父母"恩情"的过度渲染和子女"报恩"束缚下的"尽孝"说教,无异于是对"真的人情"的践踏。他强调:"独有'爱'是真的",如果连真挚的爱都不能钩连住父母与子女间的亲情,"那便任凭什么'恩威、名分,天经,地义'之类,更是钩连不住"①。

早期人类社会父母对于子女的认知"定位",从文化心理原型角度大致可分为"家畜畜养型"和"天使降临型"两大类型。前一类与儿童在家庭和社会中的弱势地位相关,并导致其"非人"待遇,"比如在古罗马,儿童是父亲的合法财产;父亲对孩子的性命具有绝对控制权,如果父亲使用权力处死孩子,人们会认为这不关其他任何人的事"。由于缺少外部约束,虐待儿童的事情经常发生。据史料记载,对儿童的性虐待在古希腊和古罗马一度很普遍。② 其实此类虐待儿童现象在人类早期社会曾大量发生。进入现代社会之后,作为现代文明产物的"儿童的权益不容侵犯"之观念才产生。后一种"天使降临型"儿童观在西方甚至发展为"圣子降临"之类宗教神话叙事,尽管带有强烈的主观想象色彩,但它们在客观上促进了"使儿童成为人"的社会进步却是不争的事实。至于中国传统的一整套"施恩—报恩"观念体系,则是完全站在"长者本位"的立场设计出来并持续固化强化的。鲁迅指出自然界的进化规律和现代欧美家庭大都采取"最合于生物学的真理的办法",以幼者、弱者为本位,但长期以来我们却"逆天行事",

---

① 鲁迅:《我们现在怎样做父亲》,《新青年》第6卷第6号,1919年11月。
② 参见[英]H.鲁道夫·谢弗《儿童心理学》,王莉译,中国工信出版集团2016年版,第19页。

违背自然界规律,"尤其堕落的,是因此责望报偿,以为幼者的全部,理该做长者的牺牲"①。鲁迅在文中两次使用"责望"一词,表达了对那些借着生养孩子"放高利贷"的"长者"们的愤怒和不屑。

鲁迅既不赞成用"锢闭"的法子将孩子"圈养"家中使其免受社会"坏影响"的愚蠢做法,又反对刻意教给孩子"周旋"于社会黑恶势力的"恶本领",因为社会上的恶现象不可能都一一顺应,"倘都顺应了,又违反了合理的生活","倒走了进化的路"。②他强调:"觉醒的人,此后应将这天性的爱,更加扩张,更加醇化;用无我的爱,自己牺牲于后起新人。"③在鲁迅看来,父母不但不应"责望"子女供奉自己,"而且还须用全副精神"专为子女本身,"养成他们有耐劳作的体力,纯洁高尚的道德,广博自由能容纳新潮流的精神,也就是能在世界新潮中游泳,不被淹没的力量"④。在此基础上鲁迅提出了父母对于子女要做到"健全的生产""尽力的教育"和"完全的解放"三项原则。其中"健全的生产"是前提,鲁迅以易卜生话剧《群鬼》中的人物欧士华的遭遇为例说明,倘若为人父母者因为自己的行为不检点等过失而导致把"什么精神上体质上的缺点"遗传给子女,那他们对于子女不仅没有起码的"恩惠",而且简直是"有罪"。当今社会优生学的盛行充分说明鲁迅当年强调"健全的生产"的历史先见性。其次则要尽其所能为孩子提供优质教育,当然"优质"与否又因人而异,倘若过度则可能适得其反。此外也是最重要的是对孩子实现"完全的解放":"惟其解放,所以相亲;惟其没有'拘挛'子弟的父兄,所以也没有反抗'拘挛'

---

① 鲁迅:《我们现在怎样做父亲》,《新青年》第6卷第6号,1919年11月。
② 鲁迅:《我们现在怎样做父亲》,《新青年》第6卷第6号,1919年11月。
③ 鲁迅:《我们现在怎样做父亲》,《新青年》第6卷第6号,1919年11月。
④ 鲁迅:《我们现在怎样做父亲》,《新青年》第6卷第6号,1919年11月。

的'逆子叛弟'。若威逼利诱，便无论如何，决不能有'万年有道之长'。"①

纪伯伦以"弓"和"箭"比喻父母对子女的理想"解放"状态："你们是弓，你们的孩子则是正在弦上准备射出的生命之箭。弓箭手看见在无涯之路上树立的目标，他会用神力将你们的弓拉满，让箭矢迅疾地射向远方。请你们在那被拉满的弯曲中感受音乐吧，因为射手既爱那飞出的箭，也爱那静止的弓。"②当然完全"解放"了孩子未必像纪伯伦说的那样让子女离父母愈远愈好，鲁迅的看法是子女对于父母乃"即我非我的人"，"因为即我，所以更应该尽教育的义务，交给他们自立的能力"；但子女跟父母既已"分立"，又包含"非我"的性质，作为独立于"我"的新生命便应被彻底"解放"。③"解放"的前提还需对孩子充分"理解"："倘不先行理解，一味蛮做，便大碍于孩子的发达。"④鲁迅一语击中了传统教育方式对儿童天性缺乏理解和尊重的积弊。或许正有感于此，顾明远先生同样痛心地指出："当前不是有许多父母一方面把子女当做自己的私有财产，随便命令，一味蛮做；另一方面又要求子女报恩，把梳头洗脚算作报恩的表现。有些父母从子女幼儿时期就把一些无用的所谓知识塞进幼小的头脑，而忽视良好习惯的培养，人格的熏陶，以为是为了子女将来的幸福，其实却在毁掉他们的幸福。"⑤他甚至主张每位做父母的都要读一读鲁迅的这篇文章。

现代教育心理学的发展充分验证了鲁迅的主张。心理学家发现一个人

---

① 鲁迅：《我们现在怎样做父亲》，《新青年》第6卷第6号，1919年11月。
② ［黎巴嫩］纪伯伦：《论孩子》，《先知：纪伯伦散文选》，王志华译，江苏文艺出版社2012年版，第9页。
③ 鲁迅：《我们现在怎样做父亲》，《新青年》第6卷第6号，1919年11月。
④ 鲁迅：《我们现在怎样做父亲》，《新青年》第6卷第6号，1919年11月。
⑤ 顾明远：《我们现在怎样做父亲》，载鲁迅著，顾明远解读《鲁迅作品里的教育》，福建教育出版社2013年版，第49页。

成年后能否拥有独立成熟的个性,与青少年时期能否建构自己"安全感的内在工作模型"有关。这一"内在工作模型"既可用于外在生存环境身体安全的保护,又能用来在亲密的人际关系中保护自我的心理安全。初生婴儿形成对养育者(通常是母亲)的心理依附是必然的:"如果婴儿能够依靠母亲免受疼痛、寒冷和饥饿之苦,形成愉悦的幸福感,儿童就会与父母形成安全依附。以此类推,这个孩子以及他在成年后与其他人的关系会遵循可靠的模式,他/她将是安全的。"[1]另一方面,除非长期被剥夺或被灾难夺走人生的希望,"否则我们就会设法提高生活质量,并且能够修正起初不安全的安全感工作模型"。其"修正"通常先发生在婴儿与父亲之间,然后是兄弟姐妹乃至家庭之外的亲朋、同事,等等;其"工作模型"接近于"一个'嵌套'在另一个中"[2],与原初的"嵌套"并不完全剥离。这与鲁迅主张的父母将自己的爱"醇化""扩张","完全解放"了子女又以"爱力"相互勾连的说法完全一致。

二、"爱"的牺牲与鲁迅的"未见"

鲁迅是在五四新文化运动高潮时期写下此文的,他被五四运动彻底反传统的文化启蒙思潮感染,同时又难免被其"遮蔽"。

首先,鲁迅以进化论为前提得出"后起的生命"一定比前者"更有意义"也"更可宝贵"的观点未必完全妥当。达尔文等人的观点与其说是生

---

[1] [美]亨利·马西、内森·塞恩伯格:《情感依附》,武怡堃等译,世界图书出版公司2013年版,第206页。
[2] [美]亨利·马西、内森·塞恩伯格:《情感依附》,武怡堃等译,世界图书出版公司2013年版,第206页。

物"进化论"不如说是"演化论";严复当年根据英国生物学家赫胥黎的《进化论与伦理学》翻译而成《天演论》已准确把握其特征。但这一准确把握没有引起当时中国知识界的足够关注,他们想当然地以带有传统色彩的"成王败寇"社会博弈理念对演化论进行了改造和曲解。作为五四文化先驱的胡适和鲁迅也未能例外,王学谦认为《我们现在怎样做父亲》的"好父亲主义"是一种社会改良主义,不仅"依托于五四新文化运动启蒙主义的理性精神",而且"明显带有胡适等许多五四知识分子所倡导'科学的人生观'的意味"。①这可谓是"知人论世"之言,但胡适以"实验室研究的思考态度和技术"为基础形成的"科学的人生观",在现实生活中常常异化为"成器""成才"和"成功"才有价值的精英主义人才教育观,对现代中国文化教育的正负面影响非常大,国内学界只有刘军宁等曾严厉批评杜威实用主义哲学的偏颇和危害,但这是一个见仁见智的学术问题,笔者不再赘述。②

其次,"自然界的安排"的确赋予生物以"爱"的天性,其中不乏为了后代甚或至于牺牲了自己的实例。但"自然界的安排"并非仅仅由"爱"构成,还存在大量人类看来残酷无比、惨烈无比的竞争与杀戮。同样对生物进化论深信不疑的胡适干脆声称:"根据于生物的科学的知识,叫人知道生物界的生存竞争的浪费与惨酷——因此,叫人更可以明白那'有好生之德'的主宰的假设是不能成立的。"③胡适与鲁迅的"各执一词"不能以简单的"孰是孰非"论断,对两位前辈作家都颇景仰的张爱玲的看法反倒颇为

---

① 王学谦:《好父亲主义及其他——重读〈我们现在怎样做父亲〉》,《文艺争鸣》2020年第4期。
② 笔者曾在《胡适"科学"观念的现代性反思》一文(《中国现代文学研究丛刊》2020年第9期)中对此略有反思,可参阅。
③ 胡适:《〈科学与人生观〉序》,载张君劢等《科学与人生观》,黄山书社2008年版,第22页。

中庸:"兽类有天生的慈爱,也有天生的残酷,于是在血肉淋漓的生存竞争中一代一代活了下来。"[1]张爱玲劝导人类不应夸大这种人类和兽类共有的"美德",是相当敏锐睿智的,但她由此却发出"本能的仁爱只是兽性的善"之论,强调"人之所以为人,全在乎高一等的知觉,高一等的理解力"[2],以此为自己貌似清高的自私人性观张目,无疑从一个极端走向另一个极端而大错特错。人类的确比兽类、禽类多了些高一等的知觉和理解力,但这高一等的知觉和理解力同样包含对"兽性的善"的扩展升华。若人类从动物界进化以后反要将"兽性的善"弃绝,不仅与人类进步历史不符,也大有以"兽性的恶"取代"兽性的善"之危险。生物界中很多低等动物刚出生就能直立行动,婴儿却只能依靠身边成年人(父母或其他抚养者)的照料才有存活可能,刚出生的婴儿相比于生物界的其他种类要无助许多。在许多哲人看来,造物主的这一"设计"别有深意:人类天性聪慧,貌似无所不能,力求无所不知,却在生命的最初阶段不得不以"乞求"的方式求得生存机会。正因如此,现实中对婴儿给予无微不至的呵护、照料和关爱的成年人(通常是父母)才会成为他们心中"神一样的存在",爱与被爱、需要与给予、依恋和控制等心理情感关系也由此产生。

鲁迅未充分意识到父母对于子女的亲情之爱,与完全利他的、不求任何回报的"无疆大爱"是有区别的。当代西方哲学和心理学对此已有深入探讨。著名华裔心理学者曾奇峰根据自己的临床经验,发现华人文化圈的母亲跟孩子之间"爱的依恋"关系常常出现两大偏差:其一是孩子的成长速度远高于母亲的预估,母亲对孩子的成长能力抱持贬低和成见,如此一

---

[1] 张爱玲:《造人》,《张爱玲集·流言》,十月文艺出版社2006年版,第115页。
[2] 张爱玲:《造人》,《张爱玲集·流言》,十月文艺出版社2006年版,第115页。

来，经过投射认同机制，孩子们为了维持与父母的情感链接，避免分离、抛弃和被抛弃，需要把自己的方方面面都弄得一塌糊涂，才对得起母亲潜意识的"希望"[1]；其二是母亲对孩子的成长缺乏信任。而孩子是否值得被信任"就跟大地和天空是否值得被信任是同样的事情"。一个普通人绝不会走在大街上随时担心天塌地陷，但一个刚刚从地震中逃生的人却会感觉任何地面都有危险，"我们知道，这是因为他'病'了"[2]。这些"病态"看起来与父亲没有关系，但很多妻子是出于对丈夫的失望和夫妻感情的疏离才过于放大了自己的母亲角色。曾奇峰医师指出的部分华人母亲的"病态"与鲁迅对传统国民性"症候"的剖析不谋而合，同时从另一侧面揭示出这种亲情之爱的悖反性。

长期任教于英国剑桥大学的C.S.路易斯教授做了更深入的分析。他指出母亲的"给予之爱"貌似与婴儿的"需求之爱"不同，但同样具有"需求性"特征："她分娩、哺乳、为婴儿提供保护。但从另一方面说，她必须分娩，否则就会死去；她必须哺乳，否则就会疼痛。"从这一角度看，母爱其实也是一种需求之爱，由此构成了悖论所在：母爱"需求"的是给予，作为"给予之爱"的母爱"需要被人需求"。[3] 在很多人心目中母爱乃至整个亲情之爱的崇高性、无私性，是建立在父母对于子女只有给予没有需求，或者给予远远大于需求之认知前提的，事实却远非如此，人和人的关系本质上是相互需要、相互给予的互换关系，一味强调一方对另一方的给

---

[1] 参见曾奇峰《有一种学科叫"父母"》，载[美]亨利·马西、内森·塞恩伯格《情感依附》，武怡堃等译，世界图书出版公司2013年版，第6页。
[2] 曾奇峰：《有一种学科叫"父母"》，载[美]亨利·马西、内森·塞恩伯格《情感依附》，武怡堃等译，世界图书出版公司2013年版，第6页。
[3] 参见[英]C.S.路易斯《四种爱》，汪永梅译，华东师范大学出版社2007年版，第21页。

予,反而可能导致亲情之爱的异化变质。亲情之爱的双面刃性质决定了它既可以为善,也可以为恶。只有在一种远远高于亲情之爱又不同于亲情之爱的事物介入下,它才能给人带来幸福:"你需要'常识',即理性。你需要'彼此忍让',即正义……你需要'修养',毫无疑问,这指的是善。"而人类如果仅仅以亲情之爱为"主宰",恨的种子就会发芽生长,"爱一旦变为上帝,亦即沦为魔鬼"[1]。放大了的亲情之爱很可能畸变为家庭成员间情感的碾压,以及长者、强者对幼者、弱者的掌控手段,爱与恨就是这样相伴相生的。古罗马诗人奥维德坦言:"我既爱且恨。"[2]鲁迅在给许广平的信中也曾自剖,"我忽而爱人,忽而憎人"[3],他还强调"能杀才能生,能憎才能爱,能生与爱,才能文"[4],概括了爱与恨之间的辩证关系。

此外古人倡导孝道的一个不可忽略因素,是老无所养的社会困境。鲁迅在散文《二十四孝图》中曾提及"郭巨埋儿"的孝道故事给年幼的他造成的心灵伤害:"家景正在坏下去,常听到父母愁柴米;祖母又老了,倘使我的父亲竟学了郭巨,那么,该埋的不正是我么?如果一丝不走样,也掘出一釜黄金来,那自然是如天之福,但是,那时我虽然年纪小,似乎也明白天下未必有这样的巧事。"[5]鲁迅洞察到此类传奇故事的荒谬性、残酷性和虚伪性,它们除了恐吓、毒化幼儿的心灵外,根本起不到正面说教作用。但此类说教故事的盛行与古代社会生产力低下,尤其贫困地区老人丧

---

[1] [英]C.S.路易斯:《四种爱》,汪永梅译,华东师范大学出版社2007年版,第43页。
[2] [英]C.S.路易斯:《四种爱》,汪永梅译,华东师范大学出版社2007年版,第43页。
[3] 鲁迅:《书信·250530 致许广平信》,《鲁迅全集》第11卷,人民文学出版社2005年版,第493页。
[4] 鲁迅:《七论"文人相轻"——两伤》,《鲁迅全集》第6卷,人民文学出版社2005年版,第418页。
[5] 鲁迅:《〈二十四孝图〉》,《鲁迅全集》第2卷,人民文学出版社2005年版,第263页。

失劳动能力后可能面临被遗弃的悲惨命运相关。当代作家刘震云曾对"故事"和"现实"的悖论关系发表过极具洞见性的感悟:"为什么这个民族会产生这样的故事而不是那样的故事,一定是现实告诉故事要产生这样的故事。为什么一个民族会产生这样的现实,一定是这个民族的故事告诉这个社会的现实应该产生这样的现实。"他指出"故事"与"现实"之间像极了现实和理想之间的"紧张"关系,正是"故事跟现实的辩证的推动、滚动,揭示着这个民族的秘事"。① 近年历史学家和民俗学家在武当山等地发现的一些"寄死窑"遗迹,帮我们揭开了社会困境下残酷面纱的神秘一角:很难想象在一个竭力倡导孝道甚至鼓吹为了赡养老人而不惜活埋年幼儿子的社会风气下,现实中却一再"隐秘"发生将丧失自理能力的老人遗弃"寄死窑"等死乃至活活饿死的现象。② 倘若鲁迅生前目睹此类"寄死窑"不知又会作何感想?

"郭巨埋儿"之类极端化的"孝子孝孙"故事与极端化的将老人送进"寄死窑"等死、饿死的做法看起来"势不两立",但反人道、反人性的本质却惊人相似。同样,即使后起的生命比以前的生命更有意义、更有价值,也更宝贵,谁又有权力要求前者的生命应完全牺牲于后者?无论对于长者、强者还是幼者、弱者都不宜提出过高的道德苛求,否则家庭内部以"恩"或"爱"的名义形成的"掌控—依附"关系就难以真正终结。何况人类常常难以摆脱自我美化的心理惯性,完全利他、无私忘我的牺牲在现实层面不仅难以落实,还可能转化为主观性的假定想象,"一切为了孩子"的说法也容易沦为父母对子女的一套表面说辞,并异化为子女的情感包袱。而在

---

① 刘震云:《故事与现实》,《文学教育(上)》2017年第11期。
② 参见刘守华《走进"寄死窑"》,《民俗研究》2003年第2期。

老龄化日趋严重的当今时代，重温鲁迅当年的前卫主张和呐喊，笔者深深服膺于先生真知远见的同时，更期待在"家国一体"观念下构建起新时代"家国互助"命运共同体，而不应把老年人的赡养演变为家庭与社会之间相互推诿的"老大难"问题。

三、"父道"沦落与鲁迅的现代求索

一般认为子女与父母之间的依恋关系构成了人类早期文明的原初模型。在这个模型中，"因其无条件的绝对性，母亲对家人的爱是单向度的伦理：她无须回报，也绝不报复，甚至怀抱恶儿浪夫"[1]。有理由相信作为人类文明形态之一的"神圣之爱"观念的诞生，是以这种无须回报也绝不报复的亲情（母爱）之爱为基础延展升华而成的；另一方面，由自然界的母爱升华为普遍性、绝对化的"神圣之爱"，则是单纯的"兽性的善"无法企及的文化伦理境界。无论是西方文明中的太阳普照大地"照好人也照歹人"的博爱观念，还是中国传统文化"老吾老以及人之老，幼吾幼以及人之幼"的推己及人的"同情""共情"理念，都体现了人类共有而动物界没有的道德心理诉求。

人类早期曾有"只知其母不知其父"的蒙昧阶段，后来随着生产力的提高和遗传知识的普及，父亲在生殖繁衍中的作用才逐渐被认知。而早期人类对父亲的发现，与作为生命个体的婴儿对父亲的认知过程颇为相似：在孩子成长过程中，"母亲是雌蕊、是土地、是内因，而父亲则只能在此基

---

[1] 尤西林：《"母亲时间"与"父亲时间"：伦理的哲学人类学起源》，《上海文化》2019年第2期。

础上再同母亲及其他因素一起构成后天，构成外因"①。相比于母亲在子女生命孕育和幼儿哺育过程中的主导作用，父亲在儿童眼中更像是母亲的助手和亲近的玩伴；后来随着心智的成熟，父亲的家长角色和权威地位才逐渐清晰起来。父权制家庭及其父亲文化的出现"使不同家庭及其父亲之间的冲突成为人类私有制文明的基本矛盾"，后来的家庭私有制进一步扩展为家族与民族国家私有制，"私有制冲突要求父亲时间行动模式的扩张性变形与协调包容，基督教文明的上帝天父伦理成为父亲时间的极端代表"。②父权制不仅导致父（辈）在家庭（族）中的领导地位，也使得人们对"理想之父"的需求日益膨胀。各民族历史文献中都曾出现"处女怀孕""（梦中）感应生孕"之类的记载，它们固然可视为远古时代人们"只知其母不知其父"的记忆留痕，却也可被认定为人类渴望"理想父亲"乃至"神圣之父"的心理折射。在西方，这种渴望和向往甚至发展为对集"创始者""造物主"于一身的"天父（上帝）"崇拜。西方文化语境下的"父神"意象潜隐着西方人对原始父亲（上帝）的深刻敬畏，表达了人们对"精神之父"向往乃至渴求的心态。③

华夏民族在古代也曾建构起类似的"天父"或"上帝"观念，直至今日"老天爷"还是国人口中的"最高主宰"。然而与西方以定型化的"天父"理念约束"世俗之父""肉身之父"不同，传统中国社会在皇权主义观念左右下衍化生成的却是一套以人间"天子"遮蔽"天父"（上帝或老天

---

① 王东华：《发现母亲》（修订本），中国妇女出版社2003年版，第81页。
② 尤西林：《"母亲时间"与"父亲时间"：伦理的哲学人类学起源》，《上海文化》2019年第2期。
③ 参见郑军《乔治·韦伯：寻找"精神父亲"的孩子——解析〈蛛网与磐石〉〈你不能再回家〉中的寻父主题》，《文学界（理论版）》2012年第12期。

无以归类的现代精神

80

爷）的功利主义观念，理论上的"唯天为大"也演变为事实上的"天子独尊"。所谓"天人感应""圣君榜样"及整个温情脉脉的血亲伦理，都难以对"任性胡为"的"天子"（帝王）发挥真正意义的制约作用。而在众多普通百姓的日常生活中，作为天子的皇帝也常"远在天边"，居于血亲伦理关系网络中心的"现实之父"才是要顺从、膜拜的对象。但无限的权力同时意味着无限的责任，现实中无论作为拥有普天之下的天子还是身为家长、族长的（祖）父，拥有的权威都常难以与其相应的责任匹配，从而构成中国文化传统难以突破的一个"死结"。因父（辈）的无能引发的尴尬局面遂成为传统中国触目惊心的历史悲哀，众多"替父从征""为父解忧"乃至"救父"故事的衍生传播，尽管具体原因错综复杂，但与此"长者本位"观念下单方面强调为父牺牲的文化习性难以分割。不仅如此，国人心中的父常常与（父）王、君（主）粘连一起，在形成单一化、依附性主从关系的同时也使得君父形象因禁忌而走向刻板干瘪和脸谱化，如《三国演义》里的刘备、《窦娥冤》中的窦天章及《红楼梦》里的贾政等。这与从古希腊、古希伯来神话传说到当今好莱坞影视所主导的，以中老年父亲形象为代表的西方男性英雄主义传统形成了鲜明对照。

我们可从中国古代著名戏曲《感天动地窦娥冤》的故事中体悟到此种"父亲信仰"的悲苦：窦娥三岁失母，七岁被父亲卖给蔡婆婆家做童养媳，埋下了她坎坷人生的伏笔。父亲一去不返、杳无音信，留下孤苦伶仃的女儿独自承受接连而至的厄运。从窦娥与蔡氏之子成婚不到两年丈夫即一命呜呼等情节可猜出，父亲为窦娥许配的是怎样一桩婚事。但在封建时代的人们眼中，家境清寒的窦天章进京赶考需要盘缠，年幼的女儿作为财产出售给别人无可指摘。于是小小年纪的窦娥不仅要独自承受这一切不幸，还须承担所有本不属于她，却因环境所迫接连转嫁于她的整个家庭重担，包括所谓"孝道""三从四德"等伦理义务。在最需要亲人呵护的小小年纪被残酷出卖，此后又遭遇太多不公不平不义，深陷绝境的窦娥有足够的理由呼天抢地、怨天恨地，却唯独没有也不可能对自己的父亲产生怨言。她死后只能化为冤鬼向抛弃她的父亲喊冤，她唯一的希冀是父亲能为其申冤昭雪；而她"光明正大"的父亲在死去的女儿面前却毫无愧色。窦娥的冤屈得以昭雪的前提，还离不开父亲的一举高中，那是"窦娥们"唯一的"信靠"。

与此同时华夏文明伦理中的"父亲时间"由于在深层上受制于具有原始血亲色彩的"家庭母亲时间"，演变为与西方截然不同的以阴阳互补为主导的"古代东方伦理"。[①] 所谓"阴阳互补"更像是"家庭母亲时间"对"（国家民族所代表的）父亲时间"的包容制衡与渗透改造。传统"家国天下"差序格局中的"国"，经常处于被"家（族）"和"天下"挤压的状态，"家国一体"也不时出现"家""国"之间难以弥合的裂缝和冲突。[②] 而母亲角色和母性文化在中国家族文化的主导地位，以及成为人们的情感依归自不必多论。大量"孝道"故事都给人这样的印象：人们尽孝的对象更倾向于母亲而非父亲。不仅《二十四孝图》的"劝孝"故事大多都指向母亲而非父亲，《红楼梦》等作品中的"老祖母现象"更显示出传统家庭伦理观念的常态。佘太君、穆桂英挂帅之类的故事则体现出"母亲权威"由家庭向家国（国家）层面的漫溢。父或子的缺位缺失、无力无能（或死或逃）只能让老母亲（祖母）率领一帮女将披挂上阵，想象一下那该是何其惨烈、

[①] 参见尤西林《"母亲时间"与"父亲时间"：伦理的哲学人类学起源》，《上海文化》2019年第2期。
[②] 参见许纪霖《家国天下》，上海人民出版社2017年版，第24页。

何其悲怆的画面！故事与现实之间的张力再次令人心酸地凸显。

西方文明的冲击使得以"母亲时间"为代表的传统血亲伦理在近现代中国遭遇前所未有的挑战，文人知识分子对传统"父亲信仰"进行了彻底的反叛和颠覆。不少文人将传统中国父权统治与封建专制主义视为一体，20世纪中国文学则一度出现极端化的"弑父"叙事传统，"'弑父'成了年轻人发泄对传统和现实不满、渴望精神自由的直接手段"①。父与子的多重矛盾关系甚至构成了中国现代性焦虑的广阔"语义场"②。然而此类"弑父"主题更像是"现代"外衣包装下，对宙斯等（先祖神）杀死（驱除）其父之类"神话思维"的一种无意识延伸。有学者指鲁迅在《我们现在怎样做父亲》中试图建构一个现代意义的"父道"，以对应于古代儒家的"孝道"，也即"子道"观念，③笔者深以为然，同时认为若不能树立起对"秩序/天道""真理/规律"的敬畏和尊崇信念，真正意义的"父道"就不可建构起来。然而传统中国尽管有"妇道""孝道"（其实是"子道"）之说，却没有"父道"观念，虽然"师道"一度盛行，但"师道"之"道"与"妇道""孝道"之"道"绝非一回事。所谓现代意义的"父道"，隐含的正是一种重建"理想父亲"的深沉文化心理情怀，在笔者看来随着封建皇权观念的确立，真正意义的"父道"就已失落，自以为"天上地下，唯我独尊"的帝王以及效仿帝王的各类大小之"王"们，其言行更像是无人管教也无法约束、企图掌控一切权力却不能承担相应责任的骄横跋扈之"逆子""骄子"形象。

---

① 陈洁莲：《寻找我们的精神父亲——论文学影视作品中的父亲形象塑造》，《电影文学》2012年第3期。
② 石万鹏：《父与子：中国现代性焦虑的语义场》，《广西社会科学》2005年第5期。
③ 参见宋志坚《读鲁迅〈我们现在怎样做父亲〉》，《炎黄纵横》2019年第2期。

鲁迅尽管以"激烈反传统"著称,但他始终与某些文人的激进"弑父"倾向迥然有别。毋庸讳言,早年"封建大家庭(族)"的生活经验带给鲁迅一个无比痛切又无以言说的悲哀,就是因为(祖)父的失职、失能而转嫁给他的难以承担的家族重担。深藏于鲁迅个性深处那难以挣脱的怨愤、孤愤情绪,及其因对绝望的反抗而形成的心灵张力、灵魂挣扎莫不与此有关。鲁迅曾自述说12岁那年(1893)祖父周介孚科场作弊案引发的家庭(族)变故,让他看清了世人的真面目。[①]鲁迅看清的显然不仅只有周边亲戚和S城的人情冷暖,还包括自己父母在内至亲至爱者的惊慌失措、相互嗔怨等真面目。

首当其冲受到科场作弊案冲击的,是周介孚的儿子即鲁迅的父亲周伯宜。与许多正统诗书官宦之家的子弟相似,周伯宜几乎把所有人生"赌注"都压在了科举功名的考取上,科场作弊案彻底粉碎了他的人生梦想,还被抓进大牢替父顶罪。原本就身体孱弱的周伯宜遭此变故罹患重病,三年后(1896)即郁郁而终,年仅36岁。对鲁迅来说,祖父身陷囹圄生死未卜,父亲卧病在床危在旦夕,母亲依照礼教必须恪守"三从四德",整个家庭重担便顺延至他这个长子和长房长孙的稚嫩肩膀上。虽然鲁迅没有也不可能陷入古代的窦娥那样孤苦无助、呼天抢地的境地,但其内心的悲苦无望、欲为亲人排忧解难却无能为力的内心衷曲可想而知。幸运且可贵的是鲁迅没有像其父那样怨天尤人、一蹶不振,他感应着时代的变革率先"睁眼看世界"成为时代"新人"。他在超越父辈的同时又对父辈平添了一副理性审视的眼光,并通过一系列回忆散文表达了自己"知父""怜父"的悲悯情怀和对父亲深沉的敬爱,乃至未能为父亲分担病痛的愧疚。他的早期散

---

① 参见鲁迅《呐喊·自序》,《鲁迅全集》第1卷,人民文学出版社2005年版,第437页。

文《自言自语》中的第六节《我的父亲》、第七节《我的兄弟》，均发表于1919年9月9日的《国民公报》"新文艺"栏目，与《我们现在怎样做父亲》的创作仅相隔一个月左右，可见鲁迅在思索"应该怎样做父亲"差不多的时日里，也在思考"应该怎样做儿子""应该怎样做兄弟"之类的家庭教育问题。时隔七年（1926），鲁迅又根据《我的父亲》扩展改写成《父亲的病》一文，将早年对父亲离世时的扰乱而犯下大过的醒悟，进一步深化为无法释怀的悔恨自责："我现在还听到那时的自己的这声音，每听到时，就觉得却是我对于父亲的最大的错处。"[1] 若再将《我的兄弟》及后来修改而成的散文诗《风筝》略加比较，读者一定能感知鲁迅急切的忏悔心愿和无从忏悔的悲哀。

在写作《我们现在怎样做父亲》等文的一年多之前，鲁迅就提出中国急需创建"父范学堂"的主张。在他看来，传统中国社会充斥了太多只管生、不负教育责任的"孩子之父"，却缺少真正意义的"人之父"。但如果孩子在小时候不被作为"人"对待，"大了以后，也做不了人"[2]。鲁迅终其一生上下求索，在始终不渝地追寻真理和光明的同时，也可以说在不断追寻并努力践行一种现代意义的"父道"。王学谦认为鲁迅对藤野先生的情感隐含着对"好父亲"的渴望[3]，笔者想补充的是，这种对"理想父亲"（精神之父）的渴望贯穿了鲁迅一生。而鲁迅又不断超越某位具体的"精神之父（师）"，直至生命最后一刻仍在追求自我的精神成长。鲁迅于逝世前10日，依然抱病完成《关于章太炎先生二三事》一文，之后又写作了生前最

---

[1] 鲁迅：《父亲的病》，《鲁迅全集》第2卷，人民文学出版社2005年版，第299页。
[2] 鲁迅：《热风·随感录·二十五》，《新青年》第5卷第3号，1918年9月。
[3] 参见王学谦《好父亲主义及其他——重读〈我们现在怎样做父亲〉》，《文艺争鸣》2020年第4期。

后一篇文章《因太炎先生而想起的二三事》，可惜未能完成。他心目中的章太炎自然像极了自己的一位"精神之父"，但他对太炎先生却绝无盲目崇拜、过于溢美之词，而是满怀敬爱地褒贬分明，以自己的行动阐释了"吾爱吾师、更爱真理"的信念。鲁迅对"精神之父"的求索可视为探求客观真理的一种隐喻。

四、"（反）俄狄浦斯情结"与鲁迅的国民性省察

与鲁迅对父亲充满愧疚痛惜的主导情感略有不同，鲁迅对自己母亲显然平添了不少复杂的文化心理纠结。从保留至今的鲁迅书信可知，他跟母亲的交流事无巨细，对母亲的体贴可谓细致入微。但在笔者看来，《朝花夕拾》中《阿长与〈山海经〉》《琐记》《父亲的病》等文章对带有母性特征的保姆、乳母形象的塑造，却显示出鲁迅心中"母亲情结"的某种两极化反差特征。《阿长与〈山海经〉》中的长妈妈给读者的印象起初不过是一个地位卑微、迷信愚昧且不无庸俗琐碎的下层妇女形象。后来在"我"心中的地位之所以发生天翻地覆般剧变，几乎全因她对"我"内心需求的重视和呼应。文中描述在意外收到长妈妈为他买来有画儿的"三哼经"（《山海经》）时，"我似乎遇着了一个霹雳，全体都震悚起来；赶紧去接过来……"[1] 如此过度反应，对当今物质生活极大丰富、几乎有求必应的一些孩子来说或许有些不可思议，然而却从中折射出少年鲁迅对关爱的某种焦渴。长妈妈只是将一种本能的真挚之爱给眼前这位公子哥儿，却为少年鲁迅孤冷的心灵注入一道如阳光般温暖的爱之光辉，情感效应甚至胜过了一

---

[1] 鲁迅：《阿长与〈山海经〉》，《鲁迅全集》第2卷，人民文学出版社2005年版，第254页。

切道德说教。人过中年的鲁迅依然清晰记得那本粗拙模样的《山海经》,可见这件小事给鲁迅的印象多么深刻;长妈妈在作者心中简直就像宏阔仁厚的大地母亲,成为人间纯粹之爱、无私之爱的化身。

《琐记》中的衍太太则可视为另一类极端化恶母形象的典型。作者以轻轻一句"她对自己的儿子虽然狠,对别家的孩子却好的"[1],就将此类人物虚伪势利、口是心非的个性"活画"出来。正是这样一位恶母般的人物让少不更事的鲁迅早早见识到什么是世道险恶、人心叵测。应当说衍太太与鲁迅心中的母亲形象差以千里,相反他笔下的长妈妈反倒与其口中的"我母亲"颇为相似,至少"青年守寡的遗孀"身份是一致的。[2]关于衍太太这一人物形象的生活原型,鲁迅一些亲友的回忆和考证当然是可信的,但以鲁迅本人宣称的"杂取种种,合成一个"创作手法论之却更为合理。一个颇有意味的细节,是在《自言自语》中吩咐"我"对着临终前父亲大声叫喊的乃作者认定没有恶意却"教我犯下大错"的老乳母,及至《父亲的病》中却演变为怂恿、教唆"我"折腾父亲病体的"精通礼节"的衍太太。再联想到这一人物在《琐记》中何其心地歹毒、搬弄是非,那么她对"我"的"教唆"是否心怀不良就大可存疑了。虽然不能确定衍太太究竟是跟鲁迅一家住在同一门里的远房亲属,还是杂糅了乳母等身边人的某些特征,却不排除作家在强化衍太太"别人家的母亲"身份特征的同时,放下了"为尊者讳"的心理负担,辛辣嘲讽了此类人物的卑劣灵魂。

国内一些学者认定弗洛伊德宣称的"俄狄浦斯情结"作为西方文化语境的产物并不适合中国国情。笔者也认同所谓"恋母""恋父"情结与传统

---

[1] 鲁迅:《琐记》,《鲁迅全集》第2卷,人民文学出版社2005年版,第301页。
[2] 参见鲁迅《阿长与〈山海经〉》,《鲁迅全集》第2卷,人民文学出版社2005年版,第255页。

中国的伦理观念不相符，但同时认为普天之下的人性都有其共通性。只要回顾一下多少中国父母利用"孝子孝孙"对自己的情感依恋而对其实施身心控制，历史上从皇亲国戚到小康之家的不少公子哥儿，又如何变态般地爱上自己的"乳母"，就可发现"恋母情结"中西方皆然。此外，虽然中西方传统观念都曾将儿子对父亲权威的无条件服从视为父子关系的根本特征，但古代东方伦理对孝道的强调更为严重，由此导致的"反俄狄浦斯情结"近乎对任何犯上冲动的全民性文化心理进行"阉割"。[①] 虽然表面看来，子对父、臣对君、民对官乃至下级对上级的绝对顺从为封建国家集体的"长治久安"提供了可靠"保障"，但因其创造力萎缩和个性弱化付出的代价却实在太过惨痛，最终伤害的是整个国家民族。

另一方面，极端"顺从"的背后往往是个性需求的过度压抑，由此极易导致无处宣泄的愤懑和极端化的"愤世"情绪，乃至"顽固不化"为表象的畸形拒斥方式。早在一百多年前，美国传教士史密斯（Arthur H.Smith，中文又名明恩溥）在其所著的《中国人气质》一书中，就将"柔顺的顽固性"列为传统中国国民性的特征之一："我们的观察越是深入到中国人的相互关系中去，他们的真正气质通过这种关系显现出来，我们就越是感到'表里不一'这一深刻的中国次序所反映的现象，的确相当普遍。"[②] 鲁迅在去世前不足半个月（1936年10月5日）发表的《"立此存照"（三）》一文

[①] 本文所说的"反俄狄浦斯情结"，与法国哲学家吉尔·德勒兹与精神分析学家菲利克斯·伽塔利合著的《反俄狄浦斯》一书中提出的作为西方文论关键词的"反俄狄浦斯"（Anti-Oedipus）不是一回事。此外仅指因过于恐惧自己"俄狄浦斯"本能和犯上（父）冲动形成的另一种极端化的自我压抑和"孝顺"倾向，与"俄狄浦斯情结"实为一枚硬币的两面。
[②] [美]亚瑟·亨·史密斯:《中国人气质》，张梦阳、王丽娟译，敦煌文艺出版社1995年版，第52页。

中,依然谈起该书并语重心长地期盼:"我至今还在希望有人翻译出斯密斯的《中国人气质》来,看了这些,而自省,分析,明白那几点说的对,变革,挣扎,自做工夫,却不求别人的原谅和称赞,来证明究竟怎样的是中国人。"[1] 字里行间闪现着的是"借他山之石以攻玉"的良苦用心。

借助于国民性批判视角,鲁迅敏锐发现中国人最常用的骂人话语和"口头禅"中,总是把攻击的矛头指向(别人的)母亲,即人们常说的"骂娘"。他笔下的阿Q形象作为传统国民劣根性的"集大成者",就是一个典型的"妈妈的"不离口的语言粗鄙之人;鲁迅还专门写过一篇题为《论"他妈的!"》之杂文,将国人在口头上频繁使用的这一骂语戏谑地称为"国骂"。相信每一位国人对此"国骂"都耳熟能详、心领神会,唯独鲁迅率先将其提升至"国民性"批判高度进行了鞭辟入里的剖析。他一针见血地指出:"最先发明这一句'他妈的'人物,确要算一个天才——然而是一个卑劣的天才。"[2] 在他看来,"中国人至今还有无数'等',还是依赖门第,还是依仗祖宗。倘不改造,即永远有无声或有声的'国骂'"[3]。鲁迅敏锐注意到"国骂"的出现和盛行是国人"依仗祖宗""依赖门第"的文化心理表现。

幼年时期被"封建大家庭"造成的心灵伤害或许太过刻骨铭心,以至于成年后的鲁迅对一切鼓吹孝道观念和顺从意识的主张都格外警惕。在创作于生命晚期的《从孩子的照相说起》一文中,他依照自己对中日两国儿童生活形态的切身观察,指出中日两国儿童如果穿上相似的"洋服",从外表看虽然难以分辨,但把那些举止言行貌似温文尔雅、不苟言笑者"速断"

---

[1] 鲁迅:《"立此存照"(三)》,《鲁迅全集》第6卷,人民文学出版社2005年版,第649页。
[2] 鲁迅:《论"他妈的!"》,《鲁迅全集》第1卷,人民文学出版社2005年版,第247页。
[3] 鲁迅:《论"他妈的!"》,《鲁迅全集》第1卷,人民文学出版社2005年版,第248页。

为中国孩子,将另一类"不怕生人""大叫大跳"的顽皮儿童判断为日本孩子大致不错。① 他还从两国照相师对儿童"标准照"的不同要求和形象"捕捉"中,敏锐洞察到两国文化习俗、价值观念对儿童"教化"形塑的不同作用:"孩子被摆在照相机的镜头之下,表情是总在变化的,时而活泼,时而顽皮……照住了驯良和拘谨的一刹那的,是中国孩子相;照住了活泼或顽皮的一刹那的,就好像日本孩子相。"② 鲁迅由此进一步阐发道:"驯良之类并不是恶德。但发展开去,对一切事无不驯良,却决不是美德,也许简直倒是没出息……假使有一个孩子,自以为事事都不如人,鞠躬倒退;或者满脸笑容,实际上却总是阴谋暗箭,我实在宁可听到骂我'什么东西'的爽快,而且希望他自己是一个东西。"③ 此番言论或许太过"骇俗",但对鲁迅的人生经历有所了解的人,应能体察到这番话语其实渗透着作家惨痛的生命体验。

有过学医经验的鲁迅对精神分析学相当熟悉,想必他也痛切体验到了家族悲剧在自己身上"韧性"延续的悲哀。鲁迅的婚恋悲剧堪称是此"韧性"延续的生动注脚:几乎所有亲友和传记作者谈到鲁迅与朱安的"包办婚姻"时,都刻意渲染他"母命难违"的牺牲者身份,以及如何被母亲"诓骗"成婚的经历;鲁迅本人则一再声称朱安是母亲送给他的一件"礼物",自己不忍伤了母亲的心才不得不将其接纳,却大都有意无意忽略(回避)鲁迅彷徨"犹疑"的个性在整个事件中的作用。况且人们若只听信"鲁迅一方"的言论,不去关注另一方"当事人"鲁母的声音何以"缺席",

---

① 鲁迅:《从孩子的照相说起》,《鲁迅全集》第6卷,人民文学出版社2005年版,第83页。
② 鲁迅:《从孩子的照相说起》,《鲁迅全集》第6卷,人民文学出版社2005年版,第83页。
③ 鲁迅:《从孩子的照相说起》,《鲁迅全集》第6卷,人民文学出版社2005年版,第83页。

恐怕难以做出客观公允的判断。从周围亲属的回忆和鲁瑞女士不遗余力支持儿子们接受新式教育来看，鲁母绝非思想拒绝开化、独断专行的"封建家长"之列。然而接受了西方个性主义观念，对母亲"无话不谈"的鲁迅却始终未就自己的婚姻大事向母亲敞开心扉，开诚布公地与之交流，使得爱子心切的老母亲只能不断揣摩儿子的想法；可她无论怎样为自己最挚爱也最倚赖的儿子着想，都难以跟上鲁迅的思想跃升。如果鲁迅一开始就态度坚决地向母亲表明自己婚姻自主的态度，难以想象已对长子产生倚赖心理的鲁瑞女士能将"包办婚姻"强加于远在日本的鲁迅身上。鲁迅不忍也不愿悖逆母亲的意志，固然与"孝道"观念下对母亲的依恋和顺从习性有关，但在其潜意识深处，未必不借此机会以极端顺从的方式，狠狠地"报复"或"教训"了老母亲一顿，借此长长出了一口心中压抑已久的怨气？

在小说《孤独者》中，主人公魏连殳在祖母葬礼上完全服从于族人全部照旧的安排，貌似绝对顺从的背后隐含着决绝的抗拒和报复，与现实中的鲁迅何其相似。这既是"柔顺的顽固性"传统国民性的现实例证，也可视为鲁迅对传统中国家庭成员之间由于缺乏个性尊重和私密空间而导致的"因爱而害""互爱互害"关系的省察。而鲁母则从鲁迅的"报复"中切切实实感受到痛并汲取了教训，此后她的二儿子周作人、三儿子周建人分别娶了日本女性做妻，她也未再干涉；鲁迅本人则以"反传统"的言传身教终结了自己的家族悲剧。鲁迅生前积极探讨"立人"之道，去世后其文学作品更成为现代中国文化教育领域的宝贵精神遗产，影响了一代又一代国人。

余论:"强父""强少年"与"强国"

1900年,经历了维新变法失败的梁启超先生于中华民族内外交困之际写下著名的《少年中国说》一文。他以"人之老少"譬喻"国之老少",把"老大中国"的积贫积弱、危机四伏与占据社会权位却孱弱多病、苟延残喘的"老朽"们相提并论,在痛斥统治当局不敢也不能担当的同时又表达了对未来中华民族除旧布新、摇身而变为"少年中国"的热切呼唤。在梁先生看来,既然"老朽者"已"不足道",将中国的希望寄托于新生的下一代身上乃顺理成章。但吊诡的是他也由此将改造中国社会的责任简单归结至"中国少年"身上。文章结尾处,他更以饱满的热情对此进行了诗意畅想:"少年智则国智,少年富则国富;少年强则国强,少年独立则国独立;少年自由则国自由;少年进步则国进步;少年胜于欧洲则国胜于欧洲;少年雄于地球,则国雄于地球。"[①]《少年中国说》作为百余年来影响中国最深最广的政论性经典美文之一,不仅感染了一代代热血青年,更契合着整个社会对于"少年"们的沉重嘱托。

时隔十九年后(1919)鲁迅发表《我们现在怎样做父亲》一文,通过对"理想父亲"的呼唤和建构展现出他对梁启超"少年强则中国强"思路的延续,同时也可视为对梁氏将朝气蓬勃之"少年"与衰落之"老朽"者一分为二之思维的"纠偏"。"少年强则中国强"诚然不错,但如何让少年们"强起来"却非单靠几句慷慨激昂的话语就能一蹴而就的。人的成长和教育不仅有客观规律,更是一个漫长过程。"强少年"最"便捷"的方式是先让他们的父(母)亲"强"起来,然后在社会中坚者的言传身教、熏

[①] 梁启超:《少年中国说》,《饮冰室合集》第二册,上海中华书局1941年版,第12页。

陶浸润下共同营造一个青少年茁壮成长的社会氛围，将自强不息的精神代代传承发扬。可惜一个多世纪以来，稚气未脱却重任在肩的少年们虽极力挣脱"落后守旧"的父辈们的掌控，却又难以摆脱"因袭的重担"之束缚，同时得不到社会主流理解支持的时代悲剧反复上演，他们面临着要么被沉重黑暗的旧势力所"降服"，要么走向愈加孤愤和激烈"造反"之路的艰难选择。尽管在一些激进女权主义者看来，"好父亲主义"容易导向"好男子主义"，"好男子主义"又容易导致"大男子主义"；一个男女均权、人人平等的理想大同社会必须将包括父权在内的任何霸权统统消除，此种颠覆性的乌托邦理想固然可贵，但在现实中能否真正实现却大可存疑。最可行的"战略"还是强化对"父亲们"的规约制衡，由此建构起"强父""强母""强子女"乃至"强社会"和"强国家"的良性循环机制。至于如何强化对"父亲们"的制约引导，则须从社会制度、法律法规和文化信仰诸领域全面入手进行系统性的革新建设，但这显然已超出了本文论题范围。

辑二 域外资源，文本经验

"百来篇外国作品"寻绎
——留日生周树人文学阅读视域下的"文之觉"*

姜异新

当周树人以鲁迅的笔名，在《新青年》四卷五号发表日记体短篇小说《狂人日记》之后，五四时期倡导文学革命的新文化同人在震惊之余，无不为这新文学的第一枚硕果欣喜和钦佩。作为少数持有新观念的一代新知识分子，并不是谁都幸运地具备将自己的想法以虚构故事的形式通过纸媒传达给读者的小说家的潜质，同时又是个有独创力的思想家。已有数不清的读者从不同时空感受到了鲁迅敏锐的觉察力、哲学沉潜和文化深思，然而，从这些到想象文学的创造力之间，还有很长的一段距离。这段距离的缩短，曾一度被认为仰仗于他山之石，即鲁迅自言的之所以能够做出"创作的短篇小说"的"秘诀"——"大约所仰仗的全在先前看过的百来篇外国作品"。[①]这一《狂人日记》发表15年后的追述，使得青年留日生周树人的外国文学

---

* 本文系国家社科基金项目2017年度一般项目"鲁迅的新文学收藏研究"（项目编号：17BZW145）阶段性成果。

① 鲁迅:《我怎么做起小说来》,《鲁迅全集》第4卷，人民文学出版社2005年版，第526页。

阅读活动一直为研究者所瞩目。[①]然而，对于这一问题的研究仍处于不断探索中，有待于详尽地寻绎考论。

本题所寻绎的"百来篇外国作品"，具体指向鲁迅在留日时期以异国语言为工具的文学阅读活动，也就是周树人通过日语或者德语、英语阅读的外国作家创作的文学作品。"百来篇"虽是个约数，但在数量上绝对超过了一百篇。作品主要指虚构文学，特别是短篇小说，还包括零星的诗歌、散文和文人传记，虑及鲁迅小说创作中的互文性，诗歌与散文的阅读对其小说创作的影响自不待言。不少文学史论及作家评论[②]等文章是周树人了解世界文学[③]的重要桥梁，乃至是译述的材源，在此自不会以创作的作品来论。通过母语中文阅读的外国文学作品亦未涉及，比如其深受影响的梁启超[④]，曾一度爱读的林琴南[⑤]、陈冷血[⑥]等大家翻译的外国作品，而是将其视

[①] 日本关西大学的北冈正子先生、日本佛教大学的李冬木先生关于周树人在日阅读史的实证研究，追溯探讨了鲁迅的精神史源，其文学作品阅读活动的考察均内含其中。
[②] 如札倍尔德文版《世界文学史》、赖息《匈牙利文学史论》、凯拉绥克《近代捷克文学概观》，等等。附表中给出的《波兰印象记》虽然是勃阑兑斯的波兰文学史论，但也有关于波兰的四篇游记。
[③] 据说是歌德用德语第一次提出了世界文学这个概念，可参见歌德的《艺术和古代社会》（纪念版）第 38 卷第 97 页，以及 1827 年 1 月 31 日歌德与爱克曼的谈话。转引自［德］汉斯－格奥尔格·伽达默尔《诠释学Ⅱ·真理与方法》，商务印书馆 2019 年版，第 237 页。
[④] 如其翻译的儒勒·凡尔纳的《十五小豪杰》《海底旅行》。
[⑤] 如在南京时期捧读林译《巴黎茶花女遗事》等，周作人：《鲁迅与清末文坛》，《鲁迅的青年时代》，止庵校订，河北教育出版社 2002 年版，第 74 页。在仙台时阅读任克任寄来的林译《黑奴吁天录》，鲁迅：《书信·041008 致蒋抑卮》，《鲁迅全集》第 11 卷，第 329 页。再度东京时期专门购买在日本的林译小说，并改装重订珍藏，如《迦茵小传》、《鲁滨孙漂流记》正续、《玉雪留痕》、《橡湖仙影》、《格列佛游记》、《见闻杂记》、《堂吉诃德传》（《魔侠传》）、《块肉余生述》、《黑太子南征录》等，周作人：《关于鲁迅之二》，《鲁迅的青年时代》，止庵校订，河北教育出版社 2002 年版，第 125 页。
[⑥] 如《仙女缘》《白云塔》，周作人：《关于鲁迅之二》，《鲁迅的青年时代》，止庵校订，河北教育出版社 2002 年版，第 125 页。

为周树人独立咀嚼国外精神食粮的积累准备和对比资源。既然是留日时期，那么，作为北洋政府教育部小说股审核干事时审读到的周瘦鹃的《欧美名家小说丛刊》及其他文学译品，回国后或由周作人或由丸善书店直接从日本寄来的外国文学作品，如显克微支的《理想乡》、契诃夫的小说，等等，虽然都是在1918年《狂人日记》发表前所披览，其对后来《呐喊》《彷徨》的写作也不可能没有影响，但也未加以讨论。这些从时间维度上已经不是"先前""当我留心文学的时候"的外国作品，虽不计入后附列表，在鲁迅的思想结构上却可以与之相互映衬。另外，"做学生时"自然不排除江南水师学堂、江南陆师学堂附设矿路学堂读书时期，这正是周树人第一次知道还有格致之学的时候，虽然那时的课余便全部用来读《红楼梦》等中国古代白话小说，却是将其作为闲书，直到初抵东京的弘文学院时期，对科学精神的追索还是其心灵轨迹的主导，对文学的态度仍是"赏玩而非攻究"[①]。在后来鲁迅述怀的语境中，"先前""做学生时候"[②]都特别指向再度东京，即表面闲居，实则真正开始自我探索和发现之旅的外国文学阅读时期。

一、时空之维

（一）"当我留心文学的时候"

　　……这里还应该补叙一点的，是当我留心文学的时候，情形和现在很不

[①] 周作人：《关于鲁迅之二》，《鲁迅的青年时代》，止庵校订，河北教育出版社2002年版，第125页。
[②] "做学生时候看几本外国小说和文人传记。"鲁迅：《无花的蔷薇》，《鲁迅全集》第3卷，人民文学出版社2005年版，第274页。

同：在中国，小说不算文学，做小说的也决不能称为文学家，所以并没有人想在这一条道路上出世。我也并没有要将小说抬进"文苑"里的意思，不过想利用他的力量，来改良社会。①（按：着重号为笔者所加）

这里首先要关注的是"当我留心文学的时候"，还有其他文章中提到的"先前"及"做学生的时候"，这些成为鲁迅回顾求学生涯叙述中的时间节点。鲁迅负笈东瀛留学达七年之久，前后分为三个时段：1902年4月30日至1904年4月30日为初抵东京在弘文学院修习语言的两年；1904年9月至1906年3月为在仙台学医的一年半；1906年3月至1909年9月是再度东京从事文艺运动的三年半，这一时段也是鲁迅阅读史上最关键的阶段。

20世纪初，周树人"留心"文学的时候，情形和30年代很不同，不同之处在哪里呢？明治日本正在摧毁东亚旧秩序的进程中，思想文化界不可避免地为其东亚扩张性意识形态提供智力和知识支持。其中当然也包括翻译界为日本读者积极引进日本以外的他国故事，尤其是帝国主流文学，自然不会特别关注弱国民族的支流文学。回望甲午战争后的1896年，日本不过才招收了13名中国留学生，而到1902年4月，周树人作为南洋官费留学生踏上此邦，首都东京已经设立了清国留学生会馆。短短四年，也就是1906年，周树人由仙台弃医再次来到东京时，中国留日学生人数已激增。②这正是轻视中国、侮辱中国人为清国奴的时期，可以想见，彼时留日学界的风气，渐成趋向于革命之势，在周树人眼中，还停留在种族革命即

---

① 鲁迅：《我怎么做起小说来》，《鲁迅文集》第4卷，人民文学出版社2005年版，第526页。
② 参见[日]实藤惠秀《中国人留学日本史》，谭汝谦、林启彦译，生活·读书·新知三联书店1984年版，第36页。

排满的阶段。有终日开会谈政治而不读书者，亦有终日为课业与政治之取舍问题而矛盾重重者，即便专心学业，也是偏重实用之学，习法政、理工的居多，而轻视文学艺术的风气尤甚。

实际上，初抵东京，周树人便开始留心文学，只不过还处在辅助学习语言的阶段，他翻译了法国科幻小说，编译《斯巴达之魂》，引介法国文豪雨果。日益上手的日语为他带来了一个崭新的世界。不过，这主要还是在汉语的引领下，特别是梁启超在《新小说》等杂志上翻译的外国文学作品，点燃了他对科幻小说的阅读和翻译热情。当革命思潮高涨，民族主义色彩浓郁之际，剪辫后的周树人以"我以我血荐轩辕"的豪迈激情，勤勉地通过翻译向国内输送欠缺的精神食粮，特别是科幻小说所承载的科学精神和对宇宙万物积极探索的大胆想象力。这是第一次通过汉语之外的他国语言来思考和打量世界，当通过日语阅读外国文学作品时，内心的文学已经由中国传统的文章内涵潜在地发生了转换，特别是在明治东京这个特殊时空来构建基于国民之上的世界想象时，对于文学的理解业已逐渐接近自主性的文学内涵，同时又带着追求民族新生的鲜明色彩。这使得没有搞清楚所翻译的科幻小说作者是谁的问题并不是主要问题[1]，关键点在于，作为个体的周树人与世界文学的总能量开始发生链接。

再次回到东京，留心的文学亦发生转向——从此直接"从别国里窃得火来"[2]，而非仅由日本这一中转站。德语成为这一时期周树人探索世界文学领地的主要工具，并辅之以日语、周作人精通的英语，甚至浅尝之俄语，

---

[1] 《月界旅行》误将儒勒·凡尔纳译为美国查理士·培伦，《地底旅行》误译为英国威男。
[2] 鲁迅：《"硬译"与"文学的阶级性"》，《鲁迅全集》第4卷，人民文学出版社2005年版，第214页。

当然还有母语中文。这意味着思维的坐标系生发更多新维度，向着多元人类文明无限延展，心灵的步伐不断跨越国界和信仰的鸿沟，面前的世界更加宏大，而敞开的每一种可能性都与闲居东京的个体周树人相连。

翻阅那时的留日史，留学生之译书虽有筚路蓝缕之功，亦有毫无选择之弊，相较而言，周树人是颇有主见的。目前没有留下他参加任何团体的直接证据，诸如光复会、同盟会，甚至没有资格参加留学生纯粹基于学术立场而组成的翻译团体，亦没有为清国留学生会馆捐款①。从一开始就孤军奋战的周树人，不顾他人颇以为奇的奚落②，坚毅地踏上了文艺之途，一面创办《新生》杂志——可视为是同盟会机关报《民报》的文艺版③，一面积极搜集处于殖民地的东欧诸国，那些正在"叫喊和反抗"、竭力挣扎、谋求民族解放的"弱小民族"的文学作品。他这样做，却并不是要躲进艺术之宫，做逍遥派，而是志在"利用他的力量，来改良社会"④。

通过《狂人日记》发表四年后的《〈呐喊〉自序》，我们得知，对于鲁迅来说，当写出《狂人日记》之时，他"已经并非一个切迫而不能已于言的人了"，那么，当他留心文学的"讲民族主义的时代"，想必慷慨激昂地

---

① 参见［日］北冈正子《日本异文化中的鲁迅》，王敬翔、李文卿译，黄英哲校订，台湾麦田出版社2018年版，第159页。

② 对于此举，很多留学生颇以为奇，甚至开玩笑说："这不会是学台所取的进学新生（即新考取的秀才）么。"曾经有一个帝大工学部的同乡前辈问鲁迅："你弄文学做甚，这有什么用处？"鲁迅答云："学文科的人知道学理工科也有用处，这便是好处。"周作人：《关于鲁迅之二》，《鲁迅的青年时代》，止庵校订，河北教育出版社2002年版，第126页。

③ "鲁迅并不是同盟会会员。那时同盟会刊行一种机关报，便是那有名的《民报》，后来请章太炎先生当总编辑，我们都很尊重，可是它只着重政治和学术，顾不到文艺，这方面的工作差不多便由《新生》来负担下去。"周作人：《鲁迅的文学修养》，《鲁迅的青年时代》，止庵校订，河北教育出版社2002年版，第56页。

④ 鲁迅：《我怎么做起小说来》，《鲁迅全集》第4卷，人民文学出版社2005年版，第525—526页。

怀抱着振臂一呼应者云集的梦想。他把热情全部挥洒在了输送科学、开启民智和购读被压迫民族的文学作品，用尽心力去翻译、绍介和推广的文艺工作当中去。实际上，当周树人急切地想表达自己时，语言和知识的积累还很不够，也没有表达的平台和听众，而当他成为鲁迅可以自主地表达时，闲居东京和闲居越中的经历，早已将其磨砺成不急于表达的人。恰恰是在不急于表达的时刻，青年时代的阅读活动，特别是再度东京自由读书的三年，百来篇外国作品的阅读经验，作为鲁迅心智发育成熟的丰富养料，与其自我天性中秘密泉涌的部分遥相呼应，使之潜藏的作为小说家的本能雀跃而出。

由之，留心远非刚刚接触的意思，即便如此，也是针对近世文学的内涵而言。可以说，"留心文学的时代"正是整个留日学生群体不留心文学，而周树人独独留心文学的时代。留心的动机最初是民族主义，但在过程中逐渐融入了个体的生命经验。周树人带着中国传统文学的知识与学养，立基于中国古典小说的通达谙练，嵌入明治东京视域下的世界文学结构当中，个中深蕴着开启近代文学人生独特的内在机制。

（二）仙台间隔的两个东京

在周树人留日的时空坐标系里，假若以中点仙台为镜，将会反射出两个完全不同的东京成像。在东京的两个时段，周树人的存在状态、阅读工具乃至阅读着力点都有很大的不同。仙台之前的东京是一个人的东京，周树人主要以日语为媒介，了解世界文学，学习之余阅读和翻译科幻小说；再度东京时是两个人的东京，周树人正式通过德语打量世界文学，二弟周作人则擅长英语，周氏兄弟一起耽溺书海，广泛涉猎国外文学作品。

1.一个人的东京

1902年3月24日,作为清国六名"矿务学生"之一的周树人,由江南陆师学堂总办俞明震带领,由南京出发赴日,经由上海、日本横滨,十天后抵达东京,又十天后,被安排在弘文学院普通科修习日语。每周最少要学12个课时,多时达到每周27个课时。然则也学科学——"三泽力太郎先生教我水是养(氧)气和轻(氢)气所合成,山内繁雄先生教我贝壳里的什么地方其名为'外套'"①。

二十出头的青年周树人,带着勃然旺盛的求知欲,第一次踏上异国土地。初抵东京之后不久,便渐渐开始了"赴会馆,跑书店,往集会,听讲演"②的留学生活,如之前的梁启超一样"广搜日本书而读之"。然而,此时的周树人还没有明确的目标,看到什么都想读,哪怕囫囵吞枣。"初学日文,文法并未了然,就急于看书,看书并不很懂,就急于翻译。"③壁垒一新的不只是剪辫后手摩头顶的轻松,还有大脑的观看之道。最开始,周树人深感我国说部充斥着愚昧迷信、智识荒芜之象④。受梁启超的影响,喜欢科学的周树人亦致力于科幻小说的阅读与翻译。他如饥似渴地研读了梁启超翻译的《十五小豪杰》《海底旅行》,随即据日译本翻译了法国儒勒·凡尔纳的《地底旅行》《月界旅行》《北极探险记》等。在日语还不精通的情况下,阅读经过日译者删减,甚至是文人式的润饰、夸张、渲染,乃至改写

---

① 鲁迅:《在现代中国的孔夫子》,《鲁迅全集》第6卷,人民文学出版社2005年版,第326页。
② 鲁迅:《因太炎先生而想起的二三事》,《鲁迅全集》第6卷,人民文学出版社2005年版,第578页。
③ 鲁迅:《集外集·序言》,《鲁迅全集》第7卷,人民文学出版社2005年版,第4页。
④ "我国说部,若言情谈故刺时志怪者,架栋汗牛,而独于科学小说,乃如麟角。智识荒隘,此实一端。故苟欲弥今日译界之缺点,导中国人群以进行,必自科学小说始。"鲁迅:《〈月界旅行〉辨言》,《鲁迅全集》第10卷,人民文学出版社2005年版,第164页。

的西方文学作品，而日译本所据的又多是英译的重译本，其艺术性方面受损的成分可想而知。然而，这样的接受与输出，正如鲁迅所言，乃出于尚武之精神，希望之进化，借小说之力，开启国民智识。初度东京的翻译实践不仅增加了周树人的见闻和学识，更让其思想逐步走向成熟。当动笔开始翻译，就要了解故事所发生的时代背景及所处国情和历史文化，并且只有更深入地走进作者的精神世界，才能翻译得更加贴切。这些复杂精微的语言实践经验对于周树人的文学探索之旅而言是弥足珍贵的。

2. 索居仙台

明治时期的日本乃中西文化汇通、世界文学窗口敞开地之一，比如，1903年在纽约发表的路易斯·斯特朗（Louise J.Strong）的小说 *An Unscientific Story*，几个月后就被译成日文，即《造人术》，不但在《朝日新闻》上连载，还发行了第一部分的单行本《泰西奇闻》。而周树人也在三年后发表了第一部分的中文译本。关于他到底是在初度东京还是在仙台时期，抑或再度东京期间读到这一译本，是在发表的报刊上读到了连载全本，还是只读了单行本，目前学界看法不一。[①] 考证周树人留日期间对于外国文学作品的具体阅读时间，并非本题致力的层面。在确定是阅读过的作品的前提下，这里提请注意的是，在仙台的一年又七个月，远离清国留学生群体空间的周树人，其日语学习"被迫"上到一个新台阶。最明显的例子就是

---

① 关于鲁迅阅读及翻译《造人术》的时间可参考如下文献及考证文章：[日]神田一三：《鲁迅〈造人术〉的原作》，《鲁迅研究月刊》2001年第9期；[日]神田一三：《鲁迅〈造人术〉的原作·补遗——英文原作的秘密》，《鲁迅研究月刊》2002年第1期；宋声泉：《鲁迅译〈造人术〉刊载时间新探——兼及新版〈鲁迅全集〉的相关讹误》，《鲁迅研究月刊》2010年第5期；谢仁敏：《〈女子世界〉出版时间考辨——兼及周氏兄弟早期部分作品的出版时间》，《鲁迅研究月刊》2013年第1期；国蕊：《从"世界奇谈"到"女子世界"——再议〈造人术〉的译介》，《鲁迅研究月刊》2019年第12期。

藤野先生对于其医学笔记的批改，并不像我们惯常以为的那样只有对画图的订正，而大部分是关于日语表达和修辞方面的。[①]除此而外，其日语的听说能力也尤其得到了提高，因为和周树人日常交流互动的，已不再是将日语作为第二外语来学习的同胞，而完全是日本本土的学生和老师。尽管懒于酬对，但热情的日本同学"来访者颇不寡"[②]，周树人有机会在现实中实践自己的语言能力，流畅地使用日语表达对于他的诱惑力也愈来愈强。最关键的是，此间周树人主修"独逸学"，第一学年每周有8节德语课程，第二学年的第一学期每周有4节德语课程，共计上德语课约400小时。[③]德语和拉丁文医学名词的高频接触和熟记，使周树人南京求学时期便开蒙略习的德语[④]水平更是得到了大幅度提升。对于而后专门到东京独逸语专修学校修习德文，甚至动念去德国留学而未能达成的周树人来说，仙台医学校期间德语水平的飞跃，在其个人外语接受史上的地位不容忽视，它使周树人能够融入日本明治时代以德语为主要言说的知识教养结构，甚至开启了他的再度东京之旅，成为其打开东欧文学之门的密钥。对德语的敏感超越了医学专业学习，就像对美术的敏感超越了解剖学图谱的绘制一样，在周树人

[①] 参见［日］阿部兼也《关于藤野教授对鲁迅解剖学笔记的批改》，载绍兴文理学院等编《鲁迅：跨文化对话——纪念鲁迅逝世七十周年国际学术研讨会论文集》，大象出版社2006年版，第401—406页。

[②] 鲁迅：《书信·041008 致蒋抑卮》，《鲁迅全集》第11卷，人民文学出版社2005年版，第329页。

[③] 参见北京鲁迅博物馆编《鲁迅年谱》（增订本）第1册，人民文学出版社2000年版，第139、152页。

[④] 据从江南陆师学堂附设矿路学堂毕业后和鲁迅同到日本留学的伍仲文回忆道："外文有德文和日文二种，随学生自由选读一种。"当年学校聘有三位德国将领，分别教炮兵、步兵、造垒等工程。教冶金的是德国留学生。虽用中文授课，但须略习德国语言文字，以使探讨图籍。徐鹏：《江南矿路学堂遗迹和鲁迅求学情况的调查》，载徐昭武编著《寻求别样的人们：鲁迅在南京》，江苏凤凰文艺出版社2016年版，第255页。

精致的医学笔记中完美地呈现。然而，繁重的医学课业，使其无暇顾及越来越用心的翻译爱好，甚至文学阅读都要行将中断，这一定使其颇为难耐，不然不会引为"恨事"[①]。一年半自然科学思维训练的全覆盖，"只求记忆，不求思索"的知识灌输，通过外语涉猎他国文学的几近真空状态[②]，无疑给了周树人一个在比对中觉察内心渴求的最佳契机。将语言变为自己的专业而不再需要其他的专业，对医学生周树人而言即将成为事实。

3. 两个人的东京

如果说初抵东京时期周树人外国文学阅读活动的关键词是被动选择、应接不暇、囫囵吞枣、孤灯相伴，那么，再度东京的关键词则是目标明确、潜伏耽读、自由探索、兄弟怡怡。周树人很快超越了阅读外国作品的初级阶段，内心产生了更高期待，毕竟一旦有了上手的语言工具，谁也不想品尝他人咀嚼过的精神食粮。不仅如此，精通英文的周作人的加入，为拓展乃兄的阅读视界搭建了更高的瞭望塔。周作人的文学趣味同样是周树人之阅读转向不可忽视的重要因素。周氏兄弟孜孜埋首于新思想的涉猎与汲取，"过的全是潜伏生活"[③]。周树人已经不再去全日制的专门学校修习某个将来有前途的专业，而是关注于语言与语言的相互致敬，文本与文本的传递转换；他也不再依赖前辈的汉译和日译故事来了解和观察世界，而是独自探索更加广阔丰富的人类文明风貌和精神图景。他常去神田一带的旧书摊搜购德文新旧书报，浏览出版消息，而后搜求包括匈牙利、芬兰、波兰、捷

---

① 鲁迅:《书信·041008 致蒋抑卮》,《鲁迅全集》第 11 卷，人民文学出版社 2005 年版，第 330 页。
② 这期间周树人收到国内寄来的林纾译《黑奴吁天录》已是大欢喜。参见鲁迅《书信·041008 致蒋抑卮》,《鲁迅全集》第 11 卷，人民文学出版社 2005 年版，第 329 页。
③ 周作人:《再是东京》,《鲁迅的青年时代》，止庵校订，河北教育出版社 2002 年版，第 36 页。

克、塞尔维亚、保加利亚等被压迫民族诸国文学。这些国家的文学作品，在日本并不易得，英译本稀少，德文本虽说在瑞克阑姆小文库中有不少种，可惜因没有销路，东京书店也不批发。周树人怀揣着文艺可以"转移性情，改造社会"的"茫漠的希望"[①]，花大力气，查各种书目，一本本列了书账，又千方百计地筹钱，托相识的书店向银座规模宏大的丸善书店征求订购。那时每月官费只有36元，支付衣食学费外，几乎没有盈余。周树人甚至为了补贴生活费用，而去印刷所校对稿件。兄弟二人所订购的书籍往往两三个月之后才由欧洲遥遥寄来，这样的搜求正可谓"粒粒皆辛苦"。而彼时的国内译界已然奉行拜金主义，一如天僇生在《中国历代小说史论》中所言："近世翻译欧、美之书甚行，然著书与市稿者，大抵实行拜金主义，苟焉为之。"[②] 当然，寻觅冷僻的材料和"稀奇古怪的国度"所产出的文学作品也是为了译作的销路打算。与中国相比，东欧及巴尔干诸国不但因为自然环境、社会环境差异大而故事特别，而且作品被重译的可能性也大大减少。为此，周树人甚至也想搜求印度和埃及的作品，却苦于无法获得。无论如何，只要能找到材源，兄弟二人就各种译本互相参看，痴迷地张望和打量世界文学的风景。周氏兄弟也时刻关注国内译界，凡畅销作品，便找来这一作家的其他作品阅读。如苏曼殊翻译法国文豪雨果的《惨》（后上海镜今书局以《惨世界》为名出版单行本）1903年于上海刊登，兄弟二人便找到日本黑岩泪香1902年出版的日译本和另外英译本来参看。

彼时勤勉、迅捷的日本翻译界虽在关注和绍介他国文学方面仅次于德国，却主要致力于翻译所谓的欧美一流文学。作为最初的中国留日学生杂

[①] 鲁迅：《域外小说集序》，《鲁迅全集》第10卷，人民文学出版社2005年版，第176页。
[②] 天僇生：《中国历代小说史论》，《月月小说》1907年第11期。

志,《译书丛编》(1900年12月创刊)亦追随潮流,以"专门译载介绍欧美的法政名著为宗旨"。邹容不但通读了卢梭、孟德斯鸠等人的名著,并且以"吾将执卢骚诸大哲之宝旛,以招展于我神州土"的气魄,为这一普罗米修斯般的伟业激情而烧尽自己。[1] 然而,周树人却没有大多数中国留学生的自我中心意识,他关注小国文学,以克服大国的自大心理,去华夷天下观与去西欧主流化并举,以自主质疑的精神时刻抵抗被规训,这在中国留学生中可谓个性卓特。他所喜欢的日本作家夏目漱石和森鸥外,在将日本文化与欧美比较时,往往流露出犹豫与小心翼翼的心态,呈现出一种小国的悲观色彩和焦虑感。这些阅读偏好显示出同样是立志拯民族存亡于危难之际的周树人,其爱国情怀所指向的并不是与世界列强并雄,或者去战胜任何他者,而是要向内求,在文化比较的视野中更深入地接纳和觉察自我,激励自己的民族生发刚健的想象力,自觉发声,最终通过文艺撒播爱的种子——不是躺在仿佛阶级消弭的自欺欺人的象牙塔里只爱外在的光明和美好,而是出于人类关怀、生命关怀的爱,直面和正视各种国民劣根性、人性弱点的冲突性存在。翻译逐渐内化为鲁迅的文化责任感,为国内绍介优秀的精神食粮,对于率先走到世界文学前沿领地的周树人来说,责无旁贷。

(三)文学阅读的途径、方法及状态

留日生周树人对外国文学的关注通常有以下途径。

其一,经由对日语、德语的学习,广搜浏览日文、德文报刊书籍(包括少部分英文书籍),被其刊登的本国及外国作品深深吸引。这应该是占第一位的原因,也是内在驱动力。闲暇时喜欢读小说是周树人自幼时便养成

---

[1] 参见严安生《灵台无计逃神矢》,陈言译,生活·读书·新知三联书店2018年版。

的习惯。

其二，由文明史而入其国家文学，如从对《波兰衰亡史》的阅读到关注波兰文学，从对《印度蚕食战史》的阅读到企望关注印度文学。周氏兄弟经常拿波兰和印度这两个国家来自比，言称如果中华民族不奋起努力，就会像他们一样走向亡国亡种的命运，为此而特别倾心于波兰文学中显克微支的历史小说和小品，努力倾听其中的"人之声"。

其三，经由广泛接触文学史论及作家评论而涉猎相关文学作品。如，1906年，鲁迅翻译了籁息（Reich）的《匈牙利文学史》（1898）第二十七章，不但了解了其主要描述的革命诗人裴多菲，同时知晓了小说家密克札忒（又译米克沙特）。在鲁迅的个人藏书遗存中，有四种密克札忒小说的德文译本，含短篇小说集两部，长篇小说《魔衫》。[①]另外还有札倍尔德文版《世界文学史》、凯拉绥克《近代捷克文学概观》、勃阑兑斯的《波兰文学史论》，等等。鲁迅再度东京时拟购藏的德文书目中涉及外国文学史13种，含德国、英国、希腊、意大利、北欧、法国、葡萄牙、西班牙、俄国、罗马、斯拉夫等国家和地区。[②]可见其后来对于东欧弱小民族国家文学的译介，是基于宏观把握整个欧洲文学史淘洗出的"异域文术新宗"，决非意气偏至、一管之见。

正如所见，年轻读者周树人的心中铭刻着摩罗诗人不朽的名字，《摩罗诗力说》可谓鲁迅文学的精神高地，然而，也正如北冈正子在《〈摩罗诗力说〉材源考》中所指出的，尽管诗人群星闪耀，吸引了周树人的却是他人

[①] 参见北京鲁迅博物馆编《鲁迅手迹和藏书目录·外文藏书目录》，1959年内部资料。
[②] 参见北京鲁迅博物馆鲁迅研究室编《鲁迅研究资料》第4卷，天津人民出版社1980年版，第99—111页。

评论折射的光芒，而非原作之光源。周树人自己原创的观点只针对裴多菲的材源，他那时的确购读了其长篇小说《绞吏之绳》，藏书中还有其诗集。

其四，经由本国译介而涉猎原作者作品，当然是周树人早期阅读外国文学非常重要的途径之一，他对于很多外国作品的阅读都是先林纾而后其他，先梁启超而后其他。

周树人在阅读时的一个重要方法是做"剪报"，现有两本其留日时期所做剪报藏于北京鲁迅博物馆：一本是中文的，乃鲁迅本人发表的文言文章、译述之作及其他同人诗文的辑录；另一本是日译俄国小说合订本，即姚锡佩在《鲁迅初读〈狂人日记〉的信物》[1]一文中首次提出的"小说译丛"，实际上并非鲁迅自题。"小说译丛"后被学界沿用，并被视为"剪报"[2]。与上海鲁迅纪念馆所藏剪报相比，北京鲁迅博物馆所藏两本中日文剪报，实际上并无"剪""糊"痕迹，而是鲁迅留日时期从所浏览的期刊中撷取文章拆下后重新编辑为一册的合订本，从某种意义上也可视为鲁迅早期编辑的新书。特别是日译俄国小说合订本，应该是鲁迅对于文学"攻究"的成果，其生前发表文字中均未见道及。周作人却回忆了他们如何阅读俄国小说并拆下保存的过程（下文详述）。除了俄国文学，周氏兄弟二人住在本乡汤岛下宿内时，正逢夏目漱石入职朝日新闻社，于是平时看学生报《读卖新闻》的鲁迅便改订《朝日》。当揭载《虞美人草》时，不仅天天捧读，还"切拔

---

[1] 参见姚锡佩《鲁迅初读〈狂人日记〉的信物——介绍鲁迅编订的"小说译丛"》，载鲁迅研究室编《鲁迅藏书研究》，中国文联出版公司1991年版，第299页。
[2] ［日］竹内良雄：《鲁迅的〈小说译丛〉及其他》，王惠敏译，《鲁迅研究月刊》1995年第7期；陈漱渝：《寻求反抗和叫喊的呼声——鲁迅最早接触过哪些域外小说?》，《鲁迅研究月刊》2006年第10期。

了卷起留着"[1]。鲁迅亦经常将喜读的文学作品拿到订书店去，做成硬纸板书面，背脊用青灰洋布，重新改装收藏。周氏兄弟喜欢的林译小说就曾经享受过这样的待遇。[2]

那么，周树人的阅读方式是怎样的呢？肯定不只是挑灯伏案手指默念型，眼到、口到、心到、手到、脑到的精读，虽说是必定的常态——金矿还是硫化铜，需要比较才能鉴别——而随便翻翻，没有本本细看的情形，肯定也是有的，甚至有时只是听周作人讲讲故事梗概，尤其是英译本。即便是这样的听书，对于周树人而言也是意义非凡，对虚构文学题材内容的综合感知与把握，兴许就在周作人亲切的家乡话里贯穿而融通了。不过，鲁迅之谓"百来篇"应该特指精读、细读过的那些外国故事。

尤其值得强调的是，再度东京乃完全主动阅读的时期，耽读的存在状态跃出多重面向、丰富有益的人生，既锻炼了周树人敏锐的观察力、灵敏可靠的记忆力、超越时空的想象力、对语言内涵差别的精微体味和驾驭把握的能力，更使其领悟力逐渐地不再受局限，内心开始独立链接精神本原，在自由灵魂的显微镜下，直面多样的人类文明，至为复杂的人性层面，洞悉不同精神效应之聚合，不时升腾起同情与悲悯，似乎是沉湎于新的秘密，又仿佛一切开始了然，以至于不再关心世俗的成功与否。

---

[1] 周作人：《明治文学之追忆》，《周作人自选文集》，止庵校订，河北教育出版社2002年版，第70页。
[2] 参见周作人《鲁迅与清末文坛》，《鲁迅的青年时代》，止庵校订，河北教育出版社2002年版，第74页。

二、依据与推测

鲁迅在日本的海量阅读行为，对其感兴趣者皆有目共睹，然而，如何判定哪些外国作品鲁迅留日时期读过，哪些没有读过，正像博大精深的鲁迅思想之不可量度，以下仅从八个方面的依据入手，逐步缩小寻绎范围，列出明确篇目，并以表格形式呈现每篇的主要阅读语言、直接或间接阅读证据、阅读来源信息及在日购藏书籍遗存情况。阅读证据当中除去"小说译丛"及翻译作品是铁证，其他回忆文字及藏书情况，只能说是线索或可能性之一，供感兴趣者继续进行个案的深入考证和质疑。

（一）"小说译丛"（日译俄国小说合订本）

对于曾经做过日译俄国小说重装本的行为，周作人有一段文字略见其影。

《域外小说集》两册中共收英美法各一人一篇，俄四人七篇，波兰一人三篇，波西米亚一人二篇，芬兰一人一篇。从这上边可以看出一点特性来，那一是偏重斯拉夫系统，一是偏重被压迫民族也。其中有俄国的安特莱夫作二篇，迦尔洵作一篇，系豫才根据德文本所译。那时日本翻译俄国文学的风气不发达，比较的介绍地早且亦稍多的要算屠格涅夫，我们也用心搜求他的作品，但只是珍重，别无翻译的意思。每月初各种杂志出版，我们便忙着寻找，如有一篇关于俄国文学的介绍或翻译，一定要去买来，把这篇拆出保

存。①（按：着重号为笔者所加）

以上文字透露出周氏兄弟关注文学前沿动态之迅捷。每月初日本的各种文学杂志一出版，他们便搜寻浏览，待发现有关于俄国文学的介绍和翻译文字，就果断买下这期杂志，将文章拆下来保存。由周作人的述说语境看，这是为了翻译出版《域外小说集》做准备而搜集材料。这份日译俄国小说合订本所收录的作家作品，先后顺序为普希金、果戈理、莱蒙托夫、屠格涅夫。十篇小说中屠格涅夫的《草场》出现在《域外小说集》第一册的"以后译文"里，即《毕旬大野》（《白净草原》），莱蒙托夫的《宿命论者》是长篇小说《当代英雄》中的一章。《域外小说集》第一、二册"新译豫告"中均出现的《并世英雄传》，即《当代英雄》，可见是较为长久的翻译出版单行本的计划。除此之外，其他作品都没有被翻译并印在已经出版的两册《域外小说集》中，预告中亦不曾出现篇目。日译俄国小说合订本显然不是《域外小说集》俄国文学翻译的直接准备材源，因为他们的阅读武器已经是德语和英语。参照对比日本人翻译的俄国小说，从而确定自己对于俄国文学的翻译选材倒是可能的，又或者仅仅是出于喜爱和敬佩之情而珍藏。对于日本翻译界某些文人式的豪杰译，周氏兄弟早已感到不满足。为了全面了解非日本化的现代俄国文学的原始风貌，他们甚至学习了一段时间的俄语。

我们学俄文为的是佩服它的求自由的革命精神及其文学，现在学语固然

---

① 周作人：《关于鲁迅之二》，《鲁迅的青年时代》，止庵校订，河北教育出版社2002年版，第128页。

不成功，可是这个意思却一直没有改变。这计划便是用了英文或德文间接的去寻求，日本语原来更为方便，但在那时候俄文翻译人材在日本也很缺乏，经常只有长谷川二叶亭和升曙梦两个人，偶然有译品在报刊发表，升曙梦的还算老实，二叶亭因为自己是文人，译文的艺术性更高，这就是说也更是日本化了，因此其诚实性更差，我们寻求材料的人看来，只能用作参考的资料，不好当作译述的依据了。[1]

周作人的话印证了日译俄国小说并不发达，这些19世纪中叶活跃在俄国文坛的经典作家作品进入日本已经是20世纪初，而且译作经过改写和编排，故事几成日本式。众所周知，俄国文学对鲁迅的影响至深且巨，可谓贯穿其一生文学活动之始终，而最初打动鲁迅的就是俄国文学"为人生"的主流态度。小说这种在中国传统观念里供消闲之用的文类，在欧洲只属于上流社会绅士淑女的"艺术之宫"，竟能在俄国发出被压迫者的呻吟和挣扎之声，这让年轻周树人感受到在自己的民族文学里汲取不到的热量。然而，日语这一过滤器显然不是透明的，被阻挡住的俄文原作的光芒，已由热烈转而微温，不过仍能间接暖透周树人孤独冷寂的心。正如后来者所见，作为周氏兄弟二人初试翻译劳作的成果，在《域外小说集》第一册收录的三个国家的七篇小品中，俄国就有五篇，包括契诃夫的两篇，安特莱夫的两篇，以及迦尔洵的一篇，这使其几乎成了俄国短篇小说专辑。从专意做日译俄国小说剪报，到学俄语，购读俄国小说，再到于第一个翻译文集中以俄国文学来统领"异域"，周树人步步踏实地深入俄国文学领地，后来走

---

[1] 周作人:《学俄文》,《知堂回想录（上）》,止庵校订,河北教育出版社2002年版,第249—250页。

在了日本译界的前面。对安特莱夫和迦尔洵的阅读和翻译，证明了其不凡的眼光。

与郜元宝先生反复推测中文剪报最终的制作时间[①]不同的是，我更关注制作者着手的起点，以及一篇一篇拆下来保存这个持续行为的过程，是不是即时性的。毕竟最终装订成册的成品，对于研究鲁迅域外文学阅读史来讲，已经成为完成时。"小说译丛"的涉猎时间范围从1903年3月至1909年6月，几乎横跨了周树人留日的三个阶段。由本文后附表1可知，刊载屠格涅夫的《妖妇传》和《水车小屋》（嵯峨之山人译）的文学杂志发行于周树人初抵东京时期；刊载屠格涅夫之《草场》（升曙梦译）、《森林》（长光迂人译），莱蒙托夫之《东方物语》（嵯峨之家主人译）、《宿命论者》（栗林枯村译）的文学杂志发行于周树人仙台习医时期；刊载果戈理《昔人》和《狂人日记》（二叶亭主人译）及《外套》（西本翠荫译），普希金《彼得大帝的黑人教子》（升曙梦译）的文学杂志发行于周树人再度东京的时段之内。从文学杂志上拆下俄国小说保存这一行为是随出版随购读随收藏的吗？已经无法回到历史现场去一一明确。周树人索居仙台时期，尽管尚有新闻纸触目[②]，然则，肯定不能像在东京时拥有便捷迅速的博览条件和宽松余裕的阅读时间。不过，周树人搜集的旧书报大都是德文的，日文杂志可以随买随看。所以，并不排除有一两篇小说是在其初抵东京，甚或是就读仙台时读到的，待积累到一定厚度才在回国前拿到订书店装订成册，而装订时则是按照作家作品来分类排序，并手书日汉双语目录。

[①] 参见郜元宝《北京鲁迅博物馆藏"周氏兄弟"中文剪报校改考释》，《鲁迅研究月刊》2018年第11期。
[②] 参见鲁迅《书信·041008 致蒋抑卮》，《鲁迅全集》第11卷，人民文学出版社2005年版，第329页。

十篇俄国小说里屠格涅夫的作品有四篇，是四个作家里保存作品最多的，而且译作发表的年代也较早。鲁迅尤其喜欢屠格涅夫的散文诗，从其藏书中获悉，他还购读了收有屠格涅夫 50 首散文诗的德译本。[①] 周作人曾说："我们当时很是佩服屠介涅夫，但不知为了什么缘故，却总是没有翻译他的小说过，大约是因为佩服的缘故，所以不大敢轻易出手吧。"[②] 我们看到，在《域外小说集》第一册和第二册的"以后译文"里均出现的"都介纳夫"，即屠格涅夫。对于屠格涅夫的主动选择和早期接受，对于小说家鲁迅的诞生和成熟是影响深远的。

《祝福》与屠格涅夫《妖妇传》乍看起来毫无相通之处。然而，通过叶尔古诺夫中尉，屠格涅夫传递出人性的某种普遍特点——讲述可以承受生命之重，疗愈心理创伤。显然此点被周树人心领神会，后来他笔下的祥林嫂，其受害者模式的反复讲述便沿用了叶尔古诺夫中尉对其青春遭遇的不断讲述，不同的只是两国读者对于主人公创伤体验的反应。叶尔古诺夫中尉的故事每月讲一次，听者每次都听得很满意，都感到新鲜；而祥林嫂的阿毛故事，却由一开始镇上的人找来陪眼泪听，满足地离开，到全镇的人都听得纯熟，几近背诵，而至于厌烦得头痛，再到又因为她额上的伤疤而发生新趣味，反复逗弄取笑她的悲伤。如此回旋往复的细腻觉察和艺术处理，显示出鲁迅在借鉴屠格涅夫叙事模式的同时，对故土国民文化心理独有的洞悉，经过鲁迅强化后的某种人性成为其自觉主动的新创造。不仅如此，祥林嫂最终质询"魂灵的有无"，这一"终极追问"设计的植入，似乎

---

① 参见姚锡佩《从藏书看鲁迅与屠格涅夫的文学渊源》，载鲁迅研究室编《鲁迅藏书研究》，中国文联出版公司 1991 年版，第 137 页。

② 周作人：《翻译小说下》，《知堂回想录（上）》，止庵校订，河北教育出版社 2002 年版，第 245 页。

也受到了莱蒙托夫《宿命论者》的启发。另外，《社戏》中华夏江南水乡的少年们与《草场》中广袤原野上出现的少年们，命运虽完全不同，结局令人唏嘘，出场时那青春洋溢的气息却是一样逼人地扑面而来。"以不可见之泪痕悲色，振其邦人"①的果戈理，通过二叶亭四迷的译笔，同样深深吸引了留学生周树人。《狂人日记》以荒诞的形式刻画了一个微不足道、安分守己的小公务员，他受到阶级社会的重重压迫，处处被人侮辱践踏，最后被逼发疯。该作发表约80年后，鲁迅笔下诞生了中华大地上的"精神界之战士"、启蒙先驱狂人，其所反抗的家族制度和礼教的弊害，是这个东方国度所独有的"文明"。《外套》写一位50多岁的抄写员，节衣缩食，终于修补好自己的外套，却在参加同事的宴会回家的途中，被强盗抢走。其在寻求法律帮助时，又被刚刚上任的要人欺凌，最终冻死在严寒中。从此，总有人会看到死去的他突然出现，索要外套。读罢该故事15年后，鲁迅依然不能忘情于这个被侮辱、被损害的小人物，将其在中国未庄复活。农村流浪汉阿Q，其生命卑微如同草芥，在缺乏诚和爱的中国底层社会里备受欺凌，与自轻自贱、精神胜利的亚卡基耶维奇是那么相似。熟悉果戈理的读者在读到阿Q被捕后于衙门大堂膝关节自然而然地宽松而跪下去的情景时，不禁含着泪花会心地苦笑了。"二十年后又是一条好汉！"仿佛是对鬼魂索要外套之死后想象世界的民族化处理，折射出国民迂执可笑的精神图景。与果戈理熟稔的灰色小人物系列相比，《昔人》无疑是混沌中一道独特的光。在俄罗斯乡下庄园与自然和谐相融的美好画卷中，庄园主老夫妻热情好客，感情甚笃，遵循自然规律走完丰富又简朴的一生。果戈理为没落的旧式地主及其田园生活献上一曲挽歌。同样是在阅读15年后，鲁迅在《社戏》中

---

① 鲁迅：《摩罗诗力说》，《鲁迅全集》第1卷，人民文学出版社2005年版，第66页。

为读者打开了儿时美丽水乡的独特画卷，如同对果戈理《昔人》的致敬，内中所呈现的中国江南特有的人情美，成为小说集《呐喊》中冲刷掉阴郁氛围的独一抹亮色。

（二）《域外小说集》及其预告

鲁迅自己的藏书，其本人不一定都读过，但是自己译过的书，肯定是都精读过了的，尤其是像鲁迅这样力争忠实于原著而宁肯硬译的翻译家。在关于周树人留日时期读过的外国作品的探寻之旅中，首先想到的肯定是《域外小说集》，尽管周树人只据德译本翻译了其中的三篇[①]，其他均为周作人据英译本翻译，但因为周树人负责编辑、设计、修订、润饰、统稿等工作，可以说，《域外小说集》两册所刊登的短篇小说，周树人不但掌握原译本，对于周作人的中译恐怕更是斟酌再三。周树人虽不擅长英文，但一定也是对照英文底本或购藏的德文本通读过周作人的译本，并且还翻译了其中的诗歌，因此这部分作品的阅读语言列为英语（见附表2）。一个直接的证据来自北京鲁迅博物馆馆藏中文剪报里收有的署名"独应"的两篇译作：美国艾伦·坡的《寂漠》与《庄中》。这两篇译文最初发表于1908年12月5日《河南》第8期，也就是被拆装进中文剪报的初刊版，而《域外小说集》第一册于1909年2月5日编订完成，第二册于当年6月11日印成。初刊本与初版本有较大差异，拆装本中就有明显的校改痕迹，对此，郜元宝亦有详细的校勘文字发表[②]，推测校改出自鲁迅之手。

[①] 安特莱夫的《谩》《默》，迦尔洵的《四日》。
[②] 参见郜元宝《北京鲁迅博物馆藏"周氏兄弟"中文剪报校改考释》，《鲁迅研究月刊》2018年第11期。

周作人曾详述过兄弟二人编译《域外小说集》的过程："先将原文看过一遍，记清内中的意思，随将原本搁起，拆碎其意思，另找相当的汉文一一配合，原文一字可以写作六七字，原文半句也不妨变成一二字，上下前后随意安置，总之只要凑得像妥帖的汉文，便都无妨碍，唯一的条件是一整句还他一整句，意思完全，不减少也不加多，那就行了。"[①] 虽然周氏兄弟的翻译风格各异，但是方法却是一致的，那就是细读文本，故事情节、人物关系烂熟于心，将搜求来的文学书籍变成自己生命的一部分。他们的翻译方法还提示我们不应忽略鲁迅外国作品阅读史上的另外一种可能，即有些英译作品，周作人精读后讲述给周树人整个故事，不太精通英文的周树人仅读了周作人的汉译版本。所谓兄弟怡怡，很多乐趣便体现于斯——哪怕是在冬天阴晦的环境里，二人却能忘却寒冷，与异域文学故事共陷爱河，度过充实的看似闲谈的每一天。[②]

我国短篇小说的译介，周氏兄弟算是起步较早者之一。《域外小说集》苦心经营之惨淡，早已成为文化输入披荆斩棘之先驱佳话。为了防止重译的危险，兄弟二人特意聚焦当时不被日本译界所关注的作家——这就意味着往往要避开所谓的世界一流——而主要锁定擅长短制"小品"者。他们率先关注"异域文术新宗"，将目光投向译界未曾开垦的处女地——北欧、南欧及泰东诸邦之短篇小说。周树人所追逐的外国文学作品大部分算是那个时代的当代文学，即生活于19世纪末20世纪初周氏兄弟之谓"近世"[③]

[①] 周作人：《谈翻译》，《苦口甘口》，止庵校订，河北教育出版社2002年版，第41页。
[②] 参见周作人《七八翻译小说下》，《知堂回想录（上）》，止庵校订，河北教育出版社2002年版，第246页。
[③] 《域外小说集》第一册略例："集中所录，以近世小品为多"，会稽周氏兄弟纂译，神田印刷所，己酉年（1909）二月十一日印成。

的作品。安特莱夫（1871—1919），对于鲁迅来说，算是同时代人。显克微支（1846—1916）在鲁迅关注他的时候不仅健在，还于1905年荣获诺贝尔文学奖。挪威作家毕伦存则是1903年的诺贝尔文学奖得主。对于"近世"之前的文学，鲁迅原本也有雄心继续研读下去的，屠格涅夫即在此列。

两位中国青年的广泛涉猎和海量阅读，特别是不通过日语而自主的翻译行为，当时就引起了日本文化界的注意。《域外小说集》第一册刚刚出版两个月，东京三宅雪岭主编的《日本及日本人》杂志第五〇八期（1909年5月1日）"文艺杂事"栏便如此报道："住在本乡的周某，年仅二十五六岁的中国人兄弟，大量地阅读英、德两国语言的欧洲作品。而且他们计划在东京完成一本名叫《域外小说集》，约卖三十钱的书，寄回本国出售。已经出版了第一册，当然，译文是汉语。"[1]字里行间透出的历史张力，将我们弹回到20世纪初年。循着他者的目光，我们才回看到，"以所有资斧少年精力"，首辟荒地的周氏兄弟如何勤奋地在大量阅读，阅读又是一种多么关乎国家进步，引起他国瞩目的行为。文化曙光，将入华夏——即便最初只卖出20册。"当然，译文是汉语"一语道出中国的读书界究竟有进步，默默有益于中国读者的耕耘者究竟存在。周氏兄弟的精神活动已经共振于生活于斯的明治东京之文化能量场中。

在《域外小说集》第一册广告中，周树人用了"各国竞先选译"[2]一语，单一"竞"字，苦境全出——反复地甄选、权衡、对比，才确定了最后的篇目。可以想见，二周的阅读范围如何广博。这还说明，《域外小说

---

[1] 转引自戈宝权《〈域外小说集〉的历史价值》，载伍国庆编《域外小说集》，岳麓书社1986年版，第4页。

[2] 《域外小说集》第一册广告，《时报》1909年4月17日。

集》中除了已经翻译出版的作品周树人肯定研读过之外，其后译拟目中的短篇及"新译豫告"中的长篇，这些作为计划内的翻译选材，周树人肯定也都是竞相读过，以期"累卷既多"的，否则不会印出篇目。另外，《杂识》中介绍作者时重点提到的其他代表作品更应该引起我们注意，已给出于后附表 2 中。作者及作品译名以《域外小说集》1909 年东京神田初版为准，部分注明中文通译。

《域外小说集》后附信息实际上分为两部分，以第一册为例：一是"域外小说集第一册以后译文"，二是"新译豫告"，二者之间用曲线相隔。"以后译文"显然是即将继续出版的《域外小说集》拟收短篇小说的篇目，而"新译豫告"则是独立的长篇小说译作。两册共预告了五部长篇小说。第一册"以后译文"中亚伦坡的《默》、哀禾的《先驱》、显克微支的《灯台守》、迦尔洵的《四日》已在第二册刊登。没有指出具体名目的"南欧名人小品"很可能是第二册中选译的波思尼亚女作家穆拉淑微支的《不辰》和《摩诃末翁》。新希腊人比该罗斯没有如期出现。第二册新增的俄国作家是斯蒂普虐克。

第一、二册"以后译文"均出现了都介纳夫（屠格涅夫）的《犹太人》、挪威作家毕伦存的《父》和《人生秘事》，可见是周树人非常喜欢而精心选定却遇到了困难和阻碍而没有实现的潜在译作。《父》应为《域外小说集》刊行 20 年后，鲁迅在《哈谟生的几句话》一文中提到的《父亲》。在该文中，鲁迅回忆曾看过的短篇小说，第一次提到毕伦存，并说《父亲》至少翻过了五回，却还是没有留下比哈谟生深刻的印象。[1] 可见他当初对于翻译选材的慎重。其他拟目里的小说应该也是如此经过了反复的欣赏。据

---

[1] 鲁迅：《哈谟生的几句话》，《鲁迅全集》第 7 卷，人民文学出版社 2005 年版，第 347 页。

周作人回忆，《域外小说集》第三册也已经集了部分稿子，匈牙利密克札式的《神盖记》即属此类，译文手稿现藏于上海鲁迅纪念馆。

众所周知，1921年上海群益书社再版《域外小说集》，将原先的两册合为一册，并新增小说21篇。这21篇小品均为周作人1911年回国后所译。对比《域外小说集》一、二册之"以后译文"拟目，新增作品无一为当时的拟刊作品。其中法国须华勃的《拟曲五篇》，新希腊蔼夫达利诃蒂斯的《老泰诺思》《秘密之爱》《同命》是不是第一册拟目中提及的"南欧名人小品"，或第二册拟目中提及的"其他欧美名人小品"呢？如是，那么，丹麦安兑然（安徒生）《皇帝之新衣》，俄国梭罗古勃《未生者之爱》及寓言十篇，波兰显克微支的《酋长》，这些更偏向周作人的文学趣味，并由其操笔翻译的作品，周树人是否在留日时期已经寓目，仍不可轻易下断语，故未给出于附表中。当然，像《皇帝之新衣》这样的经典名篇，对于购藏了德文本《安徒生童话全集》的周树人来说不可能视而不见，本文将其归入其他类别。

《域外小说集》中系列故事的甄选和精读，乃至翻译中的字斟句酌，对于之后鲁迅的小说创作影响不言而喻。除了鲁迅自陈《药》的结尾弥漫着安特莱夫的阴冷，仅看《谩》与《伤逝》文体与美学趣味上的相通之处，便颇值得玩味。对于没有太多短篇小说阅读经验而初次面对《伤逝》的中国读者来说，其忏悔式的手记文体承载着凄惨的情感体验不时刺痛共鸣之心灵，令人徘徊不已，无法释卷，而如果能早于鲁迅便接触到安特莱夫的文学，便不会有如此魂牵梦系之态。这体现在表现情感时的场景选取，如绝望中等待的孤独与煎熬，最有表现力的便是漫漫长夜——《谩》的男主人公在楼下等待那个欺骗了他的女子"一切特如一遥夜"①，而对于失去了子君的涓生来说，"初春的夜竟还是那么长"——没有光，便没有爱。两部小说的结尾亦有异曲同工之妙，《谩》的男主人公在对"吾杀女子，而使谩乃弗死"的深深忏悔中，咏叹调达到高潮——"彼人之判分诚谩也，幽暗而怖人，然吾亦将从之，得诸天魔坐前，长跪哀之曰，'幸语我诚也！'"《伤逝》中的涓生亦在将真实说给子君却永远失去了她之后进入咏叹调的高潮——"我愿意真有所谓鬼魂，真有所谓地狱，那么，即使在孽风怒吼之中，我也将寻觅子君，当面说出我的悔恨和悲哀，祈求她的饶恕；否则，地狱的毒焰将围绕我，猛烈地烧尽我的悔恨和悲哀。我将在孽风和毒焰中拥抱子君，乞她宽容，或者使她快意……"不仅如此，鲁迅还认同了安特莱夫对于人生的观照，即只有欺和瞒才能在这个荒诞的人世间永久地生存下去，而要和欺骗做斗争，用真诚去求生存，只能是死路一条。于是，读者看到涓生要想开辟生存的新路，必须用遗忘和说谎做前导。《伤逝》里还流淌着安特莱夫《默》中的冰冷感，对于以冷漠杀人的文学表现，《默》选取的是牧师和妻女之间的隔膜，《伤逝》选择的是恋人之间的隔膜。在如此相似的文学世界里，冷漠不只表现在神情颜色上，更是一种心力的较量，那是一种无爱的人间死灭。鲁迅对"漠"和"默"有独特的审美嗜好，不仅被其深深吸引，还精心翻译了此类小说，更是在自己的生花妙笔下尽情再创造。

《〈呐喊〉自序》中有一个非常著名的句子："这寂寞又一天一天的长大起来，如大毒蛇，缠住了我的灵魂了。"在接触鲁迅作品前，大部分中国读者还没有容受此类关于孤独的审美经验，即便有也一般不会想到将毒蛇和

---

① 本文所引《域外小说集》内作品旧译，皆出自伍国庆编《域外小说集》，岳麓书社1986年版。

灵魂联系起来，于是惊叹鲁迅下笔之奇绝。而《谩》却开篇就用蛇吐芯的咝咝鸣响来比拟人类的欺骗根性，特别是男主人公因为忍受不了谎言而将所爱的女子杀掉之后，终于醒悟永远杀不死的其实是妄言，这时，有一段精彩描写："时则匍匐出四隅，蜿蜒绕我魂魄，顾鳞甲灿烂，已为巴蛇。巴蛇啮我，又纠结如铁环，吾大痛而呼，则出吾口者，乃复与蛇鸣酷肖，似吾营卫中已满蛇血矣。曰，'谩耳。'"（按：标点为笔者所加）这正是神秘幽深的安特莱夫所擅长的对于病态心理的惊悚象征手法，我们在鲁迅的《墓碣文》里亦体验到这种自啮心灵的恐怖感。

芬兰作家哀禾的《先驱》写到一对年轻夫妻满怀创造地渴望开辟山林，艰苦奋斗，生命却无法抵挡自然伟力和生存困境，渐渐萎靡下去。周作人如此翻译此境："冽寒，负债，多子，妇遂病，终以积劳而殒。"语感上熟悉吗？是否想到了《故乡》也以如此简单直接的句式铺陈闰土的苦况："多子，饥荒，苛税，兵，匪，官，绅，都苦得他像一个木偶人了。"零度情感，词语叠加，罗列给出，这种直白简洁的表达式使人强烈感受到生存负累的层层重压，仿佛已经令人喘不过气来。

契诃夫在《戚施》中对男主人公罗舍有一句形态描写："立时张其两足甚广，影着地上，如蜣股然。"这一体态在《故乡》中轻松地飘落到了杨二嫂身上——"两手搭在髀间，没有系裙，张着两脚，正像一个画图仪器里细脚伶仃的圆规"。用器具形容人体，不只是外形上的瘦削精干，还传递出缺少温度、坚硬的外壳感，而实际上这两个人物的确都是冷漠异常。罗舍在村中负有"戚施"即癞蛤蟆的恶名，因为他好为雌黄，动辄谩骂，恣意评判一切事物，尤其是文学艺术。对于知识分子这种善于高谈阔论，却无实践精神，又时常看不起人的弱点，鲁迅在《伤逝》《端午节》《头发的故事》《在酒楼上》《孤独者》《一件小事》中都有深刻的反省与表现。这里可以梳理出它的精神谱系。

《阿Q正传》里还有俄国斯谛普虐克的小说《一文钱》的影子，阿Q被压榨得只剩下一条裤子，就像《一文钱》里的农夫被盘剥得连短裤都没有了。当农夫觉醒，不再交钱的时候，总督下令集合一个旅的军队去讨伐农夫，而"革命党"捉拿阿Q时也是动用了一队兵、一队团丁、一队警察、五个侦探，而且还在土谷祠外面架起了机关枪。貌似强大的统治阶级无论在人间的哪片土地上都是徒有其表，实质空虚。

以上种种，均可看出《域外小说集》里的故事对鲁迅小说创作的深远影响，无论是语言节奏、情境、情感渲染手法，还是叙述模式、气氛基调等已经内化于鲁迅胸中。当然，其后来的借鉴和生发已经脱离了西方语境，不只是换成中国场景，让人物穿上中式服装，让风俗习惯渗透得天衣无缝，而是非常自然地嫁接到中国前现代社会文明体之上，结出了丰盛的艺术果实，在故事内核、精神机制和心智力量等方面，均有创新性的探索飞跃。

（三）留日时期《域外小说集》之外的译作

周树人致力翻译外国作品当然始于编译《域外小说集》之前，如前所述，在弘文学院修习日语的初级阶段，周树人便以之作为方法，开始边习得语言，边翻译故事，译学相长，相互促进的学习过程，留下了以他国语言阅读外国作品的最初印记，比如，雨果的《哀尘》、儒勒·凡尔纳的科幻小说《月界旅行》《地底旅行》《北极探险记》，改译美国路易斯·托仑《造人术》的开头部分，等等。值得一提的是《斯巴达之魂》，多年来学界一直存在该文是小说创作还是译作的争论，以及编译、译述、改作的说法。除了该文引言中已经强调"译者无文"，鲁迅本人在1934年写的《集外集·序言》中也颇有意味地闪烁其词："大概总是从什么地方偷来的，不过后来无论怎么记，也再也记不起它们的老家。"[1] 于是这更加激发了后人一探究竟的兴致。不过，不管哪一种推测，其考证过程都在指涉这是一部基于多重材源建构的文本，且其材源多为史学，如涩江保的《希腊波斯战史》[2]，或国人用中文撰写的志略，如徐继畬的《瀛寰志略》、梁启超的《斯巴达小志》等[3]，而非一部完整的通过外语阅读的文学作品，因此不符合本题界定寻绎的范围，便没有在后附表中列出。除此之外，其他确有明确记录的翻译作品，还有留日期间主动阅读，到北京后着手翻译的《小约翰》；周作人负责翻译起草，周树人负责修改誊正的长篇小说《劲草》；周作人口译，周树人笔述其中诗歌的《红星佚史》（见附表3）等。

（四）文学教科书

作为一名留学生，周树人在日本读语言学校期间，一定会修文学阅读课，那么，文学教科书自然成为其外国作品阅读史上不容忽视的考察环节。

弘文学院是对中国留学生施行三年日语教育与普通教育的学校，学科上重视日语和普通学科，为学生将来报考高等学校与大学做预备，授课的内容相当于中学知识，而周树人作为速成普通科学生，仅就读了两年，便获得毕业资格，可以选择专门学校。北冈正子曾经查看了周树人在校期间的授课科目表，发现并没有日语文学阅读课，而且鉴于"学生未必精通本

---

[1] 鲁迅：《集外集·序言》，《鲁迅全集》第7卷，人民文学出版社2005年版，第3页。
[2] 参见[日]樽本照雄《关于鲁迅的〈斯巴达之魂〉》，岳新译，《鲁迅研究月刊》2001年第6期。
[3] 参见陈漱渝《〈斯巴达之魂〉与梁启超》，《鲁迅研究月刊》1993年第10期。

国之文学,故于课余暇应酌加清国文学课程"[1]。也就是说,弘文学院当时的文学阅读教学仍然是中国文学。据周树人的日语老师松本龟次郎的回忆,在日语教学中,由于经常要寻找相应的汉字来解释日语的某些词,周树人曾经在互动中表现出汉语的扎实功底。同时,松本赞扬了鲁迅那时的日文翻译"尤其精妙,忠于原意,且译文稳健流畅,同学间推崇为'鲁译'"[2],虽然"鲁译"二字泄露了有意建构松本回忆的痕迹,因为那时的周树人自己还未曾想到若干年后会成为"鲁迅",同学就更不可能推崇其翻译为"鲁译"了,然而,结合周树人弘文学院时期翻译实践的史实可以看出周树人对语言的敏感度和通过外国文学阅读促进语言学习的自主性。

再度东京的三年间,周树人虽然没有入正规学院,却先后在三个机构学习过。除了在民报社听章太炎讲《说文解字》属研习国学外,其他两所机构均是为修习外国语言而设,其中,1907年夏季参加的玛利亚孔特夫人俄文班所用的教本还处在《看图识字》[3]阶段,非常浅显,达不到阅读文学作品的程度,只有修习德语的独逸语专修学校的教材和读本中出现了德语文学作品。

从仙台医专辍学后的周树人把学籍放在位于东京神田区西小川町一丁目的独逸语专修学校,这样做倒并非仅仅为了保持官费资格,如前所述,仙台医专的德语学习,使他越来越向往通过德语了解世界文学,这也许才

---

[1] [日]北冈正子:《日本异文化中的鲁迅》,王敬翔、李文卿译,黄英哲校订,台湾麦田出版社2018年版,第96—100页。

[2] [日]北冈正子:《日本异文化中的鲁迅》,王敬翔、李文卿译,黄英哲校订,台湾麦田出版社2018年版,第118页。

[3] 参见周作人《鲁迅与中学知识》,《鲁迅的青年时代》,止庵校订,河北教育出版社2002年版,第52页。《看图识字》现藏北京鲁迅博物馆。

是他的最终目的。周树人在这所学校的在籍时间为 1906 年春至 1909 年 6 月。据北冈正子考证，这所附属于独逸学协会的私立学校，其德语教育居日本德语教育之要，教学模仿德国文理中学学制而规划，以小学毕业者为对象，旨在教授德语及普通学。周树人所学的是教学规划后半程中只教授德语的专修课程。当时的校长是大村仁太郎，同时教诗和文学，据鲁迅入校那年毕业的校友天野贞祐回忆，大村的文学课令他终生难忘——"至今仍爱咏颂先生所教的歌德的诗"①。

有意思的是，周树人对歌德并不像这位日本学兄那么感兴趣。据周作人回忆，乃兄"学了德文，却并不买歌德的著作，只有四本海涅的集子"②。他的德文"实在只是'敲门砖'"，为的是"去敲开了求自由的各民族的文学的门"。北冈正子还考证了周树人在籍期间和暑期讲习会所使用的德文教科书（见附表 4），但是没有资料可以确定他到底读过哪些，只能作为一种可能性来考虑。这其中值得注意的是有他为之倾倒的易卜生和柯尔纳的作品。③

不过，1926 年在《马上支日记》中，鲁迅曾经深情地回忆过 20 年前（1906 年），自己如何兴致勃勃地在课余时间逡巡而入神田区旧书坊：

除了听讲教科书，及抄写和教科书同种的讲义之外，也自有些乐趣，在

---

① ［日］北冈正子：《鲁迅 救亡之梦的去向：从恶魔派诗人谈到〈狂从日记〉》，李冬木译，生活·读书·新知三联书店 2015 年版，第 11 页。
② 周作人：《再是东京》，《鲁迅的青年时代》，止庵校订，河北教育出版社 2002 年版，第 37 页。
③ 参见［日］北冈正子《鲁迅 救亡之梦的去向：从恶魔派诗人谈到〈狂从日记〉》，李冬木译，生活·读书·新知三联书店 2015 年版，第 26 页。

我，其一是看看神田区一带的旧书坊。①（按：着重号为笔者所加）

"除了""及""也"这些连接词表明，"听讲教科书"，"抄写和教科书同种的讲义"，对于周树人来说同样是一种乐趣，而"抄写"一词更透露出，对于教科书中的某些文学作品或是段落，周树人一定跟随老师精读过。虽然，在这样被动的阅读中，我们不能确切指出是哪一部作品。

将这些不确定周树人是否读过的教材与其翻译的《域外小说集》相互参看，会有一些意外的领悟。《域外小说集》第一册中收有俄国作家迦尔洵的小说《邂逅》，其用男女主人公记事与自叙交替呈现的方式讲述了一个凄惨可悯的故事。曾经受过良好教育的俄国女子，偶然堕落为妓女，从此看破虚伪的上流社会，每天过着买醉消沉的生活。她不再信任所谓的爱和美好，对待深爱着她的贫穷青年伊凡冷酷无情，最终使这无辜的可怜人因不能自拔而自杀。迦尔洵借女主人公之口，表达了对于上流社会所追捧卖弄的经典文学的蔑视。他虚构了一个即将结婚的德国嫖客，后者在忘情地给女主人公朗诵海涅的诗时自豪地说："海涅是德国大诗人。比海涅还优秀的诗人是歌德和席勒。而且，只有日耳曼这样高贵的民族，才会产生这些伟大的诗人。"听闻此言，曾经熟读普希金和莱蒙托夫的女主人公恨不得抓烂德国青年的脸。应该看到，惯于以底层人的目光审视上流社会罪恶的迦尔洵，以其鲜明的阶级色彩阐明文学没有贵贱之分的超阶级文艺观。这篇小说虽经由周作人翻译，然而负责修改、润饰、编辑审定的鲁迅自然是精读并心领神会的。他之不喜欢歌德——称之为"十九世纪初德意志布尔乔亚

---

① 鲁迅：《马上支日记》，《鲁迅全集》第 3 卷，人民文学出版社 2005 年版，第 353 页。

的文豪"[1]，不能说没有受文情迥异的迦尔洵文学观的影响。

伟大的作家作品在启发人类的同时也因了某类批评家的观念形态，而成为拒绝普通人情感的"文学的铁栅栏"[2]，尽管这不是经典的本意。周树人对经典的不膜拜，对主流文学秩序的不被规训，显然不在于原生的作家作品，而侧重于其在传世和被接受的过程中不期然而形成的观念新壁垒，尤其是人性中乐于将其作为装饰品之附庸风雅的一面。实际上，鲁迅早在留学之前对于中国古代文学就决不追随所谓的正宗，这是其一以贯之的姿态。而对歌德的看法，审慎的鲁迅绝不会在不阅读的情况下，不负责任地空发议论。何况他向往德国的文化先行，应该不会放过经典作品，故意漠视不见，至少也会浏览一下故事梗概。只有广泛比较之后才能够找到自己的审美兴趣和目标所在，这些作品恰恰是其后来选择了东欧弱小民族国家故事的参照系之一，如果它们没有出现在鲁迅的个人阅读史上，为了向国内介绍异域新文学而开始的择取和淘汰行为便无从谈起。况且周作人还这样说过："奇怪的是他没有一本哥德的诗文，虽然在读本上当然念过，但并不重视他。"[3]不过，经查鲁迅藏书目录，发现其购有《歌德书简与日记》、《歌德游憩素描小集》（含素描36幅）、《潘多拉》（一部节日戏），以及席勒的五幕剧《强盗》，教科书的引路人作用是不容忽视的。

（五）鲁迅自述

在《我怎么做起小说来》一文中，鲁迅曾说："看短篇小说却不少，小

---

[1] 鲁迅:《关于翻译（上）》,《鲁迅全集》第5卷,人民文学出版社2005年版,第313页。
[2] 鲁迅:《关于翻译（上）》,《鲁迅全集》第5卷,人民文学出版社2005年版,第313页。
[3] 周作人:《德文书》,《鲁迅的故家》,止庵校订,河北教育出版社2002年版,第327页。

半是自己也爱看,大半则因了搜寻绍介的材料。"周树人留日时期爱看的作家有谁?他在文字中还有过明确表示,"用谐笑之笔,记悲惨之情"之俄国果戈理,"神秘幽深"[①]之俄国安特莱夫,悲世甚深之迦尔洵,警拔锋利之波兰显克微支,低徊超绝之日本夏目漱石,清淡腴润之森鸥外,"率纵言自由,诞放激烈"[②]之匈牙利裴多菲,这些作家的作品自己都曾经热切地捧读过,对其小说创作的影响也是显而易见的。

以上作家的作品算是周树人所接触到的外国作品中的"小半",恰恰是"也爱看"的小半——每一页里都蕴含着浓厚趣味的"嗜好的读书"可见出真的鲁迅,而研究者却多看到其有绍介目的的"大半",就此将传播被压迫民族的呼声作为唯一目的,并成为理解鲁迅的前提。如增田涉认为,鲁迅通过外国文学所关心的问题实际上是文学之外的历史现实,而非文学本身。"他不是在文学中追求没有国家或民族的抽象的人和人生,而是始终考虑、探求中国的社会、民族和历史。"[③]当然,鲁迅在公开表述时,也曾经这样自我评判,因为翻译界、出版界和读者最直接需要和最期待满足的就是如何解决外在国家前途和民族出路等问题,在出版自己的作品时,如果回避这样的社会关怀,便成了自说自话、孤掌难鸣,那么又何必出版呢?而真正要读透鲁迅的内心,还要在大的思想文化背景下入其字里行间细细品味言外之意。实际上,从"鲁迅"诞生那一刻起,被传播的鲁迅便如影随形,真假自我莫名难辨,无限之灵魂被有限之语言和文体所拘囿的情况本

---

① 鲁迅:《〈域外小说集〉杂识(二则)》,《鲁迅全集》第10卷,人民文学出版社2005年版,第172页。
② 鲁迅:《摩罗诗力说》,《鲁迅全集》第1卷,人民文学出版社2005年版,第100页。
③ [日]增田涉:《我的恩师鲁迅先生》,载武德运《外国友人忆鲁迅》,北京图书馆出版社1998年版,第74页。

来就不可避免。而智慧恰恰就在没有目标幻觉，看不到任何问题和矛盾的"也"的时刻诞生——不会受到任何观念的控制，思维不在固定的框框里打转。已有学者指出迦尔洵与安特莱夫作品中悲观过于抗争的色彩，偏离了民族主义，似乎与鲁迅强调的受迫压而争取解放的翻译目标不符[①]，这些又恰恰是鲁迅"也爱看"的"小半"，且身体力行翻译的。然而，鲁迅在《青年必读书》中实际上已经回应了这貌似的矛盾——"即使是颓唐和厌世的，但却是活人的颓唐和厌世"[②]。换言之，鲁迅最看重的是文学应发至诚之声，在文学中，什么样的人性，什么样的"TYPE"都是合理的，都应是被全然允许的。真诚地呈现永远绝胜于为了什么主义而高妙地虚饰。正如鲁迅在《〈幸福〉译者附记》一文中所说的："阿尔志跋绥夫的著作是厌世的，主我的；而且每每带着肉的气息。但我们要知道，他只是如实描出，虽然不免主观，却并非主张和煽动。"因之，颓唐的文艺之胜于瞒和骗的文艺，就在于其敢于正视和表现人性的种种欠缺和迷茫。

实际上，周氏兄弟编译《域外小说集》的初心，并不完全锁定在受迫压的民族故事，而是先从近世文潮最盛的北欧开始，"次及南欧暨泰东诸邦，使符域外一言之实"[③]。"弱小民族的文学"这个说法，是在五四运动之后，当时追求的是"求自由的各民族的文学"[④]，后来者不能因为周氏兄弟的雄心没有继续下去，就以可见的那部分史实来概括其早年的阅读和翻译行

---

① 参见［日］藤井省三著，陈福康编译《鲁迅比较研究》，上海外语教育出版社1997年版，第50页。
② 鲁迅：《青年必读书》，《鲁迅全集》第3卷，人民文学出版社2005年版，第12页。
③ 会稽周氏兄弟纂译：《域外小说集·略例》第一册，神田印刷所，己酉年（1909）二月十一日印成。
④ 周作人：《再是东京》，《鲁迅的青年时代》，止庵校订，河北教育出版社2002年版，第37页。

为，非常肯定地将《域外小说集》整个编译计划定位于传播被压迫民族的故事。主体在回溯自我之时，其态度与自我目标对回忆内容亦起着决定性影响，并始终叠合于自身历史和文学视域形成的过程之中。

（六）周作人的回忆

对于初抵东京和仙台时期的周树人，周作人可以说几乎是不了解的，只能通过对方的来信和寄来的新书，遥想异国文明如何改变曾和自己共同成长于故土的兄长。1904年，周树人给周作人寄来日本山悬（县）五十雄所编的英日对照译注本《英文学研究》一套，含译者在1901年至1903年间译注的六部作品：《白梅孃》《荒矶》《英米诗歌集》《宝ほり》《婿選び》《該撒殺害》。[①] 这套书非常适合英语初学者使用，既然推荐给渴望求知的弟弟阅读，至少自己也泛读过，觉得非常不错，才给远在国内的弟弟开阔眼界，这一部分自然属于鲁迅留日阅读外国作品的范围之内。由于《掘宝》和《荒矶》后来被周作人在不通日语的情况下用文言直译出来，想必曾多向兄长请教。因此，后附列表中仅给出整套书中的这两部作品。

再度东京时期，周作人加入其兄阅读外国作品的生命进程中。这的确是兄弟怡怡，携手共进，配合最默契的黄金时代。周作人关于外国文学阅读和翻译的回忆文字，远远多于鲁迅，或直接或间接地描画出了其兄外国作品阅读史的草图，当然也留下了很多需要考证的细节和线索。这些回忆，有的应该是准确的，比如，周树人最爱安特莱夫，其次是迦尔洵，又甚喜

---

① "都是鲁迅寄来的，大概是在甲辰年内收到的吧。"周作人：《乙巳》，《周作人散文全集》第12卷，广西师范大学出版社2009年版，第499页。《掘宝》，即爱伦·坡的《黄金甲虫》，周作人后译为《玉虫缘》。宋声泉：《〈域外小说集〉生成前史之再考察——以〈玉虫缘〉〈荒矶〉为中心》，《中国现代文学研究丛刊》2017年第5期。

科罗连珂，让他爱不释手的还有芬兰乞食诗人丕佛林多，又很珍重俄国的屠格涅夫，菲律宾革命家列札尔，捷克的纳路达、抚尔赫列支奇，等等，尼采的《查拉图斯特拉》更是常在案头。有些则属于年代久远难以避免的误忆，或是凭感觉的推断猜测。例如，说周树人不甚注意高尔基，其实他是非常注意的，藏书中就有六本德文版莱克朗氏万有文库本（后附表格中简注为 Reclam）；说在日本受追捧的歌德、席勒等大师的著作，周树人一册也没有收藏，实际上藏书中有三本歌德著作，一本席勒的五幕剧《强盗》；还忆及周树人未尝过问岛崎藤村，不过在《朝日新闻》连载其长篇小说《春》时也给予了关注，等等。[1] 鲁迅对于捷克作家纳路达、抚尔赫列支奇，大概是从翻译的《近代捷克文学概观》中间接了解的，因为他本人在《〈呐喊〉捷克译本序言》中说："没有认识过一个捷克人，看见过一本捷克书，前几年到了上海，才在店铺里目睹了捷克的玻璃器。"[2] 这当然也要回到历史语境中去理解，而不能坐实，但是为什么周作人说其兄喜欢纳路达和抚尔赫列支奇，难道仅凭《近代捷克文学概观》里的评论文字吗？这应该也是有阅读活动支撑的。藏书中显示鲁迅曾经购买纳路达所著德文版莱克朗氏万有文库本《风俗画》（两卷）及《小城故事》。周作人还提到法国自然主义思潮盛行日本时，涌现出一批自然主义派作家，二周追随潮流动态，阅读了田山花袋等人的作品，感到不够兴味，于是直接搜购法国著作，如莆罗培尔、莫泊桑、左拉诸大师的二三卷，还有诗人波特莱尔、魏

---

[1] 参见周作人《关于鲁迅之二》，《鲁迅的青年时代》，止庵校订，河北教育出版社 2002 年版，第 129 页。
[2] 鲁迅：《〈呐喊〉捷克译本序言》，《鲁迅全集》第 6 卷，人民文学出版社 2005 年版，第 544 页。

尔伦的一二小册子。[1]那么,福楼拜、左拉、波德莱尔、魏尔伦的哪些作品鲁迅寓目了呢?后附表5提供了藏书信息,尚待于进一步考证。周作人还曾以"我们"的口吻,谈及对林纾翻译的《堂吉诃德传》(《魔侠传》)的不满,以为"错译乱译,坏到极点"[2],而鲁迅藏书目录里又列有《好心肠的骑士堂吉诃德·德·拉曼却》德文版莱克朗氏万有文库本两卷及其他三种版本,由此可间接推断西班牙著名的堂吉诃德的故事,二周是对照林纾的汉译及英、德、日译本认真阅读过的。

(七)留日时期购藏的外国文学作品

一般来讲,购藏的书最起码是感兴趣的书,即便没有精读过,也是了解了梗概或者仅仅是介绍,而产生了想读的欲望的书。鲁迅遗存中所藏留日时期购买的外国文学书,部分体现了阅读者流转的文学视域、鉴别能力与求知和审美意向。

就目前北京鲁迅博物馆所藏鲁迅藏书目录,查出哪些是鲁迅在日本时期购买的基本不可能做到。姚锡佩等研究者曾经对照鲁迅所记书账、查阅藏书文物进行过筛选。[3]莱克朗氏万有文库本几乎可以断定是鲁迅在留日期间购买的,因为查其归国后的日记和书账并没有发现购买该套小丛书的记录。然而,购书不一定就会阅读,特别是像鲁迅这样嗜书如命、有洁癖的读书人,几乎不留下任何阅读痕迹。即便留下了,以周氏兄弟当时的

---

[1] 周作人:《关于鲁迅之二》,《鲁迅的青年时代》,止庵校订,河北教育出版社2002年版,第128页。
[2] 周作人:《鲁迅与清末文坛》,《鲁迅的青年时代》,止庵校订,河北教育出版社2002年版,第74页。
[3] 参见北京鲁迅博物馆鲁迅研究室编《鲁迅藏书研究》,中国文联出版公司1991年版。

亲密无间程度，也无法判定出自谁之手。二周兄弟失和后，一定还有不少周树人的东西留在了周作人的苦雨斋，目前藏书目录中日译本的出版年份便都是鲁迅回国之后的。莱克朗氏万有文库小本的藏书量所占比重也相当大，只能再另做研究。在此，只按国别提几种已有阅读史研究涉及的鲁迅留日期间购藏的作家作品。例如，俄国文学购藏有普希金的《短篇小说选》、《上尉的女儿》（Reclam 本）及《鲍里斯·戈都诺夫》（史诗剧）、《诗集》、《高加索的俘虏》；菲奥陀尔·梭罗古勃的《小鬼》（长篇小说，1909）；意大利文学藏有保拉·龙布罗梭的《诃达克》（意大利生活速写，1908）；丹麦文学藏有著名存在主义哲学家克尔凯郭尔的《一个诱惑者的日记》（1905）及其遗作与女友的通信集《索伦·克尔凯郭尔及其对"她"的关系》，还有哈拉尔德·赫夫丁为克尔凯郭尔做的传记《作为哲学家的索伦·克尔凯郭尔》；保加利亚文学藏有伊凡·跋佐夫的长篇小说《死神》（两卷）、《卡齐米茨·特马耶尔》（1899）及《勃尔格利亚女子与其他小说》（Reclam 本）；冰岛文学藏有约纳松《生活谎言》（四篇小说，Reclam 本），格斯杜尔·帕尔松用现代冰岛文写的两部小说《极圈的三个故事》（Reclam 本）和《残酷的命运》[①]，等等。

另外，再度东京的周树人遗有拟购德文书目[②]，笔者从中挑出文学作品类，然后对照目前的藏书目录，找到了已经购买到的部分书目。它们是：俄国契诃夫的《决斗》《女巫及其他中篇小说》，安特莱夫的《深渊及其他小说》，格林的《儿童和家庭童话》（全本），莱恩译、亨德尔编的《印度童

[①] 延伸阅读者可参照北京鲁迅博物馆编《鲁迅手迹和藏书目录》（外文藏书目录），1959 年 7 月。
[②] 参见韩耀成译《书目两件》，载北京鲁迅博物馆鲁迅研究室编《鲁迅研究资料》第 4 卷，天津人民出版社 1980 年版，第 99—111 页。

话》；波兰·A.魏斯的《波兰诗歌》、《波兰中篇小说集》(五卷)；匈牙利厄特伏斯的《乡村公证人》两个版本，其一为莱克朗氏万有文库本；希腊巴尔茨的《希腊小说集》等。这些文学书籍既然名列留日时期的阅读计划，后来又买到了，不管是否曾经精读，都显示了阅读者当时的文学视域、涉猎范围，以及对这些作品持续的关注度。作为阅读活动的前期阶段，哪怕是一种未完成态，拟购书目均能呈现出阅读期待与实际阅读行为之间的张力，由之可以更精准地触及鲁迅文学积累的地层结构。

（八）经典、周边及潜在阅读

虽说是周树人不膜拜经典文学，然而，姿态不代表阅读行为。比如，西方文学的源头《圣经》，日俄战争时期影响巨大的托尔斯泰，这些都是不可绕过的存在。所谓"托尼学说"，即指列夫·托尔斯泰、尼采构成了鲁迅的思想骨骼。《藤野先生》中提到远在仙台的"我"收到匿名信，第一句话就是"你改悔罢"，这虽是《新约》里的句子，却是托尔斯泰引用给日俄双方皇帝写信的开首第一句，可见日俄战争时期的托尔斯泰像《圣经》一样深入人心，他在周树人的阅读史上怎么可能空白？还有很多世界经典大师及其作品都是在鲁迅的日本留学时代进入其阅读视野的，比如陀思妥耶夫斯基、契诃夫、高尔基，还有易卜生的《国民公敌》，等等。另外，亦有不少研究者经过抽丝剥茧般地考证和严密推理，考察出了很多可信的文本[①]，其占比不容忽视。

李冬木提出的周边概念及潜在阅读的思考也适用于本研究。前者如在

---

① 如汪卫东《〈狂人日记〉影响材源新考》(《文学评论》2018 年第 5 期)，以及藤井省三、李冬木等先生的研究。

把尼采作为留学生周树人周边要素考察的同时，也探讨了尼采的周边及它们带给周树人的综合影响。由本论题的角度视之，所谓尼采的周边，既体现在周树人被席卷于明治尼采热潮中，也体现在其所喜欢的俄国作家安特莱夫亦曾经彻夜阅读尼采的作品。再比如，明治时代的"狂人"文学是个不可忽视的精神场域，早在二叶亭四迷翻译的果戈理《狂人日记》发表前五年，即1902年，松原二十三阶堂（本名松原岩五郎）便在《文艺俱乐部》发表了同名小说。同时，二叶亭四迷还翻译过高尔基的《二狂人》，这些全部构成明治狂人文学的氛围。鲁迅喜欢的森鸥外还写有狂人登场的小说《舞姬》和《泡沫记》。[①] 由于后来鲁迅仅提到了果戈理的《狂人日记》，学界便据此以之为直接的、唯一的文学影响材源，然而置身于明治狂人文学氛围中的周树人对"狂人"的周边阅读不可能是单一的。当然，这毕竟还是一种合乎逻辑的推演，没有足够的材料支撑周树人确实阅读了上述关于狂人的文学作品。然而，周边概念的导入对于文学阅读史研究来讲，是非常必要的。所谓的周边，还有另一层意思，比如，周树人在做剪报的时候，也不会无视同期报纸刊登的其他小说，不然何以独取此篇而非彼篇。在《朝日新闻》上对夏目漱石的选择，和对岛崎藤村的抛弃，便属于此类情况。陈漱渝还曾提到"1903年至1909年，在日本春阳堂发行的《新小说》月刊上，还刊登了契诃夫、托尔斯泰、梅特林克、莫里哀、显克维支、高尔基、霍普特曼、安特莱夫、迦尔洵、王尔德等著名作家的作品"[②]。如此比较浏览的目光所及，能量所摄，亦应纳入观照视野。

---

① 参见李冬木《鲁迅精神史探源：个人·狂人·国民性》，台湾秀威资讯科技2019年版，第226—230页。
② 陈漱渝：《寻求反抗和叫喊的呼声——鲁迅最早接触过哪些域外小说？》，《鲁迅研究月刊》2006年第10期。

潜在阅读是指那些"不见于'藏书目录'而事实上鲁迅又阅读过并且在'鲁迅'当中留下痕迹的那些书籍。这意味着鲁迅实际看到的书籍比他留下来的'所藏'要多"[①]。对于潜在阅读的重视，于本研究的意义表现在，应时刻知晓，留日生周树人的外国语文学阅读还存在海面以下的冰川部分，而且比海面以上显露出来的部分对其影响更大。

综上种种，本题对周树人留日期间外国文学阅读史的追溯与勾勒，仅就八点依据罗列概观而整理的附表以及提供的线索，远远不能涵摄这个不凡的留学生高远宏阔的文学阅读视野。周树人通过外语阅读的外国作品远远超过了百来篇，数目惊人，叹为观止。从抽样研究的方法来看，仅后附表格中能够给出直接或间接阅读证据的外国作品就有140部之多，其代表性足以用来分析概括周树人早期外国作品阅读活动的样态与特点，使我们看到他不断融合扩展的文学视界、广泛互联的精神沟通，乃至个人对于虚构文学的鉴赏尺度、嗜好偏见，等等，从而为揭开鲁迅文学自身经验隐匿的生成性提供有效的支撑。

三、"文之觉"：多重面向的交互合一

"大约所仰仗的全在先前看过的百来篇外国作品和一点医学上的知识"，29个字的一句话，作为读者的鲁迅、作为译者的鲁迅、作为医学生的鲁迅、作为小说家的鲁迅等周树人的多重面向，悉数隐含。然而，对此中真意的探究和对资料的寻绎辨析，却远非仅为了印证这句话的准确度。当试图融入留日生周树人外国作品阅读的历史视域，并将小说家鲁迅这句时

---

① 李冬木：《鲁迅与日本书》，《读书》2011年第9期。

代话语语境化的时候，一个交错互通的体系之网渐显出其合一的指向——"文之觉"。这里的觉，不取觉醒、觉悟之意，而接近于觉察、觉知、静观（contemplation）、神视，有别于竹内好"通过与政治的对决而获得文学的自觉"[①]，有别于"弃医从文故事本质上是作为'国民觉醒故事'发生的"[②]明确结论——由文学之外的维度讨论鲁迅文学的发生机制，永远出离不了共时性事件日俄战争以及民族屈辱的相关想象。"文之觉"却是在追蹑文学阅读这样一种纯粹精神踪迹的过程中，回归脱离历史境遇的语言传承层面，使主体也来到无法回避的自我面前。它释放出被遮蔽的视域，在更加广延的涵容度下审视"从周树人到鲁迅"的线性思维模式，以及在这个被肯定的扬升过程中，那个决不能绕过的转折点——弃医从文，而这个转折点又一定与以《狂人日记》为发端的中国新文学实践产生直接的关联。

（一）初级读者[③]周树人与"经验的小说家"鲁迅

对留日生周树人外国文学阅读活动的探寻，很容易造成中国新文学之父完全受西方和日本文学影响的错觉，这提醒我们不得不思索"仰仗百来篇外国作品"这一表述背后的意图。

首先值得分析的是，为什么鲁迅要特别强调自己小说创作的异域文学

---

① ［日］竹内好：《鲁迅》，李心峰译，浙江文艺出版社 1986 年版，第 55 页。
② 董炳月：《鲁迅形影》，生活·读书·新知三联书店 2015 年版，第 23 页。
③ 这里借用哈罗德·布鲁姆对诗的影响的分析时提出的概念，"初级读者"与"经验的小说家"相对，类似于"新人"与"强者诗人"相对，而作为"诗歌领地上的年轻公民"的新人，并非特指作品幼稚的诗人，而更偏向于具有潜质的后来者，只不过目前还处于比较弱小的阶段，需要找到自己的声音。那么，"初级读者"的"初级"也决非针对阅读水平而言，而是为了将之与没有明确目的的普通读者分开，以示区别。"初"与"新"自然都有着刚刚开始探索的意味，这一点是概念借用的基础。参见［美］哈罗德·布鲁姆《影响的焦虑》，徐文博译，江苏教育出版社 2006 年版，第 10、19、20 页。

资源背景。一般而言，以创造力为标榜的作家们都忌讳道出自己对于他者的依靠，以稀释掉自家作品的原创性。而鲁迅却让人感到，他是在彰显自己广泛涉猎异域文学的独特眼光与"拿来"本领。如果说留日生周树人还是个初级读者，那么，这个以中国现代白话小说奠基人身份亮相15年之后的追溯式表达，却丝毫没有布鲁姆所谓的"创作性的焦虑"，不仅如此，貌似还在引导我们普遍接受是外国文学促使了中国新文学之父诞生和成长的观念。而这一观念又极易让后来的研究者在回到历史的阅读现场时，往往以鲁迅的强势小说家身份去观照和分析30年前尚待展开其文学人生的青年初级读者周树人。然而，这两种身份的目光投射显然是不一样的。

需要注意的是，所谓"仰仗百来篇外国作品"首先是一种表达，一种深谙文学翻译之道的成熟小说家的策略性表达，而不仅仅是纯文学作家的创作经验谈。与这一经验谈遥相呼应的还有1920年鲁迅给日本学者青木正儿的信，谈及创作小说的动机及本国现代文艺的荒芜之象时，鲁迅如此写道："我写的小说极为幼稚，只因哀本国如同隆冬，没有歌唱，也没有花朵，为冲破这寂寞才写的，对于日本读书界，恐无一读的生命与价值。"[①]这是一种敝国文学迟入现代性何其久矣的焦虑！鲁迅诚挚地感到自己的文学创作没有引入日本读书界的必要，默认自己只是一位姗姗来迟的追随者。实际上，1919年4月在回复傅斯年征求《新潮》意见的信时，鲁迅便自谦"实在不是作家"，并且用了一个绝妙的比喻："大约是夜间飞禽都归巢睡觉，所以单见蝙蝠能干了。"[②]也就是说，其小说被认可的创造性是相对于中

[①] 鲁迅：《书信·201214 致青木正儿》，《鲁迅全集》第14卷，人民文学出版社2005年版，第176页。
[②] 鲁迅：《对于〈新潮〉的一部分意见》，《鲁迅全集》第7卷，人民文学出版社2005年版，第236页。

国读者的接受水平而言的,远非作者新颖独创的故事本身。读者此前从未看到过如是思想、如是表达,所以才颇感激动。然而这一小部分人的激动,"却是向来怠慢了绍介欧洲大陆文学的缘故。"[1]可以很清晰地看到,翻译家鲁迅的焦虑远远大于作家鲁迅的"创造性焦虑"。译者的强势话语遮盖住了小说家的言说。或者说,翻译事业是周树人自青年时代起便孜孜以求的明确的文化启蒙目标——"文"的内核;而创作小说却起于其文艺实践过程中的潜在觉知,它使鲁迅这一符号声名远播,成为"文"的重要表征。人们先认识了小说家鲁迅才逐渐知晓了翻译家鲁迅,以及周树人的更多其他面向。鲁迅成为小说家的创生轨迹与国人对于小说家鲁迅多重面向的接受轨迹,始终在相向而行。

优秀的世界文学翻译得太少,如何摆脱本土传统文学的魅影,引入诚挚、刚健、清新的异域之声,在更广阔的宇宙环境下,让多样的文艺相通,从而健全和丰富思维,这成为周树人最根本的关注点和焦虑点。在给青年的信中,鲁迅经常谈到要多看外国作品,他本人终生都是浸润其间的,异域文学中包孕的文化营养、呈现的不同思维方式、多样的心灵轨迹,拓展了鲁迅思考生命存在的维度,也带来了品味各民族文化性格的路径,最终养成了其既有主体性又有合一性的人类关怀视野和文化包容意识。在世界文学的大花园里,国内读者的迟来性远甚于当年周树人的迟来性,而这种迟来性以鲁迅对中国文坛的影响远超过世界文学对他的初始影响这样的形式隐而不彰地存在着。鲁迅通过突出强调西方经验而非本土经验的创作谈,回归到留日时期新文化理想的初心——远远超越五四一代所谓新文化弄潮

---

[1] 鲁迅:《〈中国新文学大系〉小说二集序》,《鲁迅全集》第6卷,人民文学出版社2005年版,第246页。

儿的先觉之声。

"仰仗百来篇外国作品"这一表述提醒我们思考的第二个问题是：创作行为可以由阅读活动直接开启和进入吗？很遗憾，周树人在阅读的当下，并没有从某些文本的精神约会中，诞生创作的欲望，哪怕是极个别的、最钟爱的作品，也没有激起他立即去模仿、创造虚构文本的冲动，我们没有获得关于他从阅读快乐直接过渡到创作欲望的证据。这让我们再度思索，海量阅读直接对应的更多是知识生产，而非创作冲动。很多读者都并未从阅读者直接转变为作家，却转变成了知识生产者，比如学者和翻译家，至少在15年前的周树人，其心智发展逻辑也是如此，成为作家绝非其早年文学阅读活动中的心理预期。

不仅如此，留日生周树人的文学阅读活动中还有一个有悖于成为作家的阅读方式，那便是，只看评论不看原作，或者说将评论置于前阅读而将原作置于其后，这均像是一个潜在的学者和翻译家可以被理解的阅读轨迹之一种，而绝非作家。创作者一定是避免看到评论性文字，让那些先入为主的观念干扰自己对生活的直感的。他的肉身首先要投入现实，敞开生命去体验，他的精神要直接面对作品世界，与原作者的心灵交汇。即便是先看到了评论，也不会迷恋于摘要译述，因为这样的语言训练所养成的行文逻辑会影响感性创作的气脉。鲁迅在写小说的时候会如此思维吗？该如何整合自己多年积累的文学资源，如何运用并使之生成自己的文学主体意识？毫无疑问，这是知识生产者的分析逻辑，绝非作家的创造性思维。对于这一点，鲁迅其实早已说得很清楚："也看文学史和批评，这是因为想知道作者的为人和思想，以便决定应否绍介给中国。"[①] 显然，周树人翻译绍介

[①] 鲁迅：《我怎么做起小说来》，《鲁迅全集》第4卷，人民文学出版社2005年版，第525页。

他国文化的欲望和焦虑远甚于文学创作，或者说，前者才是他唯一的焦虑。

当然，这也并不是说知识生产式的翻译和研究与创造性写作之间毫无关联，当我们看到在学者研究中，周树人仿佛穿着明治书生的外衣，译述他人材料之广泛简直到了被指责为抄袭的地步时，我们同时也回望到了一个未来叫作鲁迅的作家勤奋的前创作状态，或者说他不断积累、自我训练的生动痕迹，尤其是其对于文学作品的翻译训练，有着不易察觉的唤起性。处于东西文明碰撞交融中的初级读者周树人，虽有弱国子民之焦灼与宁静求知相交织的文化心态，却没有被文化自我中心论的藩篱所拘囿，体现出难能可贵的主体性，既有个人志趣，又有"我以我血荐轩辕"的家国情怀。相较于留学生读书界不可避免的浅尝辄止、生吞活剥之风，他对于外国文学作品的阅读与接受可谓含英咀华、融会贯通。他检视浏览，吸收资讯而不止于此，于文本语层至字里行间，深味异域故事之情节主干、人物关系、叙事模式、细节插曲及至纯语言创造，从开始与作者理解力的不对等，到渐入佳境，与作者程度相当，障碍清除，完成有效的心灵沟通，再到持续原作之生命，创造性地使之最完整地展开，而母语也历经同样的改造，这时，"文之觉"的现代主体性终于破茧而出。

写作（writing）原本就不可能自动生长，没有任何文本是无谱系的，正像"人性之形成来自影响——这种影响的覆盖范围远超过任何文学现象"①。所谓"仰仗"就是道出了有赖于对某种精神谱系的承继。当然，它是在从创造力（genius）这个重要源头自然而然的成长的（grows），并不是人为制造（manufacture）的模仿，不是通过技术（mechanics）、技巧（art）与劳力（labour）复制事先已经存在的东西。他的创意和材料必然取自于自身

---

① ［美］哈罗德·布鲁姆：《影响的焦虑》，徐文博译，江苏教育出版社2006年版，第4页。

而非他者。知识生产式的阅读活动，使认知和想象力在充满不确定性的交互贯通中，累积成就了十年后的中国现代小说家鲁迅。十年的时空间隔和中国本土的现实体验，胸中盛容的各种中外故事，终于酝酿成熟，蓄势待发。运笔至此，学界常言的鲁迅沉默期问题横亘而现，在我看来，"沉默说"是那些始终笼罩在伟大作家鲁迅之光的照耀下去观照周树人一生的研究者们所看到的阴影，而在这样的光轮还没有出现的时候，这样的阴影实际上是不可能存在的。试问，归国后到《狂人日记》发表，此间的周树人果然是沉默的吗？他只不过没有选择文学话语去表达而已。当站在新文学高地去俯瞰时，人们不情愿看到这样的低谷，于是说伟大作家鲁迅那时沉默了，然而，鲁迅却说，"但也不是自己想创作，注重的倒是在绍介，在翻译"，这难道不从另一个角度再次提醒了我们，仅仅沉浸在阅读里，是诞生不了伟大小说家的吗？初级读者周树人必然要经历一个回国工作、用生命持续体验的现实过程，而后才会在一个历史契机的偶然激发下，让小说家鲁迅横空出世。貌似令人惋惜、延宕乃至部分扼杀了一个天才作家才华的所谓抄古碑的沉默期，从"文之觉"的内在机制上来讲，却是创造的新文学以沉浸于古代的方式，静待花开。

　　《狂人日记》发表之后，鲁迅给许寿裳写信提道："后以偶阅《通鉴》，乃悟中国人尚是食人民族，因成此篇。"[1] 此处的"悟"，我以为，并非忽然明白的意思，而更接近于罗兰·巴尔特意义上的"悟"，即一种转化（conversion）[2]。显然，"吃人"对于这时的鲁迅来说，作为一种现实或是历

---

[1] 鲁迅：《书信·180820　致许寿裳》，《鲁迅全集》第11卷，人民文学出版社2005年版，第365页。
[2] [法]罗兰·巴尔特：《小说的准备》，李幼蒸译，中国人民大学出版社2010年版，第203页。

史现象,早已不是新鲜事,作为一种文学象征或是隐喻,也早已不再"陌生化",而在偶阅的情形下,他的文艺思维、创作冲动一下子被触发,迅速链接并点亮知识地层中的叠覆部分,这正是灵感降临作家的时刻。这也就是为什么我们认同中国现代白话小说在鲁迅的手中诞生,同时在他的手中成熟,开端即高峰,这样的评价绝不为过的原因。

将阅读和创作非常紧密地联系起来,去论证小说家鲁迅所仰赖的是何种外围材源——仅仅从知识层面上来认识文学创作,这样的研究方法,内含着陷阱,它掩埋掉的是周树人的具体性(concreteness)和现实体验——尤其是融入中国社会后对一切现象所进行的独立再思考。对于文学创作来说,鲁迅一开始强调的其实是无为,没有创作欲望,在绍兴会馆抄古碑、赏拓片,直到《新青年》编辑金心异来质询、对话、催促,才勉力出山呐喊。其最初的创作小说完全出于"某种谦卑地被动性"[①]——聊以"塞责"的"小说模样的东西"。而且是因为"住在北京的会馆里的,要做论文罢,没有参考书,要翻译罢,没有底本",言外之意,假如有在东京的那些条件,能读到很多外国书的话,便无暇也不会选择写小说了。《〈呐喊〉自序》中金心异的劝导是"我想,你可以做点文章……",并没有说"你可以创作小说"。而作为一个不能随便实名制发表言论的北洋政府教育部部员,甚至是小说股具体负责审查小说的主任和审核干事,周树人巧妙地采用了小说这种虚构文学的形式来传达他的启蒙思想,这一开山之作完全出乎《新青年》编辑的意料之外,恐怕也完全出乎周树人的意料之外,使方兴而起的新文化读书界殊为惊喜,他也从此成为鲁迅。

---

① [法]罗兰·巴尔特:《小说的准备》,李幼蒸译,中国人民大学出版社2010年版,第239页。

（二）"弃医从文"的阐释特权

青年周树人在日期间读了哪些外国作品，乃至在成为鲁迅后的文学创作中，哪些是其自身携带的原生因素和初始经验，哪些是从文化他者，或文学前驱身上折射出来的光芒，这些其实统统都是问题的外衣，它真正包裹着的恰是鲁迅"文之觉"的核心——往往以文学精神起点的思维方式被提出和讨论，似乎必须要有个起点，才能梳理清楚所谓中国新文学精神史的演化脉络。关于文学家鲁迅是如何创生的，已经被认为是鲁迅研究的难题，并且均以《〈呐喊〉自序》中鲁迅的自叙构成该问题的发起思维，并由之自然而然引发了后来者关于"幻灯片事件"的诸多索解。[①]"弃医从文"，这个鲁迅从未明确提及的名词，在鲁迅传记中不证自明地成为一个重点强调的人生转折，一个关乎全民族精神史的重要契机，一个简洁明了的精神图式[②]，一个进入鲁迅精神世界的常设界面。

再一次阐述鲁迅文学的本源并非本文的意旨，而是在客观追溯早年鲁迅外国作品阅读史的过程中所产生的一种解构所谓鲁迅文学精神起点的冲动。一切起点都是三维世界线性思维模式里的幻觉和迷思，与作为宇宙统一体的个体鲁迅之终极实相毫不相干。试图找出生命中的事件及经验之征兆、意义，极易陷入为了阐释而阐释，制造出更多无谓的问题。承认有起点，就是承认有终点，而生命体本身难道就不可以是 N 维的，不可以是混沌无界的吗？赋予人生中某一时刻以任何阐释的特权，让生命被时间挟持着只往一个方向流动，其最终的指向性都是对于灵魂自由的再限制。而在

---

① 参见刘奎《鲁迅有关国民性思想的起源》，《读书》2019 年第 4 期。
② 参见［日］吉田富夫《周树人的选择——"幻灯事件"前后》，李冬木译，《鲁迅研究月刊》2006 年第 2 期。

生命体不断动态变化的结构中，不同面向的交互贯穿中，每个刹那都可以互为起点与终点，都可以是神圣的刹那、创造的刹那、重生的刹那。

当然，"弃医从文"的概括是由《〈呐喊〉自序》的叙事基调所主导的，然而，鲁迅对"幻灯片事件"的经典叙述其实颇有意味，当故事性陡增，进入高潮之际，读者也仿佛正围上去成了"赏鉴这示众的盛举的人们"，不料"我"笔锋一转，说"这一学年没有完毕，我已经到了东京了"——"我"抽身撤离如此之快，弃医之决定如此坚决、迅速，正是毫不提防、始料未及，又恰似与东京有约在先，只待这决意的关键一刻。突然加快的叙述节奏赋予读者脑海中的画面人物以匆匆行色，刚刚明了的"幻灯片事件"在下半句中已然成了"那一回"。"紧要的"目标也猛然清晰起来——"第一要著，是在改变他们的精神，而善于改变精神的是，我那时以为当然要推文艺，于是想提倡文艺运动了"。当下觉悟曾抱持的憧憬之虚幻，无暇思虑人生之条件和境遇，即刻创造新的自己。尽管鲁迅强调了外在政治环境对其心灵的刺激和影响，然而，超越于政治与社会，顺随灵魂，做自己想做的事，做能重现一个更真实的自我的事，不易察觉地散发在其文字所凝聚的精神光晕间。又或者，政治难道不可以是"文之觉"的投影吗？

鲁迅在仙台医专面对人体器官、骨骼等实相世界，才发觉在东京时灵魂已经出走太远。在国内时浸淫太多志怪话本，反复出场的才子佳人、忠君义士、"帐幔后的老男女和小贩商人"[①]淤堵于心，在域外小说世界里与超乎想象的人物相遇，在新鲜的故事中自我得以释放，这一释放过程是非常具有个别性的，可以简化称之为独特的审美嗜好。鲁迅理想中的小说是不

---

① 鲁迅：《译了〈工人绥惠略夫〉之后》，《鲁迅全集》第 10 卷，人民文学出版社 2005 年版，第 184 页。

会"凭空添上花环"以"遵将令"的,单四嫂子也不会梦见宝儿。[1]它会有一种极度个人化的审美性情流淌,就像《域外小说集》中所翻译的故事其实并没有太多抗争与叫喊,而充溢着阴暗与绝望。"弃医从文"的"文"当然指的是文艺运动,而非特指虚构文学,它的精髓在鲁迅身上体现于翻译、文化批评等各个方面,而小说成就无论是出现的方式还是创作主体的期待,在鲁迅那里,其实是非常个人化的,我们却以此为基点乃至新文学的制高点去追溯整个鲁迅文学的起点,去定义一个所谓"弃医从文"的作家的低谷与沉默,岂不是背离了鲁迅文学的本然,与之渐行渐远吗?

放下1922年的《〈呐喊〉自序》,心头又浮起一个疑问,如此的民族屈辱感,如果是一个作家气质浓郁的医学生,为何当晚没有以任何文学体裁写下自己的宣泄,哪怕是乱写一通[2],而要在20年之后提炼出来,并且是那样一种精致的提炼?这的确是独属于鲁迅的创作之路,当然,很多作家都是在回首往事时成就的,或者鲁迅当时也写了,我们并没有见到。但是,这却给我们留下了思考的多维空间。如果说关于"幻灯片事件"的叙事是在仙台时期诞生的,或者仅是在日记当中周树人为自己的人生道路标上了"弃医从文"的符号,毫无疑问,他后来的人生传记是不需要追寻文学起点的。而实际上,留日生周树人并没有这样去做标记,这样做标记的是20年

---

[1] 鲁迅:《呐喊·自序》,《鲁迅全集》第1卷,人民文学出版社2005年版,第441页。
[2] 鲁迅曾经教给他的日本学生增田涉乱写的必要和好处。"我想你还是到东京去写作好,因为即便是胡乱写写也好。不乱写就不能有所成就。等到有所成就以后,再把乱写的东西改正,那就好了。"鲁迅:《书信·320116 致增田涉》,《鲁迅全集》第14卷,人民文学出版社2005年版,第196页。鲁迅显然不像卡夫卡那样喜欢夜间"涂鸦",不像福楼拜那样"必须写出不可抑制的幻想",不像夏多布里昂那样在座谈会中刚说出一个很好的句子,就立即中断谈话将它写下来,像是尿频症发作似的!参见[法]罗兰·巴尔特《小说的准备》,李幼蒸译,中国人民大学出版社2010年版,第212页。

后的作家鲁迅，并且是以第一本小说集出版自序的方式呈现出来。上述情境和思想投射显然是精心营造后的文本世界，而远非现实经历的如实总结。我们为什么要在传主的引导下去追溯前史，寻找他的起点？

不仅如此，"弃医从文"这四个字所呈现出来的二元概括性思维，完全来自阐释者思维，并且是时代色彩浓郁的阐释思维，甚至可以说这种阐释最初就隐含于1922年鲁迅话语的内在建构当中——非常"有意"地对于某种状态的弃绝，非常"有意"地对于另一种状态的"投身"，这样的启蒙意图叙事完全出自于1922年中国新文化队伍趋于分化的反思语境，而非1906年的仙台医学校。实际上，就在我们普遍认为鲁迅坚定于从事文艺运动的再度东京时期，在他的拟购德文书目中，还能够看出其对于其他专业的渴求，特别是植物学、生物学、医学方面的教材占了很大比重，而这些教材后来基本上都购到了，并且带回国内，很像是为回国内时教书做资料上的储备和参考。这也能从另一个角度说明，"弃医从文"并非一刀两断的截然的过程，再度东京时期周树人一直处在将来从业的尝试和抉择中。

然而，对待翻译事业，鲁迅却从一而终，矢志不渝。"宁愿作为无名的泥土，来栽植奇花和乔木"[1]，这给予未名社译述事业奉献精神的高度评价，正适合于鲁迅自己，而他却没有想到自己首先在创作园地里绽放了，更未曾料想"落得一个'作家'的头衔"，"在沙漠中走来走去"[2]，而当被定位成作家，必须以此身份表达时，回顾创作之路才拣选素材并提炼出了"幻灯片事件"。它的冲击力是如此强劲，以至于震撼了几代人惊异和感动于其

---

[1] 鲁迅：《〈中国新文学大系〉小说二集序》，《鲁迅全集》第6卷，人民文学出版社2005年版，第263页。
[2] 鲁迅：《〈自选集〉自序》，《鲁迅全集》第4卷，人民文学出版社2005年版，第469页。

与肉身的"断绝",于是,将之视为中国新文学的精神起点——永远放在了一个共时性的民族事件的点上,文学之于文学的那些纯粹的东西就永远成为了第二位,至少与其他种种原因是不对等的。一种缺乏进入鲁迅生命的每个当下去体味和觉察,而理所当然地在其人生经历中刻上"截然"的思维痕迹,这样的研究模式早经渗透到各种传记写作和生平研究当中去,甚至激发了更多的人去四处搜寻那张作为证据的幻灯片,桎梏在眼见为实的牢笼里。

然而,我要说的是,在鲁迅的生命节奏里,仙台弃医这一脉动,在某种层面上是否为曾经给予其本我释放的明治东京之召唤?当对更广阔的宇宙略见一瞥时,称之为理想的东西不易察觉地在内心慢慢改变了。或许,去仙台仅仅是为了经验自己的某种存在——近30年后反顾时那九个字的浓缩——"和一点医学上的知识",而再度回到东京去沉潜[①],去阅读"全世界",则是为了能够接续初见时成其为是的交道感应,从而继续自由无限地去表达。鲁迅"从文"之肉身自翻译始、自翻译终,明治东京恰恰是其以异国语言思考人类和万有,自身母语在持存中历经分娩阵痛的此在——不是又一个起点,不是某个凝固的时空,不是西方文化对于鲁迅影响层面的问题,尤其不是西方文化经由日本这个东方中转站对于鲁迅影响层面的问题——而是多重文化思维方式的交叉共融所激发出的鲁迅的精神走向。多种语言译本摆放在面前,这种行为本身足以证明鲁迅文学的创生是多样文明的交织融汇,是广泛建立精神联系的复调对话,是自身文化生命的接续

---

① 罗兰·巴尔特在表明自己持有的"幻想式沉潜"时,对于东京作为一个适合隐遁的大都市的魅力竟与鲁迅的选择暗合。"没有比在大都会内'沉潜',并发现突然进入一个自己熟知的小角落,更具有感官愉悦性了(东京最适于引起这种快感)。"[法]罗兰·巴尔特:《小说的准备》,李幼蒸译,中国人民大学出版社2010年版,第319—320页。

与扩散，更是互为生成的再生长，看似偶然的永恒必然。

由人类的连结和一体（unity）视之，并不显见地存在着一个无所适从的周树人成长为坚定的文学家鲁迅的线性扬升过程，或是发现自我精神界战士之面向的迂回曲折的流脉。每一个当下，均成就鲁迅。他从来没有与生命的任何阶段相分离，如果仅仅用"弃医从文"来阐释，仙台学医和所谓国内沉默的几年，政治环境的过于严酷，便都构成对一个作家才华的扼杀和浪费，这样固化的历史样貌，自然就会认同在与政治的对决中创生文学思路的有效性。然而，鲁迅难道不是以各种不同的方式在融入文学吗？他生活着，聆听着，游逛着，浏览着，阅读着，整理着，翻译着，记录着，描画着，感受着，觉察着……"文之觉"有不需要仰赖他者获得最终求解的自我逻辑。显然，"弃医从文"不是这样一个开放的、流动的视域，而是一个被构造的、摒弃了与最终求解无关步骤的视域。让周树人与鲁迅合一，拒绝将其特殊化，同时也就拒绝了将其流传化、历史化和对象化。

表1　日译俄国小说合订本（以鲁迅手书目录为序）

作品名称	作者	国别	阅读语言	来源	备注
《彼得大帝的黑人》	普希金	俄国	日语	昇曙梦译本，《新小说》第12年第2卷，1907年2月发行	藏有德文版《短篇小说选》
《狂人日记》	果戈理	俄国	日语	二叶亭主人译本，连载于《趣味》第2卷第3号至第5号，1907年3、4、5月发行	藏有德文版《果戈理全集》（五卷）
《昔人》（旧式地主）	果戈理	俄国	日语	二叶亭主人译本，《早稻田文学》5月之卷，1906年5月发行	藏有德文版《果戈理全集》（五卷）
《外套》	果戈理	俄国	日语	西本翠荫译本，《文艺俱乐部》第15卷第8号，1909年6月发行	藏有德文版《果戈理全集》（五卷）

(续表)

作品名称	作者	国别	阅读语言	来源	备注
《宿命论者》	莱蒙托夫	俄国	日语	栗林枯村译本,《新古文林》第1卷第10号,1905年12月发行	藏有德文版《当代英雄》
《东方物语》（歌手阿希克凯里布）	莱蒙托夫	俄国	日语	嵯峨之家主人译本,《文艺俱乐部》第11卷第13号,1905年10月发行	
《妖妇传》（叶尔古诺夫中尉的故事）	屠格涅夫	俄国	日语	嵯峨之山人译本,载《新小说》第2卷,1903年3月发行	藏有德文版《〈耶古诺夫少将〉〈一个奇怪的故事〉》（两个短篇小说）
《水车小屋》（叶尔莫莱和磨坊主妇）	屠格涅夫	俄国	日语	嵯峨之山人译本,《新小说》第9卷,1903年9月发行	
《草场》（白净草原）	屠格涅夫	俄国	日语	昇曙梦译本,《新小说》第10卷,1904年10月发行	
《森林》（波列西耶之行）	屠格涅夫	俄国	日语	长光迁人译本,《新古文林》第1卷第7号,1905年10月1日发行	

表2 《域外小说集》及以后译文、新译豫告、杂识

作品名称	作者	国别	主要阅读语言	阅读证据	备注
《乐人扬珂》	显克微支	波兰	德语	《域外小说集》第1册	
《戚施》（庄中）	契诃夫	俄国	德语	《域外小说集》第1册	
《塞外》	契诃夫	俄国	德语	《域外小说集》第1册	藏有德文版《〈妇女执政〉〈在流放中〉〈鬼火明〉》（三篇小说）
《邂逅》	迦尔洵	俄国	德语	《域外小说集》第1册	
《谩》	安特莱夫	俄国	德语	《域外小说集》第1册	藏有德文两个版本《短篇小说集》
《默》	安特莱夫	俄国	德语	《域外小说集》第1册	藏有德文两个版本《短篇小说集》
《安乐王子》	淮尔特（王尔德）	英国	英语	《域外小说集》第1册	

(续表)

作品名称	作者	国别	主要阅读语言	阅读证据	备注
《先驱》	哀禾（阿霍）	芬兰	英语	《域外小说集》第2册	底本为倍因英译本《木片集》
《默》（寂然）	亚伦坡（艾伦·坡）	美国	英语	《域外小说集》第2册	藏有德文版《小说选集》（三卷）
《月夜》	摩波商（莫泊桑）	法国	德语	《域外小说集》第2册	藏有德文版《短篇小说和速写》
《不辰》	穆拉淑微支	波思尼亚	德语	《域外小说集》第2册	
《摩诃末翁》	穆拉淑微支	波思尼亚	德语	《域外小说集》第2册	
《天使》	显克微支	波兰	德语	《域外小说集》第2册	
《灯台守》	显克微支	波兰	德语	《域外小说集》第2册	
《四日》	迦尔洵	俄国	德语	《域外小说集》第2册	
《一文钱》	斯谛普虐克	俄国	德语	《域外小说集》第2册	
《黄离》	淮尔特（王尔德）	英国	英语	《域外小说集》第1册以后译文	
《怨家》	育珂（约卡伊·莫尔）	匈牙利	英语、德语	《域外小说集》第1册以后译文	藏有德文版《短篇小说集》
《父》	毕伦存	挪威	德语	《域外小说集》第1、2册以后译文	
《人生秘事》	毕伦存	挪威	德语	《域外小说集》第1、2册以后译文	
《寥天声绘》	安兑然（安徒生）	丹麦	德语	《域外小说集》第1册以后译文	藏有德文版《安徒生童话全集》两卷
《毕旬大野》（白净草原）	都介纳夫（屠格涅夫）	俄国	德语	《域外小说集》第1册以后译文	
《犹太人》	都介纳夫（屠格涅夫）	俄国	德语	《域外小说集》第1、2册以后译文	
《绛华》（红花）	迦尔洵	俄国	德语	《域外小说集》第1册以后译文	藏有德文版《〈红花〉和其他小说》
未详	福勒特尔（伏尔泰）	法国	德语	《域外小说集》第1册以后译文	藏有德文版《查第格，或命运》（一个东方国家的故事）
未详	比该罗斯	新希腊	英语	《域外小说集》第1册以后译文	藏有德文版《希腊小说》

(续表)

作品名称	作者	国别	主要阅读语言	阅读证据	备注
南欧名人小品	未详	未详	德语 英语	《域外小说集》第1册以后译文	
《赤咴记》（红笑）	安特莱夫	俄国	德语	《域外小说集》第1、2册新译豫告。"《关于红笑》，我是有些注意的，因为自己曾经译过几页，那豫告，就登在初版的《域外小说集》上，但后来没有译完，所以也没有出版。"（鲁迅：《集外集·关于〈关于红笑〉》）	参照日本二叶亭四迷译本；藏有德文版《红笑》（一个发现的手稿片断）
《并世英雄传》（当代英雄）	来尔孟多夫（莱蒙托夫）	俄国	德语	《域外小说集》第1、2册新译豫告。德译本赠送冯至（见《笑谈虎尾记犹新》，《鲁迅研究资料》第一辑，文物出版社1976年版）	藏有德文版
《神盖记》（圣彼得的伞）	密克札忒	匈牙利	英语	《域外小说集》第1、2册新译豫告	底本为B.W.沃斯维克英译本(1900)
《杜鹃》	淮尔特（王尔德）	英国	英语	《域外小说集》第2册以后译文	
《伽萧太守》	育珂（约卡伊·莫尔）	匈牙利	英语	《域外小说集》第1、2册以后译文	
《莓泉》	都介纳夫（屠格涅夫）	俄国	德语	《域外小说集》第2册以后译文	
《海》	凯罗连珂（柯罗连科）	俄国	德语	《域外小说集》第2册以后译文	藏有德文版《海》〈在丑恶的社会里》》（两个短篇小说）
《林籁》	凯罗连珂（柯罗连科）	俄国	德语	《域外小说集》第2册以后译文	藏有德文版(1903)
《和美洛斯垅上之华》	安兑然（安徒生）	丹麦	德语	《域外小说集》第2册以后译文	藏有德文版《安徒生童话全集》两卷
《荒地》	丕佛林多	芬兰	德语	《域外小说集》第2册以后译文	
《术人》	丕佛林多	芬兰	德语	《域外小说集》第2册以后译文	

(续表)

作品名称	作者	国别	主要阅读语言	阅读证据	备注
《粉本》（炭画）	显克微支	波兰	英语	《域外小说集》第2册新译豫告。"其杰作《炭画》后亦译出"（周作人：《鲁迅的青年时代·鲁迅与兄弟》）	
《人生》	摩波商（莫泊桑）	法国	英语、德语	《域外小说集》第2册新译豫告	藏有德文版《短篇小说和速写》
历史小说数篇	显克微支	波兰	德语	《域外小说集》第1册杂识	
《生计》	显克微支	波兰	德语	《域外小说集》第1册杂识	
《走卒伊凡诺夫日记》	迦尔洵	俄国	德语	《域外小说集》第1册杂识	
《牧师之女》	哀禾（阿霍）	芬兰	德语	《域外小说集》第2册杂识	藏有其德文版《小说集》
《海尔曼公》	哀禾（阿霍）	芬兰	德语	《域外小说集》第2册杂识	藏有德文版《单身汉的爱情及其他小说》
《孤独》	哀禾（阿霍）	芬兰	德语	《域外小说集》第2册杂识	藏有德文版
《木叶录》	哀禾（阿霍）	芬兰	德语	《域外小说集》第2册杂识	藏有其德文版《小说集》
自编小品二册	亚伦坡（艾伦·坡）	美国	英语	《域外小说集》第2册杂识	藏有其德文版《小说选集》（三卷）
《问讯》	穆拉淑微支	波斯尼亚	英语	《域外小说集》第2册杂识	
《屠头》	迦尔洵	俄国	德语	《域外小说集》第2册杂识	
传奇一篇	斯谛普虐克	俄国	德语	《域外小说集》第2册杂识	

表3 留日时期《域外小说集》之外的译作

作品名称	作者	国别	主要阅读语言	阅读证据	来源
《哀史》（鲁迅改译为《哀尘》）	雨果	法国	日语	译文发表于1903年6月15日《浙江潮》第5期，署庚辰译	森田思轩译雨果《悲惨世界》的素材《随见录——芳梯的来历》

(续表)

作品名称	作者	国别	主要阅读语言	阅读证据	来源
《月界旅行》	儒勒·凡尔纳	法国	日语	译文1903年10月由东京进化书社出版	井上勤译本《九十七时二十分间月世界旅行》
《地底旅行》	儒勒·凡尔纳	法国	日语	译文第1、2回发表于《浙江潮》第10期,署之江索士译演;全书于1906年3月由上海普及书局、南京启新书局出版	三本爱华、高须墨浦合译的日译本
《北极探险记》	儒勒·凡尔纳	法国	日语	"我因为向学科学,所以喜欢科学小说,但年青时自作聪明,不肯直译,回想起来真是悔之已晚。那时又译过一部《北极探险记》,叙事用文言,对话用白话。"(鲁迅:《书信·19340515 致杨霁云》)	福田铁研(直彦)日译本
《造人术》(第一部分,原作名《非科学小说》)	路易斯·托仑	美国	日语	译文发表于《女子世界》1905年第4、5期合刊,署索子译	据日译本原抱一庵(余三郎)译本《(小说)泰西奇闻》(知新馆1903.9.10),原标题《造人术》,该单行本只收录《造人术》刊载于《东京朝日新闻》(1903.6.8)的第一部分,内容不及原作一半。
《小约翰》	望·蔼覃	荷兰	德语	"大约二十年前罢,我在日本东京的旧书店头买到几十本旧的德文文学杂志,内中有着这书的绍介和作者的评传,因为那时刚译成德文。觉得有趣,便托丸善书店去买来了;几天以后,便跑到南江堂去买,没有这书,又跑到丸善书店,也没有,只好就托他向德国去定购。大约三个月之后,这书居然在我手里了,是苐垒斯(Anna Fles)女士的译笔,卷头有贲赫博士(Dr.Paul Rache)的序文。"(鲁迅:《〈小约翰〉引言》)	藏有德文版《内外国文学丛书》(1892)

无以归类的现代精神

(续表)

作品名称	作者	国别	主要阅读语言	阅读证据	来源
《劲草》（原名《克虐支绥勒勃良尼》，又译《银公爵》）	阿·康·托尔斯泰	俄国	英语	"这部小说很长，总有十多万字吧，阴冷的冬天，在中越馆的空洞的大房间里，我专管翻译起草，鲁迅修改誊正，都一点都不感到困乏或是寒冷，只是很有兴趣的说说笑笑，谈论里边的故事，一直等到抄成一厚本，蓝格直行的日本皮纸近三百张，仍旧以主人公为名，改名《劲草》，寄了出去。"[周作人：《知堂回想录(上)·翻译小说下》]	英译《可怕的伊凡》
《红星佚史》	哈葛德、安特路朗	英国	英语	"这在哈葛德别的作品确是没有这许多的诗，大概总该有十八九首吧，在翻译的时候很花了气力，由我口译，却是鲁迅笔述下来"，"据序文上所记是在丁末(一九零七)年二月译成，那时还住在伏见馆里。"[周作人：《知堂回想录(上)·翻译小说上》]	底本《世界欲》(1890)
《匈奴骑士录》	育珂（约卡伊·莫尔）	匈牙利	英语	"丙午丁未之际我们翻译小说《匈奴奇士录》等，还多用林琴南笔调。"（周作人：《鲁迅的青年时代·关于鲁迅之二》）	罗伯特·尼斯贝特·贝因译本，伦敦书店
《黄蔷薇》	育珂（约卡伊·莫尔）	匈牙利	英语	"我们于1909年译出《域外小说集》二卷，其方法即如此，其后又译了《炭画》和《黄蔷薇》。"（周作人：《苦甘苦口·谈翻译》）	
《歌之书》	海涅	德国	德语	译诗二首发表于1914年2月1日《中华小说界》月刊第2期	翻译第二部《抒情插曲》第2、32首；藏有德文版《歌集·新诗》

表4　文学教科书

作品名称	作者	国别	阅读语言	来源	备注
《少年维特之烦恼》	歌德	德国	德语	独逸语专修学校在籍教科书	藏有德文版《歌德书简与日记》、《歌德游憩素描小集》(素描36幅)、《潘多拉》(一部节日戏)
《阴谋与爱情》	席勒	德国	德语	独逸语专修学校在籍教科书	藏有德文版Reclam本《强盗》(五幕剧)
《修罗兹菲斯坦因家》	亨利希·封·克莱斯特	德国	德语	独逸语专修学校在籍教科书	
《米歇尔科尔哈斯》(历史小说)	亨利希·封·克莱斯特	德国	德语	独逸语专修学校在籍教科书	藏有德文版Reclam本
《为权利而斗争》	耶林	德国	德语	独逸语专修学校在籍教科书	
《新闻记者们》	佛莱塔格	德国	德语	独逸语专修学校在籍教科书	
《玛丽亚·玛古达列内》	黑贝尔	德国	德语	独逸语专修学校在籍教科书	
《海上夫人》	易卜生	挪威	德语	独逸语专修学校在籍教科书	藏有德文版Reclam本《火焰》(一首戏剧诗)、《青年联盟》(五幕剧)、《黑达·卡布洛尔》(四幕剧)、《娜拉或玩偶之家》(三幕剧)、《培尔·健特》(一部诗剧)
《娜拉》	易卜生	挪威	德语	独逸语专修学校暑期讲习会教科书	藏有德文版Reclam本
《浮士德》第一部	歌德	德国	德语	独逸语专修学校暑期讲习会教科书	
《威尼斯商人》	莎士比亚	英国	德语	独逸语专修学校暑期讲习会教科书	
《萨帕》(五幕悲剧)	格里尔帕策	德国	德语	独逸语专修学校暑期讲习会教科书	藏有德文版Reclam本
《谭浩一扎》	瓦格纳	德国	德语	独逸语专修学校暑期讲习会教科书	
《罗安戈林》	瓦格纳	德国	德语	独逸语专修学校暑期讲习会教科书	

(续表)

作品名称	作者	国别	阅读语言	来源	备注
《玛丽安布尔克最后的骑士》	威廉·豪夫	德国	德语	独逸语专修学校暑期讲习会教科书	藏有德文版Reclam本《利腾施泰因浪漫的时日》《撒旦回忆录》及他版"月中人"连同"论难说教"》
《为了孩子和家庭的童话》	古丽姆	德国	德语	独逸语专修学校暑期讲习会教科书	
《华伦斯坦之阵营》	席勒	德国	德语	独逸语专修学校暑期讲习会教科书	
《威廉退尔》	席勒	德国	德语	独逸语专修学校暑期讲习会教科书	
未详	柯尔纳	德国	德语	独逸语专修学校在籍教科书；暑期讲习会教科书	

表5 鲁迅自述及周作人回忆

作品名称	作者	国别	主要阅读语言	阅读证据	备注
《天方夜谭》	民间口头创作	阿拉伯	英语	"有些英文书则无可考，只记得有一册《天方夜谈》，八大册的《嚣俄》选集，日本编印的《英文小丛书》，其中有亚伦坡的《黄金虫》，即为《玉虫缘》的底本，《侠女奴》则取自《天方夜谈》里的。"(周作人：《鲁迅的故家·补遗二》)	劳特利奇出版社[①]，藏有俄文版

---

① 参见宋声泉《〈侠女奴〉与周作人新体白话经验的生成》，《中国现代文学研究丛刊》2016年第5期。

(续表)

作品名称	作者	国别	主要阅读语言	阅读证据	备注
《西伯利亚纪行》	克鲁泡特金	俄国	英语	"便翻译些文章,交未生拿去在《民报》发表,有斯谛普虐克的《一文钱》,和克鲁泡特金的《西伯利亚纪行》。"[周作人:《知堂回想录(上)·域外小说集——新生乙编》]	
《屠介涅夫选集》(15卷本)	屠格涅夫	俄国	德语	"去到丸善书店买了一部英译屠介涅夫选集,共有十五本。"[周作人:《知堂回想录(上)·翻译小说下》]	伦敦海纳曼书店出版,藏有德文版Reclam本《屠格涅夫散文诗》
《父与子》	屠格涅夫	俄国	德语	"对于他的《沙宁》的攻难,他寄给比拉尔特的信里,以比先前都介涅夫(Turgenev)的《父与子》,我以为不错的。"(鲁迅:《译文序跋集·〈幸福〉译者附记》)	藏有德文版Reclam本14部,《烟》《初恋》《春潮》、《散文诗》、《施食》(一两幕剧)、《草原上的李尔王》、《耶古诺夫少尉》〈一个奇怪的故事〉》(两个短篇小说)、《文学与生活回忆录》、《新的一代》(长篇小说)、《蒲宁与巴布林》、《〈暴徒〉〈卢克尔雅〉》(两个短篇小说)、《多余人日记》、《不幸的少女》、《父与子》
《决斗》	契诃夫	俄国	德语	"契诃夫的《决斗》,均未及译。"(周作人:《鲁迅的青年时代·关于鲁迅之二》)	名列拟购书目并藏有德文版
《两个伊凡尼支打架》	果戈理	俄国	德语	"他所最受影响的却是果戈理,《死魂灵》还居第二位,第一重要的还是短篇小说,《狂人日记》、《两个伊凡尼支打架》,以及喜剧《巡按》等。"(周作人:《鲁迅的青年时代·关于鲁迅之二》)	
《巡按》	果戈理	俄国	德语	周作人:《鲁迅的青年时代·关于鲁迅之二》	

无以归类的现代精神

(续表)

作品名称	作者	国别	主要阅读语言	阅读证据	备注
《末光》	凯罗连珂	俄国	德语	"俄文人凯罗连珂(V.Korolenko)作《末光》一书，有记老人教童子读书于鲜卑者，曰，书中述樱花黄鸟，而鲜卑沍寒，不有此也。翁则解之曰，此鸟即止于樱木，引吭为好音者耳。少年乃沉思。"（鲁迅：《摩罗诗力说》）	
《玛加耳的梦》	凯罗连珂	俄国	德语	"又甚喜科罗连珂，后来多年后只由我译其《玛加耳的梦》一篇而已。"（周作人：《鲁迅的青年时代·关于鲁迅之二》）	
《穷人》	陀思妥耶夫斯基	俄国	德语	"还有一个，就是陀思妥夫斯基。一读他二十四岁时所作的《穷人》，就已经吃惊于他那暮年似的孤寂。"（鲁迅：《陀思妥夫斯基的事》）	购藏德文版Reclam本四部《短篇小说集》（长篇小说）、《死屋回忆录》、《罪与罚》（长篇小说）、《尼采》及《白痴》(1901)
《恶魔》《鹰之歌》《堤》	高尔基	苏联	德语	"这一篇，是从日本译《戈理基全集》第七本里川本正良的译文重译的。""记得Reclam's Universal Bibliothek的同作者短篇集里，也有这一篇，和《鹰之歌》（有韦素园君译文，在《黄花集》中），《堤》同包括于一个总题之下，可见是寓言一流。但这小本子，现在不见了，他日寻到，当再加修改，以补草率从事之过。"（鲁迅：《译文序跋集·〈恶魔〉译丛附记》）	购藏有德文版Reclam本《〈伊则吉尔老婆子〉与其他短篇小说》、《〈柯诺瓦洛夫〉〈阿尔希普爷爷〉》（两篇小说）、《〈玛尔华〉〈犯罪的故事〉》（两篇小说）、《〈我的旅伴〉及其他两篇小说》、《〈废物〉与其他短篇小说》、《〈流浪者〉与其他短篇小说》
《Heine的诗》	海涅	德国	德语	"他学了德文，却并不买歌德的著作，只有四本海涅的集子。"（周作人：《鲁迅的青年时代·再是东京》）	藏有德文版《歌集·新诗》、《海涅十三卷集》（四册）

(续表)

作品名称	作者	国别	主要阅读语言	阅读证据	备注
《扎拉图斯忒拉如是说》	尼采	德国	德语	"德国则于海涅之外只取尼采一人,《札拉图斯忒拉如是说》一册常在案头"。(周作人:《鲁迅的青年时代·关于鲁迅之二》)	藏有日、德文版,《查拉图斯特拉如是说》(选自1882—1885年遗稿)
《海贼》	拜伦	英国	日语、德语	鲁迅在《摩罗诗力说》中解读此诗最全面深入	藏有德文版《唐璜》
《怀旧》	雨果	法国	日语	"《新小说》上登过嚣俄(今译雨果)的照片,就引起鲁迅的注意,搜集日译的中篇小说《怀旧》(讲非洲人起义的故事)来看,又给我买来美国出版的八大本英译雨果选集。"(周作人:《鲁迅的青年时代·鲁迅与清末文坛》)	藏有德文版Reclam本《巴黎圣母院》(两卷本)
《悲惨世界》	雨果	法国	英语、日语	"苏曼殊又在上海报上译登《惨世界》,于是一时嚣俄成为我们的爱读书,找些英日文译本来看。"(周作人:《鲁迅的青年时代·关于鲁迅之二》)	藏有德文版Reclam本《巴黎圣母院》(两卷本)
《间谍于贝尔》	雨果	法国	英语、日语	"又有一篇嚣俄(今改译雨果)的侦探谈似的短篇小说,叫作什么尤皮的,写得很有意思"。(周作人:《鲁迅的青年时代·关于鲁迅之二》)	参照日译本森田思轩居士译:《探侦ゆーべる》,日本民友社1889年6月;中译本冷血译:《游皮第一》,署法国西余谷著,收录于《侦探谭一》
未详	左拉	法国	德语	"但所买自然主义发源地的法国著作,大约也只是茀罗培尔,莫泊桑,左拉诸大师的二三卷,与诗人波特莱尔,魏尔伦的一二小册子而已。"(周作人:《鲁迅的青年时代·关于鲁迅之二》)	藏有德文版Reclam本《考格维尔的节日及其他小说》《夏布雷先生的治疗及其他小说》《磨房的风暴及其他小说》
未详	福楼拜	法国	德语	周作人:《鲁迅的青年时代·附录三关于鲁迅之二》	

(续表)

作品名称	作者	国别	主要阅读语言	阅读证据	备注
未详	波德莱尔	法国	德语	周作人:《鲁迅的青年时代·关于鲁迅之二》	藏有德文版《波德莱尔著作集》,马科斯·布伦斯译《散文小诗》
未详	魏尔伦	法国	德语	周作人:《鲁迅的青年时代·关于鲁迅之二》	藏有其《诗集》(1907)
《中篇小说和速写》	莫泊桑	法国	德语	周作人:《鲁迅的青年时代·关于鲁迅之二》	名列拟购书目并藏有德文版
《你往何处去》	显克微支	波兰	德语	"至于波兰自然更好,不过除了显克微支的《你往何处去》,《火与剑》之外,不会有人讲到的,所以没有什么希望。"(周作人:《鲁迅的青年时代·关于鲁迅之二》)	藏有德文版
《火与剑》	显克微支	波兰	德语	周作人:《鲁迅的青年时代·关于鲁迅之二》	
《得胜的巴尔忒课》	显克微支	波兰	德语	"但《得胜的巴尔忒课》未译,至今以为憾事。"(周作人:《鲁迅的青年时代·关于鲁迅之二》)	
《十四行诗》	密茨凯维支	波兰	德语	"于是他就到了克里米亚,饱览了当地的风光景色,促使他放怀歌咏,后来写成《克里米亚十四行诗》一卷。"(鲁迅:《摩罗诗力说》)	藏有德文版Reclam本《叙事谣曲》(1874)及《十四行诗》
未详	纳路达	捷克	德语	"捷克有纳路达,抚尔赫列支奇,亦为豫才所喜。"(周作人:《鲁迅的青年时代·关于鲁迅之二》)	藏有德文版Reclam本《风俗画》(两卷)、《小城故事》
未详	抚尔赫列支奇	捷克	德语	"捷克有纳路达,抚尔赫列支奇,亦为豫才所喜。"(周作人:《鲁迅的青年时代·关于鲁迅之二》)	

(续表)

作品名称	作者	国别	主要阅读语言	阅读证据	备注
《新生及抒情诗总集》	但丁	意大利	德语	"这杂志的名称在从中国回东京之前早已定好了,乃是沿用但丁的名作《新生》。"(周作人:《鲁迅的青年时代·再是东京》)	藏有德文版Reclam本(1878)
《神曲》	但丁	意大利	德语	"我先前读但丁的《神曲》,到《地狱》篇,就惊异于这作者设想的残酷,但到现在,阅历加多,才知道他还是仁厚的了:他还没有想出一个现在已极平常的惨苦到谁也看不见的地狱来。"(鲁迅:《写于深夜里》)"回想起来,在年青时候,读了伟大的文学者的作品,虽然敬服那作者,然而总不能爱的,一共有两个人。一个是但丁,那《神曲》的《炼狱》里,就有我所爱的异端在。"(鲁迅:《陀思妥夫斯基的事》)	
《绞吏之绳》(缢吏之缳)	裴多菲	匈牙利	德语	"有一次在摊上用一角钱买得一册瑞克阑姆文库小本,他非常高兴,像是得着了什么宝贝似的,这乃是匈牙利爱国诗人裴多菲所作唯一的小说《绞吏的绳索》,钉书的铁丝锈烂了,书页已散,他却一直很是宝贵。"(周作人:《鲁迅的青年时代·再是东京》)	藏有德文版Reclam本

(续表)

作品名称	作者	国别	主要阅读语言	阅读证据	备注
《诗集》	裴多菲	匈牙利	德语	"那两本书，原是极平常的，一本散文，一本诗集，据德文译者说，这是他搜集起来的，虽在匈牙利本国，也还没有这么完全的本子，然而印在《莱克朗氏万有文库》(Reclam's Universal Bibliothek)中，倘在德国，就随处可得，也值不到一元钱。不过在我是一种宝贝，因为这是三十年前，正当我热爱彼得斐的时候，特地托丸善书店从德国去买来的，那时还恐怕因为书极便宜，店员不肯经手，开口时非常惴惴。后来大抵带在身边，只是情随事迁，已没有翻译的意思了。"（鲁迅：《为了忘却的记念》)	藏有德文版两种
《神是一个》	育珂（约卡伊·莫尔）	匈牙利	英语	"恰巧在书店里买到一册殖民地版的小说，是匈牙利育凯所著，擅长历史小说，他的英译著作我们也自搜藏，但为译书卖钱计，这一种却很适宜。盖此书原本很长，英译者稍事删节，我们翻译急于求成，所以这是颇为相宜的，书中讲一神宗徒的事情，故书名《神是一个》，"翻译是在中越馆进行，但是序文上题戊申五月，已是在迁居西片町之后了。"［周作人：《知堂回想录（上）·翻译小说下》]	罗伯特·尼斯贝特·贝因英译本，伦敦书店Jarrold and Sons

辑二 域外资源，文本经验

(续表)

作品名称	作者	国别	主要阅读语言	阅读证据	备注
《好心肠的骑士唐·吉诃德·德·拉曼却》	塞万提斯	西班牙	德语	周作人曾以"我们"的口吻，谈及对林译《堂吉诃德传》(《魔侠传》)的不满，以为"错译乱译，坏到极点"。(周作人:《鲁迅的青年时代·鲁迅与清末文坛》)	藏有德文版Reclam本《好心肠的骑士唐·吉诃德·德·拉曼却》两卷；《堂·吉诃德》至少三种版本
《波兰印象记》	勃阑兑斯	丹麦	德语	"见有丹麦的勃阑兑斯的《波兰印象记》在英国出版，也就托丸善书店去订购一册。"[周作人:《知堂回想录(上)·翻译小说下》]	伦敦海纳曼书店出版
《人生图录》	丕佛林多	芬兰	德语	"Aho之前的作家Pivrinta的《人生图录》(有德译本在《Reclam's Universal Bibliothek》中)。也有一篇写一个人因为失恋而默默地颓唐到老，至于作一种特别的跳舞供人玩笑，来换取一杯酒，待到他和旅客(作者)说明原因之后，就死掉了。这一种Type，大约芬兰是常有的。"(鲁迅:《〈奔流〉编校后记》)	
《黄金甲虫》	爱伦·坡	美国	英语	"都是鲁迅寄来的，大概是在甲辰年内收到的吧。"(周作人:《乙巳》)	日本山县五十雄英日对照译注本《英文学研究·掘宝》；藏有其德文版Reclam本《小说选集》(三卷)
《荒矶》	爱伦·坡	美国	英语	周作人:《乙巳》	日本山县五十雄英日对照译注本《英文学研究·荒矶》；藏有其德文版Reclam本《小说选集》(三卷)

无以归类的现代精神

(续表)

作品名称	作者	国别	主要阅读语言	阅读证据	备注
《我是猫》	夏目漱石	日本	日语	"唯夏目漱石作俳谐小说《我是猫》有名,豫才俟各卷印本出即陆续买读。"(周作人:《鲁迅的青年时代·关于鲁迅之二》)	
《虞美人草》	夏目漱石	日本	日语	"又曾热心读其每天在《朝日新闻》上所载小说《虞美人草》。"(周作人:《鲁迅的青年时代·关于鲁迅之二》)	
《哥儿》	夏目漱石	日本	日语	"夏目的著作以想象丰富,文词精美见称。早年所作,登在俳谐杂志《子规》(Hototogisu)上的《哥儿》(Bocchan),《我是猫》(Wagahaiwaneko de aru)诸篇,轻快洒脱,富于机智,是明治文坛上的新江户艺术的主流,当世无与匹者。"(鲁迅:《现代日本小说集附录》)	
《鹑笼》	夏目漱石	日本	日语	"他对于日本文学不感什么兴趣,只佩服一个夏目漱石,把他的小说《我是猫》、《漾虚集》、《鹑笼》、《永日小品》,以至干燥的《文学论》都买了来。"(周作人:《鲁迅的故家·鲁迅在东京·画谱》)	
《漾虚集》	夏目漱石	日本	日语	周作人:《鲁迅的故家·鲁迅在东京·画谱》	
《永日小品》中1909年创作的作品	夏目漱石	日本	日语	周作人:《鲁迅的故家·鲁迅在东京·画谱》	
《平凡》	夏目漱石	日本	日语	"也在新闻上每天读那两种小说,即是《平凡》与《涡卷》。"(周作人:《鲁迅的故家·鲁迅在东京·画谱》)	

(续表)

作品名称	作者	国别	主要阅读语言	阅读证据	备注
《涡卷》	夏目漱石	日本	日语	周作人:《鲁迅的故家·鲁迅在东京·画谱》	
《鸡头》	高滨虚子	日本	日语	"一九〇八年高滨虚子的小说集《鸡头》出版,夏目替他做序,说明他们一派的态度。"(鲁迅:《现代日本小说集·夏目漱石》)	
《棉被》	田山花袋	日本	日语	"自然主义盛行时亦只取田山花袋的小说《棉被》一读,似不甚感兴味。"(周作人:《鲁迅的青年时代·关于鲁迅之二》)	
《社会的疮》	列札尔(厘沙路、黎萨尔)	菲律宾	日语	"他又得到日本山田美妙所译的,菲律宾革命家列札尔(后被西班牙军所杀害)的一本小说,原名似是《社会的疮》,也很珍重,想找英译来对照翻译,可是终于未能成功。"(周作人:《鲁迅的青年时代·再是东京》)	山田美妙译本

"是聪明，聪明，第三个聪明"
——试论鲁迅的翻译语言

李松睿

一、引言

  在鲁迅的生命历程中，文学翻译无疑占据了极为重要的位置。从1903年发表的第一篇作品《斯巴达之魂》算起，到生命最后时刻仍在翻译的《死魂灵》，翻译活动可以说贯穿了鲁迅的整个文字生涯。而他留下的那三百余万字的翻译作品，更是在数量上超过了其原创著作，这就使得我们在任何意义上都不能低估翻译之于鲁迅的意义。有鉴于此，无论是鲁迅研究界还是翻译研究界，都高度重视其翻译活动的重要性，对鲁迅的翻译语言、鲁迅与外国作家之间的影响关系等问题进行了系统讨论，并产生了大量研究成果。

  值得注意的是，鲁迅的《〈域外小说集〉序言》一文因提出直译的主张，被研究者称为"中国近代译论史上的珍贵文献"[①]。到了20世纪30年

[①] 陈福康：《中国译学理论史稿》，上海外语教育出版社1992年版，第171页。

代,鲁迅更是坚持自己的一贯主张,与梁实秋、瞿秋白等人就翻译语言的"顺"与"不顺"、意译与直译等问题展开辩论,并反复强调自己"主张'宁信而不顺'"[1]。再加上鲁迅的翻译语言在直观上给人一种"不顺","往往给以不舒服,甚而至于使人气闷,憎恶,愤恨"[2]的感觉,这一切都使得研究者往往脱离了鲁迅的译本,先验地判定鲁迅的翻译是"信而不顺"的直译。于是,人们要么从译本的可读性出发,在鲁迅的翻译作品中摘录出诸如"要来讲助那识别在三次元底的空间的方向的视觉底要素的相互的空间底距离的"[3]这类难于索解的句子,指责鲁迅的翻译语言背离了中文的基本语法;要么站在鲁迅的立场上,从他的翻译力求保存"原作的丰姿"[4],以及向汉语世界输入"新的表现法"[5]的角度,为鲁迅的翻译语言进行辩护。

然而,上述两类研究虽然将鲁迅的翻译语言塑造为"信而不顺"的典型,却往往集中探讨鲁迅与梁实秋、瞿秋白等人的论争及鲁迅的翻译思想等,较少具体分析鲁迅的译文,因而无法回答鲁迅的翻译在遣词造句上的特点是什么、他的翻译语言受到哪些因素的影响,以及他的翻译语言与创作语言之间的关系是什么等问题。这多少限制了研究者对鲁迅翻译语言的理解,也无法呈现后者自身所具有的复杂面向。本文将以《死魂灵》鲁迅译本为案例,尝试初步解答上述问题。之所以从鲁迅卷帙浩繁的翻译作品

---

[1] 鲁迅:《关于翻译的通信》,《鲁迅全集》第4卷,人民文学出版社2005年版,第391页。
[2] 鲁迅:《"硬译"与"文学的阶级性"》,《鲁迅全集》第4卷,人民文学出版社2005年版,第202页。
[3] [苏]卢那卡尔斯基:《艺术论》,载鲁迅博物馆编《鲁迅译文全集》第4卷,福建教育出版社2008年版,第219页。
[4] 鲁迅:《"题未定"草(二)》,《鲁迅全集》第6卷,人民文学出版社2005年版,第364—365页。
[5] 鲁迅:《关于翻译的通信》,《鲁迅全集》第4卷,人民文学出版社2005年版,第391页。

中选择这一译本,一方面是因为果戈理的《死魂灵》是鲁迅最后一部翻译作品,也是他耗费精力最多、篇幅最长的一部作品,该译本的语言风格可以看作是鲁迅翻译风格成熟后的代表。另一方面,鲁迅译《死魂灵》中经常会出现一些或古怪、或独特的译法和表达方式,将它们与原作[①]、当代翻译家们的其他译本进行比对,可以帮助我们触摸鲁迅翻译的特殊之处。在这个意义上,《死魂灵》的鲁迅译本无疑可以充当某种化学实验中的指示剂,通过它可以清晰地显影鲁迅翻译语言的一些特点。

二、鲁迅翻译语言的复杂面貌

的确,鲁迅本人在书信或译序中曾不断阐述自己推崇直译的翻译思想,并感慨译事之艰辛。在《〈出了象牙之塔〉后记》中,他直截了当地表示自己的译文"文句仍然是直译,和我历来所取的方法一样;也竭力想保存原书的口吻,大抵连语句的前后次序也不甚颠倒"[②]。因此,直译乃至于不改变原文语句顺序的字字对译,是鲁迅一贯倡导的翻译方法,这也是其译本大多晦涩难懂,在今天已经很少有文学爱好者阅读的原因所在。而鲁迅的翻译态度也是出了名的严谨、认真。他的健康状况之所以在1936年急转直

---

① 鲁迅翻译果戈理的《死魂灵》时,以"德人 Otto Buek 译编的全部"为底本,并参考了远藤丰马、上田进的两种日译本。孟十还亦据俄文与鲁迅就某些译法进行讨论。正是由于翻译底本的复杂状况,使得我们在具体讨论鲁迅译《死魂灵》的某些语言时,很难确定在翻译过程中真正对应的原文是什么。不过本文主要讨论鲁迅翻译语言的特点,并不涉及鲁迅翻译是否准确的问题。因此为了论述的便利,笔者在将鲁迅译本与满涛、许庆道以及田大畏等译自俄文的译本进行比对时,只参考果戈理的俄文原文。
② 鲁迅:《〈出了象牙之塔〉后记》,《鲁迅全集》第10卷,人民文学出版社2005年版,第271页。

下，就与他在这一时期花费大量的时间和精力翻译果戈理的《死魂灵》直接相关。在《"题未定"草（一）》中，他坦言自己在翻译《死魂灵》时"字典不离手，冷汗不离身"①，吃尽了各种苦头。在某种意义上，正是因为鲁迅反复从直译、严谨的角度谈论自己的翻译，才使得今天的研究者无论是否认同鲁迅的翻译方法，但基本上都将其译作看作是直译的代表，并高度赞扬他在翻译过程中表现出的严肃、认真的态度。

而由此产生的问题是，鲁迅是否真的像他所说的那样，采用直译，甚至字字对译的方式进行翻译？如果脱离了对译文的考察，过于匆忙地对这一问题进行判断，那无疑是主观而武断的。翻开鲁迅晚年耗费了无数心血翻译的《死魂灵》，我们会看到这样的译文：

> 然而什么性格都不畏惮，倒放出考察的眼光，来把握他那最内部的欲望的弹簧的人，是聪明，聪明，第三个聪明的……②

这段话出现在《死魂灵》第一部的结尾。叙述者在这里突然从小说叙述中"显身"，向读者解释为何要讲述主人公乞乞科夫的故事。他认为乞乞科夫这样的无赖出现在叙事作品中会被读者唾弃，但却并不妨碍作家对其性格展开分析，而那些愿意去仔细刻画无赖性格的小说家其实是非常聪明的。显然，这段话不过是果戈理借叙述者之口，以调侃的语调为自己的创作进行辩护，它本身并没有太多值得分析的地方。然而鲁迅在译文中采用

---

① 鲁迅：《"题未定"草（一）》，《鲁迅全集》第6卷，人民文学出版社2005年版，第363页。
② ［俄］果戈理：《死魂灵》，载鲁迅博物馆编《鲁迅译文全集》第7卷，福建教育出版社2008年版，第229页。

"是聪明，聪明，第三个聪明"这样的译法却让人忍不住心生疑惑，这一表达方式究竟是属于原作者果戈理还是译者鲁迅呢？试比较这段话的原文以及目前通行的两种中文译本：

Но мудр тот, кто не гнушается никаким характером, но, вперя в него испытующий взгляд, изведывает его до первоначальных причин[①]

然而，聪明人见了任何性格都不会嫌弃，相反地，却会投去探索的目光，对它进行揣摩研究，直到弄清它的原始的成因为止。[②]（满涛、许庆道译）

不嫌弃任何性格，而是加以执著的审视，探求其原始的成因，这样的人才谓英明。[③]（田大畏译）

在这里，俄文"мудр"直接对应的中文意思应该是"有智慧的"，满涛、许庆道以及田大畏将其翻译为"聪明"或"英明"显然可以视为直译。而鲁迅对该词的翻译——"是聪明，聪明，第三个聪明"，则选择了一种非常古怪的表达方式，该句式无论是在俄文中，还是在汉语里都极为少见。而由此产生的问题是，鲁迅为什么要以这样的句式来翻译"мудр"一词呢？

事实上，鲁迅在翻译《死魂灵》时采用的特殊句式"是聪明，聪明，第三个聪明"，既不是为了保存"原作的丰姿"，也不属于汉语的惯常表达方式。它直接生发于评论家对鲁迅自己的创作与生活方式的评价。早在

---

① Гоголь Н. В. Собрание сочинений: Мертвые души: Издательство Московской Патриархии, 2009. 106 с.
② ［俄］果戈理：《死魂灵》，满涛、许庆道译，人民文学出版社1983年版，第258页。
③ ［俄］果戈理：《死魂灵》，田大畏译，安徽文艺出版社1999年版，第309页。

1925年，张定璜就曾在《鲁迅先生》一文中初步总结了鲁迅小说的创作特色。正是在这篇文章中，张定璜认为鲁迅小说的创作特色是：

> 第一个，冷静，第二个，还是冷静，第三个，还是冷静。[①]

考虑到张定璜与周氏兄弟有着颇多交往，并曾与鲁迅合编过《国民新报》副刊，而且刊载《鲁迅先生》一文的《现代评论》杂志是鲁迅每期必读的刊物，因此，鲁迅肯定读过张定璜的这篇评论文章，并对"第一个，冷静，第二个，还是冷静，第三个，还是冷静"这个句式留下较为深刻的印象。

不过真正让鲁迅对这个句式"刻骨铭心"的，恐怕还并非张定璜的《鲁迅先生》一文，而是左翼批评家成仿吾发表于1927年的文章《完成我们的文学革命》。在那篇言辞激烈的评论中，成仿吾全盘否定当时的"五四"新文学创作，认为它们不过是一些"以趣味为中心的文艺"，并具体分析了形成这一文艺风格原因：

> 我们由现在那些以趣味为中心的文艺，可以知道这后面必有一种以趣味为中心的生活基调，换句话，就是必有一种有特别嗜好的作者，有同类嗜好的刊行者与读者，他们的同类的特别嗜好成为了一种共同的生活基调，才有了这样以趣味为中心的文艺。而这种以趣味为中心的生活基调，它所暗示着的是一种在小天地中自己骗自己的自足，它所矜持着的是闲暇，闲暇，第三

[①] 张定璜：《鲁迅先生》，《现代评论》第1卷第7、8期，1925年1月。

个闲暇。①

为了进一步论证自己的观点,成仿吾甚至还把鲁迅和他的"死敌"陈西滢放置在一起,作为"以趣味为中心的文艺"的代表予以批判。这一切,显然是这位"新锐"批评家的有意为之,他正是要通过这种极具挑衅意味的论述方式与"五四"新文学彻底决裂。而"闲暇,闲暇,第三个闲暇"这个颇为古怪的句式,则可以看作是成仿吾为"五四"新文学撰写的"悼词"。

在今天看来,成仿吾的这类言论无疑是过于偏激了。他将历史唯物主义的基本原理生搬硬套到中国语境中来,既没有正确判断中国革命的形势,也没能理解鲁迅作品的深刻意义,反而过早地"宣判"了"五四"新文学的"死刑"。成仿吾毫无道理的尖锐批评,显然让鲁迅颇为恼火。尽管伴随着"左联"的成立,以成仿吾为代表的左翼批评家们早已停止了对鲁迅的攻击,但"闲暇,闲暇,第三个闲暇"却深深地刻印在了后者的脑海中,久久挥之不去。在此后的一系列文章中,鲁迅不断地对成仿吾进行或明或暗的嘲讽。

例如,当鲁迅在国民党书刊审查制度的压迫下,不得不于1931年11月自费出版《毁灭》《铁流》等苏联文学作品时,就将出版机构命名为"三闲书屋"。他甚至还在《铁流》一书的版权页上以幽默的口吻写道:"本书屋以一千现洋,三个有闲,虚心介绍诚实译作,重金礼聘校对老手,宁可折本关门,绝不偷工减料,所以对于读者,虽无什么奖金,但也绝不欺骗

---

① 成仿吾:《完成我们的文学革命》,《洪水》第3卷第25期,1927年1月。

的。"① 其中的"三个有闲",显然在暗中嘲讽成仿吾几年前对自己的批判。而到了1932年4月24日,鲁迅更是在《三闲集·序言》中明确使用"三闲"来表达对成仿吾的不满:

> 我将编《中国小说史略》时所集的材料,印为《小说旧闻钞》,以省青年的检查之力,而成仿吾以无产阶级之名,指为"有闲",而且"有闲"还至于有三个,却是至今还不能完全忘却的。我以为无产阶级是不会有这样锻炼周纳法的,他们没有学过"刀笔"。编成而名之曰《三闲集》,尚以射仿吾也。②

由此可以看出,成仿吾当年对鲁迅毫无道理的猛烈批判,让后者久久无法忘怀。虽然两人在政治上身处同一阵营之中,鲁迅在1933年还曾冒生命危险帮助成仿吾与中共地下组织接头。但只要一有机会,鲁迅就会重提旧事,对成仿吾当年的文章冷嘲热讽。特别是那句"闲暇,闲暇,第三个闲暇",更是给鲁迅留下了极为深刻的印象。以至于每当提起成仿吾,那三个"闲暇"就会出现在鲁迅的脑海中并转化为讽刺性的文字。甚至到了晚年,鲁迅还在《故事新编·序言》中不忘"旧恨",对成仿吾予以尖刻的讽刺:

> 这时我们的批评家成仿吾先生正在创造社门口的'灵魂的冒险'的旗子底下抢板斧。他以'庸俗'的罪名,几斧砍杀了《呐喊》,只推《不周山》为

---

① 鲁迅:《三闲书屋校对书籍》,《鲁迅全集》第8卷,人民文学出版社2005年版,第503页。
② 鲁迅:《三闲集·序言》,《鲁迅全集》第4卷,人民文学出版社2005年版,第6页。

无以归类的现代精神

佳作，——自然也仍有不好的地方。坦白的说吧，这就是使我不但不能心服，而且还轻视了这位勇士的原因。①

考虑到《故事新编·序言》写于1935年12月26日，恰好与鲁迅翻译《死魂灵》处于大致相同的时段里，因此可以看出，对成仿吾及其批评的厌恶与反感此时仍郁结在鲁迅的心中。在这种情况下，我们有理由相信《死魂灵》译本中那个异常古怪的句式——"是聪明，聪明，第三个聪明的"，既不是来源于果戈理的写作，也不是因为译者采用了所谓"硬译"的翻译方法，而是鲁迅在翻译过程中戏仿成仿吾的"闲暇，闲暇，第三个闲暇"这个句式。

需要特别指出的是，笔者在这里花费较大篇幅讨论鲁迅译《死魂灵》中这个奇怪的翻译案例，并不是要指责鲁迅在翻译过程中过于随意地遣词造句，使得译本与原文存在较大出入，而是希望以一个较为极端的例证向研究者说明：鲁迅的翻译并不能仅仅局限在顺与不顺、意译或直译的范畴里进行理解。只有跳出研究界处理鲁迅翻译时的惯性思维方式，我们才有可能真正触及鲁迅翻译方法的独特之处，并还原出鲁迅翻译语言的复杂面貌。

三、动态关系中的鲁迅翻译语言与创作语言

在笔者看来，正是由于"是聪明，聪明，第三个聪明的"这样的翻译

---

① 鲁迅：《故事新编·序言》，《鲁迅全集》第2卷，人民文学出版社2005年版，第353—354页。

语言存在于鲁迅的译本之中，使得我们根本不能在单纯的直译或字字对译的意义上理解鲁迅的翻译，而只能将他的翻译语言置于一种更加动态的关系中加以考察。也就是说，虽然鲁迅的翻译语言佶屈聱牙，"往往给以不舒服，甚而至于使人气闷，憎恶，愤恨"的感觉，而其原创作品的语言则简劲、流畅，富有汉语特有的美感，但这两种截然不同的语言风格并非泾渭分明、不可沟通。在某些特定情况下，鲁迅的翻译语言和创作语言会出现相互渗透的现象。

上文重点分析的鲁迅译《死魂灵》中的那句"是聪明，聪明，第三个聪明的"，就是鲁迅的杂文语言影响其翻译语言的典型案例。当果戈理在《死魂灵》第一部结尾处以叙述者的口吻分析小说家的创作方法时，他其实是以调侃、自嘲的方式说明作家在创作中不应该回避对乞乞科夫这类无赖的描绘。如果按照目前的通行译法，将"мудр"直接翻译为"聪明"，那么原文所带有的调侃、自嘲的意味就会在翻译过程中消失。这无疑会影响果戈理小说艺术效果的传达。而鲁迅在翻译这个段落时，则有意识地利用了自己既是翻译家又是杂文家的优势，采用"是聪明，聪明，第三个聪明的"这个句式，原汁原味地将果戈理作品中的调侃、自嘲意味在中文世界中呈现了出来。因为成仿吾用"闲暇，闲暇，第三个闲暇"来抨击鲁迅的生活方式，而鲁迅反过来在杂文中借用"三闲"来自我指认就既有讽刺成仿吾的用意，也有自嘲与调侃的味道。在这种情况下，20世纪30年代的文学爱好者在读到鲁迅翻译的《死魂灵》时，"是聪明，聪明，第三个聪明的"这样的译法可以让他们直接联想到译者曾用"三闲"来指称自己的杂文写作，并感受到这个句式所蕴涵的调侃、自嘲的意味。因此，鲁迅译《死魂灵》中某些译法的艺术效果，其实是建立在鲁迅的杂文世界之上的。脱离了鲁迅在杂文中的自我调侃和与成仿吾之间的纷争，"是聪明，聪明，第三个聪明的"这样的译法就显得古怪而令人费解；而一旦我们联系起鲁迅的杂文世界，那么该译法又是如此的准确而传神。在这一意义上，读者阅读鲁迅译《死魂灵》时会受到双重吸引，他们既能由此进入果戈理的文学世界，又能从中感受到鲁迅杂文的独特魅力。这一点无疑是鲁迅的文学翻译中最为独特的地方。考虑到今天已经很少有翻译家能够在文学创作上达到鲁迅的高度，因此，鲁迅的文学翻译可以称得上是空前绝后。

如果说鲁迅的某些创作语言可以渗透进他的翻译语言，并构成后者艺术效果的主要来源；那么鲁迅的翻译语言又是否会影响鲁迅的创作语言呢？关于这一点，笔者将以果戈理《死魂灵》中的一段描写，并对比鲁迅的翻译与目前的两个通行译本来予以说明。试看下面这四段引文：

Выражается сильно российский народ! И если наградит кого словцом, то пойдет оно ему в род и потомство, утащит он его с собою и на службу, и в отставку, и в Петербург, и на край света. И как уж потом ни хитри и ни облагораживай свое прозвище, хоть заставь пишущих людишек выводить его за наемную плату от древнекняжеского рода, ничто не поможет: каркнет само за себя прозвище во все свое воронье горло и скажет ясно, откуда вылетела птица. Произнесенное метко, все равно что писанное, не вырубливается топором. А уж куды бывает метко все то, что вышло из глубины Руси, где нет ни немецких, ни чухонских, ни всяких иных племен, а всё сам-самородок, живой и бойкий русский ум, что не лезет за словом в карман, не высиживает его, как наседка цыплят, а влепливает сразу, как пашпорт на вечную носку, и нечего прибавлять уже потом, какой у тебя нос или губы, —одной чертой обрисован ты с ног до головы!①

俄罗斯国民的表现法,是有一种很强的力量的。对谁想出一句这样的话,就立刻一传十,十传百;他无论在办事,在退休,到彼得堡,到世界的尽头,总得背在身上走……一句惬当的说出的言语,和黑字印在白纸上相同。用斧头也劈不掉。凡从并不夹杂德国人,芬兰人,以及别的民族,只住着纯粹,活泼,勇敢的俄罗斯人的俄国的最深的深处所发生的言语,都精确得出奇,他并不长久的找寻着适宜的字句,像母鸡抱蛋,却只要一下子,就如一张长期的旅行护照一样,通行全世界了。在这里,你再也用不着加上什么去,说你的鼻子怎么样,嘴唇怎么样,只一笔,就钩勒了你,从头顶到脚跟。②

(鲁迅译)

俄罗斯人民的用辞是鲜明有力的!如果他们赐给谁一个雅号,那么,这个雅号便会在谁的家里世世代代流传下去,你进入官场也好,告老回乡也好,上彼得堡也好,到天涯海角也好,你总得带着它走……一句一语中的话,像黑字写上了白纸一样,任凭怎么样也磨灭不了啦。而深深植根于俄罗斯民间的语言,往往是鞭辟入里、一针见血的;在俄罗斯民间,既没有德意志的血统,也没有芬兰的血统,或者任何其他种族的血统,而全是一些土生土长、无师自通的天才,有的是俄罗斯的灵巧、敏捷的才思,他们妙语连珠,脱口而出,他们不用像母鸡孵蛋那样旷日持久地去推敲琢磨,而是一下子便想出一个词儿来把你刻画得入木三分,就像给你一张得用上一辈子的身份证一样,并且以后不必再作什么补充,说明你的鼻子是怎样的,嘴巴又是怎样的——

---

① Гоголь Н. В. Собрание сочинений: Мертвые души: Издательство Московской Патриархии, 2009. 106 с.
② [俄] 果戈理:《死魂灵》,载鲁迅博物馆编《鲁迅译文全集》第7卷,福建教育出版社2008年版,第112页。

你已经从头到脚被一笔勾画得惟妙惟肖啦![1]（满涛、许庆道译）

俄国民众的嘴巴可真厉害！他们要赐给谁一个什么雅号，那就一代代地跟定他了，当官也罢，退休也罢，上彼得堡也罢，到天涯海角也罢，他都得带上……嘴里说出的词，只要一针见血，就跟笔下写出来的一样，拿斧子也砍不掉。在没有日耳曼族、芬兰族和其他异族居住而只有土生土长、无师自通、生动活泼的俄罗斯智慧的俄国内地，说话都是一针见血的，他们用不着现找词儿，不像母鸡孵蛋那样磨磨蹭蹭，随口就能把个什么词给你粘得牢牢的，就像发给你一张长期身份证，再也用不着添什么了，鼻子什么样，嘴什么样，一笔就把你从头画到脚！[2]（田大畏译）

当果戈理在《死魂灵》中写到一个庄稼汉用异常贴切的外号来形容守财奴泼留希金后，马上以叙述者的身份，对俄罗斯底层人民善于概括人物特征的能力感慨一番，于是就有了上面这段描写。由于优秀的作家、批评家同样应该具备善于用简单的词汇概括人物特征的能力，因此，果戈理的这段描写也可以看作是对作家、批评家基本素养的要求。值得注意的是，在1935年8月14日，鲁迅在翻译《死魂灵》的间歇写了杂文《五论"文人相轻"——明术》。而在这篇篇幅不长的文章中，鲁迅竟然三次提及或化用《死魂灵》中的这段描写。现抄录如下：

果戈理夸俄国人之善于给别人起名号——或者也是自夸——说是名号一

---

[1] ［俄］果戈理：《死魂灵》，满涛、许庆道译，人民文学出版社1983年版，第118—119页。
[2] ［俄］果戈理：《死魂灵》，田大畏译，安徽文艺出版社1999年版，第146页。

出,就是你跑到天涯海角,它也要跟着你走,怎么摆也摆不脱。①

批评一个人,得到结论,加以简括的名称,虽只寥寥数字,却很要明确的判断力和表现的才能的。必须切贴,这才和被批评者不相离,这才会跟了他跑到天涯海角。②

创作难,就是给人起一个称号或诨名也不易。假使有谁能起颠扑不破的诨名的罢,那么他如作评论,一定也是严肃正确的批评家,倘弄创作,一定也是深刻博大的作者。③

我们由此可以推断出,在翻译《死魂灵》的过程中,果戈理的这段描写给鲁迅留下了极其深刻的印象。以至于他要在同一篇杂文写作中连续三次化用果戈理的这段描写。不过与鲁迅在翻译过程中直接借用自己的创作语言不同,当他试图在自己的创作中使用翻译作品的资源时,他会在不改变原作大致意思的情况,用他那简劲、流畅的语言进行重新改写。这就使得鲁迅的翻译实际上成了其杂文创作的有机组成部分。

四、翻译语言中的个人风格

尤其值得注意的是,通过考察鲁迅在《五论"文人相轻"——明术》

---

① 鲁迅:《五论"文人相轻"——明术》,《鲁迅全集》第6卷,人民文学出版社2005年版,第394页。
② 鲁迅:《五论"文人相轻"——明术》,《鲁迅全集》第6卷,人民文学出版社2005年版,第395页。
③ 鲁迅:《五论"文人相轻"——明术》,《鲁迅全集》第6卷,人民文学出版社2005年版,第396页。

中对《死魂灵》的三次化用，我们可以看出他在从事翻译和创作工作时，是在有意识地使用不同的语言风格。也就是说，鲁迅在翻译的过程中会尽力以汉语来传达所谓"原作的丰姿"，以便保留原作的"口吻"①和"语气"②，并尝试"输入新的表现法"，改变"中国的文或话……实在不太精密"③的现状。而在从事创作时，鲁迅则倾向于自由地运用语言，没有太多限制。

以果戈理的原文"край света"为例，这个短语的字面意思是世界的边缘，鲁迅将其翻译为"世界的尽头"基本上照搬了其字面涵义。而满涛、许庆道以及田大畏等当代翻译家则无一例外地倾向于用汉语中固有的成语——天涯海角——来翻译这个短语。有趣的是，在《五论"文人相轻"——明术》借用果戈理的那三个段落中，鲁迅竟然有两次使用了成语"天涯海角"，而没有选择《死魂灵》译本中的"世界的尽头"。这一案例说明，鲁迅在自己的杂文中是非常自由地在遣词造句，并不觉得"天涯海角"这类成语有什么不妥；而在从事翻译时，他则有意识地避开汉语固有的语汇和表达方式，选择用"世界的尽头"而不是"天涯海角"来翻译"край света"。这意味着：鲁迅并非不知道将"край света"翻译为"天涯海角"更符合汉语的固有习惯，让中文世界的读者感到更"顺"，也不是对"天涯海角"这一成语抱有"偏见"而不愿使用。他选择"不顺"的表达方式，只能理解为试图保留原作的"语气"和"口吻"，并尝试"输入新的

---

① 鲁迅：《〈苦闷的象征〉引言》，《鲁迅全集》第10卷，人民文学出版社2005年版，第257页。
② 鲁迅：《"硬译"与"文学的阶级性"》，《鲁迅全集》第4卷，人民文学出版社2005年版，第202页。
③ 鲁迅：《关于翻译的通信》，《鲁迅全集》第4卷，人民文学出版社2005年版，第391页。

表现法"。

不过需要指出的是，鲁迅虽然有意识地将汉语的固有表达方式（如成语等）从自己的翻译文本中清除出去，但他似乎并不排斥将自己在创作中惯用的某些语汇用于翻译。在笔者看来，这一点构成了鲁迅的翻译与今天的通行译本之间最重要的差别。由于当代翻译家更愿意使用汉语的固有表达进行翻译，使得他们的译文具有某种"透明"效果。阅读这样的译作，如果不是遇到某些难读、费解的语句，读者通常不会留意到译者的存在。而鲁迅的翻译则拒绝了这种"透明"效果。一方面，他那直译或"硬译"的风格，不断将"新的表现法"呈现在读者面前，产生"陌生化"效果，甚至逼迫读者不得不"伸指来寻线索，如读地图"[1]。另一方面，鲁迅那极具个性的表达方式又会经常出现在他的译文中。熟悉鲁迅著作的读者在阅读其翻译作品时，会感到熟悉、亲切，并立刻指认出译者的个人风格。

接下来仍以鲁迅对《死魂灵》的翻译说明这一点。试看下面几段引文：

Во владельце стала заметнее обнаруживаться скупость…[2]

家主的吝啬，也日见其分明……[3]（鲁迅译）

在主人的身上吝啬开始暴露得更加明显……[4]（满涛、许庆道译）

---

[1] 鲁迅：《〈艺术论〉译本序》，《鲁迅全集》第4卷，人民文学出版社2005年版，第270—271页。

[2] Гоголь Н. В. Собрание сочинений: Мертвые души: Издательство Московской Патриархии, 2009. 115 с.

[3] ［俄］果戈理：《死魂灵》，载鲁迅博物馆编《鲁迅译文全集》第7卷，福建教育出版社2008年版，第120页。

[4] ［俄］果戈理：《死魂灵》，满涛、许庆道译，人民文学出版社1983年版，第148页。

在产业主人的身上,吝啬的习气暴露得更明显了……①(田大畏译)

对于短语"стала заметнее обнаруживаться",无论是满涛、许庆道,还是田大畏,这些当代翻译家选择将其翻译为"暴露得更加明显"或"暴露得更明显了",并没有太大的差异。在这里,"暴露""更"以及"明显"都是汉语中的常见语汇。它们的组合具有某种"透明"效果,使读者在阅读过程中不会对它们特别留意,并"忘记"译者的存在。而鲁迅的译法——"日见其分明"——则是使用了较为特殊的表达,显得与众不同。因为不管是"日见其",还是"分明",这两个词都是鲁迅经常在自己的创作中使用的。试看下面几段引文:

现在对于文艺的批评日见其多了,是好现象……②
未庄的人心日见其安静了。③
我还更乐观于杂文的开展,日见其斑斓。④
这分明是一畦老萝卜……这分明是小尼姑。⑤
分明有一圈红白的花,围着那尖圆的坟顶。⑥
无产文学理论家以主张"全人类""超阶级"的文学理论为帮助有产阶级

---

① [俄]果戈理:《死魂灵》,田大畏译,安徽文艺出版社1999年版,第146页。
② 鲁迅:《反对"含泪"的批评家》,《鲁迅全集》第1卷,人民文学出版社2005年版,第425页。
③ 鲁迅:《阿Q正传》,《鲁迅全集》第1卷,人民文学出版社2005年版,第542页。
④ 鲁迅:《徐懋庸作〈打杂集〉序》,《鲁迅全集》第6卷,人民文学出版社2005年版,第302页。
⑤ 鲁迅:《阿Q正传》,《鲁迅全集》第1卷,人民文学出版社2005年版,第551页。
⑥ 鲁迅:《药》,《鲁迅全集》第1卷,人民文学出版社2005年版,第471页。

的东西，这里就给了一个极分明的例证。[①]

这几段引文选自鲁迅不同时期的作品，且文体范围涵盖了其最主要的创作文体——小说、杂文。因此，我们有理由相信，"日见其"和"分明"是鲁迅惯用的表达方式，以至于他要在自己的小说、杂文中反复运用这些语汇。于是，"日见其""分明"在某种意义上构成了鲁迅在自己作品中留下的"签名"。通过它，读者可以轻易地辨识出鲁迅的个人风格。在笔者看来，这一点既让鲁迅作品在中国现代文学史上显得颇为独特，也是读者直到今天仍然爱读鲁迅作品的原因之一。

而在从事翻译的过程中，鲁迅虽然有意识地摒弃汉语的固有表达方式，运用舶来的"新的表现法"，努力保存原作的"口吻"和"语气"，但某些鲁迅在创作时的惯用语汇仍会在不知不觉间"溜进"他的翻译作品中。于是我们看到，鲁迅在翻译《死魂灵》时使用了"日见其分明"来翻译"стала заметнее обнаруживаться"，而不是"暴露得更加明显"这类较为普通的表达方式。这就使得读者在读到《死魂灵》译本中的这类句子时，首先想到的不是果戈理的精妙描写，而是立刻从中辨认出译者鲁迅的语言风格。

五、结语

虽然鲁迅的翻译一向以直译风格闻名于世，但作为研究者，我们显然

[①] 鲁迅：《"硬译"与"文学的阶级性"》，《鲁迅全集》第4卷，人民文学出版社2005年版，第210页。

不能将他的翻译语言简单地看作是直译、硬译或字字对译，而只能将其放置在更加动态的关系中予以理解。正像上文的分析中所揭示的，鲁迅的翻译与他的创作往往相互渗透，有着千丝万缕的联系，只有通过仔细地辨析才能真正理解鲁迅翻译语言的特殊之处。第一，"是聪明，聪明，第三个聪明的"这个翻译案例说明，为了更好地向中文世界的读者传达原作的艺术效果，鲁迅会在译作中借用自己在创作时已有固定意义的表达方式。他将"мудр"翻译为"是聪明，聪明，第三个聪明的"，就是为了借用"三闲"所具有的反讽意味，更为贴切地传达果戈理原作的神韵。第二，鲁迅在翻译《死魂灵》的过程中对果戈理的某些描写印象深刻，并将其化用到自己同一时期写作的杂文中。而正是这一化用，使我们清晰地看到了鲁迅对其翻译语言的自我要求，即采用陌生化的表述方式，有意识地拒绝汉语的惯用语汇。第三，鲁迅在长期的写作生涯中，逐渐形成了一些具有鲜明个人风格的表达方式。在进行翻译工作时，鲁迅虽然不愿使用常见的汉语词汇，但对这类带有个人"签名"的语汇则并不避讳。

在笔者看来，正是上述这三个特点，使得鲁迅的译本与当代翻译家们的作品有很大不同。如果说翻译是读者与原作之间的中介物，那么当代翻译家们似乎更愿意将自己的工作视为一条通往原作的桥梁，读者借此走向原作，却不会过多留意脚下的道路。而鲁迅的翻译则可以看作是一块着色的透镜，人们可以通过它看到彼岸的风景，但那风景却也染上了异样的色彩。或许这就是为什么读鲁迅的译本，我们总是能从中发现鲁迅的个人风格。不过笔者在这里强调研究者不能简单地在直译或意译的范畴下来理解鲁迅的翻译，并不是在指责他的翻译歪曲了原作，也不是在比较鲁迅的译本与满涛、许庆道以及田大畏等翻译家的译本孰优孰劣，而只是通过考察果戈理《死魂灵》的鲁迅译本，尝试概括鲁迅翻译语言的几个特点，并提醒研究者注意鲁迅译本的复杂性。考虑到鲁迅的翻译卷帙浩繁，笔者对鲁迅翻译语言的考察与概括都只是初步工作，尚有很多问题需要进一步探索。然而不再仅仅将鲁迅的翻译看作是直译风格的代表，而是具体探究鲁迅译本的实际情况，或许是一条可以帮助我们理解鲁迅的新的路径。

《祝福》《野草》与鲁迅独异的生命哲学

曹禧修

《祝福》是中学语文必讲的经典篇目。迄今为止，人教版教参资料依然延续九十年前的阐释思路，认为这个悲剧故事承续着《狂人日记》的思想主题："深刻揭露中国封建社会的吃人本质。"[①] 不过，倘若我们在提炼《祝福》的主题思想的时候，能直面其叙事形式上的两个疑难问题，那么"吃人"一说并非无可置疑。事实上，《祝福》独特的价值内涵在于为身处绝境的底层百姓开出生路，它与《野草》中的《过客》《这样的战士》《死火》《影的告别》等篇目的哲学内涵有异曲同工之妙。

一、"聚集了一切难堪的不幸"

《祝福》叙事形式的第一个疑难问题是，鲁迅为何独独在祥林嫂身上"聚集了一切难堪的不幸"？

[①] 人民教育出版社课程教材研究所中学语文教材研究开发中心：《普通高中课程标准实验教科书·语文·教师教学用书》第3册，人民教育出版社2007年版，第15页。

鲁迅在《〈中国新文学大系〉小说二集序》中曾直言不讳地批评《新潮》作家群的虚构作品"过于巧合，在一刹时中，在一个人上，会聚集了一切难堪的不幸"[①]。就鲁迅自己的小说而言，确实摒弃了传统小说"无巧不成书"的写法，几乎不用"巧合"的技术手段，由此也开创了中国现代文学史上一种极具创新性的悲剧书写模式，即所谓日常生活中"极平常的，或者简直近于没有事情的悲剧"[②]。不过，以此悲剧模式对照鲁迅的全部小说，《祝福》却是唯一的例外。

《祝福》正如鲁迅所批评的那样，在祥林嫂身上，生生汇集了"一切难堪的不幸"。祥林嫂自小无父无母，无兄弟无姊妹，沦为人世间最卑贱的童养媳，但这仅仅是祥林嫂悲剧一生的开端。婚姻生活尚未开始，比自己年轻10岁的小丈夫突然弃世，好不容易逃离婆家又被恶婆婆抓回去，不仅霸占了祥林嫂在鲁镇劳动的全部所得，还生生把她牲畜一样结结实实绑了，强行卖给深山老林中的贺老六，换取八十吊银钱。嫁进深山老林里，安静的日子没过几天，贺老六又得伤寒去世，儿子在一个春天被狼吃了，恶毒的大伯强行霸占住房，把祥林嫂赶出家门，祥林嫂又一次一无所有，流离失所。丧夫、丧子、丧家，直到最后失业，老天爷最终把这个弱女子一切外在的生存条件悉数夺走……

孤苦无依的祥林嫂确实是被"吃掉"了。不过，祥林嫂与其说被封建社会"吃掉"了，还不如说是被小说文本过分离奇的"巧合"吃掉了。从这个意义上讲，如果说祥林嫂的悲剧故事仅仅只是展示"封建社会吃人"

[①] 鲁迅:《〈中国新文学大系〉小说二集序》,《鲁迅全集》第6卷,人民文学出版社2005年版,第247页。
[②] 鲁迅:《几乎无事的悲剧》,《鲁迅全集》第6卷,人民文学出版社2005年版,第383页。

的思想主题,那么《祝福》实在算不上多么高妙的作品。

众所周知,鲁迅早在20世纪20年代即被沈雁冰赞为"创造'新形式'先锋"①,也曾以"Stylist(文体家)"②自许。为此,我们不得不思考的一个问题便是:在怎样的前提条件下,悲剧故事的真实性及其叙事的逻辑力量不会因为"过于巧合"而受损?或者说,演绎怎样的思想主题可以不必规避"过于巧合"的传统手法?

时间进入21世纪,学界终于发现"鲁迅的《祝福》并非出自他对现实生活的观察,而是出自佛经。只要我们将《祝福》的故事与佛经《贤愚因缘经》中的《微妙比丘尼品》的故事进行对照,即可发现两者之间的联系。"③

《微妙比丘尼品》是佛经中一篇讲述女性苦难的名篇,祥林嫂的悲剧故事与微妙的苦难故事相似度极高。微妙的父母死于一场大火,公婆也相继离世,无兄弟姐妹。微妙四次婚姻,相应的便有四位丈夫。第一位丈夫被蟒蛇咬死,第三位暴病身亡,第四位被剿杀,第二位丈夫是丧失人性的暴徒,酒后使性,竟残忍地将婴儿放入锅中煎煮,逼微妙吃下,微妙不堪凌虐逃离。微妙的三个孩子或被大水冲走,或被狼叼走,或被煮煎而死。

照鲁迅批评新潮作家的标准,微妙的苦难故事显然"过于巧合"。然而佛经正是借助这个"过于巧合"的故事演绎了一个重大人生哲学问题,即渡人生苦海的方舟究竟在哪里?佛家最终的回答,简而言之,即皈依佛门。

---

① 雁冰:《读〈呐喊〉》,《时事新报》副刊《学灯》1923年10月8日。
② 鲁迅:《我怎么做起小说来》,《鲁迅全集》第4卷,人民文学出版社2005年版,第527页。
③ 甘智钢:《〈祝福〉故事源考》,《鲁迅研究月刊》2002年第12期。

而认为佛经曾经"用功很猛",且推崇释迦牟尼为"真大哲"[①]的鲁迅借助祥林嫂"过于巧合"的悲剧故事试图演绎同样一个人生哲学的重大问题,即渡人生苦海的方舟究竟是什么?

那么,鲁迅是如何回答这个问题的呢?为什么演绎如此重大的课题,鲁迅居然会特别采取自己一向反对的"过于巧合"的技术手段呢?

巧的是,《祝福》叙事形式上的第二个疑难问题不仅能够进一步印证鲁迅对于这个人生哲学问题的演绎思路,而且还将让我们看到,正是对于这样一个人生重大问题的演绎,"过分巧合"的传统技术手段不仅必要,而且丝毫无损于其逻辑力量。

二、《祝福》能掐头去尾吗?

《祝福》叙事形式上的第二个疑难问题与其独特的结构设置有关。

近年来有学者论述道:"如果《祝福》仅止于讲一个女人的苦难故事的话,叙述者'我'的存在就没什么必然性,用第三人称全知叙事完全可以完成对故事的讲述——把现在的《祝福》掐头去尾,庶几可成。"[②]

《祝福》共五个部分,其中祥林嫂的苦难叙事集中在中间三个部分。如果"揭露封建社会的吃人本质"是《祝福》的唯一主题,那么中间三个部分已经很形象生动地完成了"吃人"主题的叙述任务,就目前《祝福》的篇章结构而言,掐头去尾,委实不影响《祝福》"吃人"主题的表达,那么

[①] 许寿裳:《亡友鲁迅印象记》,载北京鲁迅博物馆等编《鲁迅回忆录(专著,上册)》,北京出版社1999年版,第247页。

[②] 彭小燕:《叙述的暧昧与生存的密码——重读〈祝福〉》,《天津师范大学学报(社会科学版)》2011年第4期。

仅此一项，《祝福》的文字就可以删减4000多字，占《祝福》全篇文字的三分之一，以文笔简洁精炼著称的鲁迅断不可能如此浪费。那么头尾两个部分到底说些什么？

《祝福》的"头"可不短，有3800多字，在五个部分中篇幅最长，由三组镜头组成：第一组，"我"回到故乡鲁镇，暂寓在本家鲁四老爷家；第二组，祥林嫂与"我"关于灵魂有无等生死问题的对话，结果"我"落荒而逃；第三组，祥林嫂死后，鲁四老爷、鲁四老爷家短工，以及"我"各自不同的反应。其中的核心是第二组镜头，即"我"与祥林嫂关于生死灵魂的问题的对话，正是这组对话确立了全篇哲学叙事的灵魂，而其他两组镜头显然以此为中心展开。

有学者把祥林嫂称为"鲁镇上的哲学家"[1]，这未免夸大其词。但是，仅从祥林嫂连珠炮似的向"我"提出的三个问题来看，这个称号并非完全不着边际："一个人死后，究竟有没有魂灵？""有没有地狱？""死掉的一家人能否见面？"我们当然没有任何理由因为祥林嫂系一介村妇文盲而轻视她的这三个问题。

这三个问题一头连接着祥林嫂的苦难人生，另一头连接着人生哲学的重大问题；既是每一个普通人无法回避的人生问题，也是古今中外的大哲学家不容回避的重大问题，正如钱穆所说："人生问题中最大的，还是一个人死问题。人死问题便从人生论转入宇宙论，这已不属'人'而属'天'。死生之际，便是天人之际。人人都不愿有死，人人都想不朽、永生，逃避此死的一关，这是世界人类思想史上最古最早共同遇到、共同想要解决的

---

[1] 杨矗：《〈祝福〉的存在主义美学阐释》，《上海师范大学学报（哲学社会科学版）》2012年第4期。

问题。"①

能从人死问题进入人生论进而转入宇宙论的，固然不是文盲村妇祥林嫂，而是哲学家，但这绝不意味着只有哲学家的人生里才有哲学。祥林嫂的人生里同样有丰富的哲学，因为祥林嫂人生里的生死问题与哲学家人生里的生死问题并无二致。仔细想来，祥林嫂的这三个问题逐层展开、层层递进、环环相扣、逻辑十分严谨。

人人都不想死，然而人人必死无疑，世间没有比如何逃离死亡恐惧更大的人生难题了。正因为如此，钱穆认为从人死问题能够进入人生论并转而进入宇宙论的哲学问题，而人类思想史上最古最早共同遇到、共同想要解决的哲学问题则多以"人死"为其问题的逻辑起点，而从"人死"的绝境中开出路径来亦是生命哲学的常规思维方式。

于此，我们便可理解，鲁迅为何不选择智识者而选择村妇文盲祥林嫂向读者提出如此重大的哲学命题来，并如此反常地在这个底层老百姓身上"聚集了一切难堪的不幸"。如果鲁迅的生命哲学必须从"人死"的绝境中开出路径来，那么祥林嫂从苦水里泡出来的那些个关于生死的疑问，固然饱蘸着浓烈而又鲜活的生命汁液，鲁迅以此为逻辑起点探寻"渡人生苦海的方舟"，不仅无损于其逻辑力量，相反只会使其哲学的逻辑基础更加坚实，因为其生命哲学根植在社会最普通、最底层的老百姓的苦难人生中，是在最底层老百姓的苦难人生中泡出来的人生哲学。

或许让读者不无惊奇的是，尽管《祝福》篇幅并不长，然而当鲁迅把"一切难堪的不幸"聚集在祥林嫂身上时，却没有给读者带来丝毫的突兀感。《祝福》面世九十余年来，迄今没有读者质疑过祥林嫂悲剧故事有何离

---

① 钱穆：《中国思想史》（新校本），九州出版社2012年版，第7页。

奇之处便是最好的证明。这又是什么缘故呢？

在《祝福》的叙事中，鲁迅选择倒叙的方式，开篇就讲述祥林嫂中年而亡的故事，让祥林嫂的死亡在读者眼里成为一个既成事实。从叙事理论上讲，祥林嫂的"死亡"是全篇小说的"所设"，而在文学叙事中，"所设永远是一个假定，是个给定的推理条件，它设定什么，就是什么，它的专利受到保护，永远不会被推翻"[1]。有了这么一个不容推翻的"所设"，《祝福》后面所有关于祥林嫂的苦难叙事便水到渠成地成为对于祥林嫂死亡的因果演绎，成为对于祥林嫂死亡这个既成"事实"的诠释，而承担着诠释功能的每一个苦难故事都推动着读者步步接近祥林嫂已经死亡的这样一个冰冷的事实，以及蕴藏在这个冰冷事实背后的哲学智慧。对于这些虽然有些"过于巧合"然而却承担着诠释功能的悲剧故事，读者不仅不会感觉"过于巧合"，相反只会感觉到整篇小说叙事有了无可辩驳的逻辑力量。

一个人死了，会有一千个缘故，一百种分析方法，但对于祥林嫂的死亡，鲁迅要让读者关注的维度显然不在别的而在于人生苦难与生存理念的哲学关系。

这一意图在《祝福》第一部分的叙事中就交代得十分清楚。乞丐一般的祥林嫂一遇到"我"，"没有精彩的眼光忽然发光了"，仿佛久旱逢甘霖。不过，让"我"不免意外的是，垂死的祥林嫂没有向"我"要钱要饭，而是连珠炮似的向"我"提出人生哲学的三个重大问题。读者并不知道，祥林嫂有没有从"我"莫衷一是的回答中得到自己的答案。更巧的是，祥林嫂在当天傍晚就死了。于是，祥林嫂的死留给读者的只能是思考和追问：

---

[1] 董小英：《再登巴比伦塔——巴赫金与对话理论》，生活·读书·新知三联书店1994年版，第84—85页。

我们究竟有没有帮助祥林嫂渡离苦海的方舟？特别是小说中的"我"面对祥林嫂的疑问左支右绌，事后更是惶恐不安，这就使得读者对于这个问题的追索变得更加迫切，也更加严峻。

那么，鲁迅能不能、有没有为绝境中的"祥林嫂们"开出新路径呢？

三、苦海无涯"为"作舟

鲁迅说，他的哲学都包括在《野草》里面①，而《野草》中最引人注目的哲学篇目莫过于《过客》。钱理群认为《过客》是"鲁迅对自己的生命哲学的一个总结"②。

《过客》中那座坟墓无疑是人生绝境的象征物，而迎着坟墓执着前行的过客便作为反抗绝望的英雄而接受我们的礼敬。这是情理中的事情，正如鲁迅所说："为绝望而反抗者难，比因希望而战斗者更勇猛，更悲壮。"③不过，当我们向这位"悲壮者"投去敬意的目光时，我们的哲学视线不幸也被这"敬意"遮挡了。

从哲学上讲，人生绝境是人生苦境的极端形式。因此，反抗绝望虽然重要，但比反抗绝望更为重要的是如何反抗，人生哲学的重要问题是从苦境（包括绝境）中开出路径来。既然如此，那么我们就不应该仅仅以

---

① 参见章衣萍《古庙杂谈》，载中国社会科学院文学研究所鲁迅研究室编《1913—1983鲁迅研究学术论著资料汇编》第1卷，中国文联出版公司1985年版，第89页。

② 钱理群：《〈朝花夕拾〉和〈野草〉·与鲁迅相遇》，生活·读书·新知三联书店2003年版，第287页；钱理群：《反抗绝望：鲁迅的哲学·鲁迅作品十五讲》，北京大学出版社2003年版，第131页。

③ 鲁迅：《书信·250411　致赵其文》，《鲁迅全集》第11卷，人民文学出版社2005年版，第477—478页。

情感的方式在"悲壮者"面前止步，而应该以哲学的思维方式继续追问：过客是怎样反抗绝望的？过客凭什么反抗绝望？他反抗绝望的利器是什么？等等。

据荆有麟回忆，鲁迅曾对他说过："《野草》中的《过客》一篇，在他脑筋中酝酿了将近十年。"[①]这酝酿了近十年的哲学名篇，其酝酿的重心也应该是如何反抗绝望，也即如何从人生苦境中开出路径来！那么，这路径是什么呢？

"从我还记得的时候起，我就只有一个人。"没有亲友故旧可以依靠，没有权杖可以依傍，没有物质金钱的储备可以依助，随身所有仅仅一支等身的竹杖，一只破碗。如果现实世界中真有一救其脱离苦境（包括绝境）的方舟，那么这方舟不可能来自自身以外的任何他者，除非耶稣基督或释迦牟尼佛等。然而，无论耶稣基督抑或释迦牟尼佛，都不是现实中的存在，过客显然也没有投靠自身以外任何他者的想法，过客只想依靠自己，而自身可以依靠的无非两样东西：一是自己的手脚，二是自己的脑袋；换言之，一是行，二是知。

知与行，**孰轻孰重？孰先孰后？孰易孰难？**就像蛋与鸡的关系，从来是哲学上的一大难题，各有各的说法。然而，当鲁迅把两者推到坟墓面前的时候，它们的关系却是了然的。坟墓不仅照亮了苦境（包括绝境）中的人生之路到底该如何选择，也照亮了知与行的关系。

坟墓意味着人人所恐惧的死亡，然而人人最终的归宿必然是一座坟墓，坐下、躺着、后退、左避、右闪……无论多么高妙的手段都无力改变这个

[①] 荆有麟：《鲁迅回忆短片》，载北京鲁迅博物馆等编《鲁迅回忆录（专著，上册）》，北京出版社1999年版，第163页。

事实。既然如此，那么像过客那样迎着坟墓前"行"，就是唯一正确的人生选择了。

"知"晓这一点固然重要，然而"知"晓这一点却并不困难，它不需要哲学家的卓越智力，只需要普通人的正常智商。直白地说吧，像祥林嫂那样的文盲就足以清楚明白地知道这个道理，因为它只是一个生活常识而已。正如鲁迅所说："我只很确切地知道一个终点，就是：坟。然而这是大家都知道的，无须谁指引。问题是在从此到那的道路……"[1]

人生有不少已知的常识常理，比如，人生的终点是坟墓；人生还有更多未知的难题，比如，从此到那坟的人生长路该怎么走？那么，面对未知的难题怎么办呢？

过客的选择没有任何改变，依旧很简单，那就是"行走"，即：不管不顾，执着而韧性地迈动着双脚西行。

这不单是过客的选择。在《这样的战士》中，"无物之阵"无法可破，然而"战士"的选择却十分简单，一日复一日地举起投枪，直至在无物之阵中老衰，寿终……在《故乡》中，闰土和水生父子之间有一个代际不断循环的悲剧，这是一个历史性的难题，而破解这个难题的希望同样在"行走"："希望本是无所谓有，无所谓无的。这正如地上的路；其实地上本没有路，走的人多了，也便成了路。"[2]

在《出关》中，孔老相争，结果孔胜老败，老子被"毫无爱惜"地放逐关外，留在关内继续发挥其影响力的却是孔子。鲁迅曾专门撰文解释其中的缘故，认为其"关键"就在于"为"与"无为"的区别："孔子为

---

[1] 鲁迅：《写在〈坟〉后面》，《鲁迅全集》第1卷，人民文学出版社2005年版，第300页。
[2] 鲁迅：《故乡》，《鲁迅全集》第1卷，人民文学出版社2005年版，第510页。

'知其不可为而为之'的事无大小,均不放松的实行者,而老则是'无为而无不为'的一事不做,徒作大言的空谈家。要无所不为,就只好一无所为,因为一有所为,就有了界限,不能算是'无不为'了。"① 对此,鲁迅在1925年3月11日(也即在《过客》刚刚完稿不到10天的日子)给许广平书信中的阐释更加清楚明白:

> 走"人生"的长途,最易遇到的有两大难关,其一是"歧路",倘是墨翟先生,相传是恸哭而返的,但我不哭也不返的,先在歧路头坐下,歇一会,或者睡一觉,于是选一条"似乎"可走的路再走……但是不问路,因为我料定他并不知道的。其二便是"穷途"了,听说阮籍先生也大哭而回,但我却也像在歧路的办法一样,还是跨进去,在刺丛里姑且走走。但我也并未遇到全是荆棘毫无可走的地方过,不知道是否世上本无所谓穷途,还是我幸而没有遇着。②(按:着重号为引者所加)

固然有不少智者自许或被许为"前辈""导师"或"引路人",但鲁迅却"料定"他们不可信,所以打定主意不问路。如果人生之路布满了"未知",那么从"未知"到"知"的过程即"行走"的过程。显然,在鲁迅的生命哲学中,知或不知的问题实质上依然是"行走"的问题。或者说,知或不知的问题实质上就是"为"或"不为"的问题,有"为"才可能有"知",不"为"结果只能停留在"无知"的状态。

《过客》最容易被读者忽视的一个细节是,过客在遇到老者之前并不知

---

① 鲁迅:《〈出关〉的"关"》,《鲁迅全集》第6卷,人民文学出版社2005年版,第540页。
② 鲁迅:《两地书》,《鲁迅全集》第11卷,人民文学出版社2005年版,第15页。

道前方等着自己的是坟墓。过客既不知道自己从哪里来，也不知道将到哪里去，单知道自己必须西行，而西行的前路有些什么，他也并不知道。不过，并不知道坟墓的过客唯一坚持的一件事情就是行走。他说："从我还能记得的时候起，我就在这么走，要走到一个地方去，这地方就在前面。我单记得走了许多路，现在来到这里了。"

这就说明，行走是过客存在的基本方式，它在过客人生中具有无可替代的本体地位，它界定了过客人生存在的价值和意义，活着的"过客"必然"行走"，"行走"着的过客才是活着的过客，两者之间相互界定。深长思之，正因为如此这般，"行走"才能成为过客反抗绝望的利器。当过客并不知道前路是坟墓的时候，他向西行走，他只是向西行走；当他知道前方就是坟墓的时候，他依然向西行走，依然只是向西行走，前后之间没有任何改变。既然过客人生的价值和意义已经被行走所界定，那么对于死神，自可视为无物；或者说，既然过客人生的价值和意义已经被行走所界定，那么就算死神无可战胜，那又有何干?!

因此，在鲁迅的人生哲学中，人生的支柱是"行"，或者说"为"。"为"是过客反抗绝望的利器，"为"同时也是过客走出人生苦境（包括绝境）的希望，正是：苦海无涯"为"作舟。

必须强调的是，无论是反抗绝望的过客，还是挑战"无物之阵"的战士，抑或"知其不可为而为之"的孔子，他们都成了人们顶礼膜拜的人物。因为被膜拜，所以在普通人眼里他们难免成了可望而不可即的大人物。然而，他们成为所谓的"大人物"所凭借的不是他们卓越超拔的智识，而是人人都具备的"行走"的能力，是普普通通的人们无不具备的"手足"。换言之，人人有"手足"，因此，人人可以反抗绝望，人人可以挑战"无物之阵"，人人可以"知不可为而为之"；进而言之，人人可以渡离苦海，祥林嫂可以，我们任何普通人都可以。质言之，在哲学上，鲁迅从无边的苦境（包括绝境）中开出的人生路径，是普通人的人生路径，而不是大人物的路径，不是战士的路径，不是英雄的路径，不是超人的路径。

四、"依自不依他"的救赎之路

"酝酿了将近十年"的《过客》成稿于1925年3月2日，而《祝福》成篇于《过客》已经酝酿成熟的后期，即1924年2月7日。不仅如此，过客"约三四十岁"，祥林嫂与其年龄相仿，死前才"四十上下"年纪。过客一生无亲无友，赤足破鞋、衣裤破碎，状态极困顿，随身相伴的也仅手中一支等身的竹杖，仿佛一乞丐；祥林嫂一生同样六亲无靠、孤苦无依，最终只剩下一支竹杖，一只破碗相伴，"分明已经纯乎是一个乞丐了"。过客在自己前半生的行旅中，并没有意识到坟墓的存在，直到遇着老者方才清醒地明白，在前方等着自己的就是一座坟墓，而面对坟墓，过客的问题是——"走完那坟地之后呢？"祥林嫂一生承受着连绵不断的灾祸，一步步被逼进"死亡"的绝境中，面临死亡，祥林嫂的问题同样是"人死后有无灵魂"。若仔细比较，祥林嫂与过客的相似处远不止这些……

然而，过客与祥林嫂在鲁学界的命运却截然不同，过客作为"反抗绝望"的超人而接受人们的膜拜，祥林嫂却作为被"吃"的可怜人而接受人们无限同情以至于怜悯。然而，祥林嫂完全具备过客那样在绝境中反抗绝望的充足条件，因为祥林嫂手足俱全，过客拥有的一切，祥林嫂一样不缺。那么，祥林嫂有没有像过客那样在绝境中以"为"反抗绝望呢？

答案是肯定的，《祝福》其后各部分均聚焦在这一点上，分别从两个相对的方向展开：一是"依自不依他"的"为"是绝境中的祥林嫂毋庸置疑的拯救力量，一度为祥林嫂的生命焕发出蓬勃的活力；二是"依他不依自"的"为"却让绝境中的祥林嫂步步滑向绝望，最终落入毁灭性的悲惨命运，中道而卒，卒于鲁镇的祝福之夜。祥林嫂的一生不仅诠释了两种不同性质的"为"，同时也形象地诠释了过客为何那么固执地拒绝小姑娘一番"极少见的好意"——赠送他一片裹伤的布条，从而使过客"依自不依他"特质的"为"在对照中得到格外的凸显。

第一次丧夫的祥林嫂，逃到鲁镇做工。正是这"做工"把祥林嫂从困境中迅速打捞出来。起初因为她的寡妇身份，讲礼教的鲁四老爷并不乐意接受，为祥林嫂冲破这层礼教藩篱的不是别的，正是其自身"能做"的潜质——"手脚都壮大，又只是顺着眼，不开一句口，很像一个安分勤劳的人"。这一点很快得到应验，"试工期内，她整天的做，似乎闲着就无聊，又有力，简直抵得过一个男子，所以第三天就定局，每月工钱五百文"。这"能做"无疑是祥林嫂存在的重要价值，当这个价值实现的时候，祥林嫂不仅找到了自我存在感，而且很快得到了大家一致的称许，困境中的祥林嫂也便迅速恢复了生机：

> 日子很快的过去了，她的做工却毫没有懈，食物不论，力气是不惜的。人们都说鲁四老爷家里雇着了女工，实在比勤快的男人还勤快。到年底，扫尘，洗地，杀鸡，宰鹅，彻夜的煮福礼，全是一人担当，竟没有添短工。然而她反满足，口角边渐渐的有了笑影，脸上也白胖了。

不过，厄运并没有就此放过祥林嫂，她被婆婆强行捆绑着转卖到贺家墺，又一次陷入困境中；而再一次把祥林嫂从困境中打捞出来的依然是"依自不依他"的"为"，她在贺家勤俭持家，苦心育儿，因此仿佛"交了好运","他们娘儿俩,母亲也胖,儿子也胖"。

贺老六伤寒而死,厄运第三次紧紧抓住这位弱女子,然而第三次把祥林嫂从厄运中打捞出来的依然是"依自不依他"的"为",也即"能做":"打柴摘茶养蚕都来得。"

儿子在春天被狼吃掉、大伯收屋,厄运第四次把祥林嫂推入人生的困境中,祥林嫂不得不第二次到鲁镇做工,正是这种亲力亲为的"做工"帮助了祥林嫂,使得第四次陷于困境中的祥林嫂并没有立即被死亡抓住。然而,祥林嫂的第二次做工却远不及第一次投入,第一次到鲁家做工,她几乎把全部时间和精力都投入劳动中,再次到鲁家做工的祥林嫂却没能做到这一点。千万别小看了这一点,如果说自身劳动力价值的实现是祥林嫂在这个世界上仅存的真正价值,那么,正是由于祥林嫂再也无法全情全力做工,她做工的质量不断受到东家的质疑和不满,最后竟至于几乎丧失劳动力价值,不得不沦为乞丐,最终死于祝福之夜。

那么,究竟什么缘故致使祥林嫂第二次到鲁镇做工无法全情全力投入呢?

丧子的祥林嫂与丧夫的祥林嫂一样,没有缺胳膊少腿。换言之,丧子的祥林嫂依然手足健全,与丧夫的祥林嫂一样,依然具备在绝望中反抗绝望的充足条件。不过,丧子的祥林嫂与丧夫的祥林嫂还是有着根本性的区别,这区别就在于,丧夫的祥林嫂只想着依靠自身劳动拯救自身,然而丧子的祥林嫂却还想着依靠自身之外的他者拯救自己,正是这种对他者的依靠才是影响祥林嫂全情全力投入劳动的最深刻的原因,也是祥林嫂最终死亡的最深刻的原因,正是这一点最终导致祥林嫂丧失自身的劳动力价值。

对此,祥林嫂并非完全没有觉悟。

祥林嫂最经典的诉说,即与大家"讲她自己日夜不忘的"丧子故事,把其个人痛苦的缓解寄望于对他者的倾诉上。诚然，这并非完全无效，刚开始确实博取了他者同情的眼泪，在一定程度上也达到缓解个人痛苦的目的。值得注意的是，祥林嫂逢人必讲自己的丧子故事，这就说明，在深层次的无意识里，她显然对他者有着无可抗拒的依赖心理。不过，由于缺失了自身的有力支撑，祥林嫂对他者的依赖，无疑是靠不住的。她不断重复地诉说，也仅仅不过几天时间，就沦为了大家娱乐的渣滓，"只值得厌烦和唾弃"。对此，祥林嫂并非完全没有觉悟，她"从人们的笑影上，也仿佛觉得这又冷又尖，自己再没有开口的必要了。她单是一瞥他们，并不回答一句话"。对此，人们或许要讶异于祥林嫂处置看客的对策，何以与《野草·复仇》中在广漠的旷野上单是对立着的那两个"裸着全身，捏着利刃，然而也不拥抱，也不杀戮"的汉子一般无二？

在屡诉屡败中，祥林嫂终于明白了，鲁镇人不是她的救难者。于是，她便转而投靠鲁镇的土宗教，期望通过捐赠一座门槛来赎清自己半生的罪孽。

对于祥林嫂而言，她确实只是"投靠"土宗教而不是信仰土宗教，因为她在土地庙里捐赠门槛，只是把这土宗教当做工具，其目的是以此赎清自己的罪孽，她内心并不真正信仰宗教。这工具性质的宗教对于祥林嫂而言，其实只是无法真正依靠的"他者"，也就不可能真正转化为自救的力量。因此，当鲁四嫂认为这座门槛并没有赎清其罪孽的时候，祥林嫂的精神便会彻底垮塌："这一回她的变化非常大……只是一个木偶人。"祥林嫂作为一个好劳动者的劳动力价值由此便基本上丧失掉。而当她的劳动力价值丧失殆尽的时候，她还靠什么活着？！

从祥林嫂的悲剧回望过客，在绝望中反抗绝望的过客，其全部的依靠仅仅只是自身健全的手足，这样健全的手足，祥林嫂同样有。因此，祥林嫂悲剧的实质就在于她始终不曾觉悟到，鲁镇人固然不是她苦难的拯救者，上帝同样不是，这世界上只有她自己才是其自身苦难的拯救者。

我们不妨做一次反推，假如祥林嫂在遭遇丧子的打击后，她能像过客那样，仅仅依靠自己能劳动的手足，通过自身劳动力价值的实现找到自身的存在感，祥林嫂在鲁四老爷家即便不能参加任何祭祀活动，也丝毫不影响她的劳动力价值实现，丝毫不影响她在世界上找到存在感，祥林嫂还会沦为乞丐吗？祥林嫂还会纠缠在死后怎样等之类的玄学问题上吗？

五、"敢于独异"的鲁迅生命哲学

人生绝境中的真正救赎者不是任何他者（包括上帝），而是自己，是自己能劳动的手足，是自己劳动力价值的实现。这就是《祝福》中所蕴含的鲁迅独异的生命哲学，它与《过客》异曲同工，同时又有各自无法替代的功能和价值。如果没有《祝福》，我们对《过客》以及鲁迅生命哲学的理解很容易停留在唯意志论的哲学层面，正是《祝福》的存在让我们清楚地看到，鲁迅的生命哲学与其说是超人哲学，不如说是凡人哲学，它是最平凡最普通人们的生命哲学。以《过客》为例，它不单表达了在绝望中反抗绝望的生命意志，同时也告诉我们最普通最平凡的人们，如何在绝望中反抗绝望，即只要依靠我们自己，依靠我们自己能劳动的手足，我们就可以在绝望中反抗绝望。反抗绝望不是超人的事业，而是普通人们平凡而又伟大的事业。

鲁迅的生命哲学至少有两个独异点。一是在知行并重的哲学传统中，鲁迅的生命哲学凸显"行"的绝对价值和功能。面对人生必死无疑的绝望，过客的哲学选择是，简简单单地依凭自己能行走的两只脚，默然前行；

置身于"无物之阵"中,"这样的战士"只是心无旁骛,一再重复地举起投枪,屡败屡战;在《死火》中,死火宁愿选择"有为"地烧完也绝不在"无为"中冻灭;在《影的告别》中,"影"宁愿彷徨于无地也要执着地告别"人"前行;在《铸剑》中,眉间尺不管复仇之路有多少无法克服的艰难险阻,依然坚定不移地走在复仇之路上;在《出关》中,孔老相争,"知其不可为而为之"的孔子赢在了关内,而"徒作大言的空谈家"的老子则被永远地流放到关外;在《祝福》中,祥林嫂假如自始至终依靠自己能劳动的手足,专注于"做工",就一定能够接受任何厄运的挑战……

二是在家族文化根深蒂固的传统社会里,人们总是把家族、民族、国家、上帝、鬼神、天命、天理、公理抑或圣贤超人等他者视为人生苦难的救赎者,而鲁迅生命哲学认为人生苦难的真正救赎者不是任何他者而是自身。这分明与其老师章太炎先生的哲学思想一脉相称,章太炎先生说:"要之,仆所奉持,以'依自不依他'为臬极。"[1] 不过,鲁迅"依自不依他"的哲学思想并非只有师承的关系。

周作人说,鲁迅"大概在十六岁以前四书五经都已经读完"[2]。孔子在《论语·卫灵公》中有言:"君子求诸己,小人求诸人。"而《文子·上德》:"怨人不如自怨,求诸人不如求之己。"相传有一帧《求己图》在民间流传,图上两个人,一坐一跪,仔细看,坐着与跪着的其实是同一个人,其寓意

---

[1] 姜义华编:《中国近代思想家文库·章太炎卷·答铁铮》,中国人民大学出版社2015年第1版,第184页。
[2] 周作人、周建人:《年少沧桑——兄弟忆鲁迅(一)·鲁迅的国学与西学》,河北教育出版社2000年版,第182页。

即在"求人不如求己"①，鲁迅家祖上就曾收藏了这幅图，在其早期杂文《论照相之类》中，鲁迅一连三次提及这幅图。②

鲁迅多次谈及自己的思想实乃"'人道主义'与'个人的无治主义'这两种思想的消长起伏"③。何谓"个人的无治主义"？鲁迅在《文化偏至论》中曾这样阐释："意盖谓凡一个人，其思想行为，必以己为中枢，亦以己为终极：即立我性为绝对之自由者也。"④显然，鲁迅对"依自不依他"哲学思想的接受，与其本身"个"的价值基点直接相关。鲁迅的这段自述告诉我们，其"个"的价值基点虽然是其早年在日本留学期间形成，然而终其一生未曾放弃。这也就是说，鲁迅"依自不依他"的哲学思想除了儒学、道学、佛学等元素外，同时还兼有其西学的渊源。中外多元文化在鲁迅的思想版图中确有其深刻的交汇点，它们如水中盐、蜜中糖一样，自然而然地融汇在其作品中。

---

① 许钦文：《〈鲁迅日记〉中的我》，载北京鲁迅博物馆等编《鲁迅回忆录（专著·下册）》，北京出版社1999年版，第1237页。
② 参见鲁迅《论照相之类》，《鲁迅全集》第1卷，人民文学出版社2005年版，第190—196页。
③ 鲁迅：《书信 250530 致许广平》，《鲁迅全集》第11卷，人民文学出版社2005年版，第493页。
④ 鲁迅：《文化偏至论》，《鲁迅全集》第1卷，人民文学出版社2005年版，第52页。

陈词滥调里长不出新东西

张 莉

今天，我们讨论鲁迅时，常常聚焦于启蒙主义、国民性，而讨论鲁迅与当代文学的关系时，研究者们也常常关注当代作家某部作品与鲁迅小说的相似与相近，比如，会注意到写作者们都会写到故乡、死亡、人血馒头，等等。这固然是讨论如何继承鲁迅遗产的一种思路，但是，作为作家，鲁迅的文学遗产是否还有被我们遗忘的部分？多年阅读鲁迅的经验使我对鲁迅的语言念念不忘，我希望以鲁迅语言带来的启示为镜，反观当代文学写作的问题。

挣脱"陈词滥调"的束缚

我们的日常生活被语言以及语言带来的诸多有趣、生动但也可能是粗鄙的生活方式所裹挟。我们眼前随时都会出现一个新词，来覆盖我们原本的旧词，我们原有的语言被不断挤压，新词层出不穷，又很快消失。作为汉语使用者，我们不得不惊讶于语言的速生和速朽。

一个满口学术话语的年轻人，你立刻就知道他的生活方式；一个每天都在说着网络话语的人，你会了解他对网络的熟悉程度，甚至会了解到，他很可能失去自我、被网络流行语绑架。具体到文学领域，一个追求去口语化的写作者和一个追求口语化的写作者，代表了他们不同的写作观和审美价值尺度。选择什么样的语言表达是一种审美，一种文学追求。我们所写下的每一句话，所选用的每一种表达都在代表自己的价值观和美学立场。

鲁迅是时时刻刻渴望摆脱"陈词滥调"的写作者，是终生致力于语言革命的人。他通过语言革命来达到他文体的和写作内容的革新。看鲁迅的翻译可能更能体会到鲁迅对语言能量的理解和认知。他追求直译，他喜欢把外国人的语言习惯拿过来。孙郁先生很欣赏鲁迅这一点："一个陌生的存在往往改变我们的思维，改变我们的思维就是改变了我们思考问题的方法，改变了我们思考问题的方法，这个社会才真有可能和过去不一样了。这是有伟大的文化情怀抱负的人才有的选择。"是的，在鲁迅这里，写作不是让汉语读起来更舒服，而是更有力量。他的目的是要改造汉语，给它能量，使之能刺激我们思考。

"当我沉默的时候，我觉得充实；我将开口，同时感到空虚。"于通常的汉语表达而言，这是陌生化的，其中具有颠覆力。"于天上看见深渊；于一切眼中看见无所有；于无所希望中得救。"这是多么拗口的话，这句话里当然是有修辞的，但如果我们仅仅看到修辞是不够的。一个人内心所经历的痛楚，全部凝结在这段话里。这是一种表达，同时也是一种思维。"在一切眼中看见无所有，在无所希望中得救。"这是常人不能思考和探究之地，但也是这样的境地，才可以感受到这样的语言表达所带给我们的能量和震撼。鲁迅在寻找一种新的语言表达方式，来探究汉语言的深度，探究汉语言深处的能量，这位写作者，要在不能抵达处抵达。

也是在这样的语言里，有一种态度，有一种硬度。这是并不媚好读者的语言,并不试图抚摸你,谄媚你。它深刻、凝练,有反抗性。这样的语言还有一种敏感力,它刺激你,冒犯你,甚至触怒你,让你耿耿于怀。在小学和中学时代,我们都背诵过鲁迅的文章。成长以后,有一天脑子里会突然蹦出他的某段话。他的语言因为不驯、因为拗口而沉积在我们记忆深处,而不是轻易划过。恐怕也正是这种不光滑,这些语词才能穿过尘埃、穿林过海,在我们头脑里野蛮长出来。什么是语言的能量呢?这恐怕就是语言的能量。

"别求新声"

鲁迅是"得天时"的作家,在现代汉语草创时期,他创造了一种独属于他的汉语表达,标识性极强。几乎看不到青涩,一上手就是成熟的。《狂人日记》的文言文与白话文的交替使用,充分表明了鲁迅对语言能量的理解。在《狂人日记》的序中,叙述人使用的是文言文。狂人发病时则使用的是现代汉语。白话文里的狂人是激愤的,他看到史书上写满了"吃人"二字,看到"吃人"的真相。某种意义上,这个狂人是清醒的。但是,越是如此,我们读来也越是悲愤。因为序言中提到,这个清醒而具有反抗意义的人早已被"治愈",序言提示读者,狂人"然已早愈,赴某地候补矣"。

"赴某地候补矣",在我们读到《狂人日记》时,那个反抗者回到了原来的生活状态和语言里。这意味着狂人选择进入了另一个社会、另一种生活、另一种政治、另一个系统。每一套话语都是一种体系,每一套话语都是一种态度。作为写作者,鲁迅深知语言的魅性:进入一种语言系统,就代表认同了一种语言政治;反过来,逃离一种语言,也是建造和保持另一种语言的纯粹性。事实上,叙述人以文言讲述狂人的境遇时,也是在表达一种深深的失望和反讽之意——你能指望一个回归旧系统的人重新反抗吗？与此同理，作为读者，面对一位从不谋求革新自己语言的写作者，面对从未想过出逃自己最熟悉话语体系的写作者，你能对他寄予希望吗？我们能指望那些陈词滥调里长出新东西吗？

这是鲁迅在《华盖集·题记》中的一段话：

现在是一年的尽头的深夜，深得这夜将尽了，我的生命，至少是一部分的生命，已经在耗费在写这些无聊的东西中，而我所获得的，乃是我自己的灵魂的荒凉和粗糙。但是我并不惧惮这些，也不想遮盖这些，而且实在有些爱他们了，因为这是我辗转而生活于风沙中的瘢痕。凡有自己也觉得在风沙中辗转而生活着的，会知道这意思。

这段话禁得起反复朗读。鲁迅使用的每一个汉字都是我们熟悉的，但联结在一起却是陌生的，那是不流畅的、不光滑的、磕磕绊绊的话语。这种不流畅不仅仅属于语言层面，也是内容本身。我们对某些事物的理解因为这样的表达发生了反转，从而我们对世界的理解也加深了——辗转的、有些犹疑的表达正代表了写作者的自我怀疑、反诘自问。

"走异路，逃异地，寻找别样的人们。"鲁迅在《呐喊·自序》里如是说，这是我们理解鲁迅写作的一个重要起点，但仔细想来，他对语言的追求何尝不是如此？很显然，这个人在写作最初就致力于要成为"别求新声者"，鲁迅深谙语言的意义，深谙语言内部所蕴含的能量。

"人剑合一"的境界

鲁迅的文字里蕴含着一种硬气，一种硬朗，也有一种沉重，一种苦痛。他的语言里，绝没有期期艾艾、左顾而言他，也没有粗鄙和巧言令色。汉语的魅力，在他那里呈现的是直接、有力、深刻、准确、抵达。那显然是千锤百炼的结果。这样的文字里，是写作者对每一个语词的精益求精，其中保有对写作行为的敬畏，也有对汉语言的尊重。

以鲁迅的文字为镜，会发现当下汉语写作的诸多问题。汉语表达在今天出现了某种退化。而与这种退化相伴随的，是叙事上的平庸和写作审美的平庸。今天，有许多作品语言经不起端详，没有个性，语言中更谈不上声音感、色彩感，许多写作者几乎从不顾及汉语之美、汉语之节奏、汉语之语调及汉语之语序这些细小而又非常重要的问题。没有语言追求，没有艺术追求，这让读者不得不想到，那些文字背后是一颗颗平庸和懈怠的心灵。

但语言到底不是死的，它是活的，它有生命、腔调、神采和神奇的反作用力。作家使用的语言会重新塑造这位作家，也会塑造这位作家的眉眼、音容、表情。每一部作品都在勾描作家的长相。写作者和他的语言互相成就。读鲁迅的文字，会想到文字背后的那个人，会想到他刀刻一样的脸、利剑一样的浓眉，那是严肃的人，有棱有角，绝非一团和气。

一个作家的语言和一个作家的文学形象，乃至一个作家的文学尊严互为表里。作家与他所使用的语言之间最理想的关系莫过于"人剑合一"。在对谈录《牙齿是检验真理的第二标准》中，作家毕飞宇先生和我曾经就鲁迅的语言进行过讨论——鲁迅将他的爱、他的苦痛、他的灵魂深处的不安、他对世界的情感全部藏匿在他的文字中。文字里住着作家最诚挚的灵魂。

现代以来的小说家中，能达到"人剑合一"境界的作家并不多，鲁迅恐怕是成就最高的那一个。只是，很可惜，对于"人剑合一"，今天的写作者并没有更广泛和更深刻的认识和理解，也没有更多的作家把作品语言提到文学尊严的高度去认识。

在很多场合，我都引用过布罗茨基在《致贺拉斯书》中所写的话："当一个人写诗时，他最直接的读者并非他的同辈，更不是其后代，而是其先驱。是那些给了他语言的人，是那些给了他形式的人。"在汉语写作的古老传统里，我们每个写作者说到底都是"炼字者"，每个字、每个词、每句话都需要在我们今天的写作者手中千锤百炼，焕发光泽，我们对汉语写作所做出的贡献，代表着此时此刻写作者们共同的文学尊严。

正是在此意义上，我认为，面对给了我们语言和形式的先驱者们，我们如今做得还非常不够。今天，无论是批评还是创作，都面临着巨大的诱惑，如果没有一个参照系，我们很容易坐井观天。有必要把鲁迅当作理解自己写作问题的一面镜子，当作理解中国当代文学写作的一面镜子。凭借这面镜子，我们将照出我们写作的诸多疑难、困境以及种种问题。

进化的家庭观下父性精神的重塑

——再读《我们现在怎样做父亲》*

汤 晶

　　五四时期，在个性解放的时代思潮下，新文化运动者以"家庭"为价值重估的重要对象，提出"破家"的思想主张，力求将个人从旧家庭的束缚中解放出来，重新赋予个体自由独立的地位和权利。在这场个性解放、价值重建的思潮中，鲁迅的《我们现在怎样做父亲》呈现出"破家"和"立家"的双重意义，并在进化论的视角下，将个人看作具有过渡性的历史中间物，重构了具有理想主义崇高感的家庭观，鲁迅温厚的建设性话语方式，展现了鲁迅思想中更广博的境界。

一、"破家"的思想革命洪流

　　家庭是中国社会伦理秩序最小的完整单位，也是日常伦理秩序实践频

---

* 本文为国家社会科学基金重大项目"京津冀文脉谱系与'大京派'文学建构研究"阶段性研究成果（项目编号：18ZDA281）。

率最高的基本单位。家庭观念形塑了中国人的基本行为方式，在较长的历史时间中沉淀了中国人的文化结构。中国传统家庭的理念与结构在现代思想体系、欧美思想风潮的冲击下，暴露出不合时宜的文化滞弊，革新家庭观念成为中国现代思想革命势必完成的基本任务。五四时期思想革命中，反传统文化思潮的早期表现和重要表现就是新文化一代人对传统家庭观念、家庭形态和行为方式的全面批判，新文化者以"破家"的思想革命，诉求个人的思想解放与行为自由，建立平等民主的新式社会组织模式，对于家庭革命的倡导，体现了新文化者反传统与反西化的双重努力，体现了现代知识分子重建社会组织模式的企图，在这些言说和行动中包含着建构新的思想资源和社会秩序的努力。从康有为、梁启超、谭嗣同再到陈独秀、李大钊、胡适、鲁迅、吴虞、傅斯年等人，中国知识分子明确提出了中国社会的革命要"家庭先革命"的主张，个人与家庭、社会多呈现对立的面相。1902年，康有为《大同书》写作完毕，其中详细探讨了男女无婚姻、无家庭的大同世界。[①]1903年，梁启超在考察了美国社会之后，认为中国的社会组织不同于西方国家的地方就是"以家族为单位，不以个人为单位"。这不利于现代社会秩序的建立。1904年，由留学日本的江苏同乡会主编的《江苏》杂志第7期，发表了署名为"家庭立宪者"的文章《家庭革命说》。同年，在上海创刊的《女子世界》杂志刊登了主编丁初我的文章《女子家庭革命说》。胡适曾说："那时我们不但对人类的性生活、爱情、婚姻、贞操等问题，都有过很多的讨论；同时对个人与国家、个人与家庭与社会的

---

① 参见康有为《大同书》，载姜义华、张荣华等编《康有为全集》第7集，中国人民大学出版社2007年版，第3—188页。

关系也都有过讨论。'家庭革命'这句话，在那时便是流传一时的名言。"[1]要使中国人的精神面貌焕然一新，不得不改造中国人的基本社会组织，而传统中国社会的基本组织就是家庭。1917年，《新青年》第2卷第6号发表了吴虞的《家族制度为专制主义之根据论》，阐述了家族制度、忠孝伦理和专制主义的内在联系，指出忠孝思想是奴隶思想，儒家道德是奴隶道德。李大钊进一步指出："中国现在的社会，万恶之原，都在家族制度。"[2]1920年，为了帮助那些既想跳出现存社会，又想脱离家庭的青年，"工读互助团"在北京成立，成为当时帮助青年人摆脱家庭、谋求新生活的新的团体。同年，新青年易家钺等人还在北京成立了专门研究家庭问题的学术机构"中国家庭研究社"，创办了刊物《家庭研究》月刊，致力于"改变中国不良家庭制度"[3]。甚至为了与旧家庭决裂，"废姓"在青年中一度颇有流行，当时的天津觉悟社、北京工读互助团等青年进步团体都曾有废姓的举动。这都可以看出，五四一代新青年以激烈的方式解构旧家庭的权威，努力挣脱旧家庭的束缚。

究其家庭革命诉求的原因，主要在于以下两个方面：一方面旧家庭阻碍个体意识的觉醒和自我独立发展的需求；另一方面，传统观念中的家国同构被瓦解，被中国现代知识分子看作是旧家庭严重妨碍了现代国家精神的建构，妨碍现代国家意识的形成。"社会者，当以个人为单纯之分子者

---

[1] 胡适口述：《胡适口述自传》，载欧阳哲生编《胡适文集》第1卷，北京大学出版社1998年版，第341页。
[2] 李大钊：《牢狱的生活》，载中国李大钊研究会编注《李大钊全集》第2卷，人民出版社2013年版，第348页。
[3] 参见北京市地方志编纂委员会编《北京志·人民团体卷·妇女组织志》，北京出版社2007年版，第175页。

也。自有家族，则以家为社会之单位。个人对于社会，不知有直接应负之责任，而惟私于其家。人人皆私其家，则社会之进化遂为之停滞。"① 现代知识分子对社会变革的希冀在于，通过"家庭革命"确立个人的主体地位和独立意识，把个体从家庭的附属中解放出来，从而改变中国人的"血缘宗亲"的身份认同，将个体的人放置到社会和国家的范畴中，促使个体意识与民族国家的共同体意识双重觉醒，形成"社会公民"的身份认同。

在"破家"的思想革命洪流中，"父亲"作为一项重要的问题被提出，被批判和重新审视。"中国社会及文化的'实质部分'与初始经验，它构成了中国传统社会关系总和。怎样的'实质部分'，这一'实质部分'又发挥了怎样的实际效应，造成了怎样的社会后果。"② 可以说，父亲的形象涉及中国社会及文化的"实质部分"，一种基本而稳固的结构。父亲，作为二重概念被放置到思想革命的舞台，一方面是自然身份，另一方面是其背后固化的父亲权威和畸形的伦理纲常。族的制度、家的制度、父的制度，这三者都是贯穿和渗透着男性权威与权力的，有着严密的权力垄断和思想控制。"父亲"一词也难以成为中性话语，其带有强烈的被言说和被建构的色彩。

五四一代人对父亲负面形象的强化，父亲强权的被凸显，一定程度上出自新文化战壕对社会思想革命的强烈诉求，对封建陋习起到了摧枯拉朽的震撼力。但在一定程度上，革命与现代化的话语和浪潮裹挟和遮蔽了家庭中细微的温情。在振臂高呼家庭革命，毅然与旧家庭决裂，从旧家庭中挣脱和出走之外，理性而全面地看待家庭这一血缘单位，合理而清晰地认

---

① 师复：《废家族主义》，载唐仕春编《中国近代思想家文库·师复卷》，中国人民大学出版社2015年版，第38页。
② 贾振勇：《何谓"父亲"？为什么要反对"父亲"？——"五四"时代家庭（族）伦理道德及"父权"观念批判再思索》，《社会科学辑刊》2014年第5期。

知父亲这一复杂的文化形象，尤为重要。其中，鲁迅的《我们现在怎样做父亲》则有着时代与现实的双重意义，这篇文章一方面是走进鲁迅及其故家的一个重要渠道，另一方面也是透视鲁迅早期杂文思想面向的一种方式，鲁迅从父亲这一身份上回答的是，处于人类生命延续的任何序列中的一环，从根本上如何认知人与人之间的关系，突破了父子关系，走向了一种根本问题的思索与回答。如果说此前的新文化人更多是从家庭的表层结构（家庭制度和规范以及权力分配与意识形态）来言说家庭的禁锢与落后，从解放家庭的人到要建设社会的人，在一定程度上架空了家庭的责任与义务，那么鲁迅更多是从家庭的深层结构、家庭情感的联结，特别是对父亲这一形象在情感态度上的阐发，赋予了家庭应有的良性的责任与担当，呈现了一种具有永恒价值和当下意义的文化理念。

二、"历史中间物"的理想主义

1926年，《写在〈坟〉后面》一文中，鲁迅首次提出"历史中间物"这一概念，他认为："在进化的链子上，一切都是中间物！"[①]这是一种基于过去、现在、未来三重维度下的对自我及他人的定位，是在对人类无限发展和自我命运过渡性的透彻认识基础之上提出的。这一概念可以看作是鲁迅早期进化论思想的延续和拓展，此种观念在五四时期便有所体现。1918年，鲁迅在《新青年》上发表《随感录二十五》（《新青年》第5卷第3号），探讨了孩子的问题，"所有小孩，只是他父母福气的材料，并非将来

---

① 鲁迅：《写在〈坟〉后面》，《鲁迅全集》第1卷，人民文学出版社2005年版，第301—302页。

的'人'的萌芽",这同时也是家庭父子关系的问题。1919年1月的《随感录四十》(《新青年》第6卷第1号)控诉了封建家长对自由爱情的剥夺。在五四风潮之下,鲁迅有诸多关于家庭、家长的论述,其中1919年发表的《我们现在怎样做父亲》,既有他早期进化论的思想色彩,也具有历史中间物的自我定位,这篇文章呈现了鲁迅的思想体系与文学创作的一种动态关系,一种流动着的求索的思维特征。

文章的开头便说"我作这一篇文的本意,其实是想研究怎样改革家庭"[1],其实就是就父子问题发表一点意见,其最终目的乃是"从我们起,解放了后来的人"[2]。在鲁迅看来,做父亲的道理首先来自基本的生物界现象:"一,要保存生命;二,要延续这生命;三,要发展这生命(就是进化)。"[3]鲁迅是从生物"保存生命、延续生命、发展生命"的天性出发,阐明父母对于子女应当是"健全的产生,尽力的教育,完全的解放"[4]。

鲁迅首先在自然时间的流动中考察具有深厚社会意义的身份,鲁迅用"父""子"关系的转换淡漠和消解作为父亲的绝对权威。鲁迅提出的"保存生命和延续生命乃生物之本性",保存意味着生命的暂存,延续意味着流动的时间序列。每一种身份下的生命都只是暂存,并且是延续中的一环而已,这中间暗藏着鲁迅在伦常上强烈的平等意识。他是把父子关系放在父父子子、一环扣一环的社会性发展中加以考量的,即"为父"和"为子"都只是生命桥梁中的一段,用生命的更迭来审视和质疑父亲身份的稳固性和权威性。"现在的子,便是将来的父",甚至鲁迅说大家都有"做祖宗的

---

[1] 鲁迅:《我们现在怎样做父亲》,《鲁迅全集》第1卷,人民文学出版社2005年版,第134页。
[2] 鲁迅:《我们现在怎样做父亲》,《鲁迅全集》第1卷,人民文学出版社2005年版,第135页。
[3] 鲁迅:《我们现在怎样做父亲》,《鲁迅全集》第1卷,人民文学出版社2005年版,第135页。
[4] 鲁迅:《我们现在怎样做父亲》,《鲁迅全集》第1卷,人民文学出版社2005年版,第141页。

希望",既然都只是生命长途中的暂时拥有者,"从幼到壮,从壮到老,从老到死"①,只有先后的不同,便无身份的绝对高低之分。

鲁迅对于家庭变革思想的深刻之处就在于,他在一个广漠的人类集体生命的量度上去观察某一个特定的社会性角色,即便这一社会性角色被镀上何种旷日持久的传统基因和旧式势力,都足以在漫长的人类时间中被消解和解构。一旦接受了鲁迅流动的生命时间和更加永恒的整体生命观,只有先后之分,没有高低之别,传统的父权和伦常就自然溃解了。把人类的生命看作一个集合的整体,每一个人都曾领受生命,前后领受父亲或者子女的身份,都只是生命的经手人,自然更是父亲、子女这样身份的经手人,我们只是暂时承担这样的身份,并且随着时间流逝,最终变更了自己的身份,更何况这身份中不具有某种恒定的价值和意义,只是生命一定阶段的代名词。

在建立了平等的父子伦常关系后,就"发展生命"而言,鲁迅用进化的历史观和生命观,从三个维度来阐明作为父亲如何发展生命。

一是重新界定了自然生命和社会生命中的权利与义务。对于新的生命,自然是多尽义务而少索取权利,进一步提出了作为前者生命的"牺牲",要以义务的、利他的心去做。"所以后起的生命,总比以前的更有意义,更近完全,因此也更有价值,更可宝贵;前者的生命,应该牺牲于他。"② 与其说鲁迅有着与传统相反的"幼者本位"的观念,不如说他认同于生命进化论基础上的生命价值进化论,将置生命之重放之将来,认同和追求人类整体生命价值的上升和飞跃。"老的让开道,催促着,奖励着,让他们走去。路

---

① 鲁迅:《随感录二十五》,《鲁迅全集》第1卷,人民文学出版社2005年版,第334页。
② 鲁迅:《我们现在怎样做父亲》,《鲁迅全集》第1卷,人民文学出版社2005年版,第137页。

上有深渊，便用那个死填平了，让他们走去。少的感谢他们填了深渊，给自己走去；老的也感谢他们从我填平的深渊上走去。"① 可以说此处鲁迅不是为一代人肩住黑暗的闸门，而是要许多人预备着、改造着，希冀于一代人为下一代人肩住黑暗的闸门，以至于代代之后，都能走向更加光明的世界。

二是鲁迅在提出前者为后者牺牲后，进一步明确以生物的自然之爱来重新审视社会父子关系之恩。恢复一些自然性的东西，来对抗和重新审视固化下来的传统观念，这和鲁迅曾提出的"白心"有着异曲同工之感。用自然生命的规律来净化社会传统的因袭之病。恩带有交换的利害关系，有施恩与报恩之别，有高低轻贱之分，而爱离绝了利害关系，因消除利益而获得人性的飞升。

三是以"爱己"作为起点，成为一个完全的自己，再超越自己，超越过去，扩张天性的爱牺牲自己成全后起之人。在鲁迅看来，父母只是带着过去色彩的代称，其本质上还是要努力成为一个"不失独立的本领和精神，有广博趣味，高尚的娱乐"②的个体。只有消除了父兄的压迫，才能抵消对压迫的反抗。在论述生物的生命延续中的三个自然阶段，推论出人类作为父母如何在三个阶段中处理与子女的关系时，鲁迅还回溯和强调了超越父母、子女身份之外的，作为人的价值和意义。1918年，鲁迅在《新青年》的《随感录二十五》中就"中国的孩子"的问题，提出要成为"人"的父亲，其孩子才有"人"的萌芽，成为"人"的父亲先要成为人，以"人"的身份放在"孩子"的身份之前。鲁迅的论述中，其对于社会进化的理想主义追求逐渐清晰。担负着进化的大义，力图求得后代的超越，鲁迅刻画

---

① 鲁迅：《随感录四十九》，《鲁迅全集》第1卷，人民文学出版社2005年版，第335页。
② 鲁迅：《我们现在怎样做父亲》，《鲁迅全集》第1卷，人民文学出版社2005年版，第141页。

了一个近乎完美的生物延续的价值序列表，以牺牲之意识升华出无我之爱，最终求得新一代较之旧一代的进步。本着天性的爱去超越自我、成全下一代，要以孩子为本位去理解，以开放的变动和调整去指导，以即我非我的心去解放。

"独有爱是真的"，文章至此尤能体现鲁迅深沉而发自肺腑的对人类的深情。如果说这篇文章的开篇，鲁迅还带有自如连贯的讽刺和冷峻，到文章的最后，鲁迅则浸润在理想主义的蓝图中变得温和而慈善。在"五四"反传统的浪潮中，在"去亲情化"的反封建中，鲁迅用温润的宽宥重申了家庭之中的本性的爱，这是鲁迅深刻于同时代新文化者的独到之处，足以见得鲁迅对人类社会基本问题的反思力度之深。鲁迅认为生物之间的天性的爱是无利益的爱、本着求解放于下一代的爱、承受苦痛和牺牲的爱。写下这篇文章时，正是"铁屋子之争"时期，哪怕在与钱玄同的争论中常抱持着对社会和历史深刻的悲观来考量诸多问题，鲁迅在这篇文章中也没有抑制寄希望于牺牲自我和改良社会的理想主义。其与1918年发表的《狂人日记》的最后"救救孩子"有了深层而一致的呼应。这篇文章是鲁迅众多讽刺、辛辣、有战斗力的杂文中，颇具性情流露、真诚坦荡、赤子之心的一篇。颇具战斗色彩的鲁迅杂文中，有这样一篇逻辑严明且流露人类之爱的文章，又得以见鲁迅在"我一个都不饶恕"之外的另一面。以"愿意平和"作为这篇文章的收束，不愿与世世代代禁锢其子女不做解放的人辩争，恰可以用1919年1月15日发表于《新青年》第6卷第1号的《随感录四十》的结尾来证其心志，鲁迅所求即"完全解放了我们的孩子"[1]，李泽厚曾认为"鲁迅却始终是那样独特地闪烁着光辉，至今仍然有着强大的吸引力，

---

[1] 鲁迅:《随感录四十》,《鲁迅全集》第1卷,人民文学出版社2005年版,第339页。

原因在哪里呢？除了他对旧中国和传统文化的鞭挞入里沁人心脾外，我以为最值得注意的是，鲁迅一贯具有的孤独和悲凉所展示的现代内涵和人生意义"①。进一步来说，鲁迅一贯具有的孤独和悲凉，也常常呈现为高度紧张感之外的深沉的温和。

三、鲁迅思想的偶然性还是惯常性？

正如前文所说，《我们现在怎样做父亲》颇能展现鲁迅的另一个面相，非为光明而斗争的勇士形象、非为沉思于中国旧文化而愤然的横眉冷对之形象，而是一个带有自身成长经验，想为这人间社会注入纯善之爱的鲁迅形象，也是鲁迅在成为父亲之前对父亲角色的探索。"但若爱力尚且不能钩连，那便任凭什么'恩威、名分、天经、地义'之类，更是钩连不住。"②这样的文字呈现出来的是一种深刻而亲切的，承担人类苦难与希冀人类光明到来的鲁迅形象。如果说五四时期的家庭革命本身就带有决裂勇气的革命乐观主义，那么鲁迅的这篇文章中则呈现出一种温情的乐观主义，对人在"白心"基础之上人性之爱的充分信任与挖掘。

那么，这样一种思想的姿态，是鲁迅思想的偶然性，还是惯常性？一种略显隐蔽的常态化的思想情景？从鲁迅自身的成长经验看，这篇文章是鲁迅父亲逝世后20余年所作，父亲的记忆需要重新被唤醒，从周氏三兄弟有关父亲的文章以及周氏族人的回忆来看，鲁迅的父亲的形象并非负面的，鲁迅的父亲不仅有充分的才学，也在一定程度上具有较为开明的教育理念，

---

① 李泽厚：《中国现代思想史论》，东方出版社1987年版，第111页。
② 鲁迅：《我们现在怎样做父亲》，《鲁迅全集》第1卷，人民文学出版社2005年版，第142页。

鲁迅并非从自身家庭中去建构作为被批判的父亲的负面典型。事实上，《我们现在怎样做父亲》体现出的从个人做起的一代人的英雄精神、高度理想主义而呈现出的崇高感，更多来自鲁迅后天的思想体系，闪烁着历史中间的热忱和真挚，这是鲁迅思想体系的惯常性，它是在现代化的思想资源基础上生长的。

鲁迅探讨的不仅仅是父母子女，批判的也不仅仅是父权和亲权，而是在探讨面对社会如何为人，他以家庭为切入口，以父子关系为起始点，追问个体如何为人，社会如何进步，人类如何在延续中得以发展。正如历史学家罗志田曾注意到："清季以至民初中国读书人虽因不断的国耻和思想的西化而服膺西方近代民族主义，但最终还是暗存一种'道高于国'的观念，总向往一种在民族主义之上的'大同'境界。"[1] 鲁迅不是简单对父亲和家庭进行批判性反思，更多是要进行建设性重构，和五四时期激荡着的"家庭革命"浪潮不同的是，鲁迅拥有既破也立的新的"家庭观"，既"去家庭化"也"再家庭化"，在这篇文章中，鲁迅秉持着一种建设的父母子女观，即"破除家庭建设新人"的"破家立人"的观念。鲁迅面对的是先有身份，有身份之义务与责任的传统家庭观，企图建构的是先有个人的"为人"的需求的进化论的家庭观，要唤醒在父母、子女角色身份之下的、更为基础的个体意识和自我意识，指向着的是人类社会基础单位的全面改革和进步，也就是更广阔意义上的"道"。

在家庭革命浪潮此起彼伏时，鲁迅并不是要毁家，而是要重建家庭的感情秩序。"第一，家庭的要素是人。第二，家庭里人与人之间更基本的是

---

[1] 罗志田：《近代中国民族主义的特殊表现形式》，《乱世潜流：民族主义与民国政治》，上海古籍出版社2001年版，第24页。

感情关系，而不是经济关系。然而，从当年到现在，不论是揭露家庭问题的还是论证家庭应当被革命的，基本都避而不谈感情这一最根本的要素。"[1]因此，这篇文章至今仍具有振聋发聩的现实意义，甚至对于当下和未来社会的发展具有深切的反思价值和指导作用。

一方面看，与其说是怎样做父亲，不如说进一步扩大为如何成为父母，再扩大一点说，是如何承担人类社会身份中的生命延续的角色。因此，鲁迅探讨的不是一个人如何做好自己子女的父亲，也不是五四一代人如何变更和提升父亲的社会性定位，而是在人类的历史长河中探讨一种特殊的自然生命与社会身份的结合体。更重要的是，鲁迅在"做父亲"背后隐藏的话题是"做人"，我们现在如何做人，才能使得人类的社会进步，鲁迅找到的药方，竟然是"爱"，发自纯白之心的爱。当然这中间鲁迅阐释了诸多实现的路径，诸如完善自我、理解和指导，等等，但这些实操性的方法均是抹去传统的阴霾和桎梏，还原和重塑纯白之心中的天性之爱，并且把这天性之爱推广到各种人伦之中，这一切的起始，在鲁迅看来，便是父母与子女之关系。另一方面看，这篇文章的价值还在于，鲁迅揭露和预感了在此过程中改造社会的三种谬误：锢闭于社会之外、恶本领的传授与顺应社会加以周旋。这三种面对改造和进化家庭及社会的谬误，至今仍不绝，以至于在这篇文章临近结尾处，有写于今人所看的恍然之感。

从鲁迅早期杂文的创作中就能看出，秉持着为人的真理与改造的勇气是鲁迅一以贯之的思想立场，鲁迅对人类天性之爱的充分信任和强烈召唤，蕴含着深沉的人类之爱，这并非鲁迅思想的偶然性，那些闪烁着非进攻姿态的温厚的文字，透露了鲁迅思想中更广博的境界。

---

[1] 罗志田：《重访家庭革命：流通中的虚构与破坏中的建设》，《社会科学战线》2020年第1期。

五四一代人提出的问题，如今我们依旧需要面对和回答，曾经一度带有激进主义的"家庭革命"创造了深刻反思父性精神与中国社会家庭结构的机会，而在鲁迅的《现在我们怎样做父亲》一文中，时至今日我们还能获得一种"活水"般的思想资源，引起我们"了解的同情"。它让我们回到五四时期家庭革命的历史现场，拨开其复杂性和多面性，同时也引发我们当下对社会秩序、文化价值系统中的一些基本问题的深入思考。如今，父亲的形象已经褪去些许五四时期的负面色彩，同时注入了现代意义上的新的内涵，但鲁迅留给我们的问题，依旧时时需要再反思和阐述。

"存在"与"虚无"间的艰难跋涉
——再论鲁迅《野草》中的生命哲学*

乔 宇

章衣萍曾经回忆道:"鲁迅先生自己却明白的告诉过我,他的哲学都包括在他的《野草》里面。"[①] 一部《野草》,就是大半个鲁迅。《野草》的生命哲学,向来是一个备受关注的重要命题。从篇幅上看,《野草》远远不及鲁迅的大部分作品,然而,正是这样一部精巧的作品,却蕴含着鲁迅思想最精华的部分。鲁迅的生命哲学在《野草》中具体体现在何处呢?在笔者看来,《野草》中明显存在着两种对抗的力量,正是这两种力量构成了鲁迅生命哲学的核心。一种是梦醒了,不知道路在何方的"虚无感",这种无能为力的挫败之感不断消解着鲁迅的生命力量。另一种则是"存在感",这种存在感是从鲁迅生命体验内部所迸发出的一种昂扬向上的生命强力、抗争力,它不断指引着鲁迅在茫茫的精神汪洋中寻找自己的灯塔,在命运的夹缝中

---

* 本文为国家社会科学基金重大项目"京津冀文脉谱系与'大京派'文学建构研究"阶段性研究成果(项目编号:18ZDA281)。

① 章衣萍:《古庙杂谈(五)》,《京报副刊》1925年3月31日。

顽强求生。这种"存在"与"虚无"之间的矛盾，是始终横亘在鲁迅《野草》文本中的一大问题，而两种力量所构成的张力也大大加深了《野草》的多义性和复杂性。从某种程度上说，鲁迅一生都在思考"如何存在"和"为何存在"的问题，同时在不断探寻着如何"面对虚无"。这种"虚无感"的来源，不单单是理想幻灭产生的失落，也源自鲁迅对于生命价值的哲学反思和深切的人文关怀。可以说，在"存在"与"虚无"之间的艰难跋涉，是《野草》文本中非常显著的一个现象。

有关鲁迅作品所流露的"虚无"之感的研究，论述已然不在少数。有论者认为，这种"虚无感"是受西方存在主义的影响，也有人认为是来自禅宗文化的陶染，还有人认为更多的是鲁迅个人积淀的文学体现。无论其来源何处，它的主要表现即对生命价值的怀疑和对现实不可名状的空虚幻灭感。实际上，"存在"与"虚无"这两者之间也存在着一定的逻辑关系。"虚无感"表面上看是内心迷茫的一种外化，更深层的含义是对生存价值的内在怀疑，它不仅仅是一种复杂的生命体验，更是一种哲学意义上的思考。对"存在"的探寻则更侧重于内心情感和思维层面，是一种在更高层次上对生命形式的总结与回望。对现实的极度绝望使鲁迅产生一种看破虚空、超脱自我的幻灭感，同时，改造国民性的强烈愿望又使鲁迅满怀着无法独善其身的忧患感。两种不同的情感构成鲁迅生命哲学中的一对对抗力，两种力量的博弈共同塑造着鲁迅的内在人格。作为"独语"的《野草》，恰恰成了鲁迅隐秘的情感宣泄口，文本之所以让人感到晦涩难懂，很大程度上是由于读者在阅读中隐约感受到了鲁迅内心的纠结，却又存在一定程度的精神隔膜。整部《野草》或许也可以看作鲁迅两种内在自我的"对战"：一个是"隐士"，一个是"斗士"。

对"存在"意义的探寻和对"虚无"的思考在《野草》中屡屡可见，

这两种矛盾反映出鲁迅内心的纠葛。《野草·题辞》当中这样写道："当我沉默着的时候，我觉得充实；我将开口，同时感到空虚。过去的生命已经死亡。我对于这死亡有大欢喜，因为我借此知道它曾经存活。死亡的生命已经朽腐。我对于这朽腐有大欢喜，因为我借此知道它还非空虚。"① 沉默，是对于现实世界的不满与拒绝，是一种内心荒芜的体现，而觉得充实，则是一种自我封闭后的慰藉，对于生命存在的理性反思。一开口便觉得空虚，则源自内心身份的焦虑，对于精神自我的不懈追求，恰恰是鲁迅始终最为关注的一个命题。过去的生命已走向终结，丝毫不必留恋，甚至满含欢喜，深觉得了"大自在"，为达到目的而感到极度满足。

再如《淡淡的血痕中》一文，这篇文章是 1926 年 3 月 18 日段祺瑞政府枪杀请愿民众后，鲁迅内心愤懑而作，副标题是"记念几个死者和生者和未生者"②，意味着这篇文章是写给不同的预设对象的，这三重身份是非常值得玩味的。大多数研究认为，此文的创作目的在于纪念"三一八"惨案的遇难者、勉励生者、寄希望于未来。但笔者看来，这样的解释似乎还有些过于简单，或许还不足以完全解读鲁迅生命哲学的丰富性。与其说这三个预设对象来自不同的时空维度的三类人，不如说这三个预设的读者就是鲁迅自己对自己生存困境的三种假设，也是鲁迅对于自身的三种分裂的想象，蕴含着鲁迅对于存在价值的哲学思考。死者、生者和来者都是鲁迅自己。将自己认作"死者"，是他对自我的深刻剖析，代表了对自身所蕴含的一切与旧事物相关的劣根性的反思，也是鲁迅毫不留情地批判自我的一种体现，鲁迅恨不得过去的自己已死。这个死者"专为他的同类——人类中

---

① 鲁迅：《野草·题辞》，《鲁迅全集》第 2 卷，人民文学出版社 2005 年版，第 163 页。
② 鲁迅：《淡淡的血痕中》，《鲁迅全集》第 2 卷，人民文学出版社 2005 年版，第 226 页。

的怯弱者——设想,用废墟荒坟来衬托华屋,用时光来冲淡苦痛和血痕"[1],鲁迅对这重身份是拒绝的,甚至是羞愧的。写给"生者"则代表现在的状态,鲁迅内心的痛苦是复杂的,既有对现实状况无能为力的伤痛,也有对死伤民众的惋惜,更有对政府草菅人命的痛恨,以及与黑暗势力决裂的强烈愿望。鲁迅痛斥造物主的无能,实则也是在对自己进行着深刻的解剖:"他暗暗地使天变地异,却不敢毁灭一个这地球;暗暗地使生物衰亡,却不敢长存一切尸体;暗暗地使人类流血,却不敢使血色永远鲜秾;暗暗地使人类受苦,却不敢使人类永远记得。"[2]这分明就是鲁迅对当时自我现状的艺术描摹,他想努力摆脱旧思想牢笼的控制,更多地从现实的存在中去寻找人生价值,而不是束手无策。鲁迅将自己看成"未生者",其实是对于理想自我的一种虚构,叛逆的猛士不仅仅是鲁迅当下的化身,同样也代表着他对年轻人的期待。这个猛士敢于和造物主抗衡,让天地变色,要么让麻木的人们苏醒,要么将其全部消灭。这何尝不是鲁迅对于存在价值的思考呢?这种彻底的反抗精神、毫不妥协的气魄,是鲁迅寄予未来人的希望,同样也蕴含着对于自身的期待。不难发现,《野草》之所以呈现出这种独语体风格,就在于它的这种封闭结构中,其实蕴含着鲁迅内心的多种纠葛。而这种纠葛,很大程度上源自鲁迅对"存在"还是"虚无"的思考。

《复仇》一文中,手握利刃的一男一女在旷野中对峙良久,既不拥抱,也不杀戮,吊足了看客的胃口。事实上,这一男一女两个赤身裸体的形象或许也可以看作是鲁迅内心两种声音的冲突与外显,一种是向外的冲击,追求生命的蓬勃生气,透露着浓浓的对生命存在的渴望,即便是"但倘若

---

[1] 鲁迅:《淡淡的血痕中》,《鲁迅全集》第2卷,人民文学出版社2005年版,第226页。
[2] 鲁迅:《淡淡的血痕中》,《鲁迅全集》第2卷,人民文学出版社2005年版,第226页。

用一柄尖锐的利刃，只一击，穿透这桃红色的，菲薄的皮肤，将见那鲜红的热血激箭似的以所有温热直接灌溉杀戮者"①，给人视觉冲击的同时也令人感受到生命的鲜活。另一种则是极端的冷静与淡漠，体现出一种内在向度的均衡，"给以冰冷的呼吸，示以淡白的嘴唇，使之人性茫然，得到生命的飞扬的极致的大欢喜"②。这种内在的思考，某种程度上也隐喻着一种对于虚无的思考，生命在"存在"与"虚无"之间构成了一个封闭的循环，"存在"代表着一种真切的现实感受，"虚无"则是内心的生存体验，两种生命存在方式相互对抗，却也相互依存，共同构成了鲁迅丰富的精神世界。"而其自身，则永远沉浸于生命的飞扬的极致的大欢喜中。"③或许这种"大欢喜"，就是一种生存哲学的隐喻，一种不断与自我斗争的精神。

《求乞者》则更多反映了鲁迅对"虚无感"来源的切实思考，在他的笔下，世间的生存体验是极度冷漠的，众人各自走各自的路，对于求乞者视若无睹，真正需要被布施的人往往得不到帮助，人与人之间与生俱来的隔膜使得孤独感成为必然，人们彼此疏远，相互猜测、算计与倾轧，这也是人本困境的一种内在体现。在这样令人寒心的人世间，唯有沉默、唯有思考一些终极问题才能稍加安慰心灵的落差。因此，"我将用无所为和沉默求乞……我至少将得到虚无。"④这其中所包含的绝望是显而易见的，至少能得到虚无，或许可以看作一种反讽，又或者，这种"无"在鲁迅看来就是一种"有"，绝望到一定程度，"有"和"无"之间已经不那么界限分明。鲁迅通过不断追问过往生命的方式，向现存状况下达战书，同时也提醒自己

---

① 鲁迅:《复仇》,《鲁迅全集》第 2 卷, 人民文学出版社 2005 年版, 第 176 页。
② 鲁迅:《复仇》,《鲁迅全集》第 2 卷, 人民文学出版社 2005 年版, 第 176 页。
③ 鲁迅:《复仇》,《鲁迅全集》第 2 卷, 人民文学出版社 2005 年版, 第 176 页。
④ 鲁迅:《求乞者》,《鲁迅全集》第 2 卷, 人民文学出版社 2005 年版, 第 172 页。

还需要不断战斗，生命也并非绝对"虚无"。

鲁迅的一生都在反抗绝望，然而从某种意义上讲，鲁迅的反抗绝望恰恰是一种对绝望的正视和接纳，也是鲁迅对于"存在"和"虚无"之间矛盾的艺术处理的方式。"存在"是既定的事实，感到"虚无"也是在所难免的。因此，不如始终保持昂扬的斗志，在这两者之间达到一种均衡。想要达到这种平衡，就要依靠一定的途径。在《野草》中，鲁迅也给出了所谓的答案，那就是依靠"过程哲学"。最能体现这种过程哲学的要数《过客》一文。《过客》中的过客形象是鲁迅笔下的经典形象，乍一看来，这个形象颇有西绪福斯的意味，漫无目的，不停地"走"。这种看似无目的无理由的行为实际上蕴含着鲁迅丰富的个人思考。过客是一个符号化的存在，他没名没姓，了无牵挂，没有人知道他从哪里来，要到哪里去，或许连他自己也没有明确的目的地。他所在意的，仅仅是"走"这个当下的行为和动作。他拒绝一切帮助和指引，对一切诱导和规劝说"不"。他关注的，只有"走"这样一个特定的行为，他的生命就像一个巨大的横纵坐标系，只有具备了移动的轨迹才能使坐标系有意义。正如人生就像一场不知前途的"走"那样，尽管是客观存在的，但却充满了荒诞和虚无的意味，是"走"这样一个动词才赋予了人生以意义和价值。"走"这一行为恰恰不是反抗虚无，而是对于虚无的坦然接受。人生在很多时候就是"虚无"的代名词，去往何处，将面对什么都是未知，而只有保持前进的姿态这一事实是可以把握的。面对"虚无"，无须反抗，也不必反抗。这种"过程哲学"在很大程度上影响了后来作家们的创作。鲁迅通过过客这一形象告诉我们：人生的终极价值在于过程，而不在于最终的那座"坟"。这恐怕也是鲁迅对于生存哲学的一种思考，当身处思维的囹圄无法抽身时，适度的抽离也是对于风险的一种拒绝。跳出问题看问题，拒绝妥协与合作，保持内心的原则，与一切不合理保持距离。

　　《野草》是一个值得反复阅读的文本，它的魅力就在于丰富的阐释空间，不同年龄、不同境遇的人读《野草》，往往都能从其中找到触发自己心灵之门的那道机关，从中汲取滋养生命的力量。《野草》让读者看到了多面的鲁迅：他时而把自己绑在暗夜的十字架上自我审判，陷入永恒的精神困境；时而匕首投枪、全副武装，义无反顾地奔向绝境；时而衣衫褴褛、步履蹒跚、踽踽独行在扎满尖刀的荆棘路上，孤独又彷徨，无论是与漫无边际的"虚无"作斗争的鲁迅，还是努力寻找自我"存在"价值的鲁迅，都是真实的鲁迅。鲁迅的纠结与矛盾，既是他个人的精神朝圣之路的真实历程，也是当时时代面貌的一个缩影。鲁迅，不光是那个时代推石上山的人，也为后人种下了一颗深刻的思想种子，他用一生的思考践行了生命本真在"存在"与"虚无"之间艰难跋涉，鲁迅的精神道路，至今仍然被一代又一代的人们所继承，这正是鲁迅留给后世的宝贵财富。

《女吊》："故事新编"一种
——被发明的"复仇"与作为方法的"民间"

苗 帅

作为鲁迅生命末期的创作，《女吊》以其特殊的写作时间和"朝花夕拾"风格的回归在鲁迅作品序列中引人注目。自作品问世以来，"民间"和"复仇"始终是解读《女吊》题旨的两个关键词，作者对绍兴目连戏中女吊复仇精神的称颂，使人们再次辨认出那些"构成鲁迅生命底蕴的童年故乡记忆和民间记忆"[①]，而鲁迅精神结构的渊源之一，正是"那个在乡村的节日舞台上、在民间的传说和故事里的明艳的'鬼'世界"[②]。

无论从地域文化着眼还是借助"狂欢化"理论来解读《女吊》，其论说均基于同一认识，即鲁迅笔下之女吊乃以绍兴目连戏中之女吊为蓝本，基于此，《女吊》的回忆性散文属性应该毋庸置疑。然而，如果对此前民间戏曲中的女吊形象进行一番"检验"，《女吊》的性质则变得面目可疑：在鲁迅创作《女吊》以前，女吊并未以复仇者形象示人。也就是说，"复仇"主

[①] 钱理群：《鲁迅笔下的鬼——读〈无常〉和〈女吊〉（二）》，《语文建设》2010年第12期。
[②] 汪晖：《"死火"重温——以此纪念鲁迅逝世六十周年》，《天涯》1996年第6期。

题实系鲁迅之"发明",而非植根于绍兴民间戏曲舞台。那么,《女吊》究竟是人们所说的"朝花夕拾",还是另一种风貌的"故事新编"?真实存在于民间戏曲中的女吊应为何种面貌?鲁迅"发明"的复仇精神具体指涉是什么?作者笔下的女吊形象是否另有灵感来源?其对民间资源的调用与改造又是在何种意义上进行的?

一

关于女吊故事本末,《鲁迅全集》注释如下:

> 杨家女　应为良家女。据目连戏的故事说:她幼年时父母双亡,婶母将她领给杨家做童养媳,后又被婆婆卖入妓院,终于自缢身死。在目连戏中,她的唱词是:"奴奴本是良家女,将奴卖入勾栏里;生前受不过王婆气,将奴逼死勾栏里。阿呀,苦呀,天哪!将奴逼死勾栏里。"①

这则注释最早见于1958年出版的《鲁迅全集》,并在1981年和2005年版的《鲁迅全集》中延续使用,以解释"奴奴本是良家女"这句唱词。然而考察各地目连戏抄本,女吊生前或是做媳妇,受公婆打骂,负气悬梁,或是双亲亡故,卖入行院,最终自缢身死,并不见两次被卖,先做童养媳后入妓院的说法。虽然民间目连戏版本众多,留下文字的只是凤毛麟角,不过从注释所引四句唱词来看,这则注释的编写并非依据某个秘而不传的孤本,而是绍兴目连戏的一种常见版本。在现存各种目连戏抄本中,清代

---

① 鲁迅:《女吊》,《鲁迅全集》第6卷,人民文学出版社2005年版,第644页。

绍兴敬义堂杨杏芳抄本（今亦称《绍兴旧抄救母记》）中的唱词与此最为近似："奴奴本是良家女，被人卖在勾栏里。生前受不过亡八气，将身缢死高粱里。嗳吓苦吓天那！将身缢死高粱里。"① 此外，绍兴地区其他版本，诸如新昌县胡卜村清抄本《目连救母记》、新昌县前良村清咸丰庚申年（1860）抄本《目连戏》、绍兴民国九年（1920）斋堂本《救母记》等均与此大同小异，只有个别字句存在差异。1956年，前良目连班受邀赴上海参加"鲁迅逝世二十周年纪念演出"，赵景深将艺人携带的敬义堂杨杏芳抄本购入囊中，因此《旧抄救母记》成为1958年《鲁迅全集》出版以前，众多绍兴民间目连戏抄本中唯一一个由知识分子收藏的版本。

《旧抄救母记》是否与《女吊》注释有直接关系尚无从查证，但注释者显然参照了某个妓女故事版本。由于其与鲁迅提供的童养媳一说无法匹配，于是采取了将两种说法拼合的处理方法。实际上，童养媳版本在民间演剧中的确存在，1942年柯灵在文章里回忆他年少看戏时听到的几句唱词："奴奴本是良家女，从小做一个养媳妇，公婆终日打骂奴，悬梁自尽命呜呼。"② 不过其中"良家女"显然与童养媳无关，只能源于妓女故事系统。一种可能是柯灵在1942年的记忆已被鲁迅《女吊》"改写"过，另一种可能是童养媳版故事晚于妓女版故事系统，而其唱词直接在后者的基础上重新加工。

不过就形象设定而言，童养媳故事显然派生于更早的媳妇故事系统。稍早于鲁迅写作《女吊》，朱今曾于1934年发表《我乡的目连戏》一文，

---

① 徐宏图校订：《绍兴旧抄救母记》，台湾财团法人施合郑民俗文化基金会1997年版，第166页。
② 柯灵：《神·鬼·人——戏场偶拾》，《万象》1943年第2卷第8期。

介绍江苏溧阳一带目连戏的形态，尤其详细记录了"赶吊"一折的演出形式。[①]这一部分故事主要讲述东方亮妻子独自在家，因行善被骗去金钗，丈夫在外偶见金钗，遂疑妻子不贞，归家诟悴，妻子无奈衔冤悬梁。一众鬼魂闻讯来讨替身，其中尤以吊鬼形象恐怖，正在她准备"讨替"之际，王灵官出场驱赶吊鬼，东方亮之妻因此得救。这一故事模式广泛存在于各地目连戏中，具体细节则因地而异，并无定章。但一个比较稳定的细节是吊死鬼的死因：因与公婆不睦而悬梁。然而，直到死后数十年她仍未能寻得替身，因此后悔当初气量狭小，不能忍一时"闲气"。在这一故事结构中，真正的主人公是投缳的妇人，而吊死鬼在剧中只须用一两句话概述身世并自悔前番。在这里，吊死鬼几乎不承担艺术功能，而只负责两项说明功能。就仪式而言，天神在故事结束时赶散冤鬼，以喻示地方安宁，是演出目连戏的主要目的。就世俗伦理而言，一方面，吊死鬼讨替失败，是为验证"善有善报"，好人自有神明护佑的观念，以达到劝善目的；另一方面，女吊以做鬼的凄凉景况现身说法，从而警诫轻生者。

绍兴目连戏在"出吊"之前，也采用东方亮故事的基本情节，但在吊死鬼形象和演剧模式上自辟蹊径，以男吊、女吊"争替"取代众鬼"争

---

① 参见朱今《我乡的目连戏》，《太白》1935年第1卷第8期。除绍兴外，各地目连戏抄本中，保留出吊情节的基本属于这一故事系统。目前公开印行的版本还有安徽：皖南高腔目连卷、池州东至苏村高腔目连戏文穿会本、池州青阳腔目连戏文大会本；江苏：超轮本目连（高淳阳腔目连戏三本目连演出本）；湖南：辰河高腔目连全传、湘剧大目犍连等（辰河高腔本和湘剧本无"赶吊"仪式）。以上可参见王秋桂主编《民俗曲艺丛书》。此外，清乾隆间，宫廷文人张照奉旨编纂《劝善金科》，东方亮妻子自缢故事置换为女子守节自尽，鬼魂争替部分取消"赶吊"仪式，宫廷演剧意在强化目连戏道德劝诫功能，乡间以演剧行鬼魂祭祀之风彼时恰为官方所禁除。参见张照编写，詹怡萍校点《清代宫廷大戏丛刊初编·劝善金科》，北京大学出版社2016年版。

替"。《男吊》一折无曲文，全靠男演员在一根悬空绳索上进行杂技表演，为绍兴目连戏所独创。女吊则从一众冤鬼中提炼出来，成为完整独立的形象，出现长达数百字的唱词，同时摆脱先前的"无名"状态，有了"玉芙蓉"的名字。其生前身份也不再是与公婆不睦的媳妇，而是命运凄惨的妓女。这一系统的女吊表演有四个清晰的层次，出场时，女吊玉芙蓉自述生平，讲述幼年时父母亡故，被卖入勾栏，生意惨淡时屡遭鸨妈虐打，最终病卧床榻，于行将就木之际，被抛至荒郊。之后，女吊来到妇人房中，试图引诱妇人上吊。继而，妇人被救下，讨替失败的女吊面向观众，恫吓世人须与人为善，不可轻生，否则自己便是下场。到了最后，女吊依例须被"打下台"，完成"赶吊"仪式。这意味着，绍兴女吊虽然发展为一个较丰满的艺术形象，但其承载的劝善和禳灾功能仍是这一形象的"立身之本"。

二

1990年丸尾常喜随田仲一成率领的考察团赴浙江进行关于目连戏的调研，事后形成《浙东目连戏札记》。作为鲁迅研究者，丸尾对《女吊》一出格外关注，他开始意识："不能说鲁迅所介绍的老年人的说明明确了《女吊》《男吊》本来的意义。它们本来的意义大约与前面所述的朱今《我乡的目连戏》所介绍的状况相似。"[①] 此时的丸尾清晰地区分了鲁迅之女吊与目连戏之女吊。然而，在其之后写作《"人"与"鬼"的纠葛》时，这个界限却重新模糊起来。他对鲁迅小说的分析建立在目连戏的"原型结构"上，并

---

① ［日］丸尾常喜：《浙东目连戏札记》，载寿永明、裘士雄主编《鲁迅与社戏》，江西人民出版社2005年版，第207页。

无以归类的现代精神

指出："要了解中国民众的世界观、生死观,《目连戏》是很宝贵的资料。在对这散落、湮没下去的《目连戏》的发掘、介绍工作中,鲁迅占有重要的位置。"[①]这一复归常识的结论最终封闭了其详细考释目连戏与"祖先祭祀""幽灵超度剧"关系后可能打开的阐释空间。

丸尾常喜的前后矛盾在于他是以两种不同的身份进入两个领域的研究:在以民俗采风者的姿态进入目连戏时,其思路与田仲一成一致,关注的是一般乡民关于"鬼"的观念,以及目连戏用以稳固包括家族、宗族在内的传统社会关系的祭祀功能;而作为鲁迅研究者时,他则指出鲁迅的"孤魂野鬼"书写表现了"对宗族主义逻辑的悲愤"[②]。就后者而言,丸尾的思路不是以民俗学的视角重释鲁迅,而是以鲁迅思想来重释民俗。其后果是鲁迅对民俗的创造性书写遭到遮蔽,与此同时,鲁迅化了的民俗又反过来被视作影响过鲁迅的某种精神传统。如此,鲁迅、民间、传统三者间的关系仿佛清晰可辨,实则愈发混沌。

实际上,即使在《女吊》文本中,读者也无法从女吊身上找到作者声称的那种复仇精神,这是鲁迅无法跨越的叙事障碍。因此夏济安很早就发现了《女吊》中的叙事缝隙和复仇说的杜撰性质:"这种复仇性其实是鲁迅的一己之见,据他回忆,真正的表演中,女吊用哀怨的音调和可怕的动作,细述她以自杀告终的悲惨一生,随后,当她听见另一个准备自杀的女人的

---

① [日]丸尾常喜:《"人"与"鬼"的纠葛——鲁迅小说论析》,秦弓译,人民文学出版社2010年版,第34页。
② [日]丸尾常喜:《"人"与"鬼"的纠葛——鲁迅小说论析》,秦弓译,人民文学出版社2010年版,第218页。

悲泣，不禁感到'万分惊喜'。"①也就是说，鲁迅的"回忆"与"见解"之间存在着不小的出入。回顾文本，《女吊》中言及复仇的几次均系作者自行阐释，与女吊本身无关。而《女吊》的"复仇"主旨乃由文章开篇强行定调："会稽乃报仇雪耻之乡，非藏垢纳污之地！"这意味着，《女吊》的复仇内涵与其说是由女吊这一民俗形象建构起来的，不如说是借由古典话语创造出来的。

鲁迅引用这句话而非其他诗句辞章或更为相宜的民间谚语为"复仇"立论，恐怕并非随机选择。对于身处1936年的鲁迅而言，这句名言不仅是一个遥远的"典故"，同时也与彼时诸多文本和事件存在着某种互文关系。

（一）背景一

1936年前后，鲁迅突然开始反复征引"会稽"一语，查《鲁迅全集》可见三次，除《女吊》外，其余两次均与一个叫黄萍荪的人有关。2月10日，他在答复黄萍荪约稿的信中写道：

> 三蒙惠书，谨悉种种。但仆为六七年前以自由大同盟关系，由浙江党部率先呈请通缉之人，"会稽乃报仇雪耻之乡"，身为越人，未忘斯义，肯在此辈治下，腾其口说哉。奉报先生殷殷之谊，当俟异日耳。②

大约同年，鲁迅又作《关于许绍棣叶溯中黄萍荪》（未刊）一文，言及

---

① 夏济安：《鲁迅作品的阴暗面》，《黑暗的闸门：中国左翼文学运动研究》，香港中文大学出版社2016年版，第137页。
② 鲁迅：《书信·360210 致黄苹荪》，《鲁迅全集》第14卷，人民文学出版社2005年版，第24页。

他所了解到的黄萍荪与官吏勾结,暗中撰文诋毁自己,并以此发迹之事:

> 当我加入自由大同盟时,浙江台州人许绍棣,温州人叶溯中,首先献媚,呈请南京政府下令通缉。二人果渐腾达,许官至浙江教育厅长,叶为官办之正中书局大员。有黄萍荪者,又伏许叶嗾使,办一小报,约每月必诋我两次,则得薪金三十。黄竟以此起家,为教育厅小官,遂编《越风》,函约"名人"撰稿,谈忠烈遗闻,名流轶事,自忘其本来面目矣。"会稽乃报仇雪耻之乡",然一遇叭儿,亦复途穷道尽!①

文中"然一遇叭儿,亦复途穷道尽"一语,正可作《女吊》中"我也很喜欢听到,或引用这两句话。但其实,是并不的确的"这个拗口句子的一个简明注释。两次引用"会稽乃报仇雪耻之乡",都与黄萍荪有关,写作《女吊》时一起手便抛出这句话,不会不想到他与黄氏间的这段"宿怨"。

1948年,黄萍荪将鲁迅复信的手稿公开,并撰文表示他见鲁迅信后,便找浙江党部熟人询问通缉自由运动大同盟诸人一事,党部人员回复并无此案;并称自己后来还就此事与鲁迅当面解释清楚,已冰释误会。②黄萍荪的说法未必足信,早在1935年,他就曾写过《雪夜访鲁迅翁记》,杜撰了

---

① 鲁迅:《关于许绍棣叶溯中黄萍荪》,《鲁迅全集》第8卷,人民文学出版社2005年版,第450页。
② 参见黄萍荪《鲁迅与"浙江党部"之一重公案》,《子曰丛刊》1948年第2辑。

他与鲁迅的会面,这一点他在后来也私下承认过。[1] 此番是否故技重施不得而知,但鲁迅说的"办一小报,约每月必诋我两次"应该也是道听途说,否则不会知道"薪金三十"这样的幕后细节。此外,目前也没有资料显示黄萍荪曾经办过诋毁鲁迅的"小报"。至于鲁迅此文写就后留在手里不发,不知是否由于还未完全确证文中提到诸人诸事的真实性。

不过这里要谈的问题不在于黄萍荪是否当面与鲁迅澄清过此事,也不在于黄萍荪是否蒙冤,而是与"会稽乃报仇雪耻之乡"这句为《女吊》全篇奠定基础的引语真正形成互文关系的,并非乡间的女吊形象,而是与《越风》编辑、"教育厅小官"黄萍荪有关的一信一文。

(二)背景二

早在1925年,《语丝》上曾登载过一封桑洛卿给周作人的信,周作人进行回复,两封信以《乡谈》为题刊登。在复信中,周作人也使用了"会稽乃报仇雪耻之乡,非藏垢纳污之地"一语。需要提醒的是,这句话在王思任的《让马瑶草阁部》中原作:"吾越乃报仇雪耻之国,非藏垢纳污之区也。"[2] 他在文中怒斥马士英拥立福王后竟"兵权独握",尤为人不齿的是"叛兵至则束手无策,强敌来而先期以走",最后更以越乡民众的复仇精神恫吓马士英,逼其自裁以谢天下。从周作人和后来鲁迅所引的异文来

---

[1] 1981年倪墨炎当面向黄萍荪求证《雪夜访鲁迅翁》一文是否虚构,黄萍荪也承认了"这篇文章有招徕读者之心",同时申明"但实在不存攻击鲁迅之意。我编刊物,很希望鲁迅能写稿,怎么会去攻击他呢?"参见倪墨炎《也谈黄萍荪与鲁迅》,《文汇读书周报》1997年1月4日。此外,谢其章认为黄萍荪不仅《雪夜访鲁迅翁》一文是虚构,后来《鲁迅与"浙江党部"之一重公案》中关于与鲁迅会面,消释误会的记述也可能是杜撰。参见谢其章《黄萍荪到底见过鲁迅没有?》,《鲁迅研究月刊》2005年第5期。

[2] (清)李渔辑:《尺牍初征》卷一,清顺治十七年刻本,第2页。

看，他们最初见到的并非《让马瑶草》原文，而是清末李慈铭在《越中先贤祠目序例》中对王季重其人其文的称赞："檄马士英一书正气凛然，其云'会稽乃报仇雪耻之乡，非藏污纳垢之地'二语尤足廉顽立懦，景仰千秋。"[1] 1928年周作人在《〈燕知草〉跋》中再次征引这句话："明朝的名士的文艺诚然是多有隐遁的色彩，但根本却是反抗的，有些人终于做了忠臣，如王谑庵到复马士英的时候便有'会稽乃报仇雪耻之乡，非藏垢纳污之地'的话，大多数的真正文人的反礼教的态度也很显然。"[2]这仍然强调了"隐遁"下实为"反抗"。及至1934年周作人作《文饭小品》，再度提及王思任致马士英书时，却已是另一种看法："此文价值重在对事对人，若以文论本亦寻常，非谑庵之至者，且文庄而仍'亦不废谑'。"[3]已在强调反抗色彩之下仍不能掩的"谑"，这无疑是在与"载道派"对垒。1936年9月16日，即鲁迅开手作《女吊》的三天前，周作人致林语堂的一封信刊载在《宇宙风》上，称"近日拟写一小文，介绍王季重之《谑庵文饭小品》，成后当可以寄奉，此书少见，今年以屠隆之《栖春馆集》一部易得之者也"，颇有珍重之意。信末又以明末比附当时，以为"虏患流寇，八股太监，原都齐备，载道派的新人物则正是东林，我们小百姓不能走投其中某一路者活该倒楣"[4]。很长一段时间，周氏文末都像这样，每每须与载道派交锋一番，使其"谑"的趣味显得格外沉重。其实，言志也好，载道也罢，当鲁迅在生命末期不断使用这句周作人曾反复征引的"改造"后的乡贤名言，不仅是兄弟二人曾经共享同一传统知识资源的见证，更是时空相隔下，两人从同

---

[1] （清）李慈铭：《越缦堂文集》卷一二，民国北平图书馆铅印本，第8页。
[2] 周作人：《〈燕知草〉跋》，《永日集》，北新书局1929年版，第180页。
[3] 周作人：《文饭小品》，《人间世》1934年第9期。
[4] 周作人：《知堂先生近影及手札》，《宇宙风》1936年第25期。

声相应走向各言其志的一场颇具象征意味的潜对话。

更重要的是,当鲁迅反复征引王思任的"报仇雪耻"之言时,"晚明小品热"正逢其盛,而王思任正是被大力推崇的一位。1932年北平人文书店出版沈启无编选的《近代散文抄》,选入王季重小品文16篇,数量上仅次于袁中郎、李长蘅、张宗子,内容几乎均为游记。1935年,施蛰存更是直接借用王思任《文饭小品》之名,在上海创办新刊。同年他又主编了"中国文学珍本丛书"第一辑,虽云"中国文学",而公安、竟陵两派分量极重,《王季重十种》亦入选其中,由阿英点校。这年年底,鲁迅作《杂谈小品文》,提及"今年又有翻印所谓'珍本'的事"时有这样的评价:"现在只用了一元或数角,就可以看见现代名人的祖师,以及先前的性灵,怎样叠床架屋,现在的性灵,怎样看人学样……"[1]直把古人今人一网打尽。不过鲁迅所非议者并非"小品文"或"性灵"本身,而是"独尊"之态:"虽说抒写性灵,其实后来仍落了窠臼,不过是'赋得性灵',照例写出那么一套来。"而"经过清朝检选的'性灵',到得现在,却刚刚相宜,有明末的洒脱,无清初的所谓'悖谬'"[2]。这本质上是在谈"性灵"作为"一是之学说"的虚伪性。在此前所作的《"招贴即扯"》中,他更是举出袁中郎如何服膺具有"方巾气"的顾宪成作为实例,说明小品文的师祖也并非只有一张面孔、只贯彻一种主张。[3]而到《女吊》时,鲁迅基本采取了相同"策略",他对王思任"会稽"一语的征引,击中了晚明小品推崇者对王思任其人其文"谑"与"性灵"的单一面向的言说,翻检出其极具"方巾气"

---

[1] 鲁迅:《杂谈小品文》,《鲁迅全集》第6卷,人民文学出版社2005年版,第432页。
[2] 鲁迅:《杂谈小品文》,《鲁迅全集》第6卷,人民文学出版社2005年版,第431页。
[3] 参见鲁迅《"招贴即扯"》,《太白》1935年第1卷第11期。

的一面。

不难看出，无论是与黄萍荪在现实生活中的恩怨，与周作人自觉或不自觉的潜对话，还是与晚明小品文推崇者的观念交锋，"会稽乃报仇雪耻之乡，非藏垢纳污之地"都去民间女吊形象远矣，而指向了鲁迅与知识界的多方纠葛，潜藏着真正的"民间"大众无从了然的用心。这是面向知识分子的发难，而非向着"乡土中国"的发声。

三

《女吊》中鲁迅对"复仇"的赞颂是热烈的，这种态度同样见于《铸剑》《复仇》等作品中，但不应忘记，很多时候他却对"复仇"采取一种否定性书写。未庄乡民用"灯"和"亮"的"禁语"取笑阿Q时，他"没有法，只得另外想出报复的话来：'你还不配……'"被革命军拒绝后，阿Q"对于自己的盘辫子，仿佛也觉得无意味，要侮蔑；为报仇起见，很想立刻放下辫子来，但也没有竟放"。这里，复仇心理被鲁迅纳入国民性批判叙事。消除了《阿Q正传》的戏谑笔调，《一个青年的梦·译者序》则正面地表达了这一观点，他说在中国的社会上，人们"大抵无端的互相仇视……我因此对于中国人爱和平这句话，很有些怀疑，很觉得恐怖"[①]。1925年写就的散文《颓败线的颤动》和小说《孤独者》中重复闪现着同一个场景，孩子手持芦叶，向人喊"杀"。这种人性中自带的仇恨"种子"，使鲁迅和他笔下的人物都感到莫大的惊惧，魏连殳终于"躬行我先前所憎恶，所反对的一切，拒斥我先前所崇仰，所主张的一切了"，以此作为复仇——

---

① 鲁迅：《一个青年的梦·译者序》，《新青年》1920年第7卷第2号。

一种绥惠略夫式的复仇。1926 年鲁迅谈及绥惠略夫时表示："绥惠略夫临末的思想却太可怕。他先是为社会做事，社会倒迫害他，甚至于要杀害他，他于是一变而为向社会复仇了，一切是仇仇，一切都破坏。中国这样破坏一切的人还不见有，大约也不会有的，我也并不希望其有。"[1] 无论是阿 Q 式的复仇，还是绥惠略夫式的复仇，都被鲁迅所反对。因此辨明鲁迅在不同语境中的"复仇"话语是必要的，也就是说，真正的问题不在于鲁迅是否主张复仇，而是他主张的是何种复仇。

鲁迅的复仇书写可以追溯回早期的《摩罗诗力说》，在这篇论文中，他称拜伦"复仇一事，独贯注其全精神"[2]，"怀抱不平，突突上发，则倨傲纵逸，不恤人言，破坏复仇，无所顾忌，而义侠之性，亦即伏此烈火之中"，并着意提醒"若为自由故，不必战于宗邦，则当为战于他国"[3]，即复仇并非民族主义式的，而是为自由之战，或者说，不是利己的，而是利他的。那么，鲁迅对拜伦以及此后密茨凯维支等人"复仇"精神的称颂，是相对何种观念而言的？他在文中也做出了解释：

人人之心，无不渀二大字曰实利……夫心不受撄，非槁死则缩朒耳，而况实利之念，复姑黏热于中，且其为利，又至陋劣不足道，则驯至卑懦俭啬，退让畏葸，无古民之朴野，有末世之浇漓。[4]

以此反顾中国，他指出中国文化的缺点正在于"以孤立自是，不遇校

---

[1] 鲁迅（向培良记）：《记鲁迅先生的谈话》，《语丝》1926 年第 94 期。
[2] 鲁迅：《摩罗诗力说》，《鲁迅全集》第 1 卷，人民文学出版社 2005 年版，第 78 页。
[3] 鲁迅：《摩罗诗力说》，《鲁迅全集》第 1 卷，人民文学出版社 2005 年版，第 82 页。
[4] 鲁迅：《摩罗诗力说》，《鲁迅全集》第 1 卷，人民文学出版社 2005 年版，第 71 页。

髓，终至堕落而之实利"①。也就是说，鲁迅试图宣扬的"复仇"本质上是一种纯粹的、去功利性的复仇，要求摒除对复仇以后的"实利"的谋求。

实际上，这种纯洁的复仇观其来有自，章太炎曾作《复仇是非论》强调"人苟纯以复仇为心，其洁白终远胜于谋利"②，鲁迅对理想复仇的阐释与此相通。不过，章太炎把"复仇"视作"排满"的一部分，因此他一开始就提出："今以一种族代他种族而有国家，两种族间其岂有法律处其际者，既无法律，则非复仇不已。"③这显示出强烈的民族主义诉求。而"复仇"之后，他提出了下一步建设性对策，"若以汉人治汉，满人治满，地稍迫削，则政治易以精严，于是解仇修好，交相拥护，非独汉家之福，抑亦满人之利"④，即借助复仇手段，最终要达到的是各民族"解仇修好"之旨归。而章太炎一直强调的"民族主义"仅作为一项策略提出，不具终极性，他说："举其切近可行者，犹不得不退就民族主义。"⑤既然"民族主义"只是一种政治方案，那么其哲学底色又是什么？章太炎在文末做出这样的自白："人我法我，犹谓当一切除之。"⑥对"人我法我"的破除在此后的《建立宗教论》中又得以深化，即建立"以自识为宗"的新宗教，章太炎进一步

---

① 鲁迅：《摩罗诗力说》，《鲁迅全集》第1卷，人民文学出版社2005年版，第101页。
② 章太炎：《复仇是非论》，《章太炎全集·太炎文录初编》，上海人民出版社2014年版，第280页。
③ 章太炎：《复仇是非论》，《章太炎全集·太炎文录初编》，上海人民出版社2014年版，第277页。
④ 章太炎：《排满平议》，《章太炎全集·太炎文录初编》，上海人民出版社2014年版，第276页。
⑤ 章太炎：《复仇是非论》，《章太炎全集·太炎文录初编》，上海人民出版社2014年版，第282页。
⑥ 章太炎：《复仇是非论》，《章太炎全集·太炎文录初编》，上海人民出版社2014年版，第282页。

阐释:"识者云何?真如即是惟识实性,所谓圆成实也。"①"圆成实性"是印度唯识学和中国法相宗所说的"三性"之一,与"遍计所执自性""依他起自性"相对。"遍计所执自性"是观念的产物,离开意识便不具意义,比如"色空""自他""内外"等概念;"依他起自性"则指一切依因待缘之现象,而"逮其证得圆成,则依他亦自除遣"②。章氏的"真如"哲学主张"无量固在自心,不在外界",但"自"不同于通常意义上的"我",而是"特不执一己为我,而以众生为我"③。因此,章太炎是把复仇视作最初级阶段的"行动",而最终要去除"人我法我"以抵达"真如"境界。

　　章氏意在以"复仇"之术求"真如"之道,这种术道相离、体用二分的做法本身就充满危险。在鲁迅这里,"复仇"则被赋予本体性,而不仅充当一项政治实践。章太炎对"复仇"之后的构想是"解仇修好",鲁迅却说"平和为物,不见于人间"。至于政治上,鲁迅则指出:"中国之治,理想在不撄……有人撄人,或有人得撄者,为帝大禁,其意在保位,使子孙王千万世",诗人却正是触犯这一禁忌的"撄人心者","其声激于灵府,令有情皆举其首……而污浊之平和,以之将破"④。鲁迅无意于将"复仇"滞留于"民族主义"立场,而使其超越实在的行动,并进入抽象的精神力量和审美资源层面,即"撄人心"。因此与章太炎把复仇寄托于革命不同,鲁迅更倾向于将复仇寄托于文艺,他一方面作《摩罗诗力说》称颂拜伦谱系文学家

---

① 章太炎:《建立宗教论》,《章太炎全集·太炎文录初编》,上海人民出版社2014年版,第436页。
② 章太炎:《建立宗教论》,《章太炎全集·太炎文录初编》,上海人民出版社2014年版,第436页。
③ 章太炎:《建立宗教论》,《章太炎全集·太炎文录初编》,上海人民出版社2014年版,第437页。
④ 鲁迅:《摩罗诗力说》,《鲁迅全集》第1卷,人民文学出版社2005年版,第70页。

的"摩罗精神",一方面在自己的文学创作中展示这种复仇精神。《复仇》中一男一女"持刀对立旷野"却"也不拥抱,也不杀戮",以最大的无聊向看客复仇;《复仇(二)》中被凌辱的"神之子"因悲悯人们的前途,而仇恨人们的现在;直到《铸剑》,黑色人将"时日曷丧,予及汝偕亡"的复仇表现到近乎极致。

这种复仇观的困境在于它只能停留在精神层面,而无法通向"动作"之"旨归",否则极易滑向阿Q式复仇或绥惠略夫式复仇,即鲁迅自己反对的内容。这也造成了《女吊》的叙事障碍——"讨替代"作为传统女吊形象的核心行动无法直接过渡为"复仇",作者更是特意区隔了复仇与讨替代的意义:"中国的鬼还有一种坏脾气,就是'讨替代',这才完全是利己主义","习俗相沿,虽女吊不免,她有时也单是'讨替代',忘记了复仇"。这样叙事的后果是作者只能指认女吊为复仇者,却无法提供女吊复仇的实例。

四

以"单是'讨替代'"而"忘记了复仇"的女吊作为复仇精神的代表,其说服力显然不足。那么这一存在天然"劣势"的形象为何仍能被鲁迅纳入其复仇书写序列?

事实上鲁迅关于女吊的印象应该并未落在童年时故乡的戏台上,而很可能来自多年后陶元庆的画作《大红袍》。1925年鲁迅在陶元庆的个人展览上见过这幅画后,即与许钦文商议:"《大红袍》,璇卿这幅难得的画,应该好好地保存。钦文,我打算把你写的小说集结起来,变成一本书,定名《故乡》,就把《大红袍》用作《故乡》的封面。这样,也就把《大红袍》做成印刷品，保存起来了。"[1]本应起辅助作用的封面画，这时却有些"喧宾夺主"的意思，足见鲁迅珍重之意。

作为陶元庆的好友，许钦文见证了《大红袍》的整个创作过程：

（陶元庆）当时住在"北京"的绍兴会馆里，日间到天桥的小戏馆去玩了一回，是故意引起些儿童时代的回忆来的。晚上困到半夜后，他忽然起来，一直到第二天的傍晚，一口气画就了这一幅。其中乌纱帽和大红袍的印象以外，还含着"吊死鬼"的美感——绍兴在演大戏的时候，台上总要出现斜下着眉毛，伸长着红舌头的吊死鬼，这在我和元庆都觉得是很美的。[2]

陶元庆还向许钦文阐述过创作中一些更具体的想法：

《大红袍》那半仰着脸的姿态，当初得自绍兴戏的《女吊》，那本是个"恐怖美"的表现，去其病态的因素，基本上保持原有的神情：悲苦、愤怒、坚强。蓝衫、红袍和高底靴是古装戏中常见的。握剑的姿势采自京戏的武生，加以变化，统一表现就是了。[3]

两人的说法基本还原了创作的三个步骤：首先，《大红袍》是从绍兴戏剧中的女吊取材，构成画面主体；其次，画家在女吊原型的基础上滤去了原有的病态之恐怖，而着力塑造"悲苦、愤怒、坚强"的神情；最后，在

---

[1] 许钦文：《鲁迅和陶元庆》，《〈鲁迅日记〉中的我》，浙江人民出版社1979年版，第86页。
[2] 许钦文：《陶元庆及其绘画》，《人间世》1935年第24期。
[3] 许钦文：《鲁迅和陶元庆》，《〈鲁迅日记〉中的我》，浙江人民出版社1979年版，第86页。

外形设计上吸纳了京剧元素，这主要体现在大红袍和厚底靴等行头以及武生的握剑姿势上，这一切都带有典型的男性印记，而这一阳刚化改造正是去除女吊原型病态因素的重要环节。经过陶元庆改造的女吊和后来鲁迅笔下的女吊给人的印象几乎一致，只是《大红袍》仅凸显女吊的"悲苦、愤怒、坚强"，还未发展为鲁迅反复强调的"复仇"。

但鲁迅很可能已经从《大红袍》那里误读出"复仇"精神。他对《大红袍》的倾心无关于其女吊的选材，而主要来自画面中"剑"的意象，他向许钦文称道："璇卿的那幅《大红袍》，我已亲眼看见过了，有力量；对照强烈，仍然调和，鲜明。握剑的姿态很醒目。"[1] 据许钦文回忆，鲁迅后来专门写信给陶元庆，告诉他"有个德国的美术家叫 Eche 的也说《大红袍》很好，剑的部分最好"[2]。无论是鲁迅自己的评价，还是向画家转述别人的评价，都对"剑"的意象给予格外关注。可以说，"剑"是鲁迅通向《大红袍》的理解之门。而综观鲁迅的复仇书写，"剑"几乎可以视作其核心审美意象，《铸剑》毋庸置疑，《摩罗诗力说》中言及拜伦处多次出现"孤舟利剑"意象，《复仇（二）》中赤裸的两人也"捏着利刃，对立于广漠的旷野之上"……鲁迅将复仇的审美想象凝结在"剑"意象中，而陶元庆的画中之剑很可能触发了鲁迅的心中之剑，这为鲁迅日后把女吊形象与复仇精神关联起来提供了重要的艺术资源。

1924 年，鲁迅译作《苦闷的象征》的封面亦出自陶元庆之手。陶元庆到北京后不久，许羡苏即在鲁迅处提及此人。鲁迅又向许钦文详细询问了陶元庆的情况，对其绘画风格有了基本了解后，便托请许钦文邀他为《苦

---

[1] 许钦文：《鲁迅和陶元庆》，《〈鲁迅日记〉中的我》，浙江人民出版社 1979 年版，第 86 页。
[2] 许钦文：《鲁迅和陶元庆》，《〈鲁迅日记〉中的我》，浙江人民出版社 1979 年版，第 87 页。

闷的象征》绘制封面，这是两人多次合作中的第一次。封面的基本构想是头发蓬乱的少女舔舐手中的一柄镗叉，所有元素均由曲线线条抽象凝练而成，包孕在圆形轮廓中，融入日本图案风格，颇具象征意味；色彩主要由黑、蓝、红三色构成，对比度极高。

有意思的是，对比《大红袍》和《苦闷的象征》封面，两幅画的基本元素和用色如出一辙，散发的女子，寒气凛凛的兵器，黑、蓝、红的配色，几乎可以把《苦闷的象征》看作高度抽象化之后的《大红袍》。陶元庆较少自我重复，这两幅画的内在联系不言而喻。在鲁迅那里，虽然《大红袍》的创作早于《苦闷的象征》封面，但鲁迅先见到的却是后者，这不仅为鲁迅后来鉴赏《大红袍》提供了理解的"前结构"，也为鲁迅重新想象女吊形象、为之灌注个人化隐曲提供了途径。

五

虽然鲁迅的女吊印象极可能受到《大红袍》影响，但在作品中他仍旧将其复归于民间社戏舞台上。实际上，鲁迅虽然在《社戏》《无常》《女吊》等作品中一再表达对于社戏的倾心，但其童年时代真实的观剧体验却未必像文学作品中叙述的那样。在《偶成》里他透露了关于社戏的另一种记忆："前清光绪初年，我乡有一班戏班，叫作'群玉班'，然而名实不符，戏做得非常坏，竟弄得没有人要看了。"① 这提示我们，日后鲁迅对社戏的欣赏并非看重其本身，而是看重其观念意义上的阐释空间。

早在1908年所作的《破恶声论》中，鲁迅已经摆明捍卫社戏的态度：

---

① 鲁迅：《偶成》，《申报·自由谈》1933年6月22日。

若在南方，乃更有一意于禁止赛会之志士。农人耕稼，岁几无休时，递得余闲，则有报赛，举酒自劳，洁牲酬神，精神体质，两愉悦也。号志士者起，乃谓乡人事此，足以丧财费时，奔走号呼，力施遏止，而钩其财帛为公用。嗟夫，自未破迷信以来，生财之道，固未有捷于此者矣。夫使人元气瘰浊，性如沉鞠；或灵明已亏，沦溺嗜欲，斯已耳；倘其朴素之民，厥心纯白，则劳作终岁，必求一扬其精神。故农则年答大戬于天，自亦蒙庥而大嵩，稍息心体，备更服劳。今并此而止之，是使学轭下之牛马也，人不能堪，必别有所以发泄者矣。况乎自慰之事，他人不当犯干，诗人朗咏以写心，虽暴主不相犯也；舞人屈申以舒体，虽暴主不相犯也；农人之慰，而志士犯之，则志士之祸；烈于暴主远矣。①

他在这里指出，禁止赛会的"志士"们本着经济的需求、功用性的观念，否认人的超越性精神需求，这是对人类精神的暴政，比独夫之暴政更甚。因此，鲁迅将"志士"斥为"伪士"，称其"借口科学"不过"拾人余唾"，实则对"科学何物，适用何事，进化之状奈何，文明之谊何解"不明就里。如此，被宣扬的"科学"已非科学本身，而是一个概念空壳。在《科学史教篇》里，他更清晰地表述了"科学"能与时俱进，而非一定之规。当"科学"成为"一是之学说"的知识话语，即取得统驭社会、"以众虐独"的权力。正是基于对话语权力的抵抗，或说出于"伪士当去"的诉求，使得"民间"资源在鲁迅那里获得了"意义"。

但"民间"本身在鲁迅看来并不可靠，这从鲁迅对京剧的态度即可见出。社戏和京剧均植根于民间社会，但鲁迅对二者的评价判若云泥。一

---

① 鲁迅：《破恶声论》，《河南》1908年第8期。

方面，社戏和京剧虽然都是民间大众的艺术，但却属于两个不同的"民间"世界，从《社戏》中我们可以理解鲁迅是将京剧放置在现代市民社会中来打量的，而社戏则属于前现代的乡土社会，但只有后者可以获得"民间"的称谓——五四以来，现代中国知识分子对"民间"的发现正是沿此思路展开。在这一思路中，"民间"并不处于建构中的"当下"，而被视作已完成的实体，它本身不具自足性，而是作为抗衡官方社会和主流传统的"他者"被想象与征用。另一方面，鲁迅否定京剧的原因已经在批评梅兰芳时说过："梅兰芳不是生，是旦，不是皇家的供奉，是俗人的宠儿，这就使士大夫敢于下手了。士大夫是常要夺取民间的东西的，将竹枝词改成文言，将'小家碧玉'作为姨太太，但一沾着他们的手，这东西也就跟着他们灭亡。"[1] 鲁迅深谙此"民间"的不稳定性及不可靠性，这意味着他对"民间"资源和"民间"概念的频频征用，实际只是将"民间"作为方法，而非立场。

那么，鲁迅的"立场"，或说最终要求是什么？这需要溯回他在《破恶声论》中提到的两个核心概念："心声"和"内曜"。"内曜者，破瘰暗者也；心声者，离伪诈者也。"其真义在破除"他信"以重建"自信"。而其所谓"迷信可存"的原因也正在于此："夫神话之作，本于古民，睹天物之奇觚，则逞神思而施以人化，想出古异，淑诡可观，虽信之失当，而嘲之则大惑也。"[2] 这意味着他看重的是"迷信"表象下的"神思"，即太古先民不因袭"他信"的想象力。多年后，鲁迅翻译《苦闷的象征》，亦可视作对其早年论述的接续，在《苦闷的象征·引言》中，鲁迅把翻译他人著作时

---

[1] 鲁迅：《略论梅兰芳及其他（上）》，《中华日报·动向》1934年11月5日。
[2] 鲁迅：《破恶声论》，《河南》1908年第8期。

"压在纸背的心情"亮明在纸面上,他直言:"非有天马行空似的大精神即无大艺术的产生。但中国现在的精神又何其萎靡锢蔽呢?"[1]

不过他又进一步解释,对"心声"和"内曜"的激发却"不大众之祈,而属望止一二士,立之为极,俾众瞻观"[2],即不能依靠民间大众,而须依靠少数几个人来为大众示范。因此,通常意义上的重启民间资源以破壁固化的精英社会或官方社会于鲁迅而言仅是具备可操作性的第一步,其核心却恰是反面,即对"一二士"——那些有能力对世俗"精英"和士大夫传统进行清扫并重新激发人的上古天然之心的人——的呼求,而此中蕴含的实为更具理想色彩的精英意识。

如此,我们得以理解,"民间立场"作为一种策略性话语使得女吊成为可资征用的形象;"精英意识"却使作者对女吊不得不进行一场根本性重塑,使其由一个承载劝善与宗教祭祀功能的传统民俗形象转为向"他信"的知识权力和话语权力"复仇"的文学资源。至于从《无常》到《女吊》,鲁迅对古老目连戏中那些鬼魅的念念不忘,正是被其"逞神思而施以人化"的古异淑诡所吸引。从鬼魅书写中渗透出的苦闷与寂寞,更是作者无以为外人道的"象征"之所系。

---

[1] 鲁迅:《苦闷的象征·引言》,北新书局1925年版,第3页。
[2] 鲁迅:《破恶声论》,《河南》1908年第8期。

一个世纪的精神还乡
——从鲁迅的《故乡》到莫言的《等待摩西》*

张 悦

自2012年获得诺贝尔文学奖后，沉寂了5年多的莫言终于又一次带着作品回归文坛：2017年9月，莫言在《人民文学》发表戏曲文学剧本《锦衣》和组诗《七星曜我》，同时在《收获》发表三个短篇组成《故乡人事》。2018年1月莫言又在《十月》杂志上发表小说《等待摩西》。从莫言这次"复出"的四篇小说来看，尤其是其中的《等待摩西》，无论是文本结构还是叙事方式，甚至其中的诸多段落，都很容易让我们联想到鲁迅在《故乡》《祝福》等作品里知识分子"回乡"的故事。这既是鲁迅故乡书写的深远影响，也是莫言对鲁迅的遥远致敬。从鲁迅到莫言，在这条横跨了将近一个世纪的归乡谱系中，我们不仅看到莫言对鲁迅故乡书写传统的继承与延续，而且也能够折射出多年后的莫言对于自己与故乡关系的重审与反思。

---

* 本文为国家社会科学基金重大项目"京津冀文脉谱系与'大京派'文学建构研究"（项目编号：18ZDA281）阶段性研究成果，国家社科基金项目"20世纪中国左翼文学的谱系学研究"阶段性研究成果（项目编号：14BZW135），北京社科基金项目"鲁迅在北京的文化消费地图"阶段性研究成果（项目编号：15JDWYB009）。

一、作为隐含前提的"离乡"动因

莫言此次"复出"后所写的四部小说，都是以故乡为题材的，尤其是《等待摩西》，以"我"三次回乡的所见所闻作为整个故事的叙事结构，勾勒出了故乡旧识柳卫东的不同人生阶段的命运。这几乎完全沿用了由鲁迅在《祝福》和《故乡》中开创的"回乡"叙事模式。对于这种模式的研究，已经不是一个新的话题，但长期以来学界关注更多的是作为故事主体的"回乡"经历，而往往忽视了"回乡"之所以得以发生的一个隐含前提——"离乡"。然而如果抛开"离乡"来谈"回乡"，我们就无法把握这种回乡叙事的完整性，如果不懂他们当时离开的动因，我们就无法真正理解他们归来的心境。

人口的迁移和流动是人类社会发展中最正常不过的状态，但无论古今中外，背井离乡却始终是文学书写中永恒的主题。虽然作为一个社会现象的"离乡"，只不过是人类社会发展的一个常态，但对于每一个个人来说，"离乡"都是一个最缠绵悱恻的话题。故乡对一个人的意义，唯有在离开之后，才会凸显出来。一个终生都生活在同一个地方的人实际上并不真正拥有"故乡"。在失去中获得，这就注定了离乡者与故乡之间极其复杂的关系。特别是对于鲁迅和莫言来说，一个处于现代化转型的19世纪末，一个处于即将迎来时代巨变的20世纪70年代，他们的出走便超脱了古代游子传统意义上的远游他乡，而更具有了特殊的时代特征。"有谁从小康人家而坠入困顿的么，我以为在这途路中，大概可以看见世人的真面目；我要到N进K学堂去了，仿佛是想走异路，逃异地，去寻求别样的人们。"[1]家道

---

[1] 鲁迅：《呐喊·自序》，《鲁迅全集》第1卷，人民文学出版社2005年版，第457页。

中落使敏感的鲁迅自小就感受到了世态炎凉，熟人自私的嘴脸、亲人冷漠的面目，切割着鲁迅对家乡的最后一丝温情。"好。那么，走罢！但是，那里去呢？S城的脸早经看熟，如此而已，连心肝也似乎有些了然。总得寻别一类人们去，去寻为S城人所诟病的人们，无论其为畜生或魔鬼。"①如果说从绍兴到南京，是一个17岁敏感青年感受到乡情冷漠后的无奈逃离，那么从中国到日本，则正式开启了鲁迅作为一个现代知识分子的选择。"我的梦很美满，预备卒业回来，救治像我父亲似的被误的病人的疾苦，战争时候便去当军医，一面又促进了国人对于维新的信仰。"②抱着"美满"的梦踏上"离乡"甚至是"去国"之路，不仅是鲁迅一个人的人生轨迹，而且是五四一代知识分子的共同命运。胡适、陈独秀、钱玄同、傅斯年、刘半农、欧阳予倩、丁西林、郭沫若、郁达夫、周作人、徐志摩、林徽因、冰心、梁实秋、老舍、林语堂、闻一多、许地山、巴金、冯沅君、焦菊隐、李健吾、李劼人、李金发、戴望舒，等等，几乎现代文学史上所有的作家都有过"去国离乡"的经历。他们或是因为欧风美雨的感召，或是因为挣脱家庭伦理的束缚，又或是因为怀抱着强国救民的信仰，做出了共同的选择。在这个意义上，包括鲁迅在内的一批人，他们对乡土的逃离，不仅是文化背景的变化和人生体验的更新，而且被附上了从愚昧走向清醒，从专制走向民主，从贫弱走向富强，从古典走向现代的特殊意义。

莫言也是如此，只是这一代人对于故乡的逃离，少了五四那一代人求学强国的梦想与抱负，而是出于一种本能的对生存的挣扎。1975年国家下发严格控制"农转非"的政策之后，农村与城市之间的鸿沟不仅是身份上

---

① 鲁迅：《琐记》，《鲁迅全集》第2卷，人民文学出版社2005年版，第303页。
② 鲁迅：《呐喊·自序》，《鲁迅全集》第1卷，人民文学出版社2005年版，第438页。

的差别，农村的贫困落后、辛苦劳作，与城市的繁华富裕、轻松悠闲形成了极大的反差。这个时期的农村青年想要摆脱贫瘠土地，改变自己命运，离乡成为唯一选择。莫言曾在多处毫不掩饰地谈到对于故乡的排斥：

我对那块土地充满了仇恨。它耗干了祖先们的血汗，也正在消耗着我的生命。我们面朝黑土背朝天，付出的是那么多，得到的是那么少……我有鸟飞出笼子的感觉。我觉得那已没有什么东西值得我留恋了。[1]

十八年前，当我作为一个地地道道的农民在高密东北乡贫瘠的土地上辛勤劳作时，我对那块土地充满了刻骨的仇恨……一切都看厌了，岁月在麻木中流逝着，那些低矮、破旧的草屋，那条干涸的河流，那些土木偶像般的相亲，那些凶狠奸诈的村干部，那些愚笨骄横的干部子弟……假如有一天，我能幸运地逃离这块土地，我决不会再回来。[2]

同样是高密这片土地，在上面文字的表述中，我们看不到后来莫言作品中高粱地的野性和力量，而只有一个乡村青年对贫瘠土地最直接的仇恨和对外面世界最强烈的渴望。这种渴望即便在莫言已经获得诺贝尔文学奖功成名就后，仍然被隐晦地记在笔下，在新作《等待摩西》中莫言这样写道：

1975年，我当兵离开家乡，临行之前，见过柳卫东一面。他很羡慕我，因为对当时的农村青年来说，当兵是一条光明的出路。他也报过名，但最终

---

[1] 莫言：《我的故乡与我的小说》，《当代作家评论》1993年第2期。
[2] 莫言：《超越故乡》，《莫言散文》，浙江文艺出版社2000年版，第251页。

还是因为他爷爷柳彼得的基督教徒身份受了牵连。我记得他当时悲愤地说：我这辈子，就毁在柳彼得这个老王八蛋手里了。我很虚伪地劝他，说了一些诸如"农村是一个广阔的天地，在那里也可以大有作为"之类的话。他苦笑着说：是啊，是够广阔的，出了村就是白茫茫的盐碱地，一眼望不到边儿。[①]

虽然莫言将自己称为一个"地地道道的农民"，但显然，一个憎恨土地的人注定不可能成为一个农民，莫言注定要离开高密，就像鲁迅注定离开绍兴一样。莫言曾在早期的一部作品《爆炸》里以自己为原型写了这样一个故事："我"在部队要提升干部，就不能生二胎，而"我"在农村的妻子却怀着传统的理念非要生下腹中的孩子。在这种情况下，"我"急忙赶回乡下，劝说妻子去流产。在自身前途和一个新生命之间做一个选择，莫言并没有让《爆炸》中的"我"体现出太多的挣扎和矛盾，而是坚定地让妻子选择了流产，并非因为"我"的无情，而是在时代洪流中的"我"想要离开农村留在城市，实际上也并没有太多的选择。莫言在《爆炸》里压抑的生育之痛，一直到几十年后的《蛙》中才真正被释放出来。

1898 年 17 岁的鲁迅，和 1976 年 21 岁的莫言，这两个青年中间隔了将近一个世纪的时间，却都站在时代转折的洪流中，选择离开了自己的故乡。他们的选择已经不仅是个人的行为，而是被打上了时代的印记。这两次离乡潮作为历史的一个切片，反映了两代青年在时潮冲击、裹挟下的个人命运。故乡在这个意义上，褪去了诗意温暖的光环，被置于"现代"和"富裕"的对立面，让"鲁迅们"和"莫言们"纷纷选择逃离。然而吊诡的是，恰恰正是在这种逃离中，在追求"别一样的生活"中，他们又在潜移

[①] 莫言：《等待摩西》，《十月》2018 年第 1 期。

默化中完成了自己和故乡的和解。故乡在逃离的过程中逐渐幻化为一个精神符号慰藉着游子的心灵。若干年后，当鲁迅一个人面对着厦门的大海时，"四近无生人气，心里空空洞洞……这时我不愿意想到目前；于是回忆在心里出土了，写了十篇《朝花夕拾》"[1]。当莫言在离乡"三年"之后重新踏上故乡土地时，"我的心中却是那样激动；当我看到满身尘土、眼睛红肿的母亲挪动着小脚艰难地从打麦场上迎着我走过来时，一股滚热的液体哽住了我的喉咙，我的脸上挂满了泪珠。那时候，我就隐隐约约地感觉到了故乡对一个人的制约。对于生你养你、埋葬着你祖先灵骨的那块土地，你可以爱它，也可以恨它，但你无法摆脱它"[2]。无论是鲁迅还是莫言，甚至是对于每一个人来说，家乡都是一个精神原点，只有离开，我们才能感受到它对我们一生的牵制。

二、作为文化批判的"回乡"审视

当阔别家乡多年的游子再次归乡时，长期漂泊的艰辛和附着在记忆中的美好让他们对于"回乡"怀着一种期盼和想象，也让他们对归来后看到的现实故乡有着更加敏锐的嗅觉。作为一种写作上的叙事需要，在这种"回乡"经历中，作家往往会选择一个"故人"承担着故事情节的发展，比如《故乡》里的闰土，比如《等待摩西》中的柳摩西。但实际上，"故人"身上承载的是"我"对于故乡天真的想象和美好的回忆，与其说"我"作为回乡者审视着面前的这个故人，还不如说审视的是其背后的故乡。

---

[1] 鲁迅：《故事新编·序言》，《鲁迅全集》第 2 卷，人民文学出版社 2005 年版，第 354 页。
[2] 莫言：《我的故乡与我的小说》，《当代作家评论》1993 年第 2 期。

鲁镇的阴郁与破败，乡民的愚钝与麻木，让人们常常把鲁镇当成一个鲁迅作品中作为国民性批判的文化场域，而忽略了"鲁镇"对于鲁迅的原乡意义。鲁镇并非只是一个鲁迅展开批判封建礼教、愚昧的空间，并非鲁迅为了反映落后乡土中国人生世相而选择的地点，它首先是鲁迅的故乡。我们不能离开了故乡这一层面的意义去谈鲁迅的这个作品。鲁迅小说中对故乡人的批判，不仅是在"揭老中国的毒疮"，不仅是一份改造国民性的宣言，它首先应该蕴含着自己与故乡的隔膜之痛。《故乡》发表以后，茅盾率先提出"这篇《故乡》的中心思想是悲哀那人与人中间的不了解、隔膜。造成这不了解的原因是历史遗传的阶级观念"[①]。这种阐释与后来对于鲁迅作品"反封建""反宗法"的阐释缠绕在一起，形成了多年以来解读《故乡》的一个顽强的模式。然而如果鲁迅只是想通过写与闰土的隔膜，来抨击封建伦理对人的毒害，那么"故乡"在这个作品中只能退化为一个故事背景而丧失了它更深层次的意义。事实上，无论是《故乡》中的"我"和闰土，还是现实生活中的鲁迅与章运水，交往都并不深入，"我"对于闰土美好的回忆实际上承载的是"我"在内心深处对故乡的美好记忆和想象。闰土的一声"老爷"打破的不仅是"我"对闰土的回忆，更是瓦解了鲁迅对于故乡所保留的那一点朦胧的美好。"我"作为觉醒奋进的知识分子，在"走异路，逃异地"20多年后回到了阔别多年的故乡，感受体验到的是作为启蒙者的孤立和悲哀。

当鲁迅作为一个新式知识分子体味着与故土的格格不入时，另一个时空的莫言，则是在回乡后面对高密日新月异的变化而怅然若失。《等待摩西》中的"我"，虽然也是一个归乡者，但面对着已经发生巨变的故土，

---

① 茅盾:《评四五六月的创作》,《小说月报》1921年第12卷第8号。

"我"不再批判，相反变得困惑和不解。

我们坐在沙发上，欣赏着他的十四英寸彩色电视机，四喇叭立体声收录机，这是当时乡村富豪家的标配。他按了一下录音机按钮，喇叭里放出了他粗哑的歌声。他说："听听，著名男高音歌唱家柳卫东！"

"柳总，"我说，"能不能换盘磁带？"

"想听谁的？"他说，"邓丽君的，费翔的，我这里都有。"

"不听靡靡之音，"我说，"有茂腔吗？"

"有啊，"他说，"《罗衫记》行吗？"

"行。"

故乡在经历了改革开放的冲击之后，有了电视机，有了收录机，还有了邓丽君和费翔，而"我"作为归来者面对这些变化，竟然想听茂腔了。还有一段对比也很值得体味。

在《故乡》里，鲁迅这样写道：

他站住了，脸上现出欢喜和凄凉的神情；动着嘴唇，却没有作声。他的态度终于恭敬起来了，分明的叫道："老爷！……"

在《等待摩西》里，莫言这样写道：

我去乡政府东边那条街上的理发铺里理发时，遇到了柳卫东。我进去时，理发的姑娘正在给他吹头。只有一张椅子，理发姑娘让我坐在墙边的凳子上等候。我看到镜子里柳卫东容光焕发的脸。他的头发乌黑茂盛。我进去

时他大概睡着了,等我坐下时他才睁开眼。我说:

"柳总!"

他猛地站起来,接着又坐下,大声说:

"你这家伙!"

"柳总!"

相似的场景,同样是一个称呼引发的隔膜,只不过对象颠倒过来了。《故乡》里闰土的"老爷"是对"我"说的,《等待摩西》中的那句"柳总"却是由"我"对着柳摩西说的。这实际上不仅是莫言与鲁迅的差别,更是今天的莫言与30年前的莫言的变化。莫言于1985年发表的短篇小说《白狗秋千架》,这篇小说的返乡者"我",面对的是乡人在看到"我"时,"在我那条牛仔裤上停住目光,嘴巴歪歪地撇起,脸上显出疯狂的表情",乡人与我身上那条新式牛仔裤的隔膜,正是"我"今天看家乡处处都是邓丽君、费翔的隔膜。这种转换,意味着莫言对故乡的审视已经不再像鲁迅,甚至不像以前的自己那样,以归来者的"新"来审视故乡的"旧",而是归来者对故乡的"旧"的想象面对着故乡"新"的现实的这种强烈不适。

另外,归来者不仅审视的是故乡,在"我"与"故乡"的二元观照中,同时也是对于自己的重新审视。"我"为了逃离故乡的愚昧和破败、贫穷和落后选择远行,以为这样,"我"就能摆脱故乡人的愚昧,以为这样便可以追寻别样的人生、全新的世界。但这样的目的是否真的能够得到实现,这样的事实是否真的能够得以达成? 只有再次置身于"回乡"的框架下,答案才能清晰地浮现。

《祝福》里的祥林嫂问"我":"人死后存在灵魂吗?""我"无法作答,只能支支吾吾:"也许有罢,——我想……那是,……实在,我说不清……"

《等待摩西》里的秀美问"我":"兄弟,你说,这个王八羔子怎么这么狠呢? 难道就因为我第二胎又生了个女儿,他就撇下我们不管了吗?""我"也无法作答:"大嫂,卫东不是那样的人。也许,他在外边做上了大买卖……也许,他很快就会回来……"

"我"不仅回答不了祥林嫂,回答不了马秀美,在内心深处,"我"也回答不了我自己。鲁迅和莫言笔下"我"的犹豫和含糊,不仅是不忍伤害祥林嫂和马秀美,而且是源于心中自己的困惑。鲁迅真的就比故乡人更自觉吗? 莫言真的比故乡人更高明吗? 无论是鲁迅,还是莫言,在面对这个问题时体现出犹豫和动摇,其实是作为一个归乡者对于自己的怀疑,"我"曾经痛恨的故乡人身上的劣根性是否在"我"身上也依旧存在? 这是否是"我"与故乡在深层次上的牵连? 从鲁迅到莫言,以"我"来审视故乡,看到的是"我"与故乡的隔膜,以故乡来审视"我",暴露出的是"我"身上摆脱不了的故乡印记。

三、作为精神园地的"无乡"归宿

当现实的故乡与回乡者想象的故乡发生分歧时,家乡也变得更加难以停留。再次离乡,似乎成了唯一的选择。作家特有的敏感不会让他们意识不到自己面临着"失乡"的困境。鲁迅曾在给曹聚仁的信中写道:"倘能暂时居乡,本为夙愿;但他乡不熟悉,故乡又不能归去。"[1] 实际上从《呐喊》到《彷徨》,鲁迅的很多作品都传递着这种"乡不能归去"的无奈。在

---

[1] 鲁迅:《书信·致曹聚仁》,《鲁迅全集》第14卷,人民文学出版社2005年版,第411页。

《祝福》中,"我"在年关回到故乡时,却突然发现"虽说故乡,然而已没有家,所以只得暂寓在鲁四老爷的宅子里";在《在酒楼上》中,"我"特意绕道访了家乡,虽然熟识的小酒楼从店面和招牌都还依旧,但却一个熟人也没有,"我"便顿感"北方固不是我的旧乡,但南来又只能算一个客子,无论那边的干雪怎样纷飞,这里的柔雪又怎样的依恋,于我都没有什么关系了"。

从现实中看,鲁迅自从1919年离开绍兴之后,就再也没有回过家乡,但从他的第一篇小说《怀旧》到临终前一个月写的《女吊》,写的都是自己故乡的事。何以为此?失乡的幻灭感给作家带来无根的漂泊和迷失,却同时也剥落出作家另一个精神的园地,作家找寻到了自己文化意义上的"故乡",从此,作家笔下所写的便不只是"故乡"一时一地的人和事,而承载了作家对童年的追忆、对于人生的理解和对人性的思考。鲁迅创造了他的"鲁镇",它有时叫作"未庄",有时叫作"S镇",有时候又叫"明光屯"。镇上有咸亨酒店,有三味书屋,有杨二嫂的豆腐店,也有华老栓的茶馆,里面活动着穿长衫的孔乙己和穿破布衫的阿Q,还有丧子的单四嫂子和捐门槛的祥林嫂……这既是一个具象的艺术世界,也是一个抽象的精神世界。

与鲁迅不同的是,莫言从一开始好像就很少直接在文本中透出自己的"无乡"之感,在《透明的红萝卜》《红高粱》《丰乳肥臀》等一系列让莫言声名鹊起的作品中,高密东北乡总是以极其蓬勃旺盛的生命力存在着,高密作为莫言文学里的精神领地,极大限度地消化各种各样的主题:有莫言对于时代的反思、对于民族命运的思考、对于政策的批判、对于人性的探究……对于莫言来说,"高密"早已经超越了一寸之土的家园意义,它从一开始就以一种极其文学化和精神化的状态承载着莫言对自我、他人、人性、历史等的思考与探索。然而在这次回归的作品中,不管是三个短篇构成的《故乡人事》，还是《等待摩西》，莫言采取的都是日常的横截面书写，在叙事风格上也是放弃了以往擅长的众声喧哗式的狂欢和肆意，而多了一种冷静的、直白的写实。特别是作为故事的叙述者，"我"不再像《透明的红萝卜》《红高粱》《酒国》里的"我"那样紧密地融合在文本之中，而是以"莫言"的身份、一个作家的身份审视着这个故乡。当高密从一个文学性的、魔幻化的符号剥离出来时，当莫言放弃了以往擅长的宏观叙事回归日常时，我们会发现这次回乡的莫言对于"自我"已经无处安放。这主要体现在"我"作为一个主体，在整个"回乡"框架下的突兀性和跳脱感。《等待摩西》主要写了柳彼得一生离奇的命运，"文革"中打倒自己的爷爷，并且改名为"柳卫东"，后来因为与马秀美私订终身而过得穷困潦倒，再后来趁着改革开放浪潮当上了"柳总"，结果在"我"再次返乡的时候离奇失踪，直到35年后又神秘归来，没有人知道他经历了什么。这样一个故事被莫言叙述得云淡风轻，甚至中间存在着大量的空白。然而就在这种克制的叙事中，突然插入了一段"我"的故事。柳彼得的弟弟柳向阳来告知"我"柳彼得的消息，"我"却想起了自己小时候失手向柳向阳他娘孕肚丢砖头的事情。当笔触指向"我"自己的时候，莫言的语言明显一改之前的克制，变得轻松和明快：

我小时淘气在我们东北乡是有名的。看了《水浒传》系列连环画中没羽箭张清那本后，不禁心迷手痒，幻想着练出飞石神功横行天下，于是见物即投掷，竟然练出了一点准头。

我书包里没有现成的石子，只好弯腰从地下捡起一块碎砖头，对着那黑狗撒了过去。因砖头较大，形状又不规则，所以就偏离了我预设的轨道，斜着飞到摩西他娘肚子上。这也实在是太巧了，为什么数十个妇女走在一起，偏偏击中摩西他娘？而摩西他娘身高马大，为什么偏偏击中她的肚子？

事实上，不仅是笔调的变化，在整个故事中，这个关于"我"的插曲都显得有那么一点突兀。我们看到，当作家精心构建一个"回乡"故事时，关于"我"本身的一些记忆和情感投射在整个框架中是不协调的。这一点更加明显地体现在小说的结尾，作为小说家的"我"对于柳摩西的失踪十分好奇，甚至不时地对柳摩西中间的遭遇和他归来的图景进行一种文学的想象，到最后听说柳摩西回来了，"我"特意回到故乡试图与他相见，想知道失踪的35年他经历了什么。但是就在谜底将要揭开的时候，"我"却突然退却了。

我问："那么，摩西呢？在家吗？"

"在，正在跟几个教友谈话，你稍微等会儿，我给你通报一下。"

我站在她家院子里，看着这个虔诚的教徒、忠诚的女人，掀开门口悬挂的花花绿绿的塑料挡蝇绳，闪身进了屋。

我看到院子里影壁墙后那一丛翠竹枝繁叶茂，我看到压水井旁那棵石榴树上硕果累累，我看到房檐下燕子窝里有燕子飞进飞出，我看到湛蓝的天上有白云飘过……一切都很正常，只有我不正常。于是，我转身走出了摩西的家门。

当作为作家的莫言带着巨大的文学想象回到日常生活中，当高密从一个文学领地还原到一个真实故乡的时候，天空依然湛蓝，云朵也依然纯白，"一些都很正常，只有我不正常"。无论是莫言自己的回忆，还是他对故乡人命运的想象，当回归到一个没有文学渲染的真实故乡时，都显得那么"不正常"。故事中的"我"最后转身走出了摩西的家门,现实中的已经成为故乡名人的莫言,是否也徘徊在高密东北乡之外无乡可回呢?

  从离乡到归乡,再到无乡,这不仅是鲁迅和莫言两个人的遥远呼应,从古至今,几代人的爱与愁,都纠结在故乡这一绕不开的结点上。甚至对于我们今天大多数人来说,故乡的存在都已经成为一个深刻的悖论,越是靠近,故乡便越是陌生,越是远离,故乡反而越是清晰,但无论怎样,最终指向了一个"无乡"的宿命。只不过不再回绍兴的鲁迅能将这种"无乡"化为自己作品中的寄托,不时地回味着记忆中的柔软和美好;而一开始就拥有了高密东北乡这片"文学王国"的莫言,虽可以在这片领地里"独断专行","掌握了许多人物的生死予夺之权",却无法实现自己的精神放逐。

辑三 鲁迅研究的谱系与精神

直面无以归类的鲁迅

——读钱理群新著《鲁迅与当代中国》

吴晓东

"现在进行时的存在"

无论对于现代中国历史,现代中华民族,还是对于现代中国思想与现代中国文学,鲁迅都具有无可替代的意义,这也使得鲁迅对于当代中国同样具有非凡的意义。而且鲁迅在今天的意义似乎与其他中国古人有些不同,换句话说,鲁迅并没有真正作古,相当一部分当代知识者和青年人是通过鲁迅的作品进入现代历史,同时通过鲁迅的眼睛观照和认知现实。尽管在有些国人眼中,鲁迅仍被看做一个难以容忍的"异类"。正像张承志在《鲁迅路口》一文中所说:

渐渐地我们终于明白了,这个民族不会容忍异类。哪怕再等上三十年五十年,对鲁迅的大毁大谤势必到来。鲁迅自己是预感到了这前景的,为了规避,他早就明言宁愿速朽。但是,毕竟在小时代也发生了尖锐的对峙,人们都被迫迎对众多问题。当人们四顾先哲,发现他们大都暧昧时,就纷纷转回鲁迅寻求解释。①

钱理群先生的新著《鲁迅与当代中国》则在"转回鲁迅寻求解释"的同时，进一步提出了一个鲁迅的"当代性"命题：

这些年，我提出鲁迅研究不仅要"讲鲁迅"，还要"接着往下讲"，甚至"接着往下做"，就是为了给长期困惑我们的"学术研究的当代性"问题，提供一个新的思路。选择鲁迅研究作为一个突破口，是因为在我看来，鲁迅就是一个"现在进行时的存在"，它的文学的深刻性、超越性，都是通向当代中国的。(《〈野草〉的文学启示》)②

钱理群先生的这部新著正是把鲁迅视为一个"现在进行时的存在"，作者由此不仅仅在寻求解决"学术研究的当代性"问题，而且建构了鲁迅与当代中国的深刻的关联性。这是一种堪称双向互动的关联图景：一方面是作者在鲁迅那里寻求中国社会和历史的解释，试图透过鲁迅洞察社会和历史的眼光，为我们观照当今中国的现实问题提供思想支持；另一方面，也是更重要的一面，则是使当下中国社会的文化思想现状不断在鲁迅那里获得印证，与鲁迅形成新的共振，把作为思想资源的鲁迅带入当代中国现实，让鲁迅进入当下语境，由此赋予了鲁迅以当下性、可能性以及超越性。这就是《鲁迅与当代中国》所呈现出的更重要的思想图景。

---

① 张承志：《鲁迅路口》，《张承志散文》，人民文学出版社2005年版，第237页。
② 钱理群：《鲁迅与当代中国》，北京大学出版社2017年版。本文以下引用该书中的内容只注明书中文章的篇目。

而从这种当下性、可能性以及超越性的意义上进行比附，钱理群呈现的鲁迅令人联想到的是作家卡夫卡。可以说，中外研究者格外看重的正是卡夫卡创作中内涵的可能性和超越性。卡夫卡作品中丰富的预言性和阐释的可能性也同样为卡夫卡的文学图景提供了某种超越性和未来性，这不是说卡夫卡是在为未来写作，而是说恰恰因为卡夫卡深刻地植根于他所处的历史时代，才有可能为人类提供了丰富的预言维度，提供了关于人类生存境遇的可能性和超越性的想象。正像钱理群称鲁迅"文学的深刻性、超越性，都是通向当代中国的"一样。

钱理群贡献的鲁迅研究既表现为一种"当代性"，也表现为一种"超越性"。其当代性不仅表现在本书立足于当代现实与鲁迅进行对话，更表现在让鲁迅与当代对话。也正因如此，钱理群的鲁迅研究承担的是联结鲁迅与当代中国的中介作用；而所谓的"超越性"则集中表现在钱理群在书中对鲁迅的思想与文学的"独立自主性"与"无以归类性"的挖掘。

无以归类的文学性

读钱理群先生的《鲁迅与当代中国》，印象深刻的是作者对鲁迅的思想与文学的无以归类的独特性的还原。这种"回到鲁迅那里去"，对鲁迅的"独立价值"的还原，早在钱理群最初的鲁迅研究中就成为一个核心的方法论视景。钱理群在《心灵的探寻》中曾这样谈到自己所设想的研究方法："首先是'回到鲁迅那里去'。这就必须承认，'鲁迅'是一个独立的世界：它有着自己独特的思想及思维方式，独特的心理素质及内在矛盾，独特的情感及情感表达方式，独特的艺术追求、艺术思维及艺术表现方式；研究的任务是从鲁迅自我'这一个'特殊个体出发，既挖掘个体中所蕴含、积淀的普遍的社会、历史、民族……的内容，又充分注意个体特殊的，为普遍、一般、共性所不能包容的丰富性。如果把鲁迅独特的思想、艺术纳入某一现成理论框架，研究的任务变成用鲁迅的材料来阐发、论证某一现成理论的正确性，那就实际上否定了鲁迅的独立价值，也否定了鲁迅研究自身的独立价值。"[1]从这第一本鲁迅研究专著算起，钱理群至今三十余年的鲁迅研究，都在贯彻这种"回到鲁迅那里去"的思想方法，而在《鲁迅与当代中国》之中，则为读者进一步呈现出一个更为复杂的无以归类的鲁迅形象。

在新著收入的《我们为什么需要鲁迅》一文中，作者追问的是"鲁迅思想的特别在哪里"？作者是从"鲁迅不是什么"的思路切入——鲁迅不是"主将"，不是"方向"，不是"导师"——由此凸显出鲁迅"在整个现代中国思想文化体系、话语结构中，始终处于边缘地位，始终是少数和异数"的"另类"特征：

这就说到了鲁迅的另一个特别之处：他的思想与文学是无以归类的。
这就是鲁迅对我们的意义：他是另一种存在，另一种声音，另一种思维，因而也就是另一种可能性。（《我们为什么需要鲁迅》）

当大多现代思想史以及主流意识形态叙述倾向于把鲁迅塑造为"主将""方向"和"旗帜"时，钱理群强调的却是鲁迅的"另一种可能性"以及"无以归类性"，并由此出发重塑作为当代思想资源的鲁迅。

---

[1] 钱理群：《心灵的探寻》，北京大学出版社1999年版，第10页。

我们今天所面临的，是一个矛盾重重、问题重重、空前复杂的中国与世界。我自己就多次发出感慨：我们已经失去了认识和把握外在世界的能力，而当下中国思想文化界又依然坚持处处要求"站队"的传统，这就使我这样的知识分子陷入了难以言说的困境，同时也就产生了要从根本上跳出二元对立模式的内在要求。我以为，正是在这样的思想文化背景下，鲁迅的既"在"又"不在"、既"是"又"不是"的毫无立场的立场，对一切问题都采取更为复杂的缠绕的分析态度，就具有了一种特殊的意义。而鲁迅思想与文学的独立自主性、无以归类性，由此决定的他的思想与文学的超时代性，也就使得我们今天面对我们自己时代的问题，并试图寻求新的解决时，鲁迅的思想与文学或许是一个特别值得注意和重视的精神资源。(《我们为什么需要鲁迅》)

在钱理群看来，鲁迅的这种"毫无立场的立场"，"对一切问题都采取更为复杂的缠绕的分析态度"，具有超越国人惯有的二元思维模式的一种特殊的意义，由此决定了鲁迅的思想与文学的"独立自主性"和"无以归类性"，也决定了鲁迅的"思想与文学的超时代性"，"也就使得我们今天面对我们自己时代的问题，并试图寻求新的解决时，鲁迅的思想与文学或许是一个特别值得注意和重视的精神资源"。鲁迅之所以是一个"现在进行时的存在"，之所以可以穿透历史进入未来，之所以成为当代中国的"精神资源"，在某种意义上是与鲁迅文学的"独立自主性"和"无以归类性"，以及由此生成的某种"深刻性、超越性"紧密相关的。钱理群的这部新著的相当一部分新意也正表现为对鲁迅的"无以归类"的文学性的阐发，或者说表现为对鲁迅文学思维的独异性的理解。

在钱理群看来，鲁迅的文学性正体现在鲁迅思维方式的复杂性，以及鲁迅的思想及其表达所具有的"丰饶的含混"的特点。这就是鲁迅独有的文学的方式，或者说是鲁迅言说世界的方式。由此，在关于认知文学性的问题上，鲁迅也正在成为当代诗学的无与伦比的资源。而钱理群启示我们的正是一种从文学性的意义上重新理解鲁迅的视野，真正理解鲁迅身上所体现的思想家与文学家的统一，即鲁迅作为一个思想家的存在方式，是以文学家的形态体现出来的。钱理群尤其重视丸山昇的一个判断："丸山先生提醒我们注意：在二十一世纪初，人类面临没有经验的空前复杂的众多问题时，'鲁迅的经历和思想，尤其是他的不依靠现成概念的思考方法中'，保留着'我们还没有充分受容而非常宝贵的很多成分'。"这种"不依靠现成概念的思考方法"或许就是鲁迅特有的文学的方法。在《鲁迅与当代中国》中，钱理群对鲁迅的这种"不依靠现成概念的思考方法"进行了更为深入的阐释：

我们不能忽视的是，在鲁迅身上所体现的思想家与文学家的统一。也就是说，"鲁迅是一个不用逻辑范畴表达思想的思想家，多数的情况下，他的思想不是诉诸概念系统，而是现之于非理性的文学符号和杂文体的喜笑怒骂"。（《鲁迅与中国现代文化》）

也是在这个意义上，钱理群格外看重鲁迅的杂文的意义：

杂文是鲁迅和他的时代保持密切联系的主要手段，忽略了杂文，就会遮蔽鲁迅世界里的许多重要方面。我要强调的是，鲁迅杂文不仅和他的时代息息相通，更有其超越性的一面，因而也和我们的时代息息相通。鲁迅杂文还有至今我们也没有说清楚的文学性。（《"30后"看"70后"》）

鲁迅杂文所具有的特殊的文学性，突出表现在对概念系统的拒斥，而"现之于非理性的文学符号和杂文体的喜笑怒骂"。在这个意义上，鲁迅的杂文或许是最具"文学性"的，而真正的文学性恰是以感性的文学意象、符号所创造的非概念化的思想图景，由此才能蕴含丰富的阐释空间，进而许诺一种穿透时代的超越性。

"人"的本体论

钱理群在新著中对于鲁迅"文学性"的理解，更重要的面向是与人的精神现象联系在一起的，其中甚至蕴含着生成一种生命哲学的可能性：

> 鲁迅所关注的始终是人的精神现象，一切思想的探讨和困惑，在他那里都会转化为个体生命的生存与精神困境的体验，"正是生命哲学构成了鲁迅区别于同时代的其他中国思想家的独特之处的一个重要方面"，而"文学化的形象、意象、语言，赋予鲁迅哲学所关注的人类精神现象、心灵世界以整体性、模糊性与多义性，还原了其本来面目的复杂性与丰富性，这样，鲁迅所要探讨的精神本体的特质与外在文学符号之间，就达到了一种和谐与统一"。[1] 很多人都注意到鲁迅思想及其表达的"丰饶的含混"性的特点，却将其视为鲁迅的局限[2]，这依然是一个可悲的隔膜。（《鲁迅与中国现代文化》）

---

[1] 参见钱理群、王乾坤《作为思想家的鲁迅》，《走进当代的鲁迅》，人民文学出版社1999年版，第64—65、70页。
[2] 参见林毓生《鲁迅个人主义的性质与含意——兼论"国民性"问题》，《鲁迅研究月刊》1993年第12期。

钱理群在把鲁迅思想及其表达的"丰饶的含混"性视为一种"文学化的思维"的同时，更注重挖掘鲁迅所关注的"人的精神现象，一切思想的探讨和困惑"，探讨在鲁迅那里作为"个体生命的生存与精神困境的体验"。于是我们遭遇了钱理群著作中一以贯之的对"人"的生命本体的关怀，甚至蕴含一种"人"的本体论的思想意味，以至于钱理群在一次医学工作者论坛上的讲话中，也顺理成章地把医学定义为"人学"：

该如何为医学的学科性质定位？长期以来，我们都习惯于将医学视为自然学科；现在，医学内在的人文因素逐渐显露，在医学生理学、病理学、临床医学等传统学科之外，又出现了医学心理学、医学伦理学、医学哲学等等新概念或新学科。这就出现了一个学科定位的问题。在我看来，医学的人文性，是由其对象是"人"这一基本的特质决定的；因此，我今天斗胆提出，我们是否也可以把"医学"定位为"人学"，一种具有自己特点的人学。这样，既可以揭示医学与其他以人为对象的学科，例如文学、哲学、伦理学、法学等等的内在联系，同时也可以更深入地揭示医学区别于文学、哲学……的独特的人学内涵。在现实的医学实践里，则能够引导所有的医务工作者把关注的中心，集中对"人"的关怀上，以诚信与爱心对待病人，以促进每一个病人和我们自己"健康的，快乐的，有意义的活着"。(《医学也是"人学"》)

作为"人学"的医学，因此更易于从职业伦理与生命学科的意义上真正以"人"为关注重心，从而有助于"促进每一个病人和我们自己'健康的，快乐的，有意义的活着'"，而不是把病人甚至把"人"本身仅仅理解为解剖学意义上的生命现象。而既然连医学都称得上是"人学"，更遑论无时无刻都"离不开人"的文学与艺术。

在钱理群这里,这种对"人"的关切既是一种生命情怀,也渗透在他的文学史观之中。钱理群近些年所坚持的文学史观的一个核心思想,正是试图通过"文学性"抵达历史中的人的存在的维度。在钱理群为其担任总主编的四卷本《中国现代文学编年史——以文学广告为中心》写的总序中有这样一段文学宣言:

> 文学史的核心是参与文学创造和文学活动的"人",而且是人的"个体生命"。因此,"个人文学生命史"应该是文学史的主体,某种程度上文学史就是由一个个具体的个人文学生命的故事连缀而成的。文学史就是讲故事,而且是带有个人生命体温的故事。所谓"个人生命体温"是指在文学场域里人的思想情感、生命感受与体验,具有个体生命的特殊性、偶然性甚至神秘性,而且是体现在许多具体可触可感的细节中的。而所谓文学场域,也是生命场域,是作者、译者和读者、编辑、出版者、批评家……之间生命的互动,正是这些参与者个体生命的互动,构成了文学生命以至时代生命的流动。这里强调的几个要素——生命场域、细节、个体性,都是文学性的根本;这就意味着,我们要用文学的方式去书写文学史,写有着浓郁的生命气息、活生生的文学故事,而与当下盛行的知识化与技术化、理论先行的文学史区别开来。[1]

钱理群文学史观念的核心部分由此可以概括为"揭示人的生存困境和

---

[1] 钱理群:《中国现代文学编年史——以文学广告为中心(1928—1937)》总序,北京大学出版社2013年版,总序第4—5页。

分裂"，把困境看成历史中的人的某种本体，因此对困境的揭示也构成了文学史叙述中的固有成分。这就是钱理群从鲁迅那里继承和发扬的文学史观。而"文学"，因为它特有的带着"个人生命体温"的文学性，在沟通人与人的心灵世界方面，就具有不可替代的功能和作用，钱理群因此格外重视鲁迅"用文艺来沟通"的思想：

> 而这样的不能感受他人的痛苦的隔膜，不仅存在于本民族内部，而且也存在于不同国家与民族之间。这就是鲁迅在《〈呐喊〉捷克译本序言》里所说，"我们彼此似乎不很相互记得"，只能"用文艺来沟通"。在我看来，这正是小林多喜二的《蟹工船》的作用和意义所在：它把不同国家，至少是中、日两民族、国家里，同样生活在"地狱"里的被压迫者的心灵沟通。(《"撄人心"的文学》)

之所以能够用文艺来沟通，是因为文艺具有直抵心灵的共通性，是文艺在思维方式上的特殊性。也正因为如此，钱理群特别看重陈映真的一段自白：

> 陈映真在《我的文学创作与思想》(载《上海文学》2004年1月号)一文里有一段自白很有助于我们理解陈映真的选择："从文学出发的左倾，从艺术出发的左倾，恐怕会是比较柔软，而且比较丰润，不会动不动就会指着别人说，是工贼、叛徒、是资产阶级走狗，说鲁迅的阿Q破坏了中国农民的形象，像那种极'左'的。我想我比较不会走向枯燥的、火柴一划就烧起来的那种左派。"鲁迅大概也是属于"比较柔软，而且比较丰润"的左派吧。

从"柔软"和"丰润"的意义上理解作为左翼的鲁迅，应该说是相当别致而精彩的，这就是对鲁迅的文学性的理解，同时理解的方式本身也是"文学性"的。而真正构成陈映真理解鲁迅的精神底蕴的，也恰是一颗"柔软"和"丰润"的文学性的"心灵"。

钱老师自己有句话可以看成是夫子自道："不管我走向哪个领域，都是坚持文学本位的，用文学的方式研究思想史、政治史和现实，和那些领域本身的研究方式是不一样的，就是因为我一直坚持一个文学的眼光，我的这些研究都可以概括为一个'大时代下的个体生命史'。"钱理群也正是通过文学性抵达了某种人的本体论，这就是从鲁迅那里继承的以"立人"为核心的文学史观。我尤其看重钱理群在不同场合所阐发过的"有缺憾的价值"的命题，这也同样是一种重要的思想方法，意味着价值的困境也成为某种历史中的本体。而通过阅读钱理群的这部新著，我更倾向于把这种"有缺憾的价值"的思想方法理解为鲁迅式的以"人"为本体论的文学的方法。

揭示两难的困境

或许可以说，正是从"人"的本体论出发，钱理群对陈映真的文学给予了高度的认同：

陈映真的回答是明确的："文学与艺术，比什么都要以人作为中心和焦点。""放眼世界伟大的文学中，最基本的精神，是使人从物质的、身体的、心灵的奴隶状态中解放出来的精神。不论那奴役的力量是罪，是欲望，是黑暗、沉沦的心灵，是社会、经济、政治的力量，还是帝国主义这个组织性的暴力，对于使人奴隶化的诸力量的抵抗，才是伟大的文学之所以吸引了几千年来千万人心的光明的火炬。因为抵抗不但使奴隶成为人，也使奴役别人而沦为野兽的成为人。"(《陈映真和"鲁迅左翼"传统》)

以人作为中心和焦点的文学与艺术，真正可贵的精神是使人从奴隶状态中解放出来的精神，是对于"使人奴隶化的诸力量的抵抗"。钱理群的鲁迅观因此与陈映真的"抵抗"的文学精神形成了深刻的共鸣。也正是在"抵抗"的意义上，钱理群的"钱氏鲁迅"与"竹内鲁迅"也形成了内在的对话关系。

"竹内鲁迅"之所以构成今天中国学界理解鲁迅的一个资源，在很大程度上由于竹内好通过把鲁迅定义为"抵抗的文学"而重新提供了一种对"文学的态度"或者说"文学性"问题的理解，也因此赋予了鲁迅的"文学"以某种独有的意义。正像洪子诚先生在一次对话录中所指出的，人们最感兴趣的是竹内好谈鲁迅时的"文学自觉"和"回心"说。而"竹内好所谓文学的态度"，是一种"在自我挣扎自我否定中建立自己的真正历史中的主体"的态度，也就是"赎罪的""回心"的态度。洪子诚进而指出："自然，不应将回心和赎罪意识当作鲁迅的'唯一原点'，但这却是其他的'原点'（如果有的话）所不能并列，更不能取代的。强调这一点，不会导致一种'整一的模式化'的追求。这也是鲁迅超越某种政治理念、立场的最重要的思想精神遗产，也是中国知识界、文学界最欠缺的态度。"①

鲁迅的态度之所以是中国知识界、文学界最欠缺的态度，是因为这是一种"在自我挣扎自我否定中建立自己的真正历史中的主体"的态度。在

---

① 洪子诚、吴晓东：《关于文学性与文学批评的对话》，《现代中文学刊》2013年第2期。

竹内好看来，鲁迅文学的自觉的态度正是与自我否定与挣扎的概念联系在一起的。这也正是钱理群所强调的鲁迅身上所表现出的深刻的自我质疑与否定。在这个意义上，钱理群与竹内好一样，给我们提供的是一个在自我挣扎自我否定中建构主体的鲁迅形象。多年来，钱理群的鲁迅研究的一个贯穿线索就是对这种自我否定精神的强调。这在鲁迅身上也可以视为一个原理性的基点。这个基点决定了鲁迅对一切事物的认识都在多重质疑和否定中进行，从而避免本质化的理解。

尾崎文昭在《竹内鲁迅和丸山鲁迅》一文中曾经指出："竹内氏在鲁迅身上发现的'文学'，不是情念与实感，而是在这一词语深处的伦理。或者说，是在那种意义上作为机制的思想。这，也只有这一点，才向竹内氏保证了对于'政治'的'批判原理'。"[1]这也可以印证钱理群阐发的鲁迅对"文学"理解。竹内好理解的文学，是"通过与政治的对决而获得的文学的自觉"，文学与政治的关系由此构成了竹内好所说的"绝对矛盾的自我同一"。同时，竹内好理解的鲁迅式的"文学"是诉诸伦理实践的，是一种作为机制的思想。这种认知既复杂化了我们对于鲁迅文学的独特性的体认，也会丰富我们对文学性本身的理解。

而作为机制的思想，决定了鲁迅的思想不是体系化的，也难以从"主义"的意义上概括，或许说鲁迅正是拒斥体系与主义的。在这个意义上说，鲁迅思想的最具独特性之处，是钱理群揭示出的，既从内面对于自我进行质疑与否定，由此也避免了对一切外部事物的本质化理解。

---

[1] ［日］尾崎文昭：《竹内鲁迅和丸山鲁迅》，"左翼文学的时代"国际学术研讨会会议论文，2005年11月。

不难看出，我们所讨论的"启蒙主义""科学""民主""革命""平等""社会主义""自由"等等，实际上都是"中国现代文化"的主要概念，构成了它的主体。而我们的讨论表明，鲁迅对这些概念，中国现代文化的主流观念的态度，是复杂的：他既有吸取，以至坚持，又不断质疑，揭示其负面，及时发出警戒。这样的既肯定又否定，在认同与质疑的往返、旋进中将自己的思考逐渐推向深入，将自己的价值判断充分地复杂化、相对化，可以说是鲁迅所独有的思维方式（其他思想家大都陷入"要么肯定，要么否定"的二元对立模式中），就使得鲁迅与中国现代文化的关系，呈现出极其复杂、也极其独特的状态：可以说，他既是中国现代文化的建构者，又是中国现代文化的解构者，因而，他的思想与文学，实际上是溢出中国现代文化的范围，或者说，是中国现代文化所无法概括，具有特殊的丰富性与超前性的，是真正向未来开放的。

正是这样的无以概括性，决定了我们与其将鲁迅思想纳入某一既定思想体系，不如还原为他自己，简单而直接地称作"鲁迅思想"，但也没有"鲁迅主义"。（《鲁迅与中国现代文化》）

简单而直接地称作"鲁迅思想"，正是力求对鲁迅思想的原初形态的还原，还原其最初的生机与驳杂，即避开了层叠的鲁迅研究史所赋予鲁迅的各种各样的意识形态性，而从功能意义上的思想本身出发，重新阐释和理解鲁迅，进而就有可能超越"要么肯定，要么否定"的二元对立模式，揭示出鲁迅的直面两难和揭示困境的思维方式与思想模式。

在致严家炎先生的一封信中，钱理群谈到对鲁迅的两个提法有不太理解的地方。一是鲁迅在《关于知识阶级》里说："知识和强有力是冲突的，不能并立的；强有力的人不许人民有自由思想，因为这能使能力分散"，

"各个人思想发达了,各人的思想不一,民族的思想就不能统一,于是命令不行,团体的力量减少,而渐趋灭亡","总之,思想一自由,能力要减少,民族就站不住,他的自身也站不住了。现在思想自由和生存还有冲突。这是知识阶级自身的缺点"。二是针对鲁迅在翻译鹤见祐辅的《思想·山水·人物》的题记里的一段话,"我自己,倒以为瞿提(海涅)所说,自由和平等不能并求,也不能并得的话,更有见地,所以人们只得先取其一"[1],钱理群表述了自己的一种深刻的困惑:

和我们这里讨论的问题有关的是,鲁迅既持有这样的观点,可如果用"民族生存""统一""平等"等理由限制、压抑知识分子的"自由"时,鲁迅的反应又会如何呢?至少他不会一开始就反抗吧?或者会在矛盾中采取沉默、静观的态度?事实上,当时的许多知识分子,不仅是左翼知识分子,还包括一些自由主义知识分子,都是在维护民族统一与发展,追求社会平等的理由下,接受了对自由的限制的。当然,我深信,鲁迅最终是会奋起反抗的,但也绝不会像人们想象的那样简单。也不能简单地把鲁迅有这些想法视为鲁迅的"局限性",事实上,"自由"与"平等","个人自由"与"集体(国家,民族)的统一与强大"之间的关系,是极为复杂的。而且是中国革命和现代化发展中所遇到的理论与实践问题。用过去的"左"的观念来看待这些问题固然不可,而简单地用自由主义的理念来作判断,恐怕也不行。究竟如何看,我也没有想清楚。(《关于鲁迅的两封通信》)

---

[1] 鲁迅:《〈思想·山水·人物〉题记》,《鲁迅全集》第10卷,人民文学出版社2005年版,第299—300页。

钱理群认为，这里表现出的是统一与自由的两难，而这两难，当年就成为鲁迅式的矛盾和困惑。这种自由和统一的命题之所以是两难的，就是因为仅仅在原理意义上是无法获得答案的，是一种历史进程中的真正的困局，近乎于康德意义上的二律背反，背后也有伦理和价值的两难。鲁迅后期的《故事新编》之所以难解，正是因为其中处处渗透着历史与价值的两难。鲁迅的这种两难印证的是黑格尔的名言：真正的悲剧不是出于善恶之间，而是出于两难之间。而钱理群的新著中一个值得重视的视野就是试图理解鲁迅的两难，以及揭示思想的困境本身。

体制内的批判如何可能

钱理群先生的《鲁迅与当代中国》可以说依旧坚守了自己一以贯之的边缘知识分子的立场和身份意识。在今天的体制化的时代，在左、右思想阵营分野对峙的历史格局中，这种边缘化的知识分子只有极端的少数，因此尤其有醒世作用。钱理群之所以强调"有缺憾的价值"的命题，看重的正是其中表达的思想和价值的非本质化。而左、右阵营的各执一词，在某种意义上都是把各自的思想意识形态化。钱理群强调的是，价值往往是有缺憾的，认为有完美无缺的价值存在，是一种不切实际的理想主义。这种"有缺憾的价值"的认知，对于今天的思想界无疑有纠偏之作用。

读《鲁迅与当代中国》，也使我思考一个独异的无法归类的鲁迅何以可能的问题。一个钱理群所强调的坚持"党派外，体制外的独立性"和"永远不满足现状，永远的批判立场"的鲁迅，内心隐藏着怎样的命运感？归宿又指向哪里？钱理群指出："这里要追问的是，这样的独立的，全面而彻底的批判立场的立足点，其背后的价值观念、终极性的理想与追求。"或许只有把鲁迅的独立性的批判立场理解为终极价值和理想，才能真正体认到鲁迅的"无以归类"的可贵之处。而这种终极性的价值形态，可能是任何一个时代中的体制内知识分子所最为匮缺的素质。在讨论李零著作的文章中，钱理群提出了一个有现实意义的问题：

> 这其中还有一个重要问题："从乌托邦到意识形态"，是不是知识分子必定的宿命？我是怀疑的，因此，提出过一个"思想的实现，即思想和思想者的毁灭"的命题，并提出要"还思想予思想者"。李零说："我读《论语》，主要是拿它当思想史。"这是李零读《论语》的一个最重要的特点，也可以说是他的追求，就是要去意识形态的孔子，还一个思想史上的孔子，将孔子还原为一个"思想者"，或者再加上一个以传播思想为己任的"教师"。在李零看来，为社会提供思想——价值理想和批判性资源，这才是"知识分子"（李零理解和认同的萨义德定义的"知识分子"）的本职，也是孔子的真正价值所在。（《如何对待从孔子到鲁迅的传统》）

钱理群逼迫我们思考，是否只有一个萨义德意义上的体制外"知识分子"，才真正具有为社会提供思想——价值理想和批判性资源的能力？

而另一方面，今天占据主流的毫无疑问是体制内的知识分子。即使是所谓的自由职业写作者，似乎应该是外在于体制的，但也往往无法规避体制化以及资本的强大逻辑。所以，如何在体制内生成群体性的（非散兵游勇）同时又是"可持续发展"的反思力量，是今天最值得思考的问题之一。这也是读了钱理群先生的《鲁迅与当代中国》之后依旧困惑我的问题。

王富仁对中国鲁迅研究的贡献
——从中国 20 世纪晚期的启蒙文化思潮的角度看

李 怡

引 子

每一个关心现当代文学研究的人大概都还记得《文学评论》上的那篇《〈呐喊〉〈彷徨〉综论》，从那以后，王富仁这个名字就越来越多地活跃在一系列的学术领域当中：鲁迅小说研究、茅盾小说研究、郁达夫小说研究、郭沫若诗歌研究、闻一多诗歌研究、比较文学研究、比较文化研究，甚至古典诗歌研究。虽然算不上有多么的频繁与火爆，但是那样的厚实和富有穿透力，在他那似乎是越来越宽大的学术视野里，我们分明感到了一种全面反思和重建中国文化的宏大气魄。他仿佛总是在不断拔除和拭去我们习焉不察的种种蒙昧、阴霾和偏见，不断将一片片崭新的艺术空间铺展开来。所有这一切的努力连同他那篇曾经开启人心的《〈呐喊〉〈彷徨〉综论》让我们频繁地联想到一个词语：启蒙。的确，王富仁已经与新时期以来的中国启蒙文化思潮深深地熔铸在了一起，他的整个学术活动已经成了影响中国 20 世纪最后 20 年这一磅礴思潮的非常动人的图画之一。

我将20世纪这最后的20来年称之为"中国二十世纪晚期",这既是为了概括比"新时期"更长远也更复杂的历史时段（一般认为"新时期"至90年代前后便基本结束）,同时也是为了突出当下正愈来愈鲜明的世纪性主题,我们今天所面临的已不仅仅是一个结束"文化大革命"过去的问题——以怎样的方式走向新世纪、开拓中国文化的新前景召唤着更多的学人作出自己的审慎的选择,而事实上这也是包括"新时期"在内的整个20世纪最后20来年所不得不面对的一个更重大的话题。

探讨王富仁的学术活动与这一独特的时代的意义深远的思潮的相互关系,即他是怎样走向这一文化选择,又是如何理解和投入其中,并且赋予其独特意义的,将不仅能够更深入地总结王富仁本人的学术成果,而且对整个中国学术活动的发展和文化精神的演进有着不容忽视的启示意义。

启蒙之路

就如同五四新文化运动在反抗文化专制、倡导思想自由这一点上与西方18世纪的启蒙运动产生了跨越时空的契合,并最终以扫除蒙昧的"启蒙"先驱姿态揭开了历史崭新的一页那样,结束"文化大革命"专制主义、再创中国思想自由的新时期也是首先以"启蒙"的大旗为自己开辟道路的;并且理所当然地,这一时期的启蒙文化思潮首先就体现为对中国文化运动初期启蒙思想及启蒙思想家的"重识",渗透于这些"重识"当中的,又是对"五四"启蒙思想家取法西方文化（特别是文艺复兴启蒙运动文化）的充分肯定。一时间,经过"文化大革命"磨难若有所悟的一些老一代学者和在"文化大革命"后成长起来的中青年学者都纷纷重温着"五四"之梦,"五四"一代新文化创造者的业绩不断获得"重评",而其中作为"五四"启蒙主义最重要的代表鲁迅则显然吸引了最多的目光。事实表明,在新时期的思想文化活动中做出自己独立贡献的学者,许多都是从认识鲁迅、解说鲁迅起步的,或者至少也是对鲁迅有所涉猎。可以这样说,正是在对鲁迅及其他"五四"启蒙先驱的体察当中,中国新时期的启蒙文化得以形成和发展。

在前辈学者薛绥之先生的引导下,王富仁走上了鲁迅研究的道路。他从写作作品赏析开始对这位伟大先驱的思想有了越来越深入的体察,而完成于西北大学的硕士学位论文《鲁迅前期小说与俄罗斯文学》[①]则以打通鲁迅与西方文化内在联系的方式展示了一位启蒙主义学者最基本的"世界眼光"和开放姿态。不过,直到这个时候,王富仁还没有完全形成一位新时期启蒙学者的最独立的品格,尽管他此刻的比较文学研究已经与我们屡见不鲜的那些外在的空泛的"比较"大为不同了。

当王富仁以"回到鲁迅"的口号在他那篇著名的博士论文里展开"思想革命"的大旗之时[②],或许当时不少激动不已的读者还没有意识到这里所包涵着的学术意义和文化意义都大大地超过了鲁迅研究本身。而在继新时期"启蒙之后"出现的新一代的学者看来,作为历史现象的鲁迅又是不可能真正"还原"的,承载着"思想革命"这一明确意图的鲁迅也似乎仍然是一个单纯化、简略化甚至主观化的鲁迅。其实,恰恰是在这两个经典性的理论口号当中,王富仁充分展示了中国新时期启蒙思想的巨大的历史性力量,而他作为一位自觉的启蒙学者也找到了真正的"自我"。任何新思想

[①] 后收入王富仁《先驱者的形象》,浙江文艺出版社 1987 年版。
[②] 参见王富仁《中国反封建思想革命的一面镜子——〈呐喊〉〈彷徨〉综论》,北京师范大学出版社 1986 年版。

的提出从根本上讲都不是一种自足的运动的结果,而是与所有的"先在"碰撞和对话的产物。思想"新"主要是指它对固有的思想基础所作出的超越性的"提升",新思想之所以是有力量的也主要体现为它能够在固有的思想"先在"的罗网里为人们撕开一道通向未来的"缺口"。也就是说,这样的"对话""提升"以及"缺口"的撕开都主要不是在新的思想内部自我完成的,它必然意味着甚至可以说是主要意味着对固有"先在"作出适当的调整和改造。启蒙,作为除旧布新这一伟大社会历史的最积极的实践,显然比其他任何思想文化运动都更注重这样的"对话"事实。例如法国启蒙思想家爱尔维修就认为,新判断的作出有赖于当下的印象与旧有记忆的"比较","一切判断只不过是对于实际经历到的或者保存在我的记忆中的两种感觉的叙述"。[①] 显然,较之于将鲁迅附着于外在的理论框架加以评述,"回到鲁迅"所强调的是从鲁迅作品及鲁迅思想体系自身出发来研究问题,较之于"政治革命"这一相对偏离于知识分子创造活动的理论标尺,"思想革命"重新提醒人们关注知识分子精神活动的独立特质。无论是"回到鲁迅"还是"思想革命",都大大拓宽了鲁迅研究的发展道路,甚至可以说是从本质上显示了新时期文学研究如何在自我否定中回到文学自身的轨道。在那以后,我们的确又听到了更多的"回到"之声(回到郭沫若、回到中国现代新诗……),以单纯政治革命的要求来理解中国文学的传统也不断受到了来自方方面面的挑战,这不能不说是得益于王富仁这两大经典性的概括。不管"启蒙之后"的鲁迅研究以及整个中国文学研究怎样地窥破"思想革命"的框架的缺失,又怎样以自身的努力揭示着一个更加丰满的鲁迅

[①] 爱尔维修:《论人的理智能力和教育》,载北京大学哲学系外国哲学史教研室编译《十八世纪法国哲学》,商务印书馆1963年版,第495、537页。

和一段更加丰富的中国文学，我认为都已经无法改变这个事实，即冲破数十年间所形成的那道研究的樊篱，为新的自由的研究打扫"言说空间"的正是王富仁这样"启蒙的一代"。

我感到，在这之后的王富仁似乎对自己的启蒙角色有了越来越自觉的体认，他的文学研究越来越趋向于一个中心目标，即中国的现代化建设。他的关于鲁迅小说与茅盾小说、郁达夫小说的比较研究，甄别了现代小说发展中的多种"现代化"理想；关于鲁迅与梁启超的文学文化选择的比较研究，又阐释了中国近现代历史发展中立于不同层面的历史人物之于文学与文化的不同理解以及他们的内在联系。[①] 此外，在关于郭沫若诗歌的两篇专论里，王富仁还仔细剖析了郭沫若诗歌对中国新诗现代化建设的独特贡献以及复杂到驳杂的文本特征。[②] 在以上的这些作家研究以及在此之前的《呐喊》《彷徨》研究中，王富仁都充分显示了他异常敏锐的艺术感受力和审美鉴赏力（比如他对郭沫若诗歌的细密解读几乎到了让人叹为观止的程度）。不过，值得注意的是，王富仁似乎无意在纯艺术的王国里流连忘返，更能引起他兴趣的是作家的精神结构及文化内涵。他对中国文学现代化建设的思考总是与他对中国现代文化建设的总体思考紧密地联系在一起，而且越到后来，他对从文化角度探讨问题的兴趣似乎越见浓厚了。如果说在《〈呐喊〉、〈彷徨〉综论》里，王富仁还是在对鲁迅小说的把握和阐述中渗透着强烈的文化意识，那么在《鲁迅在中国文化史上的地位和作用》一文里，鲁迅则是作为历史现象完整地与全部中国文化（儒、法、道、墨、佛

---

① 参见王富仁《灵魂的挣扎》，时代文艺出版社1993年版。
② 参见王富仁《他开辟了一个新的审美境界——论郭沫若的诗歌创作》，《郭沫若研究》1989年第七辑；王富仁《审美追求的瞀乱与失措——二论郭沫若的诗歌创作》，《北京社会科学》1988年第2期。

及中国近代文化）互相融合、互相比照、互相说明；[①] 如果说王富仁以"思想革命"代替"政治革命"来重建鲁迅小说的研究系统，其初衷还主要是为了更准确地阐发鲁迅作品，那么在他的《中国鲁迅研究的历史与现状》长文里，20世纪中国学者对鲁迅的研究又被纳入整个中国学术文化乃至中国现代文化的总体发展的恢宏图景当中。[②] 鲁迅研究是王富仁事业的起点，也是他始终心怀眷眷之所在，由它所显现出来的王富仁学术走向，似乎本身就具有某种典型意义。在《两种平衡、三类心态，构成了中国近现代文化不断运演的动态过程》中，王富仁运用文化分层理论（物质、制度、精神），深刻地阐述了中国近现代文化的这几大层面是怎样运演发展的，并进一步总结了这种运演发展的制约力量追求民族自身的内部平衡和追求世界范围的外部平衡，剖析了出现在这一运演过程中的三类基本心态拒绝现代化要求、慕外崇新与中西融合；在《中国近现代文化发展逆向性特征与中国现当代文学发展的逆向性特征》中，他比较了人的思想意识的变革在中西近现代文化与文学发展中的不同作用及其后果；在《创造社与中国现代社会的青年文化》中，他阐述了关于中国现代社会年龄文化构成的重要观点；[③] 在《中国文化的亚文化圈及其在中国文化发展中的地位和作用》里，他剖析了处于异域文化包围中的由侨居他乡的中国人所组成的"中国文化亚文化圈"[④]；在《文化危机与精神生产过剩》里，他将从经济发展周期理论

---

① 参见王富仁《鲁迅在中国文化史上的地位和作用》，《中国文化研究》1995年第1期。
② 参见王富仁《中国鲁迅研究的历史与现状》，《鲁迅研究月刊》1994年全年连载。
③ 以上收入王富仁《灵魂的挣扎》，时代文艺出版社1993年版。
④ 王富仁：《中国文化的亚文化圈及其在中国文化发展中的地位和作用》，《张家口师专学报》1995年4期。

中得到的启示运用于对文化发展的观照上，首创文化发展周期理论。[1]

文化是人类全部物质文明与精神文明的总和，对文化问题的关注，往往便于我们从一个更宽阔更富有整体意义的高度来进行历史的反省、价值的重估。思考文化、解读文化，这正是那些在"新世纪前夜"为社会进步而矻矻耕耘的启蒙主义者的豪情和胸怀。"每条新的真理，都像我所说过的那样，只是改善公民状况的一种新的方法。"[2] 王富仁致力于文化研究的热忱，显然贮满了他作为启蒙思想家对"改善当代公民状况"的执着。

在进入 90 年代以来的学术研究中，王富仁对中国现代文化独特境遇及其发展状况的再思考取得了特别重要的成果。与我们在 80 年代所常见的那些大而无当的漫无边际的"文化论"不同，王富仁更加注意将恢宏的文化视野与中国自身、学术研究本身所面临的现实问题以及学术研究本身所面临的某种困难紧密地联系起来，更加注意对包括研究者自己在内的固有思维方式、语言方式的再思考和再探索。这一努力不仅使他能够在"浮躁"的 90 年代中继续当风而立、卓尔不群，而且较之于自己过去的研究，也的确充满了某种自我超越的勇气，他关于比较文学和文学研究特质的系列论文，显示了一种重建中国比较文学学派、重估文学研究的价值和意义的雄大气魄。[3] 而最值得注意的则是《中国现代文学研究中的"正名"问题》和《对一种研究模式的置疑》两文。前者提出："迄今为止，中国现代

---

[1] 参见王富仁《文化危机与精神生产过剩》，《文学世界》1993 年第 6 期、1994 年第 1 期。

[2] 爱尔维修：《论人的理智能力和教育》，载北京大学哲学系外国哲学史教研室编译《十八世纪法国哲学》，商务印书馆 1963 年版。

[3] 参见王富仁《民族文学·比较文学·总体文学·世界文学》，《文学评论家》1991 年第 3 期；《文学研究的特性》，《文学评论家》1991 年第 6 期；《文学史·文学批评·文学理论·比较文学》，《青岛大学学报》1992 年第 1 期；《论比较文学的中国学派问题》，《学术月刊》1991 年第 4 期。

文化研究，其中也包括中国现代文学研究，存在的最严重的问题就是基本概念的混乱"，"它的概念系统只是中国古代文化和西方文化各种不同文化概念的杂乱堆积"。这里实质上是阐发了一种绝不同于当下许多文化研究工作者的崭新的思路，即无论是外来文化还是传统文化都不可能也的确没有成为现代人的基本生存原则，只有深入现代人的生存实际中去，才能找到真正属于他的文化选择，这就需要我们今天的"正名"，"名的问题实质是一个自我的独立意识的问题，是承认不承认中国现代文化和文学独立存在的权利问题，是承认不承认中国现代知识分子有独立创造的权利的问题"[①]。在后一篇论文里，王富仁又从文化与文学的关系上进一步论证了重视中国现代知识分子主体性的意义。王富仁提出，在中国现代文化与中国现代文学发展中起关键作用的，并不是学习外国和继承传统的问题，而是中国现代知识分子自身创造力的发挥问题，中西文化与知识分子个人的关系，可以被描述为"对应点重合"[②]。这些观点不仅犀利地戳中了我们文学文化研究的偏差，而且本身也是首次清晰而透辟地揭示了文化与人"互动"关系的基本内涵。回头观察王富仁《中国鲁迅研究的历史与现状》《创造社与中国现代社会的青年文化》等论文，我们便会知道，其实这种"正名"，这种从文化主体的立场重识文化发展的思路，正是他近年来的一种相当自觉的学术实践。

在我看来，这种学术实践的意义绝不亚于他当年的《〈呐喊〉〈彷徨〉综论》。

[①] 王富仁：《中国现代文学研究中的"正名"问题》，《北京师范大学学报（社会科学版）》1995年第1期。
[②] 王富仁：《对一种研究模式的置疑》，《佛山大学学报》1996年第1期。

理论家品格与体系精神

如果我们对王富仁正在进行的"正名"作一点意义上的扩展，即"正名"不仅仅是对多年来中国现代文化研究与文学研究概念系统的"拨乱反正"，它同样是指研究者应当具有一种独立不迁的主体意识，那么，"正名"实际上就是王富仁自走上学术道路以来就已经形成的一种意愿了，尽管这在最初未必是自觉的。樊骏先生在总结新时期以来的现代文学研究时说，王富仁"是这门学科最有理论家品格的一位"。"他的分析富有概括力与穿透力，讲究递进感和逻辑性，由此形成颇有气势的理论力量"。但与此同时，樊骏先生又指出："一般学术论著中常有的大段引用与详细注释，在他那里却不多见，而且正在日益减少。"[①] 我想人们不难发现这样的描述对于王富仁是既准确又耐人寻味的。因为按照我们的"常识"，理论家的理论性常常就体现为他对大量理论成果的引用以及众多中外理论术语的娴熟操纵。王富仁不仅引文较少（材料引证和理论引证都较少），而且也很少使用那些颇具理论背景的名词术语，对于当下流行的一些当代文艺批评术语更是敬而远之，能够进入王富仁的论著的理论词汇主要还是那些已为中国批评家们使用了三四十年以上的近于"基本语汇"的东西，而就是这些语汇（如现实主义、浪漫主义），他也还在进行着自己的"价值重估"和"正名"。那么，王富仁的"理论家品格"又是通过怎样的方式来实现的呢？显然，是通过他自己高度的思辨能力和概括分析能力实现的，而这样的思辨和分析又常常出自平易通俗的语汇。这就不能不促使人们重新思考这样一

---

① 樊骏：《我们的学科：已经不再年轻，正在走向成熟》，《中国现代文学研究丛刊》1995年第2期。

个问题，即理论家最基本的素质究竟应当是什么？是他对古今中外理论体系、理论术语的娴熟操纵吗？似乎不是，因为任何一个理论家他所面对的和需要他解决的问题归根结底都是世界本身的问题，对于丰富到复杂的世界本身而言，所有的业已存在的理论体系和理论术语都不过是业已存在的人们对于世界的各种不同感受的一种描述和概括，对于我们今天要解决的新问题而言，这些描述和概括固然会带来不少的智慧的启迪，但毕竟不是问题的真正所在，更不能代替我们对问题的感受和理解。因此，任何一个理论家最基本的素质并不是有"学习""收容"固有术语的能力，而是他应当具有与前人大不相同的感觉能力。恰恰是因为他对世界的感觉和理解之不同，才最终导致了他从理性的高度所进行的概括和分析绝不同于任何一个前辈学者。他的所有的理论创新、他的新的理论高度都是首先根源于他有了这样的超敏锐的感觉能力。当一个忠于自己新鲜感觉的理论家认为当代与前代的许多理论术语都不足以表达自己的时候，他当然有必要尽可能少地染指这样的术语体系，但他这样做却丝毫也不会减少他自己固有的理性思辨才能、降低他的理性高度，所以说对一个哪怕是最喜欢建构自己的理论大厦和最富有严密逻辑的推理才华的理论家来说，最基本的能力其实还是感觉，是他对世界能够拥有最新异的最与众不同的感觉。

或许王富仁也在私下里有过"不熟悉当代批评术语"的感慨，但纵观他踏上文学研究道路以来的全部学术成果，你将发现，与其说是这种"不熟悉"造成了他理论的欠缺，还不如说是这种"不熟悉"形成了他善于独立感受和独立思考的个性；与其说是这种感慨表明了他强烈的"补课"愿望，还不如说逐渐开阔的知识视野强化了他的"正名"意识，特别是进入90年代以后，你会发现王富仁也并不曾刻意突出他现在的"熟悉"，倒是将他对学术活动的独立见解，将他对"感觉"的格外推重显示在了人们面前。显然,这个时候的王富仁已不是什么熟悉不熟悉的问题,而是面对学术究竟应当如何自我选择的问题。在《文学研究的特性》一文中,王富仁提出了这样的深刻见解,似乎就是对自己一贯的"理论家品格"的最好说明:"文学研究者的任何研究都要建立在一个一个文学作品的具体感受的基础上,如果自我对文学作品没有亲身感受,或有而不尊重它,不愿或不敢重视它,而是隔着一层屏障直接面对作为客观实体的文本,或者把自己的活生生的感受和印象搁置起来,把别人的现成的结论作为研究的前提,他的研究工作是根本无法进行的","文学研究中的种种名词概念,都是在对具体的、一个个的文学作品的实际感受和印象的基础上建立起来的,没有这种真切的感受和印象,这些名词也便成了毫无意义的空壳子,整个文学研究工作也就难以进行了"。[①]

王富仁曾经以他的"研究体系"而闻名,但事实上支撑着他这一"体系"的正是他与众不同的个人感受能力。没有他在阅读过程中对"偏离角"的发现就根本没有后来的什么"体系",而"偏离角"的发现则充分显示了他作为批评家的突出的感知能力。这正如王富仁在评述新时期的启蒙派鲁迅研究时所指出的那样:"这时期鲁迅研究中的启蒙派的根本特征是:努力摆脱凌驾于自我以及凌驾于鲁迅之上的另一种权威性语言的干扰,用自我的现实人生体验直接与鲁迅及其作品实现思想和感情的沟通。"[②]的确,《〈呐喊〉〈彷徨〉综论》气魄非凡、体系博大,但人们同样会为书中那到处闪光的精细的艺术感觉而叹服,在关于《药》中坟上花环的论述中,在关于《一件小事》的主题辨析中,在关于鲁迅小说文言夹杂的语言特征的剖

[①] 王富仁:《文学研究的特性》,《文学评论家》1991年第6期。
[②] 王富仁:《中国鲁迅研究的历史与现状》(连载十),《鲁迅研究月刊》1994年第11期。

析中……我们不断获得艺术领悟的快感！早在王富仁考上西北大学攻读现代文学研究生之前，他就在薛绥之先生的引导之下开始了鲁迅研究，而这些研究就是从鲁迅小说"鉴赏"开始的。"鉴赏"，与一般的学术性论著的显著差别就在于它保留了更多的研究者自身的直觉感受。王富仁从"鉴赏"开始走向文学研究事业，这与他后来形成的特殊的理论家"品格"不无关系。我注意到，他在以后的宏阔的文化文学研究的同时，也从未中断过对自己感受力、"鉴赏"力的训练，从《补天》《风波》到《狂人日记》，他不时推出自己细读文学作品、磨砺艺术感受的佳作；从《中外现代抒情名诗鉴赏辞典》《鲁迅作品鉴赏书系》到《闻一多名作欣赏》《中国现代美文鉴赏》，他似乎对各种各样的鉴赏工作满怀着兴趣。最近两年，他又连续不断地在《名作欣赏》杂志上推出关于中国古典诗歌名篇的解读，这批被称之为王富仁式的"新批评"文字更自由更无所顾忌地传达着他的种种新鲜感觉，据王富仁所说，这其实不过是他试图转入中国诗歌研究的一种"前奏曲"，在这里，充分尊重个体感受，从自己感受出发走向理性提炼的"理论家品格"又昭然若揭了。

我以为，在这一"理论家品格"中，启蒙文化的魅力也再一次地体现出来。启蒙揭示出专制主义的蒙昧，而蒙昧便意味着个人感知力的遏制和萎弱，在中国的"文化大革命"时代，遭受到最大摧毁的首先是个人的感受能力和感受的权利，在西方17世纪的新古典主义时代，个人的情感和感觉也被牢牢地禁锢在"理性"的压制之下。新时期中国启蒙时代的来临得追溯到一批抒写个人情绪的"朦胧诗人"，接着又因为这一批诗人的独特的感觉而引发了整个思想界的争议和思考，这似乎已经暗示了启蒙文化自身的重要基础。同样，高举理性大旗的西方18世纪启蒙文化也将感性和个人感觉作为自己的理论依托。18世纪的这种理性也就与17世纪的僵硬有了质的不同，法国启蒙思想家拉美特利说得好："我们愈加深入地考察一切理智能力本身，就愈加坚定地相信这些能力都一齐包括在感觉能力之中，以感觉能力为命脉，如果没有感觉能力，心灵就不可能发挥它的任何功能。"[①]

复活的感觉是理性思维的生命源泉，"一切都归结到从感觉到思考，又从思考到感觉"[②]。在启蒙思想家的学术活动中，新鲜的感觉与新锐的思想构成一对"互动"的力量。宋益乔先生曾将王富仁学术论著的特征概括为"思想"与"激情"的并存，我在这里也不妨稍稍作点补充，那似乎亦可称为是感觉、激情与思想的并存。重要的是这种"互动"中的并存最终建构起的是一个生机勃勃的具有再生功能的思想"体系"。人们都注意到了王富仁学术研究的"体系"特征，但或许还没有完全意识到这一"体系"自身的灵动性和再生能力。虽然他曾经以"思想革命"的系统主动代替了"政治革命"的系统，但显而易见，他并不曾为维护自己这一系统的严密性而煞费苦心，他那严密的逻辑思辨力也没有被用来作为自我系统的永恒的证明，他更不曾因为自己系统的限制而失却了发现和肯定其他新思想的能力，相反，在其他年轻一代的新的研究成果出现之后，他立即予以重点介绍和肯定，并从理性的高度自我解剖自己研究的局限性。这种自我超越的勇气充分证明"体系"虽是王富仁学术研究的一个特点，但肯定不是他最重要的最深层的本质，单纯从"体系"性上来认识王富仁的学术个性，就如同1987年围绕他的一场争论中有的论者断言他的思维属于先验的机械性的思维一样，其实多半是忽略了他最富有生命活力的底蕴。面对王富仁学术论著中那似乎充满了体系追求却又往往灵性四溢、生命喷射的文字，我几

---

① 葛力：《十八世纪法国哲学》，商务印书馆1963年版，第236页。
② ［法］狄德罗：《狄德罗哲学选集》，生活·读书·新知三联书店1957年版，第61页。

乎找不到一种更好的语言来描述这样的思维个性。最后，我还是想起了恩斯特·卡西勒这位著名的德国思想史家，在他描述启蒙哲学的经典性著作中，有过这么一些重要的判断："启蒙哲学不仅没有放弃体系精神（esprit systèmatigue），反而以另一种更为有效的方式发挥了这种精神。""启蒙运动不仅没有把哲学限制在一个系统的理论结构的范围里，没有把它束缚于一成不变的定理以及从这些定理演绎出来的东西，反而想让哲学自由运动。"[①]是的，就如同西方18世纪的启蒙文化既需要用理性的体系精神来建构足以代替旧传统的新文化大厦，同时又力图"屡屡冲破体系的僵硬藩篱"，不断让新的自由的思想得以孕育和发展一样，像王富仁这样中国新时期的启蒙学者也的确同时面临了"建构"和"自由"的双向选择，在历史转换的这个特殊时期，或许体系的诱惑与自由的冲动都是不可避讳的事实吧。

总之，王富仁充满了体系精神，但却不曾有过僵死不变的体系，如果说他的全部的学术研究也构成了什么"体系"的话，那么也只是18世纪启蒙文化式的体系而不是17世纪新古典主义的体系，是康德式的体系，而不是黑格尔式的体系。构成这种重要的区别的正是王富仁特有的富有创造能力的感觉和生命，不能明白这一层，似乎也无法理解启蒙文化追求的独特价值。

宽容与坚守

对僵硬的理论体系的突破实际上也带来了启蒙思想的宽容性。所谓思想的"宽容"指的是对新异观念的容忍和理解，它不会因为其他思想的

[①] ［德］E. 卡西勒：《启蒙哲学》，顾伟铭等译，山东人民出版社1988年版，第3页。

异己特征就予以排斥和打击,相反,倒更能从一个学术发展与文化发展的高度作出及时的中肯的评价。在这里,启蒙主义的鲜活的理性的确显示了"它的广大的应用和洞彻的理解力"[①]。当王富仁以"思想革命"的研究系统完成了对"政治革命"研究系统的反拨之时,这其实并不像某些同志所想象的那样是王富仁企图排斥和否定传统研究的学术地位,王富仁多次讲过,"我与陈涌同志的不同,绝非在绝对意义上的对立,而是在我充分吸收了陈涌同志的创造性研究成果之后,从另一个不同的角度研究鲁迅小说的结果"[②]。这种学术意义的宽容在他的长文《中国鲁迅研究的历史与现状》里更是得到了充分的体现。王得后先生认为这篇长文首先打动他的便是"作者的宽厚""富仁不以鲁迅的是非为是非,不以自己的利害为利害,他力求客观而公平地写出历史状况及各派的得失。不宽厚是做不到这一点的。"[③]其实,与其说这种"宽厚"是一种待人接物的态度,还不如说是一种启蒙思想家特有的学术眼光和胸怀。早在当年的《〈呐喊〉〈彷徨〉综论》里,他就表述过这样的鲜明的启蒙意识:"文学研究是一个无限发展的链条,鲁迅小说的研究也将有长远的发展前途,任何一个研究系统都不可能是这个研究的终点,而只能是这个研究的一个小的链条和环节。"[④]

基于对历史发展的这种"链条"性质的清醒认识,王富仁的学术"宽容"事实上就不是那种毫无原则、毫无主见的迁就和懦弱,而是站在历史

[①] 拉美特利语,参见载北京大学哲学系外国哲学史教研室编译《十八世纪法国哲学》,商务印书馆1963年版,第241页。
[②] 王富仁:《先驱者的形象——论鲁迅及其他中国现代作家·代自序》,浙江文艺出版社1987年版。
[③] 王得后:《〈中国鲁迅研究的历史与现状〉序》,《鲁迅研究月刊》1995年第9期。
[④] 王富仁:《中国反封建思想革命的一面镜子——〈呐喊〉〈彷徨〉综论》,北京师范大学出版社1986年版,第9页。

发展的制高点上，努力为各种不同的文化现象寻找它们居于历史"链条"中的应有之位，就像当年的法国启蒙思想家们那样，清理各种文化产品看来要比简单的否定和抛弃更有意义。这里也清楚地呈现着王富仁式的学术思维方式：他总是从一个具体的文学现象出发，庖丁解牛般地层层剥抉、步步推进，最后开掘出这一现象背后的文化精神、历史意蕴，从而在一个十分宏大的文化背景上予以"定位"，在这种学术思维的观照之下，不仅孤立的文学现象在广阔的时空中凸现了独特的意义，就是在常人眼中普通平凡的现象也内涵丰厚、意味深长起来，比如他对电影《人生》《野山》及农村题材影片的评论。甚至某些人一时还难以接受的东西，他也能够独具慧眼，发现其不可替代的文化意义，比如他对《废都》的评论。经过他的深入开掘、四方拓展之后，一种文学现象的内涵往往获得了远远超乎于旁人的"打捞"，以至一时，真有点让人再不敢轻易涉足的味道！

宋益乔先生是王富仁最早的评论者，他当时曾提出过这样一个看法："王富仁的研究从'面'上看，涉及的范围不算广，但他却牢牢地抓住几个'点'，而且是极富思想意义的'点'。"[①]从那时（1986）到今天又过了许多年，王富仁研究的"面"显然拓宽了许多，从鲁迅到茅盾到郁达夫，从小说到诗歌到电影电视，从中国到外国到古典，从文学到文化，不过细读他所有的这些研究成果，我又感到，他好像还是无意过多地展示自己在这些广泛的"面"上的知识，他涉足了众多的课题，但吸引他的不是有关这些课题的丰富的知识性背景，而是它们各自所包含的文化内蕴，正如前文所说，在透过具体文学现象揭示深层的历史文化意义这一点上，他的思维方式仍然是一以贯之的。与其说王富仁是要在"面"的驰骋上作知识的积累，

[①] 宋益乔：《思想与激情——谈王富仁的中国现代文学研究》，《文学评论》1986年第6期。

还不如说是他继续在"点"的开掘上读解着精神世界的奥秘。这种似"面"而非"面"、非"点"而是"点"的研究立场,在当代中国学术研究可谓别具一格。如此说来,王富仁多年以来学术研究一方面的确是在不断地演进发展着,但也依然存在着一以贯之的态度和方式,构成他作为启蒙学者的最基本的学术个性——这种透过具象看文化、点面结合、由小及大的思维习惯似乎始终坚持着,而这种坚持本身在当代的启蒙文化思潮中也是格外地特别。

启蒙,就如同这个词语在西方语言中的涵义(照亮、开启光明)所显示的那样,带有某种时间交替上的"过渡"意味,它除旧布新的历史转换地位注定了它的命运多少有点令人遗憾:虽然启蒙的光辉映照着新世纪的黎明,但启蒙运动中所产生的具体思想结论不能像它所显示的思想姿态与思维方式那样保持长久的生命力,曾经投身于启蒙文化运动的学人也未必都能保持长久而集中的热情。恩斯特·卡西勒在评述西方18世纪的启蒙文化思潮时就切中肯綮地指出:"启蒙思想家的学说有赖于前数世纪的思想积累,这一点是当时的人们没有充分认识到的。启蒙哲学只是继承了那几个世纪遗产;对于这一遗产它进行了整理,去粗取精;有所发挥和说明,但却没有提出什么新的独创观点加以传播。"[①]活跃在20世纪晚期的中国启蒙思想家们又几乎都是在中国文化的封闭时期接受教育的,就知识储备而言,他们似乎还不能与西方的启蒙学者相比肩,就是与五四一代的中国启蒙先驱相比,也有一定的差距。他们所进行的新时期的启蒙活动是在改革开放刚刚起步的时候展开的,这时候与其说是古今中外的文化发展的丰富事实让他们作出了"启蒙"的选择,还不如说"启蒙"是他们从个性生存的要

[①] [德]E.卡西勒:《启蒙哲学》,顾伟铭等译,山东人民出版社1988年版,第2页。

求出发所举起的武器。以后，随着国门的进一步打开，西方几个世纪以来的各种文化思潮纷至沓来，当他们最不熟悉的其实又是最渴望了解的人生哲学、生命哲学、艺术哲学以更亲切的方式呈现在眼前的时候，特别是当更年轻的一辈已经无所顾忌地转向更诱人的对艺术、对人生的思考的时候，中国20世纪晚期的这一文化思潮实际上便开始出现了动摇，是中国的启蒙思想家们完全放弃了或否定了启蒙的理想，还是他们先前的相对单纯的启蒙理想当中，已经不同程度地渗入了较多的其他文化追求呢？比如，有的学者逐渐淡化着启蒙时代特有的文化建设（包括政治文化建设）的激进，转而在更细致也更平静的学院化学术活动中找到了自己的一方"净土"；有的学者竭力从当代西方的艺术哲学中汲取营养，调整自己固有的知识结构，调整使得他们逐渐从启蒙主义的"文化之思"中摆脱出来，那丰富的属于艺术自身的问题好像吸引更多的目光；有的学者从当代西方文化"超越启蒙"的努力中洞见一片新意，甚至开始了对中国启蒙文化思潮本身的"再思索"……

但恰恰是在这样一个让人无所适从的"文化的动荡"之中，王富仁又一次表现出了他特有的冷静。在《中国鲁迅研究的历史与现状》一文中，我们可以读到他对新时期启蒙文化派的相当清醒而深刻的反省，同样，在《文化危机与精神生产过剩》一文中，我们也读到了他坚定的选择："中国知识分子发挥自己主观能动性的主要方式是更加充分地调动自己主观意志的作用，把自己的思想追求贯彻下去。"的确，在其他的一些启蒙同道纷纷转向的时候，王富仁似乎又成了一位相当"固执"的思想家，迄今为止，他依旧坚守着自己先前的立场，依旧坚持将对文学现象背后的文化精神的不断发现，将点面结合、由小及大的思维方式，将中国文化现代化建设的这一系列的"启蒙事业"推进着。这当然也不是说王富仁不曾为自己的学术活动增添新的内容、新的养分，而是说来自其他思潮的新内容仍然不可能冲淡王富仁追思和建设中国新文化的主导目标，也更不可能改变他的基本思维方式和清醒的角色体认。

毋庸讳言，这样的坚守或许会继续保留王富仁作为中国这一代启蒙思想家的某些"先天"的遗憾，不过，在我看来，清醒的缺陷无疑要比盲目的完满好得多，何况在历史无限伸展的链条上，谁又不是包藏着缺陷的"中间物"呢，谁又留得下真正的完满呢？20世纪的晚期，中国还在为建设自己的新文化而苦苦探索、扫除蒙昧，迎接新生的启蒙事业远远没有完成，在这个时候，一位思想家的坚守本身就具有无限深远的意义。

王富仁鲁迅研究的俄罗斯文化视角 *

李春雨

考察王富仁的学术道路，有一个重要的背景不能忽略，那就是王富仁的俄语专业科班出身。王富仁的鲁迅研究是从鲁迅与俄罗斯文学的关系研究起步的。学习俄语、阅读俄罗斯文学、选择鲁迅作为研究对象，这些看似偶然的人生选择，实际上都隐含着很大的必然性。俄语专业出身的学术背景让王富仁能够更加深入作品内部，发现俄罗斯文学与鲁迅小说之间的联系，能够系统地展示鲁迅与果戈理、契诃夫、安特莱夫、阿尔志跋绥夫等俄罗斯作家在思想上的契合之处。换句话说，王富仁从一开始进入鲁迅研究，就已经从思想上关注到俄罗斯文学对鲁迅潜移默化的影响，这为他后来提出"思想革命的镜子"打下了坚实的基础。

---

* 本文为国家社会科学基金重点项目"弘扬国学背景下五四新文学价值构建研究"阶段性研究成果（项目编号：17AZW014）。

一、独特的知识储备与文化视角

王富仁是在20世纪五六十年代中国"亲苏"的时代语境中进入大学俄语系学习的。50年代，中国正处于经济发展的关键阶段，各领域都非常需要俄语专业人才，俄语学习热潮风行一时。为了响应国家号召，支援国家经济建设，山东大学外文系于1950年8月专门增设了俄文专修科，成为新中国成立后最早开始培养俄语专业人才的院校之一。次年2月，俄文专修科改为俄语专业。课程设置也比较丰富，包括基础俄语、高级俄语、俄语口语、俄语语法、俄语泛读、俄语写作、综合俄语、俄罗斯概况与文化、俄汉汉俄翻译、报刊阅读等。当时的山东大学俄语专业虽然成立不久，但师资力量较为雄厚，教师有方未艾、曾宪溥、杜鲁珍娜、罗西尼娜、马卡洛娃、金诗伯、陆凡等。优秀的生源和雄厚的师资共同奠定了山东大学俄语专业的良好声誉。1959年夏，山东大学恢复外文系，为了提高人才培养质量，1959年入校新生的学制改为五年。1962年，王富仁考入山东大学俄语系，开始了五年的求学生涯。根据当时教育部的课程设置规划，山东大学外文系还开设了英美文学和苏俄文学等课程，教师在教学的同时开展研究、翻译和评论工作，教学与研究互动，学术氛围很好。整个本科期间，王富仁接受了正统的俄语专业训练，他不仅可以直接用俄语阅读俄罗斯文学作品和学术文献，也对中俄文学、文化的比较研究产生了兴趣。

俄罗斯文化是一种"开放"的文化。俄罗斯地跨亚欧两个大洲，它既不是完全意义上的西方国家，也不是纯粹的东方国家，因此，俄罗斯文化呈现出明显的"亦东亦西"特点。一方面，俄罗斯文化受到了来自西方民族的影响，如法国、德国、意大利、希腊等欧洲国家以及美国的影响；另一方面，俄罗斯文化也与东方民族有着千丝万缕的联系。这使得俄罗斯文化呈现出很强的开放性，无论是在宗教、哲学等思想文化层面，还是建筑、音乐、绘画、雕塑、文学等领域，我们都既能看到西方文化的影子，又能感受到东方文明的脉搏。可以说，俄罗斯文化是一种东西方文化融合的"开放式"文化，它拥有极强的包容性，如滚滚流动的伏尔加河一样，所经之处泥沙俱下，又如宁静深沉的贝加尔湖，拥有博大的胸襟和海纳百川的气魄。

俄罗斯文化也是一种民族性极强的文化。正如19世纪俄罗斯著名思想家恰达耶夫所说："我们既不属于东方，也不属于西方。我们既没有西方的传统，也没有东方的传统。"[1]

在东西方文化交流碰撞的前沿阵地，俄罗斯始终没有迷失自己，保留了极强的民族特性，形成了灿烂独特的俄罗斯文化。从宗教信仰来说，俄罗斯大部分人信仰的是东正教，尽管东正教属于基督教的分支，但早已渗透了东方多神教的因素，这一宗教虽然不是诞生于俄罗斯本土，但在俄罗斯发生了质的变化；从艺术成就上来看，俄罗斯注重吸收本民族文化的养料，培养了一大批民族艺术家。俄罗斯的绘画静穆而沉郁、沉郁中富有激情，粗犷的线条、朴素的色调闪耀着深沉的智慧，将俄罗斯民族的内敛、悲壮与深沉展露无遗；俄罗斯的芭蕾舞风格典雅华丽，自成一派，既吸收了法国的妖娆、意大利的奢华和丹麦的精巧，又充分显示出俄罗斯人的热情、奔放、浑厚与豪迈，柴可夫斯基作曲的芭蕾舞剧《天鹅湖》享誉世界、影响深远，几百年来经久不衰；俄罗斯的音乐大气磅礴，具有史诗性，注重对于历史画面的描述，又常常能够以悠远深沉的曲调来叙述一个故事，呈现出民间音乐和宗教音乐的双重底色。

---

[1] 转引自［美］理查德·莱亚德、［美］约翰·帕克《俄罗斯重振雄风》，白洁等译，中央编译出版社1997年版，第10页。

俄罗斯文化是一种"自省"的文化。这集中体现在俄罗斯民族自我追问的精神气质、使命意识和救世观念等方面。俄罗斯诞生了众多思想家和哲学家，索洛维约夫、弗兰克、别尔嘉耶夫、别林斯基、车尔尼雪夫斯基、基列耶夫斯基、梅列日科夫斯基，他们的哲学思想无不体现出一种俄罗斯民族特有的忏悔意识和内省意识。俄罗斯文化有着较为强烈的宗教气质，又有很强的现世精神。为什么有那么多人喜欢普希金的诗歌，又有那么多人喜欢托尔斯泰、契诃夫、果戈理的小说，为什么俄罗斯文学史上诞生了那么多不朽的文学形象，从"多余人"奥涅金、金巧林到"装在套子里的人"别里科夫，从"特殊的人"拉赫美托夫到"新人"巴扎罗夫、吉尔山诺夫，从"吝啬鬼"泼留希金到"圣愚"日瓦戈医生，从忏悔的聂赫留朵夫到拉斯柯尔尼科夫，俄罗斯文学总是能给人以震撼。"谁之罪"是俄罗斯人常常思考的问题，正是这种积极自觉的自我批判，让他们永远都不停止对自身的拷问，他们深刻地批判自己，揭发人性的丑恶和贪婪；强烈的苦难意识、使命意识、现世精神和自觉的自我拷问意识都给俄罗斯文学增添了强烈的悲壮色彩。"俄罗斯文化承载着对自己民族国家和人民的一种深深的使命和责任，这是任何一种其他民族文化少有的特征。"[①] 俄罗斯民族深深地眷恋着自己的祖国，俄罗斯文化史几乎就是一部俄罗斯人自己的爱国史，他们不但关心自己民族的过去、现在和未来，也关心全人类的命运。俄罗斯文化对俄罗斯本民族发展道路和前途的关注，对俄罗斯人民命运的悲悯和思考使得俄罗斯文化具有了一种忧国忧民的精神底蕴。事实上，人们对俄罗斯文学的喜爱，很少是源于作品本身的构思和情节，而是源于故事情节背后作家力透纸背的思想、精神，来源于作家对时代、对人的那种挖掘

[①] 仁光宣：《俄罗斯文化十五讲》，北京大学出版社 2007 年版，第 17 页。

与思考的深沉，情感的浓厚。

俄罗斯文化传统对中国知识分子的影响是巨大的，尤其是伴随着十月革命产生的巨大冲击力，俄罗斯知识分子传统成为中国知识分子重要的借鉴范本和参照对象。1932 年，鲁迅曾这样比较过欧美文学与俄罗斯文学的差异："包探，冒险家，英国姑娘，菲洲野蛮的故事，是只能当醉饱之后，在发胀的身体上搔搔痒的，然而我们的一部分的青年却已经觉得压迫，只有痛楚，他要挣扎，用不着痒痒的抚摩，只在寻切实的指示了。那时就看见了俄国文学。那时就知道了俄国文学是我们的导师和朋友。因为从那里面，看见了被压迫者的善良的灵魂，的酸辛，的挣扎；还和四十年代的作品一同烧起希望，和六十年代的作品一同感到悲哀。"[①]自我的人生经历、中国社会的现状让鲁迅与俄罗斯文学的精神共鸣要远远大于欧美文学。俄罗斯文学对人的生存问题的思考，对人性的复杂与灵魂缺陷的揭露和剖析，恰恰都是鲁迅苦苦思索的问题。熟悉俄语、熟悉俄罗斯文化的王富仁敏锐地捕捉到了这些问题。

二、俄罗斯文化传统与中国知识分子

王富仁对于俄罗斯文化的理解是非常深刻的，更重要的是，他对于俄罗斯文化、俄罗斯知识分子的研究，最终还是指向如何解决中国社会与文化发展中的问题。

中国现当代文学的发展与俄罗斯文学传统有着深度的精神关联。早在"五四"时期，鲁迅、周作人兄弟开创的以介绍俄国和东欧、北欧文学为主

---

① 鲁迅：《祝中俄文字之交》，《鲁迅全集》第 4 卷，人民文学出版社 2005 年版，第 473 页。

的"弱势民族文学"翻译,就成为中国现代文学、文化的主流译介模式,并且伴随着"十月革命"产生的重大影响,成为中国知识分子极为重要的借鉴范本和参照对象之一。王富仁曾在《中俄知识分子之差异》一文中把俄罗斯知识分子和中国知识分子进行了对比,他认为俄罗斯知识分子的一个重要特点,就在于他们是从俄国贵族阶级中分化出来的,属于社会上的支配者阶层,这让他们呈现出两个明显的特点。

其一,俄罗斯知识分子"对于自己的民族,对于俄国社会,具有几乎是原发性的责任感"[1],因此,文化对于俄国的知识分子来说,就不仅仅是个人的技艺性的东西和取得物质实利的谋生手段,而是能够使整个民族凝聚起来的崇高而庄严的东西,具有一种巨大的精神力量,是一项伟大崇高的事业,是一种"把分散的、狭隘的、个体的民族成员在思想感情上联为一个有机的民族整体的力量"[2]。在这种情况下,从其所从事的事业的执着坚忍的追求中感受着自我生命价值的俄国知识分子,就成为俄罗斯民族精神的象征,他们也因此获得了一种精神气质上的崇高感和独特的人格魅力。但是在中国,自古以来文人更像是为当权者出谋划策的人。恰如王富仁所分析的那样,一方面,知识分子为政治家提供社会建筑构图,经由政治家的操作成为实际的社会建筑,知识分子的精神文化产品被政治家纳入其政治实践之中,因此他们也就无法脱离政治家而独立地作用于社会。另一方面,文化生产是知识分子的个人行为,是他们自娱自乐、自我慰藉的一种工具和手段,是一种特殊的生存方式,即鲁迅所说的"小摆设",与全民族的生

---

[1] 王富仁:《中俄知识分子之差异与中国知识分子的人格建设》,《说说我自己——王富仁学术随笔自选集》,福建教育出版社2000年版,第74页。

[2] 王富仁:《中俄知识分子之差异与中国知识分子的人格建设》,《说说我自己——王富仁学术随笔自选集》,福建教育出版社2000年版,第74—75页。

存和发展不发生任何内在联系。科举制度则以"内俗外雅"的形式,"在'治国平天下'的旗号下实现的是个人升官晋爵的目的",文化知识起的是鲁迅所说的"敲门砖"的作用。这样,"儒家文化在表述内容上的崇高性与掌握它的知识分子自身的精神人格失去了必然的联系",文化自身的崇高性也就荡然无存了。这种悠久而强大的传统,使我们的文化中至今仍然"缺少知识分子人格力量的酵素。我们在我们的文化中感到的更是知识分子的聪明,而不是他们的精神气质和人格力量"[①]。

其二,"在俄国,文人和战士是同体的"[②],因此俄罗斯文化从来都充斥着一种战斗的精神和进取的力量。在王富仁看来,"19、20 世纪的俄罗斯历史,有过政治上的黑暗时代,但却没有文化上的黑暗时代"[③],一个重要的原因就在于每一个时期都有为俄国文化发展奋斗的文化战士。但是在中国的传统中,一直都有着"文与武"的分流,文人更多地承担了"谋士"的职责,而不是"武士"。因此在中国文化传统当中,文雅、文质彬彬更作为知识分子的标记而存在,"武士""战士"的精神要稍显弱一些。

对中俄文化特性做上述对比和界定,并不意味着无视中国文化的优长和俄罗斯文化的局限,事实上每种民族文化里优长和局限的基因常常是缠绕在一起的。中国文化的现实性使得中国人更加热爱现世社会,使得中国人殊少陷于宗教的迷狂和战争中;俄罗斯人对于神圣性、形而上性的耽迷,

---

[①] 王富仁:《中俄知识分子之差异与中国知识分子的人格建设》,《说说我自己——王富仁学术随笔自选集》,福建教育出版社 2000 年版,第 77 页。

[②] 王富仁:《中俄知识分子之差异与中国知识分子的人格建设》,《说说我自己——王富仁学术随笔自选集》,福建教育出版社 2000 年版,第 77 页。

[③] 王富仁:《中俄知识分子之差异与中国知识分子的人格建设》,《说说我自己——王富仁学术随笔自选集》,福建教育出版社 2000 年版,第 78 页。

造就他们的文化深刻崇高品质的同时，也给他们的社会生活和精神世界带来诸多可怕的冲突和撕裂。王富仁对中俄知识分子做以上对比，绝不是为了贬低中国知识分子，而是为了找出中国知识分子身上的问题，并为如何克服、改变这种问题努力探索一条出路。中国"更多是知识分子的聪明，而不是他们的精神气质和人格力量"。这是王富仁对中国知识分子弱点最为深刻的分析，那么，中国的知识分子如何发挥其应有的作用呢？对此王富仁的回答是：最重要的是必须确立和拥有一种"公民意识"，即"我们应该也必须站起来行走"；"我们不能被边缘化"；"我们得像别民族知识分子一样独立地追求一个神圣的目标"。① 这正是中国知识分子重建自身精神人格的不可或缺的基石，也是重建中国国民性格的不可或缺的基石。

三、从俄罗斯文学走进鲁迅

特殊的知识结构和俄语背景为王富仁捕捉到鲁迅文本深层的意蕴提供了切入点，王富仁很早就发现了俄罗斯文学传统与鲁迅创作之间的深层联系。当学界盛赞王富仁"思想革命镜子"说的价值和意义时，王富仁曾经亲口对笔者说过这样的话：人们都觉得思想革命镜子如何重要，但在思想革命镜子前后其实各有一个更加重要的东西，前者是《鲁迅前期小说与俄罗斯文学》，后者是《中国鲁迅研究的历史和现状》。这段话对理解王富仁在鲁迅研究方面的突出贡献有着非常重要的启示性意义。《鲁迅前期小说与俄罗斯文学》是王富仁研究鲁迅的基础和突破口，《中国鲁迅研究的历史和

---

① 王富仁：《中俄知识分子之差异与中国知识分子的人格建设》，《说说我自己——王富仁学术随笔自选集》，福建教育出版社2000年版，第82页。

现状》则凝聚了王富仁在鲁迅研究上取得重要成就以后更加深刻的一些感悟和思考。《鲁迅前期小说与俄罗斯文学》是王富仁在西北大学读书时的硕士论文，也是王富仁研究鲁迅的起点。鲁迅受到俄罗斯文学的影响，在鲁迅自己的翻译介绍、杂文随感甚至是小说创作中都有明显的表现，所以在王富仁之前就有不少研究者注意到了这个问题，比如冯雪峰的《鲁迅和俄罗斯文学的关系与鲁迅创作的独立特色》等，但这些成果用冯雪峰的话来说就是"画一个简单的轮廓"[①]，并没有展开深入的探讨。

那么王富仁到底是从哪些方面去把握鲁迅小说与俄罗斯文学之间的关联的呢？事实上，在《鲁迅前期小说与俄罗斯文学》的总论中，王富仁就已经提纲挈领地提出了这几点："清醒的现实主义精神、广阔的社会内容、社会暴露的主题是鲁迅前期小说与俄国文学的共同特征之一，也是二者相互联系的主要表现之一"[②]；"强烈爱国主义激情的贯注、与社会解放运动的紧密联系、执着而痛苦的追求精神是鲁迅前期小说与俄罗斯现实主义文学的又一共同特征，也是它们相互联系的又一反映"[③]；"博大的人道主义感情、深厚诚挚的人民爱、农民和其他'小人物'的艺术题材是鲁迅前期小说与俄罗斯现实主义文学的另一个共同特征，也是二者相联系的又一表现"[④]。

"清醒的现实主义精神"是王富仁找到的鲁迅前期小说与俄罗斯文学之间联系的第一条脉络。在王富仁看来，在俄罗斯文学漫长的发展历程中，古典主义和浪漫主义等流派"像闪电般掠过"，只有现实主义得到了长足

[①] 冯雪峰：《鲁迅和俄罗斯文学的关系与鲁迅创作的独立特色》，《论文集》第1卷，人民文学出版社1952年版，第118页。
[②] 王富仁：《鲁迅前期小说与俄罗斯文学》，陕西人民出版社1983年版，第8页。
[③] 王富仁：《鲁迅前期小说与俄罗斯文学》，陕西人民出版社1983年版，第19页。
[④] 王富仁：《鲁迅前期小说与俄罗斯文学》，陕西人民出版社1983年版，第28—29页。

繁荣和发展。在冈察洛夫、陀思妥耶夫斯基、托尔斯泰、契诃夫这些作家身上，个体的幸福常常被当成一种世俗甚至庸俗的东西，他们面对和叩问的是更加广阔的现实社会。这与俄罗斯的历史有关，也与俄罗斯当下的社会特点有关。而中国社会的发展与俄国有着一定的相似性，现实主义思潮也对中国近现代的文学发展有着主导性的作用。特别是在鲁迅那里，现实主义绝不仅仅只是表现、反映社会现实，而被提升到了有目的地批判现实、解剖社会的高度。比如说鲁迅批判阿Q，绝不是仅仅在批判中国农村的一个农民，而是批判形成、导致阿Q这种麻木、愚昧、自欺欺人人格背后的思想、文化和制度。而在这方面，王富仁认为鲁迅在很大程度上受到了俄国文学的影响，特别是果戈理的影响。"果戈理对农村生活的描写，他的诸多农村地主形象的塑造，他的卓越的讽刺艺术，把鲁迅固有的这些方面的生活积累和艺术才能唤醒了。由此，才有《怀旧》的问世，才有后来的一系列小说创作。"[1] 而鲁迅与安特莱夫的区别和联系也在于"鲁迅前期小说的基本主题是对封建制度、封建伦理观念'吃人'本质的揭示以及对摧毁它们的社会力量的艰苦探索；安特莱夫作品的基本主题是对人生意义的痛苦叩问和对生活出路的绝望追求。但在他们的作品中，有一个重要的从属主题是相同的，那就是他们都反复地着力描写了当时社会中人与人之间淡漠、冷酷的社会关系"[2]。对社会的批判、对社会关系的批判，是鲁迅与俄罗斯文学的一个重要关联。

紧接着而来的第二个问题就是"痛苦而执着的精神"。一个对社会、对民族富有责任心的作家，必然是痛苦的。他们能够敏锐地发现社会上存在

---

[1] 王富仁：《鲁迅前期小说与俄罗斯文学》，陕西人民出版社1983年版，第44页。
[2] 王富仁：《鲁迅前期小说与俄罗斯文学》，陕西人民出版社1983年版，第108页。

但又难以被解决的诸多问题。王富仁认为,"俄国文学作品常常出现一种极具特色的忧郁抒情音调,它反映了俄国作家欲求明确出路而不得的情绪"[①]。对于19世纪末的俄国来说,农奴制已经废除,但资本主义制度并没有给俄国带来新的出路,反而暴露出了更深层的社会问题。在痛苦、迷茫中执着地探寻社会的出路和自己精神的出路,如何唤起社会的改造、人的灵魂的改造是这一批俄国知识分子背负的沉重思想命题,这在普希金、果戈理、托尔斯泰、陀思妥耶夫斯基等作家身上体现得尤为明显。鲁迅也是如此,从早期做出"弃医从文"的决定,到终生以笔为刃对中国社会、思想、制度各个方面进行批判和反思,根本上都是来源于他对国家、民族前路艰难的求索。王富仁在这里还特别提到了鲁迅的小说很少有直接反对帝国主义的题材和表现,并且认为这根本的原因就在于鲁迅认为要解决中国的问题,关键不在于反对帝国主义,而在于自身思想觉悟的提高与民族的自强,所以他才不会把表现的重点放在与帝国主义的斗争上,而首先放在了对国民性问题的批判和反思上。就像"契诃夫不但怀着深刻的同情描写了他们的痛苦生活,同时也以痛切之感反映了他们暂时的愚昧、落后,乃至庸俗的生活"[②]一样,鲁迅的一生也在对国民性进行着"哀其不幸、怒其不争"的思考与探索,启蒙大众之路必然是漫长的,这种探索也必然是痛苦的。

第三个问题就是"人道主义精神"。王富仁在《鲁迅前期小说与俄罗斯文学》中所要探讨的,绝不仅仅是鲁迅和俄罗斯几位作家的对比及异同问题,而是更为宏阔的文学的民族传统与外来影响的问题,文学与时代、与社会生活的关系问题。这些都使得他的学术眼光独树一帜。从王富仁的论

---

① 王富仁:《鲁迅前期小说与俄罗斯文学》,陕西人民出版社1983年版,第24页。
② 王富仁:《鲁迅前期小说与俄罗斯文学》,陕西人民出版社1983年版,第78页。

著中，我们不仅能感受到一种强烈的理性精神，而且有一种动人的人文情怀，一种对人类命运的深切关怀。比如说他意识到，不管是鲁迅还是俄罗斯文学，始终都对农民问题投以了巨大的关注。18世纪末，把农民作为一个主要对象去关注和表现，就已经成为俄罗斯文学的一个重要主题，"我们完全可以说，整个俄国文学所描写的辉煌恢阔的艺术画面都是从农民整个中心辐射出来的……在俄国，有哪一部杰出的作品能与农民没有关系呢？有哪一个作家没有直接或间接地表现过农民呢？可以断言，根本没有"[1]。这与俄罗斯的社会现实有着深刻的联系，农奴制使得俄罗斯农民长期处于卑微地位，而在1812年反对拿破仑入侵的战斗中，农民又做出了巨大的牺牲和贡献，复杂的历史和现实因素让知识分子对农民产生了空前的同情，表现在文学上即呈现出一种浓厚的人道主义精神。而在中国，农民在社会生活中的作用更加重要，王富仁认为，"在中国，第一个从政治革命的战略和策略的角度在理论和实践上解决了农民问题的是毛泽东，而从思想革命的角度提出农民问题并在小说中对农民进行了形象化的艺术表现的则是鲁迅"[2]。鲁迅既没有对农民进行单纯的讴歌，也没有对农民进行脸谱式的丑化，而是对农民身上几千年存在的精神顽疾和思想缺陷进行了深刻的批判和反思，这种批判不是高高在上的，不是事不关己的，"他责备农民，正是因为爱农民，责备的那么痛切，正证明爱得那么深切"[3]。正是在这个角度上，鲁迅对国民性的批判既犀利，也深厚，这背后凝聚的强大人道主义情怀成了连接鲁迅与俄罗斯文学的又一条纽带。

---

[1] 王富仁：《鲁迅前期小说与俄罗斯文学》，陕西人民出版社1983年版，第30页。
[2] 王富仁：《鲁迅前期小说与俄罗斯文学》，陕西人民出版社1983年版，第33页。
[3] 王富仁：《鲁迅前期小说与俄罗斯文学》，陕西人民出版社1983年版，第34页。

事实上，鲁迅、俄罗斯文学、王富仁这三者之间始终有一种内在的关系，无论是鲁迅与俄罗斯文学，还是王富仁与鲁迅，或是王富仁与俄罗斯文学，他们都不仅仅是研究者与研究客体的关系。鲁迅对俄罗斯文学投以关注，王富仁对鲁迅与俄罗斯文学的关系投以关注，这之间都有着因因相循的联系。就像我们前面说的，清醒的现实主义、真诚而执着的痛苦、人道主义情怀，这既是鲁迅前期小说的思想和艺术特色，也是俄罗斯文学的特性，又何尝不是王富仁学术研究的特点呢?!

何为鲁迅精神的"力"
——从李健吾的《关于鲁迅》谈起*

解楚冰

在 20 世纪 30 年代左翼话语的影响下,"政治鲁迅"的形象逐步确立,从瞿秋白把鲁迅视为"浪漫谛克的革命家的诤友"[①],到冯雪峰认为鲁迅是"彻底的为人生,为社会的艺术派,一个伟大的革命写实主义者"[②],再到 20 世纪 40 年代毛泽东将鲁迅视为"中华民族新文化方向"的"伟大的革命家",鲁迅的社会革命意义不断强化,并"从五十年代开始,在我国逐渐形成了一个以毛泽东同志对中国社会各阶级政治态度的分析为纲,以对《呐喊》《彷徨》客观政治意义的阐释为主体的粗具脉络的研究系统"[③]。与此同时,社会文化语境的复杂性也带来了鲁迅评价的多样性和鲁迅研究的新视

---

* 本文为国家社会科学基金重大项目"京津冀文脉谱系与'大京派'文学建构研究"阶段性研究成果(项目编号:18ZDA281)。

① 何凝:《鲁迅杂感选集序言》,载鲁迅著,何凝编录《鲁迅杂感选集》,青光书局 1933 年版,第 3 页。

② 冯雪峰:《冯雪峰文集》,人民文学出版社 1981 年版,第 120 页。

③ 王富仁:《〈呐喊〉〈彷徨〉综论》,《文学评论》1985 年第 3 期。

角。不同于从意识形态的角度出发观照鲁迅,"京派"文人对鲁迅的态度往往基于一定的个人情感倾向,而这种看似主观的情感背后,本质上蕴藏的是"京派"文人群体的文学观念与文化选择。

李健吾作为"京派"重要的批评家,有关鲁迅的评论文字虽然不及沈从文和李长之数量多,但其印象式点评的风格为"京派"提供了另一种独特的鲁迅形象。

据学者考证,"李健吾与鲁迅并无真正意义上的交往,早在北师大附中读书时只聆听了鲁迅《未有天才之前》的演讲"[1]。从李健吾现有的批评文章来看,他对鲁迅其人其作的点评文字主要发表于鲁迅逝世后,除发表于1938年12月《星岛日报·星座》上的《关于鲁迅》一文较为集中地表达了对鲁迅的整体认识,其余评价散见于李健吾对其他作家作品的批评中,比如原载于《文学杂志》第1卷第2期的《〈里门拾记〉——芦焚先生作》,李健吾在分析芦焚小说的讽刺艺术时,把鲁迅作为创作技法的标尺与参照,直言"我们现代文学出了一位讽刺的巨匠,无论热嘲,无论冷骂,都是他的本色。不用说,这是《阿Q正传》的鲁迅"[2]。李健吾认为,高明的讽刺需要"跳出俗浅的比喻",以避免艺术上的生硬刻意,而鲁迅恰恰是讽刺纯熟的最佳例证。另一篇谈及鲁迅创作较多的文章是连载于1940年4月1日、3日、5日《大公报·文艺》(香港)第809期、810期、811期的《叶紫论》(后改题《叶紫》收入《咀华二集》,上海文化生活出版社1942年版,再改为《叶紫的小说》收入《咀华二集》,上海文化生活出版社1947

---

[1] 麻治金:《李健吾谈鲁迅:京派文艺观念阐释下的鲁迅及其文学》,《鲁迅研究月刊》2020年第2期。
[2] 刘西渭:《读里门拾记》,《文学杂志》第1卷第2期,1937年。

年版），李健吾并没有单纯地探讨叶紫小说的艺术性和思想性，而是将其与鲁迅、茅盾等作家的小说创作进行了整体的把握，找寻了"五四"文学一以贯之的"反抗"精神特质。李健吾以鲁迅的小说为例，认为其作品风格看似"凄凉如莅绝境，却比同代中国作家更提供力的感觉。他倔强的个性跃出他精炼的文字，为我们画出一个被冷眼观察，被热情摄取的世故现实"①。这里需要特别注意，李健吾说鲁迅的作品"比同代中国作家更其提供力的感觉"，到底何为"力的感觉"？它首先是五四时期整个社会所凝聚的反抗力量，是一种贯通时代的反抗精神；同时，创作主体的文化背景与个性差异又决定了反抗精神的文学表达是多样态的、丰饶复杂的：它可以激烈如《狂人日记》，奔走呼号；可以决绝如《沉沦》，哀怨悲愤；也可以缄默如《桥》，隐遁玄妙。"力的感觉"凝结在鲁迅身上，主要体现为两个层面：一是鲁迅强烈的主体性；二是鲁迅作品执着表现的"被冷眼观察，被热情摄取的世故现实"，即鲁迅作品深邃、超前的现实性，两个层面共同构成了鲁迅精神的"力"。

在《个人主义》一文中，李健吾表达了他对纯粹个人主义观念的理解："只要一个人不谄媚他当前的权势（个人、社会、政府、制度，等等），只要他为人类共有的高尚的理想活着，我们便把自由创造的权利给他。他晓得他在做什么。既然清醒，他应当有为而为；既然独立，他就不甘受人利用。"②李健吾循此认为，鲁迅就是这样的个人主义者，"时代和他有密切的关联，可是他不依附时代，群众和他有密切的关联，可是他不巴结群众"，因为"他有他坚定的立场。他为人类的幸福活着，不是为某谁活着。这是

---

① 李健吾：《叶紫论》，《大公报·文艺》（香港）第810期，1940年4月3日。
② 李健吾：《个人主义的两面观》，《文汇报·世纪风》1938年11月9日。

真正的个人主义,也就不复是个人主义"。[1]值得注意的是,在面对鲁迅后期思想的进一步发展和转变时,李健吾是从个人主义的角度来透析鲁迅思想转折的动因和本质,而瞿秋白认为,"鲁迅从进化论进到阶级论,从绅士阶级的逆子贰臣进到无产阶级和劳动群众的真正友人,以至于战士,他是经历了辛亥革命以前直到现在的四分之一世纪的战斗,从痛苦的经验和深刻的观察之中,带着宝贵的革命传统到新的阵营里来的"[2]。可以看出,两者理解鲁迅后期思想变化的基点是不同的,瞿秋白是从鲁迅所经历的严酷的政治斗争和文化斗争来阐释其思想的转向,这种转向是"带着宝贵的革命传统",也就是说,鲁迅的战斗决心从未改变,只是探索到了更有效、更猛烈的主义和方法。而李健吾把鲁迅"坚定的立场"视为真正的个人主义,是一种文学事业上的无我的个人主义,从本质上来说,李健吾对鲁迅个人主义精神的赞扬,与其对巴尔扎克、福楼拜的推崇并无二致,他们都属于用"一种共同的人类的正义之感克服了偏见,甚至于各自的个人主义"。基于此,李健吾在《关于鲁迅》一文的第一部分中进一步把鲁迅的个人主义理解为对待文学事业的责任和自觉,鲁迅告诫子侄"倘无才能,可寻点小事过活",莫做"空头文学家",莫摆些"装腔作势"的姿态,是一种对"今日把任何纸上的东西夸做文学作品的时代"[3]的反省和警告,由此,李健吾建构了一个忠于文学艺术性,并在文化观念上与"京派"契合的鲁迅形象。

按照李健吾赋予鲁迅个人主义精神的逻辑前提,我们可以发现,鲁

---

[1] 李健吾:《个人主义的两面观》,《文汇报·世纪风》1938年11月9日。
[2] 何凝:《鲁迅杂感选集序言》,载鲁迅著,何凝编选《鲁迅杂感选集》,青光书局1933年版,第20—21页。
[3] 李健吾:《关于鲁迅》,《星岛日报·星座》1938年12月18日。

迅的个人主义生发于强烈的主体性。同为京派批评家的李长之在《鲁迅批判》中把鲁迅的精神本质概括为诗人和战士。从思想立场上看,鲁迅对民族命运的执着探索、对国民性的深刻反思和对封建思想的持久批判展现了最坚毅的战斗姿态;从艺术风格上看,鲁迅的创作方法和审美偏好更为偏重诗人特质,"诗人是情绪的,而鲁迅是的;诗人是被动的,在不知不觉之中,反映了时代的呼声的,而鲁迅是的;诗人是感官的,印象的,把握具体事物的,而鲁迅是的"①。诗的特质为点染,即"言有尽而意无穷",鲁迅自己表示:"我力避行文的唠叨,只要觉得够将意思传给别人了,就宁可什么陪衬拖带也没有。中国旧戏上,没有背景,新年卖给孩子看的花纸上,只有主要的几个人(但现在的花纸却多有背景了)。我深信对于我的目的,这方法是适宜的。"鲁迅又说,"要极省俭的画出一个人的特点最好是画他的眼睛"②。李健吾把握到鲁迅笔下的现实"是提炼的,精粹的,以少胜多,把力用到最经济也最宏大的程度"。但由此得出"鲁迅的艺术是古典的"的结论,其实并不准确,从人物形象的塑造和环境氛围的营造来看,鲁迅的笔法的确深得古典诗歌写意造境的精炼之致,寥寥数语便入木三分,但这种精炼并非柔婉的、似是而非的,写狂人精神世界失常,只用一句"要不,赵家的狗为何看了我一眼",因此,鲁迅的含蓄是一种刻骨的讽刺,就像冷箭正中靶心。当代作家余华表示,多年以后,当他以作家的身份重新阅读鲁迅的作品时,他惊异于鲁迅的语言,"他的叙述在抵达现实时是如此的迅猛,就像子弹穿越了身体,而不是留在了身体里"。鲁迅的"迅猛"从何而

---

① 李长之:《鲁迅批判》,北京出版社2003年版,第50页。
② 鲁迅:《我怎么做起小说来》,《鲁迅全集》第4卷,人民文学出版社1981年版,第512—513页。

来？我认为，是从透彻的生命体悟中来，是从穿越生死的大智慧中来，最根本的是从鲁迅强大无畏的主体精神中来。所以，李健吾说鲁迅的艺术风格是古典的，不免有失偏颇，但从某种程度上说，这样的判断暗含了作为"京派"文人群体一员的李健吾所代表的古典主义审美倾向。

"力的感觉"作为鲁迅精神的一个最鲜明的特征，不仅表现在文学创作中对社会、人生思考的广度和深度，还渗透在鲁迅其他文学活动中，比如文学翻译。在《关于鲁迅》的第二部分，李健吾别具新意地阐释了鲁迅的翻译原则。他首先强调了翻译工作本身的重要价值，翻译并不是机械地文字译介，它需要鉴别、筛选，它是时代的窗口，是通向伟大的、新鲜的思想艺术的桥梁。鲁迅正是怀着反抗的心情投身文学翻译的，他知道伟大的创造不是无根之萍，它需要有所凭借，于是他尽力做好先驱者的任务，为同代乃至后世的文学青年开山辟路。李健吾认为，鲁迅在翻译方面所付出的精力和心血，"是一件为民族的未来着想的事业"，是一种具有神圣感的使命和职责。这里我们需要特别注意一个问题，李健吾在第二部分文末用了一大段文字阐释了他对于文学与政治、文学与口号的关系看法，并把鲁迅的翻译视作其"虽然具有强烈的政治思想"，但"明白文学和政治的关联同距离"，李健吾极力强调鲁迅翻译思想中的文学本位观念，回避鲁迅翻译活动中的政治倾向，并认为这种倾向导致了其翻译范围的"窄"。麻治金指出，其实早在1929年，李健吾就对鲁迅等人提倡翻译东欧等弱小民族的文艺作品表示不满[1]，因为从文学本身的艺术性来看，"弱小民族的文学多半尚未抵于大成"，"尚未抵结晶的地步"，如若译介，应选择像"结晶性坚固透

---

[1] 参见麻治金《李健吾谈鲁迅：京派文艺观念阐释下的鲁迅及其文学》，《鲁迅研究月刊》2020年第2期。

明到了极度"①的英国文学作品作为借鉴学习的对象。由此可见，李健吾与鲁迅的翻译原则存在着根本的差异，鲁迅从事翻译的目的，并非通过外国优秀的文艺作品来发展中国的文艺，而是找寻与中国所处的时代环境和面临的社会问题相似的民族文学，翻译只是作为激励民族反抗斗志的一种方法和途径，进一步说，鲁迅的一切文学活动都不是出于做漂亮的文章，不是为了过创作的瘾，而是为了切实的社会改造，他从始至终的热忱、从未松懈的精神力量全源于此。

  李健吾对鲁迅关于文学与政治关系看法的理解，更为突出地体现在文章第三部分，即对鲁迅放弃小说写作的原因的探索上。李健吾做了三点假设，一是"他政治的见解不容许他创作：文学出自深切的经验，而他的过去就他看来不值一文"。这实际上是把政治与文学相对立，认为鲁迅在20世纪30年代以后的政治革命思想是与文艺创作相抵牾的。据此，《故事新编》因寄托着鲁迅在政治斗争中的激愤、决绝情绪而被李健吾视为"失败"的"悲壮"之作。但实际上，《故事新编》所蕴含的对中国历史深沉透辟的思考以及对生命永恒困境的追问，具有长久的现实意义。从某种程度上说，李健吾对福楼拜文艺观念的推崇，即创作主体情感的高度隐匿，其实限制了他对《故事新编》的全面认识。李健吾提出鲁迅放弃小说创作的第二个原因是"他以为杂文（破坏的，修正的，建设的）更切急需"，鲁迅的杂文作为现代文学一种独特的文体形式，极大彰显了鲁迅思想的迅猛、犀利，极大包容了鲁迅思想的广博、复杂，鲁迅借助杂文不断地与各派文人进行思想交锋，在围绕中国各种社会问题的论争中逐渐完善了其思想体系。基于此，李健吾得出鲁迅"重视革命事业，甚于文学方面的成就"，即在李健

---

① 参见李健吾《中国近十年文艺界的翻译》，《认识周报》第1卷第5期，1929年2月2日。

吾的文艺观念中，杂文即政治，即革命，选择杂文，势必要放弃小说创作，这一逻辑仍旧认为政治与文学是难以交融的两条路。但正如前文所说，鲁迅杂文的丰富性是超越单一的政治与单一的文化的，是不能用某类属性去定义和划分的，杂文包含着鲁迅对中国历史、现实甚至于未来的思考，同样包含着鲁迅个体的精神成长史，可以说，杂文交融着主体与客体、个人与集体、政治与文化等多个面向的内容，体现了作为文化巨子的鲁迅广阔的人文视野。那么，李健吾所提出的第三点假设，即鲁迅因为关注的方面太广，"内心形成一种冲突，不安定，因而互相抵消：其中胜利的便是杂文所需的力量，一种碎裂；仿佛地雷的爆炸"则是将鲁迅割裂开，割裂为政治鲁迅与文学鲁迅，但我们读鲁迅、研究鲁迅，都需要遵循一个大前提，那就是王富仁先生强调的，关注"作为思想家鲁迅的整体性"[1]。

综合李健吾对鲁迅人格与文学实践的评价，可以发现这种评价与鲁迅实际的文艺观念之间存在着某种隔膜、错位。李健吾一方面较为准确地把握了鲁迅创作的艺术特色，另一方面，他"误认"鲁迅信奉纯文学的背后佐证的是李健吾个人的文化观念。但正是通过李健吾的"误读"，我们得以从一个侧面确认了一个真正的鲁迅，也借此厘清了鲁迅精神的着力点何在，这也是李健吾对鲁迅的阐释切近鲁迅精神本质的意义所在。

---

[1] 王富仁、王培元：《鲁迅研究与我的使命——王富仁教授访谈》，《学术月刊》2001年第11期。

评《复调小说：鲁迅的突出贡献》

罗 帅

一

《复调小说：鲁迅的突出贡献》是北京大学严家炎教授研究鲁迅小说复调性特征的论文，发表于 2001 年 7 月 30 日《中国现代文学研究丛刊》第 3 期，并于次年收入专著《论鲁迅的复调小说》[①]，核心思路是探讨鲁迅小说的复调性，借用"复调"理论，从形式和结构层面入手，分析鲁迅小说艺术面貌多样、思想观念多元的缘由。20 世纪 50 年代，严家炎就读于北京大学中文系，攻读文艺学硕士学位，理论功底较为扎实。而 1998 年，河北教育出版社发行了白春仁、顾亚玲等翻译的《巴赫金全集》，"复调"理论由此被中国学界广泛接受。这么看来，严家炎于 2001 年借用巴赫金的"复调"概念来解读鲁迅的小说，就是一种自然而然的理论跟进。"复调"本是音乐概念，在德国作曲家巴赫的《法国组曲》《英国组曲》中得到集中体现，巴赫金从这一曲式中获得启发，在《陀思妥耶夫斯基诗学问题》中说：

---

① 严家炎：《论鲁迅的复调小说》，上海教育出版社 2002 年版。

"有着众多的各自独立而不相融的声音和意识,由具有充分价值的不同声音组成的复调"①,概括了"复调"的基本内涵,其中的关键词是"声音"和"意识",主要指"通过语言表现出来的某人的思想、观点、态度的综合体"②。严氏论文开宗明义地提出并解释了两个问题:第一,鲁迅小说的复调性何在?第二,这种复调性为何是"突出贡献"?严家炎指出,鲁迅小说里常常回响着两种或两种以上不同的声音,这些不同的声音是包含在作品的基调或总体倾向之中的,此即鲁迅小说复调性之所在。巴赫金主要针对陀思妥耶夫斯基的长篇小说,提出了"复调"概念,而在严家炎眼中,鲁迅贡献之所以"突出",就在于鲁迅在短篇小说中也能营造出多声部交响的效果,实在难能可贵。随后,文章重点分析了《狂人日记》《孔乙己》《药》《在酒楼上》《孤独者》等小说的多声部交响现象,直接展示鲁迅小说的复调特征。

论文的主体分别从三个部分全面地考察了鲁迅小说蕴含的复调因素及其成因,第一部分"奇异的复合声响"概括了《呐喊》《彷徨》《故事新编》中小说的多声部复调特点,第二、三部分则是对第一部分的扩展和挖掘,从细节分析到理论阐发都更为深入。第二部分主要从小说文本着手,探讨鲁迅小说的复调特征,分别是鲁迅思想的驳杂性,创作方法的多样性和视角的多重性。第三部分是影响研究,从鲁迅对陀思妥耶夫斯基的接受入手,推测其小说复调性的域外资源。尽管明确借用"复调"概念,但在分析鲁迅小说时,严家炎并非机械地套用理论,用概念肢解鲜活的作品,而

---

① [苏联]巴赫金:《陀思妥耶夫斯基诗学问题》,《巴赫金全集》第5卷,白春仁、顾亚铃译,河北教育出版社1998年版,第4页。
② [苏联]巴赫金:《陀思妥耶夫斯基诗学问题》,《巴赫金全集》第5卷,白春仁、顾亚铃译,河北教育出版社1998年版,第3页(译者注)。

是充分考虑鲁迅小说的生成语境和创作背景，对概念进行了一定的调整修正，使其更符合鲁迅小说的实际面貌，行文过程也显得游刃有余。比如说，巴赫金在《陀思妥耶夫斯基诗学问题》中提到，复调小说的塑造对象不是"形象""人物"，而是"意识"，作者既分析了狂人、孔乙己等人的"充分意识"，以及他们的言行举止所传达的认知意识，同时也没有忽略这些人物生动的形象和性格；论述《在酒楼上》和《孤独者》时，严家炎秉承了《陀思妥耶夫斯基诗学问题》的"交锋"思想，着重分析了小说中"我"和吕纬甫、魏连殳等人"对话"的复调性，不仅论述了小说如何通过多种声音的交织呈现出知识分子群体和中国农村社会形象，更通过阐释人物之间对话的复杂性，发现了其对于形象和观念的深化作用。

二

纵观严家炎的现当代文学研究，大致可以分成两大板块。第一是现当代文学史研究，他曾于20世纪六七十年代与唐弢等人一同编纂了1980年版的三卷《中国现代文学史》，这或许是严家炎扬名学界之作。另一个板块的起步其实更早，为现当代作家作品研究，包括鲁迅、丁玲、金庸等，1983年的《求实集》即这一板块的早期成果汇总。[1] 这一板块日后拓展为现代小说流派研究，并于1989年出版《中国现代小说史》这一现代文学学科经典著述。[2]《复调小说：鲁迅的突出贡献》无疑是属于第二板块的研究成果。就严家炎的鲁迅研究来看，该文在他个人学术生涯可算作"承前

---

[1] 参见严家炎《求实集》，北京大学出版社1983年版。
[2] 参见严家炎《中国现代小说流派史》，北京大学出版社1989年版。

启后"之作,"承"的是其五六十年代开始的鲁迅小说读书笔记(《〈故乡〉与鲁迅小说的现实主义》《读〈社戏〉》等),70年代末80年代初大量撰写的鲁迅小说研究系列论文(《〈狂人日记〉的思想和艺术》《读〈阿Q正传〉札记》《〈呐喊〉〈彷徨〉的历史地位》等)。可以说,《复调小说:鲁迅的突出贡献》的若干角度和思路,如论述鲁迅多样的创作手法、复杂多元的思想内涵,在严家炎前期的研究中已具雏形。在发表于1979年的《〈狂人日记〉的思想和艺术》一文中,严家炎花了大量篇幅论述《狂人日记》思想"忧愤深广"的特色;发表于1981年的《〈呐喊〉〈彷徨〉的历史地位》的第二、三部分着重论述了鲁迅多样的创作方法。这些论点都在《复调小说:鲁迅的突出贡献》中得到拓展与深化,可见本文的写作并非源于对理论的追新逐异,而是有着长远的学术积累,是深思熟虑后的成果,日后集结成《论鲁迅的复调小说》,可见研究的完整性与系统性。"启"的则是作者于2001年后针对《故事新编》的有关研究。严家炎于2004年完成论文《荒诞又庄严的复仇正剧:释鲁迅〈铸剑〉》,发展了《复调小说:鲁迅的突出贡献》一文中对于《铸剑》复仇思想的阐释,以及关于"宴之敖者"形象与鲁迅本人复杂思想的关系,同时还促成了专著《论鲁迅的复调小说》的增订再版[①],这既是对《求实集》的推进,也是其不断进行学术总结,找寻未来学术方向的写照。

[①] 以上提及的严家炎撰写于不同时期的论文,标题与内容皆以2011年北京大学出版社出版的《论鲁迅的复调小说(增订版)》为准。

三

自从王富仁提出"回到鲁迅那里去"①后,很长一段时间内,细读鲁迅作品一直都是"鲁研"之基点与热点;1985年后,江河入海般冲进中国的西方研究方法和文艺理论成了鲁迅研究者们借助的利器。截至21世纪初,鲁迅小说艺术的研究已经颇具成果,单就叙事层面的研究来说,王富仁的《中国反封建思想革命的一面镜子——〈呐喊〉〈彷徨〉综论》已经开始从艺术深入思想,评价鲁迅作品的思想革命意义,但其侧重点在于以"思想革命"视角,替代1949年后鲁迅研究中单一的"政治革命"框架,重提思想启蒙。20世纪80年代中后期专注于鲁迅小说艺术性的研究趋势开始萌生,尤以叙事学研究方法为代表,但真正能较为系统运用叙事学理论研究鲁迅小说,并取得可观成绩的论著不多,主要集中于汪晖《反抗绝望》的部分章节与少数单篇论文中。这从一个方面说明,鲁迅小说在国内很难被单独作为一个艺术自足体关照,仍然需要结合文化分析。②王富仁的《鲁迅小说的叙事艺术》③一文,结合西方叙事学理论,融合中国传统文化因素,对鲁迅小说的叙事艺术进行了独到的评价。

类似的,严家炎的《复调小说:鲁迅的突出贡献》挪用了"复调"这一西方文艺理论,但并非生搬硬套,而是进行了一定的"中国化"改造:在沿用了《陀思妥耶夫斯基诗学问题》中"声音""视角"等关键词并结合鲁迅小说实际进行了详尽分析的基础上,没有直接以巴赫金罗列的"惊险

---

① 王富仁:《〈呐喊〉〈彷徨〉综论》,《文学评论》1985年第3期。
② 以上材料与观点参见王富仁《中国鲁迅研究的历史与现状》,福建教育出版社2006年版。
③ 王富仁:《鲁迅小说的叙事艺术》,《中国现代文学研究丛刊》2000年第3期。

情节""风俗小说"等等欧洲小说类型附会鲁迅的创作[①]，而是立足于"知人论世"的研究方法，统筹了自己先前的研究成果，将创作方法也放进"复调"的视阈中进行阐释，这种合理化的处理，让"复调"理论在被运用到鲁迅小说研究时，获得了相当的有效性。这不仅是符合中国文学历史事实的研究方法，也是作者本人一直坚持的治学原则，他不止一次提到"论世而后知人，顾全方能通篇"[②]，以如此态度和方法进行鲁迅小说艺术的探究，文章内外也就有了扎实的自足性，其在新世纪鲁迅小说艺术形式研究领域的成就，也得到了姜振昌等的《新世纪鲁迅研究综述》的中肯评价。

严家炎论文的独特视角，打开了鲁迅研究的新思路，拓宽了研究视阈，其他学者受此启发，开始对论文中涉及的相关问题展开细化或深入研究。吴晓东的《鲁迅第一人称小说的复调问题》较有代表性，该论文在《复调小说：鲁迅的突出贡献》的思路基础上，选取了鲁迅第一人称小说的范畴，结合作者过去的研究积淀[③]，以《狂人日记》和《伤逝》为代表，来论述鲁迅小说的复调特征，以文本细读的方式，深挖了严家炎论文中提及的鲁迅小说复调性[④]。此外，林分份的硕士毕业论文《论鲁迅小说的第一人称叙述》[⑤]也受到严家炎论文的启发，在鲁迅小说叙事研究层面又有所推进。

[①] 参见巴赫金《陀思妥耶夫斯基诗学问题》，《巴赫金全集》第5卷，白春仁、顾亚铃译，河北教育出版社1998年版，第四章。
[②] 参见严家炎《论世而后知人，顾全方能通篇》，《鲁迅研究》1982年第7期；严家炎《问学集：严家炎自述》，人民日报出版社2014年版。
[③] 吴晓东曾于1989年《鲁迅研究动态》第1期上发表《鲁迅小说的第一人称叙事视角》，着重讨论过鲁迅小说第一人称叙事视角的有关问题，不过没有引入"复调"视角。
[④] 吴晓东在《鲁迅第一人称小说的复调问题》开头强调严家炎《复调小说：鲁迅的突出贡献》的开创和启发意义，参见吴晓东《鲁迅第一人称小说的复调问题》，《文学评论》2004年第4期。
[⑤] 林分份：《论鲁迅小说的第一人称叙述》，硕士学位论文，福建师范大学，2004年。

除了自身长期形成的学术修养让《复调小说：鲁迅的突出贡献》一文熠熠生辉，严家炎学术跟进的效率和提携后辈学人的气度也令人赞叹。在该论文中，作者多次引用他人最新的研究成果，提及《祝福》的人称和结构意义时，作者借鉴了汪晖在《反抗绝望》中的观点，并特地在注释中致谢，从语气中也透露着虚心的学者姿态，以及在引用后辈学人时的严谨、谦虚治学风格；作者在文中还大段引用了郑家建《被照亮的世界——〈故事新编〉诗学研究》中的观点，令人惊叹的是，作为郑家建的博士后合作导师，严家炎于2001年4月18日为其专著作序，在同月下旬修改定稿的论文中便能就其最新研究成果予以回应[①]，并将其纳入文章的有机理论框架中，效率奇高，也显示了作为前辈学人的严家炎提携后辈的良苦用心。

如前文所述，严家炎的本篇论文具有充分的理论自足性，在学术发展意义上有着开拓性价值，但并不意味着十全十美。站在今天的立场看，文章内部仍然存在空隙，有弥补的空间。作者在论文第一部分提到，鲁迅的特殊贡献在于体式：陀思妥耶夫斯基的长篇小说体式，有足够的篇幅和空间来展开意识和对话，对于多声部交响的复调效果有得天独厚的优势，但是鲁迅在短篇小说的有限架构中能搭建起复杂的复调世界，实在属于鲁迅对于世界小说叙事艺术的一大突出贡献。这本是慧眼识金之处，但可惜作者并没有充分展开，如果能重点比较短篇小说的复调和长篇小说的复调异同，并进一步将鲁迅小说置于世界复调小说的谱系中，探求其独特的思想和艺术贡献，鲁迅小说的意义应能更加凸显，"复调"理论的应用边界与局限也会更加明晰，作为现代性文体的"中国现代短篇小说"，其相比于传统

---

① 参见严家炎《复调小说：鲁迅的突出贡献》，《论鲁迅的复调小说》，上海教育出版社2002年版，第148页。

短篇及长篇章回小说的独特意义，想必也能得到不一样的呈现。当然，这恰恰从侧面说明了严家炎论文本身的启发性和生长力，内在蕴含着丰富的话题性，理论框架也保持了相当的开放度，因而上述问题也在此后学者的跟进和补充下，得到了不同程度的回应。

"将苦难转化为精神资源"
——论钱理群的知识分子精神史研究

田明月

引言

  钱理群，1960年毕业于中国人民大学新闻系，分配至贵州安顺任中专语文教员18年，1978年进入北京大学中文系，师从王瑶，研究中国现代文学，1981年获硕士学位，留校任教至2002年8月退休。为北京大学教授，博士生导师。曾任中国现代文学研究会秘书长、副会长，《中国现代文学研究丛刊》副主编、主编之一。主要研究方向为中国现代文学与20世纪中国知识分子精神史，近年关注中学语文教育与志愿者活动。主要著作有《心灵的探寻》《与鲁迅相遇——北大讲演录之二》《周作人传》《周作人论》《大小舞台之间——曹禺戏剧新论》《精神的炼狱——中国现代文学从"五四"到抗战的历程》《丰富的痛苦——堂吉诃德与哈姆雷特的东移》《1948：天地玄黄》《语文教育门外谈》《中国现代文学三十年》(与温儒敏、吴福辉、王超冰合著)、《二十世纪中国文学三人谈》(与陈平原、黄子平合著)，另撰有思想随笔集《人之患》《世纪末的沉思》《压在心上的坟》《学魂重铸》《拒绝遗忘——钱理群文选》《六十劫语》《我存在着,我努力着》等,2007年出版《我的精神自传》。此外,钱理群还在周氏兄弟文选、中国现代文学史料编纂、中学生课外读物编纂方面着力颇多。

钱理群以鲁迅研究进入现代文学研究领域,30余年间发表论文数百篇,出版研究专著20余本,内容涉及鲁迅研究、周作人研究、文学史叙述学、知识分子精神史研究等方面。面对如此宏富的研究成果,要对钱理群的现代文学研究有一个明晰的认识,我们有必要择取一条线索对其进行大致的梳理。温儒敏在其主编的《中国现当代文学学科概要》中指出钱理群开创了一种不同于汪晖的思想史研究、陈平原的学术史研究的研究路径,即精神史研究。[1] 钱理群则在总结自己的文学史研究时说:"我最为迷恋和着力的,是时代命题背后与深处的人性,人的存在,人的精神,知识分子的选择等人文问题。"[2] 由此,本文在以上论断的启发下,尝试以钱理群的知识分子精神史研究为主线,梳理分析研究专著与相关论文(包括钱理群的学术自述文章与王得后等学者对钱氏治学理路的评价文章),发掘钱理群的现代文学研究的立场、方法与特点,并从中获取有益的治学经验。

一、"将苦难转化为精神资源"

在《人生如梦——总结我走过的路》[3] 一文中,钱理群将自己的人生道路、学术研究归结为三个特点,三个自觉追求,即追求自我生命与学术的

---

[1] 参见温儒敏主编《中国现代文学学科概要》,北京大学出版社2007年版,第221页。
[2] 钱理群:《我的文学史研究情结、理论与方法——〈中国现代文学编年史——以文学广告为中心〉书后》,《中国现代文学研究丛刊》2013年第10期。
[3] 钱理群:《人生如梦——总结我走过的路》,《书城》2012年第3期。

一体性、学术与自己所处的时代和脚下的土地的血肉联系、极强的自省意识。事实的确如此。在其研究著作中，能轻而易举地看到字里行间的钱理群的"精神面影"。正如王乾坤所说："读他的书，有时会产生一种视点滑动：本来想看他如何阐释客体，结果悄悄地，边界模糊起来，最后变成看他自己。"[1]这种学术风格的形成与20世纪80年代众声喧哗急于倾诉的学术氛围有关，但从根本上是因为钱理群的研究的根本出发点与归宿就是"将苦难转化为精神资源"。

"将苦难转化为精神资源"[2]这一说法最早见于钱理群的思想随笔《压在心上的坟》一书中的代序《苦难怎样才能转化为精神资源》，钱理群还在该书的后记中强调："正是这样的已经化为血肉的个人与家庭的苦难体验与记忆，成为我观察、理解本世纪中国历史与文学，以至中国的现实与未来的基础。"[3]而转化的关键在于：一要"知耻"，懂得"悔恨"；二要冷静、理性、无情地"自剖"；三要"反思"，以强大的批判精神与思想力量进行理论的飞跃与升华，以超越一己的经验达到普遍性的认识。学术研究之于钱理群，是生命的挣扎的过程，是对自我的发现、质疑与反省，是赎罪也是圆梦，也正是在挣扎与反省、赎罪与圆梦中实现了"苦难"向"精神资源"的转化。

《心灵的探寻》是钱理群的第一本学术研究专著，是在经历了浪漫主义的乌托邦的美梦破碎之后，通过长期的痛苦的迷惘、反省，"梦醒"了以

---

[1] 王乾坤：《中国的堂吉诃德们》，《读书》1995年第1期。
[2] 钱理群：《我的精神自传》，广西师范大学出版社2007年版，第24页。
[3] 转引自北京大学二十世纪中国文化研究中心编《钱理群教授学术叙录》，第59—60页，未公开出版。

后的产物。① 在《心灵的探寻》中，钱理群"回到鲁迅那里去"，穿过"先觉者"与"群众"、"爱"与"憎"等"单位观念与单位意象"，探求鲁迅的"心灵辩证法"，与鲁迅对话，以此正视知识分子身上曾经出现的"驯化""奴化"倾向，从"文革"之后的精神困惑中解脱。② 20 世纪 90 年代初的《大小舞台之间——曹禺戏剧新论》（以下简称《大小舞台之间》）写于钱理群大病之后，作者有感于"一切真诚的努力，以至牺牲都会化为'演戏'"的现实，借助对曹禺内心世界的发掘，实现"自我解脱、自我拯救、生命力的自我证实"，从"郁热"走向"沉静"，以此走出 20 世纪 80 年代末风波后的精神困境。③ 稍晚于《大小舞台之间》的《丰富的痛苦——堂吉诃德与哈姆雷特的东移》（以下简称《丰富的痛苦》）是"一个艰难而愉快的精神漫游"，其写作动因乃是 20 世纪 90 年代初中国与世界所发生的历史巨变，提供了审视自我以及中国与世界知识分子的精神历程的契机，知识分子出现分化，怀疑主义与理想主义遭到冲击，作者为"一种失落感压抑感所攫住，并且像陷入了无物之阵似的"④，唯有与大师的精神对话，方能摆脱。此书的写作贯穿着作者对思想与行动的思考，对启蒙主义与理想主义的反思，"是再一次的自我拯救，是用精神的充裕来补偿现实的缺

---

① 参见钱理群《我这十年研究——〈精神的炼狱〉序》，《中国现代文学研究丛刊》1993 年第 3 期。
② 参见钱理群《心灵的探寻》，河北教育出版社 2005 年版，第 7—11、253 页。
③ 参见钱理群《大小舞台之间——曹禺戏剧新论》，北京大学出版社 2007 年版，第 422、425 页。
④ 钱理群:《丰富的痛苦——堂吉诃德与哈姆雷特的东移》，北京大学出版社 2007 年版，第 309 页。

憾，阿Q式的、堂吉诃德式的自我挣扎"[①]。同样的，20世纪初因《说"食人"——周氏兄弟改造国民思想之一》与《审视中国语文教育》遭遇大批判，陷入人生低谷，钱理群又是通过《与鲁迅相遇》的讲授与写作，将压力转化为动力，换来精神的解脱。

无论面临怎样的苦难与精神危机，钱理群总能够借助学术研究摆脱精神的困惑。最能体现"把苦难转化为精神资源"这一研究目的的无疑是由《心灵的探寻》《周作人传》《大小舞台之间》《丰富的痛苦》《1948：天地玄黄》及《拒绝遗忘："1957年学"研究笔记》与《我的精神自传》等七本著作构成的知识分子精神史系列研究成果。20世纪80年代开放的学术空间、个人与家庭在"反右运动"及"文革"中的遭遇，在外来势力干涉与封锁下成长而形成的民族主义与爱国主义的精神根柢与家庭环境及幼年教育促成的对于个性独立与自由近乎本能的追求之间的精神矛盾[②]，使钱理群能够与同样深陷于民族主义与个人主义的矛盾中的鲁迅、周作人、曹禺乃至40年代的路翎、芦焚、沈从文等知识分子产生共鸣与心灵上的共振，这种心灵上的碰撞使"苦难"（包括个人、家庭与民族的苦难）转化成"精神资源"。

二、"在鲁迅的背影里"

孙郁曾撰有一文《钱理群：在鲁迅的背影里》，在这篇文章中，孙郁

[①] 钱理群：《丰富的痛苦——堂吉诃德与哈姆雷特的东移》，北京大学出版社2007年版，第310页。
[②] 参见钱理群《有缺憾的价值——关于我的周作人研究》，《读书》1993年第6期。

从钱理群在思维方式、精神气质上与鲁迅的相似,对王瑶、穆旦、顾准等"鲁迅式的知识分子"的期待与发现,对青年一代的爱护,对鲁迅精神谱系的自觉继承等几个方面论证钱理群生活在鲁迅的影子里这一"幸与不幸"的事实。[1] 钱理群在《与鲁迅生命的相遇》一文中则坦承自己可以说"进去了",但"没有完全出来"。虽然钱理群在《心灵的探寻》一书的后记中表达了"'竦身一摇',将一切'摆脱','给自己轻松一下'"的愿望,但是在此后的20年间鲁迅从未离开他的研究视野,在30余年的学术生涯中持续发表了百余篇鲁迅研究的论文,2003年出版的《与鲁迅相遇》又一次拯救其于精神危机。笔者以为,鲁迅对于钱理群的影响主要集中于两个方面:其一是以鲁迅为精神标尺和价值判断标准来衡量其知识分子研究中涉及的其他作家;其二是与鲁迅同为"历史中间物"的命运选择,自觉承担社会责任的意识。

钱理群在2006年接受《南方人物周刊》的采访时指着书屋正壁上的鲁迅肖像说:"这是我家珍贵的神。"[2] 作为成长于20世纪50年代的知识分子,钱理群因其父兄分属国共两党,个性本身酷爱读书,而在"反右运动"中被定为"白专人物"典型,在贵州安顺经历了大饥荒与"文革",在生命的困境中充满了困惑,甚至感到绝望的时候走进了鲁迅,在贵州的18年间撰写了大量的《鲁迅研究札记》。《心灵的探寻》则是其第一部研究著作,通过《野草》意象分析,解读鲁迅心灵世界,虽然作者一再强调"平视鲁迅",发现"个人的鲁迅",但激切的表达与诘问使钱理群对其"精神之

---

[1] 参见孙郁《钱理群:在鲁迅的背影里》,《当代作家评论》2003年第1期。
[2] 彭苏:《钱理群:鲁迅是我珍贵的神》,《南方人物周刊》2006年第30期。

父"①鲁迅的"心灵的探寻"过程更像是诗人的独语②，蒙上了圣徒的色彩。

鲁迅对钱理群思想的影响不仅体现在其鲁迅研究专著中，也渗透到他的周作人研究与曹禺研究中。钱理群曾在《有缺憾的价值——关于我的周作人研究》一文中详述了其内心的挣扎：周作人的著作中所体现的迥异于主流作家的思想观念、文化选择、知识结构等唤醒了钱氏内心另一个"我"，但在"左突右奔"的挣扎之后，他所神往的仍是鲁迅式的选择："'站在沙漠上，看看飞砂走石，乐则大笑，悲则大叫，愤则大骂，即使被砂砾打得遍身粗糙，头破血流，而时时抚摸自己的凝血，觉得若有花纹。'（鲁迅《华盖集·题记》）而对于周作人式的'忙里偷闲，苦中作乐，在不完全的现世享乐一点美与和谐'（周作人《自己的园地·喝茶》）的选择，持有很大的保留。"虽然在长达十年的周作人研究中，钱理群的精神境界发生了潜移默化的变化，但在个人选择上，仍是"更亲近于鲁迅，而有距离于周作人"，也因此，钱氏毫不掩饰其对周作人的平庸处进行批判性审视所表现出来的内在的英雄主义、理想主义、浪漫主义气质。③而在《大小舞台之间》中曹禺本身就是作为鲁迅的对立面——知识分子中的弱者这一典型形象出现的。

在评介钱理群的现代文学研究的论文中频繁出现的词语是"赤子佛

---

① 钱理群：《心灵的探寻》，河北教育出版社 2005 年版，第 255 页。
② 参见孙郁《钱理群：在鲁迅的背影里》，《当代作家评论》2003 年第 1 期。
③ 参见钱理群《有缺憾的价值——关于我的周作人研究》，《读书》1993 年第 6 期。

心""天真""过客""堂吉诃德"与"历史中间物"。①此处的"过客"取自鲁迅的《野草·过客》一文。文中的"过客""困顿倔强,眼光阴沉,黑须,乱发,黑色短衣裤皆破碎,赤足著破鞋,胁下挂一个口袋,支着等身的竹杖"②,不知从何来,不知到哪儿去,听着"前面的声音"的召唤,永不停歇,即使前方是"坟",也义无反顾地往前走。"堂吉诃德"虽源自西班牙作家塞万提斯的小说《堂吉诃德》,但在此处所指涉的不再是小说中的堂吉诃德形象,而是指钱理群身上所具有的其论著《丰富的痛苦》中所讨论的知识分子的"堂吉诃德气",即一种忠诚、信仰、坚定地追求"黄金时代"的理想主义者的精神气质。在某种意义上说,钱理群的确是一个永不停歇的"过客",一个20世纪中国的"堂吉诃德",他的研究总是与当下的现实有着血肉的联系,即使有时会稍显不合时宜。为庆祝北京大学建校90周年出版的散文集《精神的魅力》中,在一片念旧与感恩声中,唯有钱理群以批判与讽刺的眼光描写北大和逝去的年代,并以无情的自我批判作结。北京大学百年校庆之际,钱理群又撰写了《北大百年:光荣与耻辱》以挖掘被有意无意地回避掉的同样惊心动魄的北大的耻辱。③对知识分子,包括自己的反思与批判,对中学语文教育的审视与积极介入,使钱理群完成了

---

① "赤子佛心"一说参见邵燕君《赤子佛心钱理群》,《粤海风》2005年第6期;摩罗《半佛半魔钱理群》,《文艺争鸣》1999年第3期。"天真"一说参见王得后《钱理群〈心灵的探寻〉读后》,《鲁迅研究动态》1989年第3期。"过客"一说参见孙郁《钱理群:在鲁迅的背影里》,《当代作家评论》2003年第1期;葛红兵、赵恒瑾《我们这个时代的精神位格——钱理群:作为一种文学史研究现象》,《当代作家评论》1996年第4期。"堂吉诃德"一说参见王乾坤《中国的堂吉诃德们》,《读书》1995年第1期。"历史中间物"一说参见汪晖《钱理群与他对鲁迅心灵的探寻》,《读书》1988年第12期。
② 鲁迅:《鲁迅文集(小说散文卷)》,当代世界出版社2006年版,第344—348页。
③ 参见汪晖《钱理群与他对鲁迅心灵的探寻》,《读书》1988年第12期。

自身"过客"形象的塑造，成为有怀疑精神的清醒的理想主义者，有"哈姆雷特气"的"堂吉诃德"。

钱理群在《心灵的探寻》中这样说道："共同的强烈的'历史中间物'意识更是使本书作者感到自己与鲁迅心灵的相通……'中间物'意识使我找到了自我心灵与鲁迅心灵的通道。"[①]"历史中间物"语出鲁迅《写在〈坟〉后面》一文："在进化的链子上，一切都是中间物。一切事物，当开首改革文章的时候，有几个不三不四的作者，是当然的，只能这样，也需要这样。他的任务，是在有些警觉之后，喊出一种新声；又因为从旧垒中来，情形看得比较分明，反戈一击，易制强敌的死命。但仍应该和光阴偕逝，逐渐消亡，至多不过是桥梁中的一木一石，并非什么前途的目标，范本。"[②]这是鲁迅的选择，也是钱理群的选择。钱理群与鲁迅同样经历过动荡的年代，对旧的秩序抱有怀疑，憎恶一切形式的专制，以"反抗绝望"的姿态，选择自觉地充当"历史中间物"的人生道路，"自己肩负因袭的重担"，为年青一代开辟道路。钱理群的研究，尤其是鲁迅研究总是与青年联系在一起，以做沟通"鲁迅"与"当代青年"的"桥梁"为己任。

三、"感受鲁迅"

钱理群在《与鲁迅相遇——北大演讲录之二》一书的后记中说明，《与鲁迅相遇》在研究方法上作了一次"综合实验"，一是"对鲁迅一生一以贯之的基本概念的疏通，以及鲁迅所特有的'命名'（典型形象和意象）的清

---

① 钱理群:《心灵的探寻》，河北教育出版社2005年版，第258页。
② 鲁迅:《写在〈坟〉后面》，《鲁迅全集》第1卷，人民文学出版社2005年版，第302页。

理和阐释";二是注重"对历史现场感的追求和历史细节的捕捉与渲染,强调'感觉鲁迅'";三是重视文本分析,"加强对鲁迅原著的情感与文字的分析与品味"。[①] 从上述表述中,我们可以发现钱氏研究的特点:从"感受鲁迅"出发,不立理论框架,抓取典型现象。

在"理论热"风靡的20世纪80年代,钱理群的研究却没有明显的新式理论的气息,他通常不会先验地设定某个研究理论框架,而是从文本体验出发,即所谓"感受鲁迅",用心贴着心,从鲁迅的笔锋间品味鲁迅的人生经验[②],"重在感觉与体验,达到心灵的交流,有时更是灵魂的搏斗"[③],通过对文本的细节进行细细的碾磨,提炼出文本内部的思想精华和精神力量。《心灵的探寻》分别引用了《野草·题辞》与《野草·墓碣文》中鲁迅灵魂的宣示——"在我沉默着的时候,我觉得充实;我将开口,同时感到空虚""于浩歌狂热之际中寒。于天上看见深渊。于一切眼中看见无所有;于无所希望中得救"[④],继而从《野草》的23篇散文诗中提炼出典型的意象与观念,由此进入鲁迅的精神世界,发掘文本的丰富内涵。文中较少出现理论,尤其是西方文论的专业术语,取而代之的是穿插其间的大量引文。《心灵的探寻》每一章前都会附上具有点题功能的《野草》原文,在论述过程中还会适当引用鲁迅杂文中的相关表述作为辅助的例证。《大小舞台之间》中穿插引用剧评家、观众、演员对曹禺戏剧的评价和曹禺自己的相关论述,

---

① 钱理群:《与鲁迅相遇:北大讲演录之二》,生活·读书·新知三联书店2003年版,第319页。
② 参见王得后《钱理群〈心灵的探寻〉读后》,《鲁迅研究动态》1989年第3期。
③ 钱理群:《我的文学史研究情结、理论与方法——〈中国现代文学编年史——以文学广告为中心〉书后》,《中国现代文学研究丛刊》2013年第10期。
④ 钱理群:《心灵的探寻》,河北教育出版社2005年版,第10页。

在书的第一、二章《生命开始于夏》与《在秋阳春光里静静流泻》中几乎每一小节都有曹禺戏剧原文。及至《丰富的痛苦》一书，引文几乎已经渗透到每一个段落中的每一句话。大量的引文可以直观地呈现作品或论述的精髓，但有时难免稍显芜杂，使逻辑推理过程被迫中断，增加读者的阅读障碍。这一弊端在《丰富的痛苦》中表现得尤为明显。

但这并不意味着钱理群在研究中对理论工具的完全摒弃，正相反，他的研究在某些方面有意无意间暗合了西方文论的理念与方法，如《心灵的探寻》中的单位意象与单位观念暗合了伽达默尔的现象学理论。在《大小舞台之间》的后记中，钱理群更是直言不讳地表达了自己对东西方文学理论的借鉴与化用："我是自觉地'偷'，而且是东'偷'西'偷'，古今中外的各种理论、方法都'偷'一点。或者可以换一种冠冕堂皇的说法，叫做'化'；以我为主，将各种研究方法都拿来，进行重新改造，化为一炉。"[①]而在《大小舞台之间》一书中我们的确能够发现西方接受美学与传统的传记研究的影子。

这种从个人感受与经验出发的研究成功避免了理论先行的生硬，但同时也表现出明显的急于表达的"情绪化"特征。这种"情绪化"的研究风格的形成与钱理群生于20世纪30年代末，长于"批判封、资、修"的五六十年代，80年代以"高龄青年"的身份进入学界的生命历程息息相关。经受了压抑与束缚的钱理群这一代的学者，面对着80年代读者的不可重复的知识欲求与热情，以及众声喧哗的开放的学术空间，自然而然地选择带着一种介入式的问题意识，以主体投入式的研究姿态进入现代文学研究，将现代文学史视为"现代知识者的精神产品"，"作为中国现代知识分子精

---

① 钱理群：《大小舞台之间——曹禺戏剧新论》，北京大学出版社2007年版，第429页。

神历史的一种表现形态",以"丰富的痛苦"弥补理论工具的不足和知识结构的缺陷,"将苦难转化为精神资源"。①虽然钱理群在研究过程中"试图用详尽的材料占有来使这种'情绪化'具有更多的客观依据","用理解基础上的描述先于判断的方法淡化情绪化的主观性,但却不能根本改变其所必然带来的利与弊"。钱理群这一代学者,"与其说是作为一个学者,不如说是以诗人的方式"②去观照他们研究的对象的。

四、"典型现象"研究的试验与创造

1988年《心灵的探寻》出版后,钱理群独特的"单位观念与单位意象"研究方法引起了学界的关注。所谓"单位观念与单位意象"研究方法,是为了探索鲁迅的"心灵辩证法",抓住鲁迅的独特性,而通过对鲁迅的《野草》进行量的分析,从《野草·题辞》与《野草·墓碣文》入手,参照有关篇目,提炼出"一切"与"无所有"、"天上"与"深渊"、"先觉者"与"群众"、"叛逆的猛士"与"爱我者"、"生"与"死"、"爱"与"憎"、"梦"与"现实"等4组13对鲁迅特有的单位观念与单位意象,进行深入的、多层次的开掘,揭示其内在的哲学、心理学、伦理学、政治学、历史学、美学等层面的丰富内涵,并挖掘出其中所积淀的传统文化、外来文化的因子,以达到对鲁迅与古今中外广大世界息息相通的独特的精神世界与艺术世界的具体把握。③

---

① 钱理群:《回顾八十年代》,《天涯》1998年第5期。
② 钱理群:《有缺憾的价值——关于我的周作人研究》,《读书》1993年第6期。
③ 参见钱理群《心灵的探寻》,河北教育出版社2005年版,第10—11页。

"单位观念与单位意象"研究方法其实是王瑶先生所提倡的"典型现象"研究的具体运用。王瑶先生认为"不讲文学现象,就不能构成文学史","但文学史又不能包罗一切文学现象"。"文学史研究需要理论的抽象,理清历史发展线索。但既要保留作为现象特征的丰富性、具体性、个别性,从而使文学史图景呈现某种模糊状态,同时又要进行某一程度的概括、抽象,以揭示文学现象的内在联系与共同特征,从而使文学史图景具有一定的清晰度",同时满足显然存在矛盾的这两方面的要求就需要"典型现象"作为中介,通过典型的历史现象的角度来综述这一时期的文学史的全貌。"典型现象"理论向上可追溯到鲁迅在《魏晋风度及文章与药及酒的关系》[①]和"中国文学史"写作计划中所使用的捕捉典型意象与历史细节的文学史研究方法。

师承于王瑶先生的钱理群在《心灵的探寻》中所使用的"单位观念与单位意象"研究方法自然受到了"典型现象"理论的启发。这种方法在鲁迅、周作人散文研究,《大小舞台之间》与《"流亡者文学"的心理指归——抗战时期知识分子精神史的一个侧面》(以下简称《"流亡者文学"的心理指归》)中得到延续。"夜"这一"单位意象"不仅提示了鲁迅散文写作的"孤独者"与"悲凉"心态,也决定着鲁迅"独语"式的话语方式的采用。而"智者""东洋人的悲哀"对把握周作人散文的"文化背景"与"文本结构"同样具有关键意义。[②]《大小舞台之间》通过对曹禺戏剧中"郁热""极端""挣扎""被捉弄""原野""日出"等单位观念与单位意象的发掘,由此完成对曹禺"心灵的探寻",寻找自己与剧作家之间心灵的契合,

---

[①] 鲁迅:《汉文学史纲要(外一种)》,上海古籍出版社2011年版,第47—59页。
[②] 钱理群:《我这十年研究——〈精神的炼狱〉序》,《中国现代文学研究丛刊》1993年第3期。

发现只属于作家"这一个"的"曹禺味"。而《"流亡者文学"的心理指归》以艾青《旷野》中的"你悲哀而旷达,辛苦而又贫困的旷野呵……"开篇,继而引用尹雪曼的《硕鼠篇》、公兰谷的《月夜投简——寄到遥远的黄沙边》、聂绀弩的《风尘》、路翎的《财主底儿女们》中描写流亡场景的大段引文,由此提炼出40年代战争中的中国文学的中心意象:旷野与流亡者。同时,通过贾植芳的回顾与自我体认、李健吾对肖军(即萧军)"流浪人"精神特征的发现,路翎与贾植芳的小说中人物的自白,揭示40年代知识分子漂泊于"旷野"之中的"虚无"、彷徨与孤独感。第二、第三部分同样从文本与作家自白出发提炼出"归宿""信仰""土地""母亲""延安""毛泽东"等典型意象,借此勾勒40年代知识分子的流亡与追寻的精神历程。[1]

"通过某一审视点来总揽全局"同样是王瑶先生的主张,钱理群将其理解为"当选定从这'一个人'看'一个世界'时,对这个'人'进行了某一程度的抽象,但这种抽象又离不开其个体特征的丰富性",也即《周作人传》与《大小舞台之间》中所使用的"从一个人看一个世界"的研究方法。《周作人传》超越了一般的传记,钱理群将周作人这个具有"类"的典型性的文化人放在社会动荡不安、新旧交替的大背景下来认识,揭示其文化思想上的种种冲突,探讨周作人的心路历程和命运起伏变化,引起人们对文化人的生存方式等问题的反省与思考,借此观照20世纪中国思想文化史。[2]《大小舞台之间》的曹禺同样具有"类"的典型性:他是跨越两个时代的作家,且前后创作呈现出极大的不平衡性;他是天才的艺术家,又是能与鲁迅、周作人形

---

[1] 参见钱理群《拒绝遗忘:钱理群文选》,中国大百科全书出版社2009年版,第160—174页。
[2] 参见钱理群《我这十年研究——〈精神的炼狱〉序》,《中国现代文学研究丛刊》1993年第3期。

成对照的"历史的弱者";他是中国话剧史上成就最高、影响最大、最富有创造力的作家。[①]通过曹禺的生存境遇,我们可以窥见知识分子的"精神死亡"是如何发生的,天才式的作家是如何丧失创造力的。《大小舞台之间》是一部作品史,作家精神史,话剧发展史,现代社会思潮、文学思潮发展史。

《丰富的痛苦》同样抓取了"堂吉诃德"与"哈姆雷特"这两个文学典型与思想类型,以二者在17世纪到19世纪从西班牙与英国到德国再到俄国的东移与20世纪20至40年代的中国对二者的接受为线索,把握20世纪中国知识分子的精神气质,"顺着西洋两大典型的东移切开中国现代知识分子最重要也是最为困惑的精神世界的内核。"

而在《1948:天地玄黄》中,"通过某一审视点来总揽全局"则具体表现为"从一个年代看一个时代"。[②]钱理群借鉴了黄仁宇《万历十五年》从某一特定的历史年份切入朝代历史的写作方法,对其一贯所追求的"典型现象"研究进行新的尝试与发展,找到了最适合自己的文学史结构方式,从被"大文学史"所忽略的典型历史细节中敏感地挖掘出历史的意义与价值。在蒋介石元旦训话、《大众文艺丛刊》的"南方大出击"、"校园风暴"、《诗创造》诗人的分化、萧军大批判、朱自清之死、胡风的反抗、沈从文的抉择等历史事件的背后,呈现出知识分子站在1948年这一历史转折点上内心的徘徊、精神的困惑和所做出的艰难的抉择。与这种研究方法相适应的是文学史叙述方式的创新,在《1948:天地玄黄》中,钱理群花费了一个月的时间,经过殚精竭虑的资料搜索,最终发现冯至发表于《大公报》"星期文艺"中的

---

① 参见钱理群《大小舞台之间——曹禺戏剧新论》,北京大学出版社2007年版,第427页。
② 钱理群:《1948:天地玄黄》,中华书局2008年版,第261页。

《新年致辞》，以那一声富有象征意义的"半夜的咳嗽"[①]这一历史细节切入，定下以叙事体讲故事的叙述基调，以叶圣陶日记第一人称的"当事人"的叙述与"我"的第三人称事后叙述形成对照，在过去、现在与未来三维视点间自由滑动，以充分实现"从一个年代看一个时代"的研究目的。

结语

北京大学 20 世纪中国文化研究中心编写的《钱理群教授学术叙录》中将其著作辑录为五个部分：以《心灵的探寻》和《周作人传》为代表的周氏兄弟研究，以《现代文学三十年》《二十世纪中国文学三人谈》《大小舞台之间——曹禺戏剧新论》《返观与重构——文学史的研究与写作》为代表的现代文学史研究，由《丰富的痛苦——堂吉诃德与哈姆雷特的东移》和《1948：天地玄黄》构成的知识分子精神史研究，以《名作重读》为代表的中小学语文教育研究，以及《人之患》《压在心上的坟》等大量的思想随笔。而本文中以知识分子精神史为线索梳理的著作包括了钱理群的鲁迅研究、周作人研究、曹禺研究的相关著作，《精神的炼狱》中的部分章节也有所论及，原因在于以为钱理群的鲁迅、周作人、曹禺三大知识分子研究虽为个案研究，但都灌注了钱理群对于知识分子精神世界的关注，同时也包含了他本人作为一个知识分子的精神困惑。《丰富的痛苦》可视为其知识分子精神史研究的转折点，钱理群由此从对鲁迅、周作人、曹禺的精神个体及其精神产品的具体研究转入知识分子精神史的写作，完成了由"传"向

[①] 钱理群、国家玮：《生命意识烛照下的文学史书写——北京大学教授、博士生导师钱理群先生访谈》，《东岳论丛》2008 年第 5 期。

"史"的转向。正如前言中所说的，钱理群的现代文学研究开创了一种不同于汪晖的思想史研究、陈平原的学术史研究的精神史研究路径。故以知识分子精神史研究作为线索结撰本文。

本文所归纳出来的钱理群的研究立场、风格、方法吸收借鉴了钱氏学术自述与王得后等人对钱氏的相关评价，但仍有不妥之处。成长于90年代、世纪之交的我们或许不能够理解钱理群"将苦难转化为精神资源"的学术追求，但他重视文本分析与感受，不拘泥于某一理论框架的"典型现象"研究方法对我们则有很大的启发，这种研究方法能够弥补年轻学人在生活、精神阅历上的贫乏，保持对文本敏锐的感受力，为独立学术见解的形成提供可能性。

重塑鲁迅思想启蒙者形象

——论王富仁的鲁迅研究

何彦君

王富仁在1985年《文学评论》第3、4期上发表了《〈呐喊〉〈彷徨〉综论》一文，提出了"首先回到鲁迅那里去"的著名口号。随后，这一口号在学术界引发了一场激烈的学术论争，赞扬者有之，贬抑者亦有之，被视为"王富仁现象"。他的观点打破了用单一政治意识形态话语阐释鲁迅思想的研究模式，开启了鲁迅研究的新时代，突显了他的学术胆略及先锋者的启蒙姿态。王富仁将鲁迅的精神文化体系作为整体的观照对象，重新将目光投掷到知识分子精神活动的独立特质上。但应看到的是，在回归鲁迅本体的过程中，研究者主观情感的预先投射使得这一命题不可避免地具有先验性。本文在对王富仁的鲁迅研究加以梳理的同时，试图探究隐含在"回到鲁迅"这一命题中的复杂性与矛盾性。

一、"思想革命"与"回到鲁迅"

王富仁之所以提出"回到鲁迅"这一命题，其初衷是对此前"偏离鲁迅"的研究进行纠偏。在 20 世纪 50—70 年代以陈涌为代表的从中国社会政治革命的角度去观察和分析鲁迅作品是鲁迅研究的主要范式。在《中国反封建思想革命的一面镜子——〈呐喊〉〈彷徨〉综论》(以下简称为《镜子》)里,王富仁将陈涌所描述的"革命民主主义者"[①]鲁迅还原为"思想启蒙者"。"思想革命"是王富仁对鲁迅思想命脉的最关键把握,也是他为"回到鲁迅那里去"所构建出的"新研究系统"的核心内容。

在探讨"思想革命"与"政治革命"的关系时,王富仁认为《呐喊》《彷徨》"首先是中国反封建思想革命的一面镜子,中国社会政治革命的问题在其中不是直接反映出来的,而是在中国反封建思想革命的镜子中被折射出来的"[②]。王富仁的"新研究系统"在受到陈安湖等人的指责后,他特意在"答辩"文章《关于鲁迅研究中马克思主义方法论的几个问题》中写道:"我并没有完全否定陈涌同志的鲁迅研究,我是在承认陈涌同志在他的方向上已经取得了比较完满的研究成果而认为重述这些成果已无多大必要的情况下才另辟蹊径的。"[③] 但对于这样一番解释陈安湖明显不买账,随后撰文指出"他这回在答辩文章的题目上,特别醒目地标以'马克思主义方法论'字样,并且在文中大量引用了马克思、恩格斯、列宁、毛泽东的话,极力要辨明他的理论是完全符合马克思主义的",但是"又有哪些不是从根本上背离了马克思主义的呢"[④]。如果只是将陈安湖的"不依不饶"视为政治立场上的攻击或是政治意识形态影响下的学术偏见,那么似乎就将问题简单化了。

[①] 陈涌:《论鲁迅小说的现实主义——〈呐喊〉〈彷徨〉研究之一》,《人民文学》1954 年第 11 期。
[②] 王富仁:《〈呐喊〉〈彷徨〉综论》,《文学评论》1985 年第 3、4 期。
[③] 王富仁:《关于鲁迅研究中马克思主义方法论的几个问题》,《鲁迅研究动态》1987 年第 6 期。
[④] 陈安湖:《写在王富仁同志的答辩之后》,《鲁迅研究动态》1987 年第 9 期。

陈尚哲对于王富仁将《呐喊》《彷徨》的思想内容归结为"首先是中国反封建思想革命的一面镜子"表达了这样的看法："王富仁同志虽然加了'首先'一词，但总观其全文，显然是将鲁迅的小说完全视为中国反封建思想革命的镜子。"[①] 实际上也确实如此，王富仁在《镜子》里对政治革命是如何通过思想革命被呈现出来的几乎不置一词，而在阐述鲁迅对辛亥革命的描写意图时，他与之前陈涌的观点正好相反。陈涌认为鲁迅正因为看到了资产阶级和资产阶级所领导的民主革命的弱点才深刻揭示出了辛亥革命的悲剧性，这种弱点就在于"对于农民已经燃烧起来了的自发的革命热情，不但没有加以发扬和提高，相反的是被当时在农村占着支配地位的反动分子和投机分子加以排斥。这个革命是以资产阶级和封建势力的妥协而结束的"[②]。这也就是为什么连阿Q这么落后的农民都动起来了也没能使革命成功的原因。但王富仁认为，"这个结论，是我们立足于马克思主义的阶级分析，从《呐喊》和《彷徨》的有关艺术图画中，独立得出的政治性理论认识"[③]。所谓的连阿Q也动起来不过是反映出了阿Q式的"革命观"，即渴望从"奴隶"变为"奴隶主"。想要发动被封建思想盘踞头脑的群众是不可能的，因而鲁迅想要通过对辛亥革命失败的描写指出思想革命对政治革命的制约作用。王富仁的语言表达透出"先扬后抑"的味道，他总是把"政治革命"摆在前面，但结论的最后落脚点必定是在"思想革命"上。他甚至

---

① 陈尚哲：《关于鲁迅小说研究方法的模式——与王富仁同志商榷》，《文艺理论与批评》1987年第3期。
② 陈涌：《论鲁迅小说的现实主义——〈呐喊〉与〈彷徨〉研究之一》，《人民文学》1954年第11期。
③ 王富仁：《中国反封建思想革命的一面镜子——〈呐喊〉〈彷徨〉综述》，中国人民大学出版社2010年版，第14页。

认为在诸如《药》这样的篇章中，鲁迅对政治革命是否定的，这种否定的基础就是对思想革命的社会效能的肯定。在他的《镜子》一书里给人两套话语系统的阅读感受，在表层上不断重复思想革命与政治革命之间不可分割的关系，但在具体论述中又对思想革命充分描述而将政治革命搁置一旁。

陈安湖对王富仁的一些批评不是没有道理的，像是"但有关'中国社会革命的问题'，却往往是直接披露出来的"[①]，但这种政治革命在王富仁的"新研究系统"里没有得到应有的重视和应有的地位的问题正是他想要达到的效果。因此，与其说陈安湖指出了王富仁"新研究系统"的问题与缺陷，不如说他正好点中了王富仁的真正意图所在。他的"新研究系统"对于"旧研究系统"可以说是"绕道而行"，表面上对陈涌等人的鲁迅研究成果不否定，但他的很多说法又与之前以马克思主义方法论解说鲁迅小说的观点直接针锋相对，对旧有的研究模式是直接的冲击。这是陈安湖等批评者明显感受到的，因而他们的反应才会如此激烈，他们看到的是王富仁在"全面"之名下进行"片面"阐释的逻辑漏洞。与王富仁相似的是，陈安湖在批驳王富仁的文章里，表面上指责他一味倾向于思想革命，但同样在措辞里显示的是政治革命的重要性在思想革命之上，"我以为正确的说法应当是：鲁迅小说'深刻地表明了中国必须有一场深刻而广泛的民主革命'，其中既包括思想革命，也包括政治革命，而主要的是政治革命"[②]。王富仁与陈安湖这种在文本中自我相互矛盾的阐述方式缘于政治思想在80年代尚未完全"解冻"的历史语境。

因而，王富仁设想出的"新研究系统"的缺陷不是缺乏"全面性"的

---

① 王富仁：《关于鲁迅研究中马克思主义方法论的几个问题》，《鲁迅研究动态》1987年第6期。
② 陈安湖：《鲁迅小说"新研究系统"商讨》，《文艺理论与批评》1986年第1期。

问题，而是"片面性"本身存在着问题。当王富仁要重塑鲁迅思想启蒙者形象的时候，他仍是将鲁迅放置于"反封建思想革命"这一宏大任务当中，他所采用仍旧是社会历史的批评方法。虽然他的研究是反政治意识形态化的，但政治意识形态的思维方式在他的"新研究系统"中留下了明显的印迹。思想本身是微妙而复杂的，当将思想的阐释放置到一个系统中后，解读的僵硬化就不可避免。这就像汪晖对其研究模式的批评一样："它把鲁迅小说的整体性看作是文学的反映对象的整体性，即从外部世界的联系而不是内部世界的联系中寻找联结这些不同主题和题材小说的纽带。"[1] 无疑，汪晖的批评抓住了王富仁鲁迅研究问题的要害，但也有偏激之处。在汪晖看来，王富仁的思维模式仍是脱胎于旧体系的思维模式，因而，把"作家精神结构和艺术创作过程的复杂性纳入一个单一的强制性联系之中"[2]。虽然王富仁对鲁迅的思想阐释基于一个体系，他的某些观点因体系的限制显得机械化，但并不因此说他的整个研究系统都是僵硬化的。

汪晖之所以有这样的观点，是因为从王富仁构建的研究体系表层来看是基于双重因果决定关系的，即时代的思想革命运动决定了作家的意识倾向，作家的意识倾向决定了作品的本体意义、意识本质、创作方法和艺术观念。但在具体论述里，王富仁并未失掉语言灵性与思维个性。在对阿Q的性格进行分析时，王富仁不认同之前学者所持有的阿Q的性格自相矛盾的观点。他认为阿Q性格中的种种冲突性恰好说明阿Q自我意识的丧失，即国民灵魂的缺失。这样的解读并非像汪晖所说的"不可能从整体上、结构上来理解鲁迅的精神体系，也不可能呈现鲁迅精神结构的复杂性与矛盾

---

[1] 汪晖：《历史的"中间物"与鲁迅小说的精神特征》，《文学评论》1986年第5期。
[2] 汪晖：《鲁迅的历史研究批判》，《文学评论》1988年第6期。

性"①。事实上,王富仁看到了鲁迅思想中很复杂的一面。对于阿Q、祥林嫂、夏大妈这些没有魂魄的国民,鲁迅虽深感绝望,但同时又在他们的思想意识里显现潜在性的"正转"变化,以此在反抗绝望中坚守希望。换而言之,王富仁在80年代的"思想革命"体系研究中已经孕育了对于鲁迅悲剧性思想的思考,只不过他是从反封建思想革命里看到了鲁迅思想的挣扎性,触及了鲁迅个人化的、非理性思想的边界而没有深入挖掘。

对于陈安湖而言,王富仁的研究模式是"新的",而对于强调对作家复杂的精神线索加以把握的汪晖而言,王富仁的研究系统似乎又有些"陈旧",从这里就可看出王富仁的研究模式在20世纪80年代初期具有"过渡性"特征。

二、文化视野与比较研究

王富仁从《鲁迅前期小说与俄罗斯文学》②开始就将比较研究的思路广泛应用于鲁迅的思想研究中,随之,尼采、梁启超、茅盾、郁达夫等人都成为与鲁迅比照的对象。王富仁试图打通时空的限制,在从中到外、从古到今的具有纵深度和延展面的比较中呈现鲁迅思想的独特性与深刻性,以此更好地把握鲁迅思想的本质与细节。而在这种思想性的比照背后,王富仁更想呈现出的是隐含在思想下的文化心理的差异。

梁启超作为曾经对鲁迅影响很大的开蒙者,在"五四"之后就停滞在了自己原先的思想层面上,这缘于梁启超与鲁迅对传统文化认识上的根本

---

① 汪晖:《鲁迅的历史研究批判》,《文学评论》1988年第6期。
② 王富仁:《鲁迅前期小说与俄罗斯文学》,陕西人民出版社1983年版。

差别。鲁迅将传统文化视作社会封建思想体系的根基,而梁启超"从没有走向对传统封建精神文化、特别是传统封建道德的整体系统功能的否定,他对传统封建道德的否定是枝节的、零碎的,浮面的和形式的……"[1]如果说梁启超与鲁迅看似同源实则相异,那么郁达夫与鲁迅则是看似同归实则殊途。郁达夫的后期创作一改早年"自叙传"的忧郁风格,在作品里更为关注人生与社会问题,但他始终缺乏鲁迅国民性思想改造的眼光。对于郁达夫来说,他一直"是从个体自我的幸福追求出发、从个体社会成员的幸福追求出发表现社会人生的"[2]。而这是由于他没有以社会整体为立足点对社会文化、民族文化加以体认,而只是将民族文化的感受与个体的生命体验直接等同起来。当王富仁在《中国鲁迅研究的历史与现状》[3]里梳理不同派别的鲁迅观的时候,也暗含着鲁迅与其他知识分子的思想对比。他试图探寻各派别纷繁复杂的思想面向背后的相似文化心理依据及其在特定历史环境下的合理性。以成仿吾为代表的青年浪漫派认为鲁迅小说没有顾及环境和国民性,而青年浪漫派之所以形成这样一种缺乏对鲁迅作品深入感受的思想,是因为他们成长于"五四"新文化的绿洲里,在文化心理上与新文化的首倡者已有隔膜。

通过鲁迅与其他知识分子的对比,王富仁"生发出很多关于文化及知识分子命题的精辟见解,形成对20世纪文化思想史和知识分子命运变迁史

---

[1] 王富仁、查子安:《立于两个不同的历史层面和思想层面上——鲁迅与梁启超的文化思想和文学思想之比较》,《河北学刊》1987年第6期。
[2] 王富仁:《现代作家新论》,山西教育出版社1998年版,第126页。
[3] 王富仁:《中国鲁迅研究的历史与现状》,福建教育出版社2006年版。

的自觉思考与阐释"①。这里能看到王富仁尝试从人与文化的辩证关系角度来诠释鲁迅思想的批判性与独立性。因为在他看来，形成怎样的文化心理最终取决于具有主体性的人的思想认知。文化选择并不是被动接受的结果，而是受到思维方式的影响，"同样一种文化现象，当纳入到不同思维模式中的时候，其意义的显现是极不相同的"②。鲁迅认知社会人生、认知国民精神状况的积极性和主动性使得他的文化选择区别于梁启超、周作人等人。不是一种文化模式选择了现代知识分子，而是现代知识分子选择了一种文化模式，正如鲁迅"对现实人生认知能力的发展是同他对中国传统文化的否定成正比例的"③一样。在很大程度上，文化心理的差异使得鲁迅与其他启蒙者走向了不同的思想道路，但相对的是，正是鲁迅思想本身的深刻性让他坚守了异于旁人的文化选择。

除了与具体的作家、思想家比较，传统文化与西方文化也被王富仁整体纳入比较视野中，以此显示鲁迅是如何在对中国传统文化与西方文化的自觉认知上，形成与其他思想家、作家相区别的独立的思想文化体系。当鲁迅置身于世界文学与文化的语境下时，他被王富仁视为民族思想家，对西方文化只是拿来为己所用。像是王富仁虽然肯定尼采对鲁迅思想的影响，即"加强了自己对封建儒学道德的攻击并深化了对它的理论认识"④，但他的着眼点在于突出鲁迅立身于中国传统文化思想体系之下对尼采学说的改造，

---

① 吴成年：《一部独特的鲁迅研究史——读王富仁的〈中国鲁迅研究的历史与现状〉》，《鲁迅研究月刊》1999年第10期。
② 王富仁：《中国现代文化指掌图》，人民文学出版社2004年版，第3页。
③ 王富仁：《中国现代文化指掌图》，人民文学出版社2004年版，第7页。
④ 王富仁：《先驱者的形象：论鲁迅及其他中国现代作家》，浙江文艺出版社1987年版，第210页。

"鲁迅在运用尼采反传统道德的形式和部分内容时，全部用于对反封建传统的揭露，并不像尼采一样否定一切传统观念，其中也包括革命的、进步的学说。这是鲁迅的反传统与尼采的反传统在本质上截然不同的一面"[1]。而对于中国传统文化，"鲁迅的独特历史意义，便在于他是中国现代历史上第一个用现代的观念、从中国社会意识形态必须适应现代中国自立自强的需要的角度出发，亦即从中国社会意识形态的现代化的角度出发，最深入地思考了中国封建传统观念的特点和不足的一位现代思想家"[2]。在《鲁迅与中国文化》里，王富仁不仅细致地梳理中国传统文化的发展脉络及自身的局限性，同时将鲁迅视为浸润在传统文化中的一分子，阐述他在面对传统文化时的复杂心态，选择与重塑传统文化时的艰难性，显示鲁迅如何吸收文化传统的同时又反叛了传统文化，独立前行，"在没有路的地方走出来一条路"[3]。

在此基础上，鲁迅建立起了以重视精神文化、重视个性独立作为标尺，以"立人"为主旨，以"唯心主义的意志论"为哲学思想基础，以"个性主义"为伦理思想基础的"最初的文化思想的系统"[4]。这套完整的鲁迅思想体系有王富仁自我"构想"的特征，它与王富仁在《镜子》里构建的"思想革命"研究体系相呼应。反封建思想革命无疑是王富仁所设想出的鲁迅思想文化系统的核心，而这一思想文化系统也进一步把鲁迅作品要反映出的思想革命与茅盾等人作品反映出的政治革命区分开来。王富仁以此思想

---

[1] 王富仁：《先驱者的形象：论鲁迅及其他中国现代作家》，浙江文艺出版社1987年版，第210页。
[2] 王富仁：《王富仁序跋集》上册，汕头大学出版社2006年版，第31页。
[3] 王富仁：《中国文化的守夜人——鲁迅》，人民文学出版社2002年版，第140页。
[4] 王富仁：《灵魂的挣扎：文化的变迁与文学的变迁》，时代文艺出版社1993年版，第156页。

体系确立了鲁迅在中国文化史中的独特地位，同时也印证了中国近现代文化的独立性。王富仁在《两种平衡、三类心态，构成了中国近现代文化不断运演的动态过程》中[1]提及，中国近现代文化通常被视为中西方文化相融合的结果。而在他看来，所谓的文化融合实际意味着混合。正因为这种状况，王富仁才需要为中国近现代文化"正名"，"名的问题实质是一个自我的独立意识的问题，是承不承认中国现代知识分子有独立创作的权利的问题"[2]。在王富仁这里，鲁迅的思想文化体系作为一种中国文化现象，成为理解近现代文化的一条基本线索，也成为为近现代文化、现代文学的独立性"正名"的一部分。

不论是在《镜子》里的文本细读，还是一系列的比较研究，王富仁试图以客观化的形式呈现鲁迅的形象。但实际上，当在《镜子》里没有得到充分呈现的鲁迅所担负的文化角色在 80 年代乃至 90 年代的比较研究中渐渐清晰的时候，王富仁在鲁迅研究中所渗透的主观倾向也愈加明显。比较的过程也是鲁迅不断被赋予文化意义的过程。王富仁要回到的不仅仅是具有启蒙思想的鲁迅，而且是回到具有文化思想的独立品格并为中国近现代文化、现代文学独立性"正名"的鲁迅。这使得鲁迅与一般的思想启蒙者相别，同时也完成了"王富仁式"的鲁迅本体回归。

---

[1] 王富仁:《两种平衡、三类心态，构成了中国近现代文化不断运演的动态过程》,《灵魂的挣扎：文化的变迁与文学的变迁》,时代文艺出版社 1993 年版，第 37 页。

[2] 王富仁:《中国现代文学研究中的"正名"问题》,《北京师范大学学报（社会科学版）》1995年第 1 期。

三、多个鲁迅与本体论悖论

王富仁在反思"旧研究系统"所存在的弊病之后所提出的"新研究系统"无疑表现出了一种更切近知识本体的方法论意识，更合乎方法论的本体意向，但这只意味着它在表面上"实现了由科学方法代替权威主义的自觉转换"[1]。因为这种以客观性作为出发点的本体研究在实际的研究中存在着"主观性"的偏离角。

当作为"启蒙主义者"的鲁迅被放置到为中国近现代文化"正名"的整体思路中后，鲁迅本体已着王富仁的思想色彩。王富仁曾在《关于鲁迅研究中马克思主义方法论的几个问题》里尽可能申明自己研究的客观性："我对鲁迅小说反封建思想意义的重视，并不是在后来发展起来的思想潮流的冲击下才产生的，不是'随风转'的结果，而是在研究鲁迅小说与俄罗斯文学关系的时候，从对鲁迅小说自身的学习中自然产生的。"[2] 王富仁想要说明自己并非在"新启蒙思潮"的影响下刻意去塑造"启蒙主义者"鲁迅，但他在阅读中所生成的鲁迅形象已带有明显的主观思想印迹。很有意味的是，陈安湖将自己对王富仁的几篇批驳文章收入一个名为《为鲁迅声辩》[3]的小册子，"声辩"二字凸显着他也同样站在鲁迅本体的位置上，并有将鲁迅从"王富仁式"的思想启蒙者还原为革命民主主义者的意图。汪晖最早针对这一问题提出批评："王富仁力图'回到鲁迅'的原始意图，并以这种原始意图作为自己的阐释基础，然而'回到鲁迅那里去'的批判性假设是

---

[1] 符杰祥：《"回到鲁迅"的方法论批判》，《河北学刊》2011年第3期。
[2] 王富仁：《关于鲁迅研究中马克思主义方法论的几个问题》，《鲁迅研究动态》1987年第6期。
[3] 陈安湖：《为鲁迅声辩》，华中师范大学出版社2001年版。

有限的,因而这一口号建基于这样一个假定,即研究者在认识过程中可以完全离开自身的历史性或自己的历史'视界'而直接进入鲁迅的'视界'。这样,这一口号意味着可以用一个客观的系统取代另一个主观的系统,而一切阐释都应当在这个系统的基础上进行。"①

汪晖虽然看到以陈涌为代表的政治革命范式的鲁迅研究以及以王富仁为代表的文化革命范式的鲁迅研究都具有"先验性"的特征,但他同样没有充分挖掘出"回到鲁迅"这一命题的复杂性与矛盾性。当汪晖批评这一研究模式的问题时,他将自己的鲁迅研究以及钱理群的鲁迅研究排除在"先验性"思维之外。但事实并非如此。汪晖对于钱理群通过单位观念与单位意象的选取来探索鲁迅"心灵辩证法"的研究方式持肯定态度,"当人们不是从这些独特意象的观察而是从一系列先定的、甚至未加论证的前提和概念来阐释鲁迅时,这个阐释体系的先验性就是显而易见的事了"②。虽然钱理群把鲁迅的全部著作及重要的、可靠性的回忆材料中相关的单位意象全部抄录,以此"取得'量'的依据"③,但这种用详尽的材料使解读具有更多客观依据的努力并没有真正避免他对这些意象的"情绪化"解读。在钱理群《心灵的探寻》里可以明显感到钱理群将自我情感代入,以强烈的自我感受阐释鲁迅的精神世界。在自我生命历程中受到压抑与束缚的钱理群在鲁迅的灵魂里找到诉求的愿望与精神契合点。在阐释鲁迅充实与空虚、天上与深渊、无希望与得救这些"丰富的痛苦"时,钱理群有着自我情感的投射并以此修补自我的灵魂。

---

① 汪晖:《鲁迅的历史研究批判》,《文学评论》1988年第6期。
② 汪晖:《鲁迅的历史研究批判》,《文学评论》1988年第6期。
③ 钱理群:《心灵的探寻》,河北教育出版社2000年版,第11页。

汪晖从钱理群的探寻鲁迅"心灵"上升到了把握鲁迅的"精神结构"。心灵的特点在于它的感性甚至是不自知性，但精神结构更为理性与稳定。在汪晖看来，鲁迅的主观精神结构犹如蜘蛛网，是由相互矛盾的思想交织而成。而其精神结构中的核心意识就是"历史中间物"，即"一方面在中西方文化冲突过程中获得'现代的'价值标准，另一方面又处于与这种现代意识相对立的传统文化结构中"[1]。而《呐喊》《彷徨》呈现出的正是先觉知识分子（"中间物"）对传统社会以及自我与这一社会的联系的观察和斗争过程。先觉知识分子对群众的情感变化成为《呐喊》《彷徨》中不间断的统一心理过程与内在感情线索。很明显，"历史中间物"的研究视角并没有跳出王富仁"回到鲁迅"的先验性思路，在《呐喊》和《彷徨》中是否存在一条以"中间物"为核心的完整而统一的心理情感线索是值得怀疑的。它仍是"当下"理念的"历史"投射，是汪晖从当下所理解的鲁迅本体出发阐释鲁迅思想。

钱理群与汪晖的鲁迅研究从生命哲学的角度完成了"存在主义者"的鲁迅本体回归，他们的研究从根本上打破了旧有的政治意识形态化的研究方法。但其同王富仁的鲁迅研究一样，都是从研究者体认的作家主体意识出发，进而理解作品的意蕴，并在作品文本中找到了支撑这种"意蕴"的合理解释。王富仁与汪晖等人的区别就在于他始终坚持鲁迅"启蒙思想家"的形象塑造，即便他在《时间·空间·人》[2]里，也只是用哲学思想阐述鲁迅的世界观而并不是像汪晖等人那样将哲学思想作为鲁迅思想的主体。对于"历史中间物"这一个概念的理解，如果说钱理群与汪晖看到的是鲁迅

---

[1] 汪晖：《反抗绝望：鲁迅及其文学世界》，生活·读书·新知三联书店2008年版，第183页。
[2] 王富仁：《时间·空间·人》，《鲁迅研究月刊》2000年第1—5期。

在希望与绝望间的不断徘徊，那么王富仁所看到的是鲁迅在绝望中更倾于希望的选择，而这选择的出发点仍是思想文化启蒙责任的担当。王富仁以外部联系作为把握鲁迅主体精神的切入点，以此挖掘鲁迅思想的矛盾与挣扎；而钱理群、汪晖等人是直接进入鲁迅思想的感性层面，他们试图首先将鲁迅还原为"个体"，剥离之前研究中所赋予鲁迅的政治意义或思想文化意义。

应当说"回到鲁迅"这一命题隐含的前提就是研究者本身的主观情感对研究对象的投射，"先验性"是研究者试图回到鲁迅本体时不可避免的思维方式。在不同主体的理解下，鲁迅的形象自然不同，因而很难说"汪晖式"的鲁迅形象就比"王富仁式"的鲁迅形象在本质上更接近鲁迅本体。但也并不是说"回到鲁迅"就成了伪命题，在既往的研究中塑造出的"革命民主主义者鲁迅""启蒙主义者鲁迅""存在主义者鲁迅"都是认识鲁迅本体的不同视角。当将多个带有研究者主观"偏颇性"的鲁迅形象加以整体性观照时，相反更易于接近鲁迅的本体实质。另外可以肯定的是"多个鲁迅"背后蕴藏的时代意义，"让我们看到了不同时代、不同群体的人，是如何以鲁迅为媒介来理解世界和自我的，因而我们可以通过不同时代的研究者创作出的不同的鲁迅形象，一方面窥见'鲁迅'本身的丰富性和现实意义，另一方面也可以从这些形象的提出和变迁史中，窥见整个'社会'和'时代'的变迁"[①]。

因而，与其说鲁迅本体论研究的悖论在于"在意识上自觉承认历史性而又不自觉地偏离历史性原则的内在矛盾"[②]，不如说是研究者过分强调研

---

① 邱焕星：《"回到鲁迅"之辨》，《鲁迅研究月刊》2013年第10期。
② 符杰祥：《"回到鲁迅"的方法论批判》，《河北学刊》2011年第3期。

究的"历史性"与"客观性",将研究的主观性、先验性视为偏离鲁迅本体的错误行为。换而言之,当研究者否认本体论研究中存在自我主观性以及研究主体与研究对象间隐含的对话意识,将鲁迅形象中的单一侧面作为鲁迅本体的全部,并将其客观化与唯一化时,才是真正意义上的对鲁迅本体的偏离。

辑四　名著新读

采铜于山铸新钱

——评严家炎《论鲁迅的复调小说（增订版）》*

陈蓉玥

    严家炎的《论鲁迅的复调小说（增订版）》于2011年面世，较之2002年初版，进行了结构上的调整和内容上的增删：增订版分为四辑，增录2002年后近八年内发表的五篇鲁迅研究论文，并对初版中篇目进行删减[①]，囊括了严家炎自1959年至2010年间与鲁迅研究相关的部分论文及附记。结合严先生的增订版自序可知，经过重新编排后的各辑面貌如下：第一辑是鲁迅小说的综合性研究，第二辑是鲁迅单篇小说研究，第三辑是由不同角度切近鲁迅思想研究，第四辑是鲁迅研究视角与对当下鲁迅研究的回应。从内容的广度、论述的深度和时间的长度上看，该论文集都显示出相当的

---

* 本文为国家社会科学基金重大项目"京津冀文脉谱系与'大京派'文学建构研究"阶段性研究成果（项目编号：18ZDA281）。

① 增加了《区域视角与鲁迅研究——从〈故乡〉的歧解说起》《这也是我们需要的鲁迅精神遗产——就〈鲁迅与我七十年〉一书与秋石先生商榷》《一九五七年夏毛、罗对话试解》《须藤医生所写鲁迅病例为何与鲁迅日记及书信牴牾的再探讨》《荒诞又庄严的复仇正剧——释〈铸剑〉》，并在第三辑《思想家的深思熟虑——谈鲁迅对社会主义文学的观察和思考》后添加了附记，删除了《两个口号论争的再评价》《为〈铸剑〉一辩》。

体量和思想厚度。

严家炎先生的主要研究对象并非鲁迅,如解志熙所言,此书"观点和看问题的思路,不仅在鲁迅研究上是首开风气的,而且为开创整个中国现代文学研究的新局面做出了重要贡献"[1]。严家炎本人也曾提及:"纵观几十年来的教学与研究,可以清晰地看到贯穿其中的一条主线,就是中国文学的现代性问题"[2]。中国现代文学之"现代性"是严家炎学术研究的根本关切是毋庸置疑的。严家炎认为,中国小说的现代化开始于近代的曾朴和鲁迅[3],这显示其对鲁迅研究的介入显然有着更深刻的意图。该书的意义不仅在于其是新时期鲁迅研究对文学本体予以关注的成果之一,展现鲁迅研究重新焕发精神活力,逐渐走出"文革"管控的阴霾,脱离过去十年内僵化的研究窠臼和偏于意识形态一隅的论断,而且在于其是严家炎对中国现代小说现代性发展脉络书写的一次尝试。

严家炎曾以顾炎武之语表达自己对学术道路的看法:"尝谓今人纂辑之书,正如今人之铸钱。古人采铜于山,今人则买旧钱,名之曰废铜,以充铸而已。所铸之钱既已粗恶,而又将古人传世之宝,舂剉碎散,不存于后,岂不两失之乎?"[4]从此处可以见得严家炎学术研究的风骨。《论鲁迅的复调小说(增订版)》一书正显示出严家炎之学术追求,故以"采铜于山铸新钱"之理路,对严家炎此集进行评述。既称"采铜于山",意味着其重写鲁迅研究,开启一套有别于以往的论述、研究模式和标准,又曰"铸造新钱",意味着其立场和判断重在定新格调,而非重在求特异奇崛。严家炎以

---

[1] 解志熙:《现代文学研究论衡》,河南大学出版社2005年版,第179页。
[2] 严家炎:《中国文化的精神出路——〈严家炎全集〉代序》,《现代中文学刊》2020年第6期。
[3] 参见严家炎《中国现代文学与现代性:严家炎对话集》,人民日报出版社2013年版。
[4] 严家炎:《问学集:严家炎自述》,人民日报出版社2014年版,第72页。

其文学史家的眼光，经由鲁迅小说这一现代性原点，试图开启对中国现代小说的历史叙述，但同时需要注意的是，正是这种内敛、中正的文学史家眼光，一定程度上框定了他文学批评的限度。

除一篇应《语文学习》之邀发表于1959年的论文《读〈社戏〉》之外，《论鲁迅的复调小说（增订版）》收录论文皆属于新时期以来鲁迅研究的范畴。"文革"结束后，疗愈和反思"文革"创伤，打开学科之生面，成为现代文学研究者的首要任务。鲁迅作为现代文学的高峰，自然是学者关注的重点。站在新学科建设者的立场上，严家炎积极介入鲁迅研究，将鲁迅小说作为现代小说的一支，凸显鲁迅小说的文学史、方法论等多方面意义，展示出鲁迅小说表现手法和内在文化交融上的复杂性。其《〈呐喊〉〈彷徨〉的历史地位》在最初发表时名为《鲁迅小说的历史地位——论〈呐喊〉〈彷徨〉对中国文学现代化的贡献》，文中明确指出，"中国现代小说在鲁迅手中开始，在鲁迅手中成熟"，从现代小说发展史的角度给予鲁迅小说历史定位，故而从历史发展的脉络看，鲁迅小说是开启一段拨乱反正式历史叙述的不二之选。

在对鲁迅的思想研究方面，比较深刻地体现出严家炎对扭转神化鲁迅的左倾倾向的用力，其意在缝合鲁迅作为"文学家"和作为"人"的身份，提供一个看待鲁迅、看待现代文学作家的理性角度，这体现出对意识形态遮蔽作家真实思想的警惕，力图逼近本体鲁迅。由于《新民主主义论》对鲁迅进行的政治定位，经过阐释的鲁迅在很大程度上与其"文学家"的身份发生了脱离和产生了隔膜。面对这种亟待解决的问题，严家炎提出不将鲁迅神化、也不将鲁迅旧物化的观点，注重对鲁迅思想复杂性的探寻。《论鲁迅的复调小说》一文中即指出了鲁迅思想上的复杂性决定了其小说的复调特质，指出鲁迅的"'万难破毁的铁屋子'既是中国社会的象征，又是自身灵魂里的存在"[①]。第三辑中对鲁迅思想的研究，从各个不同角度切近鲁迅思想。无论是展现五四时期批判家族制度，对鲁迅关于创造社、太阳社论争历史现场的还原，还是分析鲁迅的社会主义文学观，通过《鲁迅对〈救亡情报〉记者谈话考释》从资料的考证、思想源流上追溯鲁迅思想的复杂内涵等，都凸显出严家炎关于鲁迅思想爬梳的扎实态度和史学眼光。尤其是他在《这是"科学地认识与理解鲁迅"吗——简评〈论鲁迅的创作生涯〉》一文中提出鲁迅研究需要注意的标准和方法问题。严家炎认为，研究鲁迅不能将鲁迅神化，也不能将鲁迅看作旧物，要实事求是，从唯物辩证的角度走向更科学、扎实的研究。这显示出他在逐渐摆脱意识形态管控的过程中，对作家作品进行的重估。增订版添加的第四辑相比于前三辑的作品，显得更加余裕和自如。在更加宽松的学术氛围中，海外汉学的流入和"他者"视角的介入，使严家炎的论文能够跨越时空形成与学界多重视角和研究方法的对话。国外的鲁迅研究作为一种新鲜血液既形成了鲁迅研究的生长点，又唤起了严家炎关于"旧钱"的警惕。比如《区域视角与鲁迅研究——从〈故乡〉的歧解说起》关注不同区域中研究者对《故乡》中，是谁把碗碟藏入草灰这一问题的不同解读，并给出了严家炎自己的看法。他认为，对于该问题的研究应该基于对中国当时社会环境以及传统的了解，坚持从文本出发。严家炎敏锐地指出，在不同时空，对于鲁迅的解读会受到政治和社会意识形态的干扰。而区域视角研究作为本土研究的旁观者出现，携来新的空间和方法，同时也需时刻警惕其局限性。这体现出严家炎对跨国、跨界研究的重视，以及清醒、客观的认识。

在肯定鲁迅小说思想价值的基础上，严家炎进行了具体文本的文学批

[①] 严家炎：《论鲁迅的复调小说（增订版）》，北京大学出版社2011年版，第67页。

评。在第二辑中选取了《狂人日记》《故乡》《社戏》《阿Q正传》《铸剑》五篇作为研究对象,进行单篇分析,以鲁迅的现实主义创作方法及其思想的先进性为主要旋律,展示鲁迅小说的多种格调,对重审鲁迅小说审美特质有突出的推进作用,但归根结底离不开其文学史家的眼光。严家炎谈道,"从一定意义上说,鲁迅的《药》《阿Q正传》等作品正是形象化的'民国的建国史',其中包含着作者经过长期的观察思考而对辛亥革命经验教训所做的深刻总结"①,由此突出了鲁迅小说之于现代文学发展史的意义,它是触摸现代文学史的一个宽阔通道。在其《复调小说:鲁迅的突出贡献》一文中,由鲁迅小说中多声部的现象,指向鲁迅的复调小说,并指出鲁迅受到陀思妥耶夫斯基的影响以及其复调小说创作的自身原因,西方理论资源的引入拓宽了鲁迅小说研究的视野。首先,这体现出严家炎对鲁迅小说文学性的关注,其小说因多声部现象区别于古代小说叙述者"一家之言"的体制,审美特质的提出显然是对传统政治社会批评模式的超越。其次,引入叙事学分析进行文本细读的方法,影响了后来一批专注于鲁迅小说叙事分析的学者。从该叙述模式形成的根源上,又关注社会语境和思潮涌动带给鲁迅的思想流变,探寻文学背后的文化成因。这体现出其着眼于文学本身,又深谙文学与人生、社会关联之特性的独到眼光。

  从另一个方面讲,严家炎对鲁迅小说的文学分析仍然受思想分析领导,严家炎认为,"五四"到新中国成立这一时间段内,属于新民主主义革命时期,所以衡量此时文学思想内容的标准就是:"看作品是否真实地反映了半封建、半殖民地的社会生活,表现出苦难和抗争中的中国人民的感情、愿望和要求,从而有利于民族团结振兴、人民当家作主的现代化进程。符合

---

① 严家炎:《论鲁迅的复调小说(增订版)》,北京大学出版社2011年版,第87页。

这个标准的文学，就是进步的或比较进步的文学；反之，歪曲生活真实、不利于这一进程甚至公然站在帝国主义、封建主义一边的文学，就是政治上不太好的甚至可能是反动的文学。对人民的苦难、愿望表现得越是痛彻，对当时社会矛盾认识得越是深刻，越是有利于中国现代化进程的，那就越好，越应该受到肯定（像鲁迅的作品）"[①]。不难看出，严家炎常以此标尺来分析鲁迅作品的现实主义笔触和思想特质。其原因在于作为文学史家和学科领路人的严家炎，需要给予作家一个合理的定位，需要关照其思想的正向性和与社会现实之间的联系。再如《鲁迅与表现主义》一文，整体上来看，展示出不同于左倾批评模式专注于现实主义分析的研究范式，开辟了鲁迅小说的现代主义讨论，但是纵观其对鲁迅艺术特色的分析，其中仍然少不了对现实主义这一创作因素的重视——"五四前后，鲁迅虽然接受包括象征主义在内的现代主义思潮的某些影响，但小说创作的主体方法仍是现实主义"[②]。总体说来，严家炎对鲁迅小说文学上的创新吸引学者们关注鲁迅小说的现代性问题，但同时，由于其现代文学领袖人物式身份和其写史的眼光与意图，使其论述多了历史叙述的中肯和客观，少了理论叙述的个性和锋芒。

  严家炎作为现代文学学科建设的筑基者之一，其洞见和研究立场自然就不可过于偏激和急进，秉持着学科与社会双重关怀，严家炎的鲁迅研究在努力产生新创见的基础上，显示出一种收敛式的思维。严家炎以鲁迅所经历的社会历史背景为基石，探究在当时的社会思潮中，鲁迅现实主义创作及其他现代主义因素的创作手法所具有的意义和局限，并不为了试图牵

[①] 严家炎：《问学集：严家炎自述》，人民日报出版社2014年版，第53页。
[②] 严家炎：《论鲁迅的复调小说（增订版）》，北京大学出版社2011年版，第53页。

强地拔高鲁迅的思想地位而过高评价鲁迅及其作品。这有助于在对作家进行研究时，矜持地把握研究者理性与感性的尺度，客观地看待作为"文学家"的人，和作为"人"的文学家，这与严家炎对中国文化精神的关注是分不开的。在传统批评模式反复证明和挖掘鲁迅之伟大的同时，神化的鲁迅研究走向了僵硬的研究模式。严家炎此处所提供的研究思维是方法和观念意义上的，其不仅通向鲁迅研究，还通向现代文学研究乃至整个文学研究。鲁迅研究作为现代文学研究的一座高峰，有效地进入其中不仅能够触摸历史，也能够体悟当下。行至此处，其不愿采取旧钱而另辟新号的想法应是获得了更高意义上的实践性。在阅读此书时，触动我的恰是在严家炎肩负责任的持重之中显示了其果决的态度。其有意将现代文学研究看作一种关涉现实的、还原历史的、属于文学的也属于中国文化精神的阐释，并以此坚定地行进下去。

整体说来，文学史家的眼光使严家炎的《论鲁迅的复调小说（增订版）》具有开拓性意义，其学科史价值毋庸置疑。该集确实开启了现代小说研究和鲁迅研究在新时期的新尝试，并形成了影响至今的文学史叙述话语。但同时，史家的眼光、立场和对现代小说研究发凡起例的需求，一定程度上成为了文学批评上的掣肘。该书并未在思想意义和文本分析中真正从传统社会政治批评模式中逃逸出来，仍旧是属于在阶级等意识形态分析话语体系下的产出，在这个意义上，对传统的承继和对新问题的关注同时存在于其写作的话语体系中，导致其分析总给人一种意犹未尽的收束、矜持之感。正如笔者前文所提到的那样，采铜于矿无疑是一种创见，在铸造新钱的过程中必然要考虑到时代转换的过程，考虑到新书写、新叙述的格调问题，毕竟对刚从僵化的发展中脱离出来的现代文学研究来讲，建设之难甚于创造性的破坏。

"以心契心"：钱理群的《与鲁迅相遇》

杨玉雯

一、"运交华盖"：世纪之交的"天鹅绝唱"

在《与鲁迅相遇》的封面上，有这样一段文字："人在春风得意、自我感觉良好时，大概是很难接近鲁迅的，人倒霉了，陷入了生命的困境，充满了困惑，甚至感到绝望，这时就走近鲁迅了……"《与鲁迅相遇》是钱理群告别北大讲坛之前"最后一次演讲"的录音整理讲稿，此作也被学界称为钱理群的"天鹅绝唱"。

钱理群曾回忆自己早年的贵州经验，称《鲁迅全集》助其熬过了比物质饥饿更可怕的精神饥荒，钱理群在阅读鲁迅的过程中克服了自身的精神危机。几十年后，随着社会经济发展不断深入，中国思想文化界逐渐裂变分化，面对同样"极其复杂的现实和形形色色的人生现象"，钱理群的思维和立场更为复杂化和相对化，他再次陷入了难以言说的境地。正是在此时，钱理群产生了重读鲁迅的冲动，用他自己的话说，在生命处于绝望彷徨的低谷时，他完成了与鲁迅的第二次相遇。

钱理群的鲁迅研究起步于20世纪60年代，1981年从北大毕业并留校任教，直到 2002 年退休，在近乎 60 年的学术生涯之中，北大的教学生活长达 21 年。钱理群的研究著作《话说周氏兄弟：北大演讲录》《与鲁迅相遇：北大演讲录之二》都是由北大课堂实录整理而来，两本著作内部存在一条共同的精神线索，那就是对知识分子精神的观照。自踏上学术道路始，钱理群始终对知识分子这个身份怀有强烈的自省和追问意识，他认为要真正认清楚自己，就必须对知识分子的精神历史作一番清理和总结[①]。20 世纪 80 年代钱理群和黄子平、陈平原共同提出"20 世纪中国文学"的概念，其中钱理群最为倾心的就是"20 世纪中国知识分子的精神史"研究。在"三人谈"里钱理群将鲁迅的文学定义为"走向世界的文学"，但未落实到具体研究。20 世纪 90 年代初钱理群又著《丰富的痛苦》，挖掘鲁迅与不同时空的几位世界级艺术大师精神上的联系，进一步展开"知识分子精神史"的研究。1996 年著《1948：天地玄黄》，此后接连写成《我的精神自传》《岁月沧桑》，钱理群前后花费将近 20 年的时间谱写《知识分子精神史》三部曲，聚焦当代知识分子在时代大转型中的投入、挫折、困惑和坚守。钱理群将"20 世纪中国知识分子的精神史"看作是自己开辟独立研究领域的重要突破口，被他称为"魂之所系"。

在北大的这两门课程实录，也正是因"知识分子精神史"形成了彼此呼应的内在结构。《话说周氏兄弟：北大演讲录》注重阐释鲁迅和周作人的基本思想观点，分析和比较两位大家相通又不同的启蒙思想、知识结构、言说方式。关注和研究周作人是钱理群进入鲁迅研究的"前历史"，打开了钱理群的鲁迅研究的新视野、新思路。第二部演讲录中的《与鲁迅相遇》，钱理群将焦点集中于鲁迅的精神思想、内心情感、生命状态的讨论，他把

[①] 参见钱理群《岁月沧桑》总序，东方出版中心 2016 年版。

自己的鲁迅研究看为"两个真理的探索者（先驱与后随者）的自由、平等的精神对话"①，坚持强调读者与鲁迅心灵的感通和交融，形成了独特的研究视阈。这两部演讲录在立论方式、治学方法、逻辑思路上都存在密切关系，钱理群曾感喟找到鲁迅和周作人这两个旗鼓相当的领军人物，是他从事现代文学、现代知识分子精神史研究的最大成功，这两部源于课堂的论著共同构成了钱理群知识分子精神史的宏巨研究中的一环。

二、直抵鲁迅的精神世界

《与鲁迅相遇》从1936年鲁迅的生命终点讲起，以倒叙的方式回顾了鲁迅自20世纪初期至1927年左右的生命历程和文学创作。著作涵盖鲁迅人生中多数的重要时刻和突出的文学贡献，钱理群通过感受鲁迅来试图把握鲁迅的个体精神、基本观念、文化立场和身份定位，论述对象包含小说、杂文、散文多种文体以及鲁迅和其他学派或个人的分歧与论战，囊括广博，意蕴深厚。

开场白中钱理群先生就指出鲁迅是整个中国话语系统中的一个"谬种"，或者说"异端"，他往往与主流不符。而这样"另一种不同的""不和谐"的声音也贯穿后文的讲述。第一讲"人间至爱者为死亡所捕获"，以鲁迅爱重的珂勒惠支作品引出1936年鲁迅的生活、著作、心理中"爱与死"的搏斗，其内含出自天性的普通人平凡的爱和"一个也不宽恕"的孤独者深痛的恨。第二讲回到历史起点，即1902年鲁迅的东行。这一讲主要

---

① 钱理群：《我为何、如何研究鲁迅——2017年5月29日在北京大学人文社会科学研究院"鲁迅与当代中国"学术论坛上的讲话》，《文艺争鸣》2017年第10期。

从几组核心概念阐释了鲁迅的"立人"思想。20世纪初鲁迅留日期间创作中心词发生转移,从强烈的民族爱国主义情怀转向对"心"的深入思考。"心"的核心概念是"个",强调个体的精神的自由,以下有"神思""白心""心声""撄人心"等子概念。另一组基本概念是"精神界战士",其特征是"立意在反抗,旨归在动作",相关概念还有"伪士""迷信""正信"等。这一讲所涉命名和形象都由"反抗——精神自由"的线索串联。按照时间顺序,第三讲进入鲁迅的十年沉默期(1908—1918),这是鲁迅研究的一个难点和兴奋点。钱理群将鲁迅的沉默与魏晋情结相联系,归为麻醉、避祸,同时也是对生命真味的超越性欲求。沉默之后是汹涌的爆发,第四和第五讲自然过渡到鲁迅创作的高峰期。以《呐喊》《彷徨》及1918—1925年间的杂文分析鲁迅的文学观、写作特点、基本观念。这两讲同时也是对中国人文化精神的反思和方向指引,与"反抗"的主题紧密相关。钱指出"为人生"的文学是直面现实、揭示精神病态的真实的文学,鲁迅衡量文化价值的基本尺度为是否有利于"现在中国人的生存"。而当时的生存环境是"人肉的筵宴""活埋庵""染缸",这就必然要求对传统封建文化和西方外来文化的双重抵抗,其中还包括对同样处身于社会之中的自我的否定。这样一种自我怀疑和否定,也就让鲁迅与以胡适为代表倡导精英治国、现代启蒙的自由主义知识分子分道扬镳了。第六讲分析了北大教授的不同选择,从"五四"及之后中国文化思想界的几次论争,看以胡适、鲁迅为代表的现代知识分子两种模式的选择与定位,其实也意味着"五四"的退潮和分野。钱理群从讲义风潮、公开演讲、大学观等切入,展现鲁迅对下层国民、知识青年痛切的爱与启蒙,同时以"掌权者"的"诤友"为对比参照,揭示鲁迅永远不安于现状、永远具有批判精神的自由知识分子的立场。第七讲与现代评论派的论战,宣告鲁迅与五四倡导精英主义的知识分子的彻底决裂。钱理群在此讲中提出鲁迅论战的基本方法——"命名"。鲁迅将现代评论派称为"特殊的知识阶级",抓住"正人君子"们的关键词语"公理""官魂""做戏的虚无党",对知识分子中的"伪"进行猛烈抨击。在此讲中钱强调了鲁迅对学者身份的警惕,"异己"的自我定位和"孤独的精神战士"形象。这样的战斗意识直接关联到了第八讲的《朝花夕拾》和《野草》,《朝花夕拾》是在"他者"存在的巨大阴影中向民间、阴间寻求滋养,而《野草》的文本细读则集中展现了鲁迅在"绝望中反抗"的孤独战士形象,以对现有一切的拒绝达到"无"和"空",再由"无"达到更大的有和实。这种战斗姿态还表现在1926年到1927年间鲁迅与创造社、太阳社的论战之中。鲁迅与左翼文学社团的论争围绕"革命"和"大众",钱理群从这两个关键词对鲁迅的革命观、民众与知识分子的关系选择等问题进行了阐释,试图突出鲁迅这个真诚的革命者与继承中国"伪士传统"的"革命知识阶级"的分歧,捍卫鲁迅"精神战士"的革命者形象。

《与鲁迅相遇》全书30余万字,体量庞大,论述触角颇多,却含有两条一以贯之的线索——"反抗"和"爱与死"。两者都触及了以鲁迅为代表的中国知识分子精神史、思想史问题。"反抗"引出鲁迅"孤独的精神战士"的形象,重视阐释鲁迅独特的心理素质和精神品格。"爱与死"既是鲁迅作品的母题,也是鲁迅心理特征的缩影,侧重分析鲁迅的人生体验和思想情感。全书围绕这两条线索,或阐幽显微,抓住此种核心精神展开对具体意象、命名的疏通和阐释,以求与鲁迅产生心灵的撞击。或由此及彼,涉足鲁迅在现代史中的多个场域,丰富历史现场,呈现一个更加完整、真实的鲁迅。

三、主体投入与读者意识

将《与鲁迅相遇》放入钱理群现代文学研究的脉络中不难发现，本书依旧延续了他独树一帜的主体投入式风格，其特征要点有三：主体性、感觉性和对话性。首先，钱理群的鲁迅研究强调主体参与。在《与鲁迅相遇》的开场白里钱理群坦言自己的研究没有完全走出来，与学院式的感情零度介入不同，他的研究风格强调主体生命的完全投入，努力寻找当前所处的时代的自己与另一个时空中的研究对象主观精神世界之间的契合点，以自己的人生体验直接与研究客体进行心灵的对话。他曾表示"我不追求纯客观的东西，我愿意在其中插入一些主观情感，这是我的一种追求"[1]，他是以自己对历史与现实的感受、生命体验去观察和描写20世纪中国知识分子的精神史。第二，"感觉鲁迅"。钱理群曾在多个场合谈起自己对鲁迅的"第一印象"，强调对研究对象的"直观的感觉""朦胧的感悟"，即研究者与研究对象的直接心灵碰撞带来的冲击力。在《与鲁迅相遇》里钱理群将此种方式与理性分析相对比："与鲁迅相遇可以用不同的方式……直感恐怕是基础，首先你要有一种朦胧的感觉，然后才有理性分析，有时候理性分析反而会将直感简化。"[2] 这里，钱理群指出直感是理性分析的前提和基础，他在学术实践中也躬行"直观感觉"的研究方式。比如导言里钱理群谈到第一次和鲁迅相遇是从一片腊叶中发生的，那腊叶"独有一点蛀孔，镶着乌黑的花边，在红，黄和绿的斑驳中，明眸似的向人凝视"[3]，正是那一年的"对

---

[1] 龚龙飞：《钱理群：以生命体验写知识分子精神史》，《中国新闻周刊》2016年第35期。
[2] 钱理群：《与鲁迅相遇》，生活·读书·新知三联书店2003年版，第11页。
[3] 钱理群：《与鲁迅相遇》，生活·读书·新知三联书店2003年版，第10页。

视",那眸子年复一年灼灼地盯着自己,钱理群通过强烈的感官震撼完成了与鲁迅的第一次相遇。第三,对话性与演讲风格。不同于其他鲁迅研究学者平实厚重的文风和高屋建瓴的理论建构,钱理群的学术研究表现更多的是酣畅淋漓的讲演气势和异常强烈的读者意识。他很注重与读者或听众建立平等关系的对话场域,以期充分实现心灵交流。比如在《与鲁迅相遇》一书中有非常多的对话性语句,如"你的内心有什么感觉?"[1],还有向读者吐露心声,展示论述过程遇到的困难,如"我们现在面临着一个非常困难的任务,就是如何走进、至少是走近这十年沉默中的鲁迅的内心世界……这太难了,也太有吸引力了……这些天我也很苦恼"[2],充分体现了其与读者交流的渴望和循循善诱的逻辑节奏。同时,激情澎湃的演讲风格也是钱理群学术研究的一大特色。这一点和钱理群是学者、教师的双重身份有关,他的大多数研究成果直接来自教学课堂,钱理群将学术研究搬上讲台,又在教与学中不断完善自己的研究成果,形成一种良性互动,也因此他的论著总是充满了昂扬的激情。汪晖曾评价说:"心灵的契合,温和的微笑与对二十世纪中国文化的充满激情的声音几乎伴随着钱理群所到的一切场合。"[3]钱理群不仅完成了与鲁迅的心灵碰撞,也试图以己之力推动当代读者与鲁迅的心灵契合,"以心契心"是研究者、研究对象和读者的多重响应互动。

---

[1] 钱理群:《与鲁迅相遇》,生活·读书·新知三联书店 2003 年版,第 12 页。
[2] 钱理群:《与鲁迅相遇》,生活·读书·新知三联书店 2003 年版,第 95 页。
[3] 汪晖:《钱理群与他对鲁迅心灵的探寻》,《读书》1988 年第 12 期。

四、从"典型现象"到"单位意象"

在谈到如何研究鲁迅时,钱理群指出不仅要找到在现代思想、文学界的鲁迅"这一个",还要找到当代鲁迅研究中的我自己的"这一个":属于我的理论、领域的方法。[①] 在个人人生经历、早期学术训练和师承影响下,钱理群确实找到了一种属于自己的贴近鲁迅的方式。

自中华人民共和国成立以来,中国现代文学研究史上有四代学人,他们各自的学术研究具有承传和发展的关系。第一代学人代表为王瑶、唐弢、李何林,他们致力于现代文学学科独立性的开创和学科系统的架构、教学,是现代文学学科奠基的一代。第二代学人兴起于八九十年代,代表如严家炎、洪子诚、张恩和等人,在前辈研究成果的基础上进一步推进现代文学的研究,起到承上启下的重要作用。第三代学人基本上是1976年以后上大学或读研的学者,如钱理群等人,其突出特点在于其精神履历的独特性,他们基本都有曲折的求学经历和丰富的人生阅历,富于学术个性和研究实力。[②] 以钱理群为例,他出生于1939年,从抗战、新中国成立到十年"文革",再到改革开放,可以说,钱理群几乎经历了中国20世纪一大半的历史。复杂的人生经历和精神体验赋予了以钱理群为代表的第三代学人丰沛的历史参与感及与研究对象(如鲁迅)近似的情感体验,使得他们在继承前代学人的学术传统和研究方法之外,更多关注研究对象的内心挣扎和精神博弈,对现代文学自身进行了更深一步的开掘,为下一代学人突破创新

---

① 参见钱理群《我为何、如何研究鲁迅——2017年5月29日在北京大学人文社会科学研究院"鲁迅与当代中国"学术论坛上的讲话》,《文艺争鸣》2017年第10期。
② 本处学人代际划分主要依据温儒敏的说法,参见温儒敏《第二代学者对于现代文学研究的巨大贡献——冯济平编〈跋涉者的自白〉序》,《中国现代文学研究丛刊》2010年第5期。

提供了灵感。第四代学人多是"60后"或"70后"。相比于前辈学人饱满的历史热情，他们更偏向学院式的研究，与研究对象保持一定距离，更注重对西方理论的借鉴和运用，弥补了上一代学者在理论层面的不足。

与前辈学人相比，钱理群明显承继了王瑶的治学方法。王瑶先生在讨论厘清文学史发展的线索时，使用"典型现象"作为"现象"与"规律"的中介进行研究。"典型现象"的特点在于它既凝结了一个特定时期中各种现象的共同特征，从多个个别中抽象出来成为一般的具有稳定性的共性，同时不失去每个具体现象本身所具有的特殊性与丰富性。① "典型现象"是王瑶文学史理论的重要组成部分，这使钱理群大受启发。他继承了王瑶的观点，并进行了创造性发挥，把"典型现象"的理论发展为"单位意象"和"单位观念"的理论范畴。"单位意象"是指"每一个有独创性的思想家和文学家，总是有自己惯用的、几乎已经成为不自觉的心理习惯的、反复出现的概念、意象"②。钱理群提出的"单位意象法"就是"从作家在作品中惯用的反复出现的词语入手，找出作家独特的单位意象、单位观念包括范畴，然后对其进行深入的多层次的开掘，揭示其内在的哲学、心理学、伦理学、历史学、美学等丰富内涵，发现其中所积淀的传统文化、外来文化的多种因子，以达到对作家与古今中外广大世界的息息相通的独特的精神世界与艺术世界的具体把握"③。钱理群发现，在鲁迅作品中有一些被高频率使用的关键词语，如《记念刘和珍君》《为了忘却的记念》里，多次使用"沉默""忘却""灭亡"等概念，这些词揭示着人的某种生存境遇、困惑，

---

① 参见王瑶《中古文学史论》，北京大学出版社1986年版，第2—3页。
② 钱理群：《心灵的探寻》引言，北京大学出版社1999年版，第11页。
③ 钱理群：《心灵的探寻》引言，北京大学出版社1999年版，第11页。

可以称之为"单位观念"。《药》中夏瑜坟上凭空添上的"花环",《野草》集中的"腊叶""坟""影""黄金世界""过客"等意象,揭示鲁迅的精神世界和思维方式,被称为"单位意象"。汪晖将这种方法称为"意象—文化"的批评方法[①],认为钱理群从鲁迅作品中归纳的意象激发了自身的生命体验的意象,从而可以与鲁迅进行有效对话,正面肯定了这一研究方法在鲁迅研究史中的特殊位置。

五、阐释的突破和言说的制约

钱理群的学术研究因其个性化的风格在鲁迅研究中独树一帜,学界对此也毁誉不一。陈平原在2017年文化论坛中提出"钱理群鲁迅"的学术概念,他认为钱理群和王富仁、王得后等人共同代表了一代人的学术风范,他们将鲁迅特别深刻地与自己的生命体验结合在一起,这是特定年代成长起来的一代人的特色。[②]张梦阳则从整个20世纪中国精神文化史的角度,看到了钱理群"在中国鲁迅学史上的功绩是开始了鲁迅研究从外向内的视角转移"[③]。这些学者对钱理群的评价都是中肯而真诚的。对于钱理群的鲁迅研究,笔者也有三点思考。第一,主体参与与现实介入使得钱理群的研究备具学术温度和历史感。钱理群将个体的生命体验融入学术研究,"接着鲁

---

① 汪晖:《钱理群与他对鲁迅心灵的探寻》,《读书》1988年第12期。
② 参见冯婧讯《鲁迅与当代中国(发言稿)》,《凤凰文化》2017年5月29日。2017年5月29日,"北大文研论坛"第36期"鲁迅与当代中国"学术论坛在北京大学人文社会科学研究院举行。钱理群教授主讲,北京大学中文系陈平原教授主持,《凤凰文化》经授权整理并发布本次论坛的现场实录。
③ 张梦阳:《中国鲁迅学通史:二十世纪中国一种精神文化现象的宏观描述、微观透视与理性反思》上卷,广东教育出版社2005年版,第588页。

迅往下说"，以深切的责任感和使命感"介入"现实社会进行言说，作品具有真挚深厚的情感。第二，他以历史的眼光观察研究对象，将自身的矛盾对象化，呈现出一个始终在极端对立的情感间挣扎、撕扯的鲁迅形象，而这些在零度介入的学院派研究中是很难看到的。第三，钱理群代表的"精神启蒙派"，实现了新时期启蒙知识分子主体性的回返，他对知识分子批判言说能力的消逝极度敏感，学者和教师的双重身份也令其深入考察研究者主体性思想的萌发与发展，实现与社会、政治的良性互动。

被肯定的同时，钱理群的鲁迅研究也因其强烈的主观色彩受到不少质疑批评。比如李书磊质疑钱理群对其研究对象鲁迅的认同态度，认为钱理群是在"鲁迅基调"下研究鲁迅。[1] 解志熙认为钱理群主观性太强，在研究结果之前就已经做了情感预设，只是完成了"一记漂亮的收合"[2]。孙郁称钱理群仍未脱离毛泽东话语方式[3]，夏元明更激进，直言钱理群研究未脱窠臼、见理不透[4]。在笔者看来，某些学者对钱理群的批评并不是完全没有道理，这里举出两点钱氏研究的不足。首先是感性主义和模糊性。钱理群的思维方式倾向直观的感性主义，因此，他的学术研究注重内心体验，而疏于逻辑推理。前文已经分析过其著作中有非常多的问句和往返推理，这样不断质疑的思维方式，使得他的话语和态度也有了一定的模糊性。其次，钱理群的论著中存在一定程度上对他人话语和语境的压制。钱理群的文学史观倾向于整体性、连贯性，因此他的著作中的鲁迅形象往往呈现出过于连贯、自律的情境，这不仅导致了历史的斑驳，也在一定程度上排斥他人话语。

---

[1] 参见李书磊《知识分子的鲁迅之爱——读〈心灵的探寻〉》，《光明日报》1988年10月29日。
[2] 解志熙：《两难而两可的选择——也谈〈心灵的探寻〉》，《光明日报》1989年1月24日。
[3] 参见孙郁《钱理群：在鲁迅的背影里》，《当代作家评论》2003年第1期。
[4] 参见夏元明《钱理群的话语方式》，《文学自由谈》2004年第6期。

比如在《与鲁迅相遇》第七讲中写鲁迅与现代评论派的论战，钱理群对现代评论派的评价个人主观色彩非常强，他并不关注如何客观分析两方的论争历史，而是直接站在鲁迅的立场上对现代评论派的弱点、虚伪进行揭露、批判，仿佛是投身于历史现场的辩手。相似的情况也发生在讲述鲁迅与太阳社、创造社的博弈中。他者只是一个被审判的无言对象，话语几乎是被压制甚至清除的，这或多或少体现出钱理群对鲁迅作品和鲁迅形象的耽溺。诚然，钱理群先生笔下这种连贯、稳定的鲁迅形象为我们提供了深入理解鲁迅精神的方式，但贯穿全书的统一精神也在一定程度上消解了鲁迅文本内部的丰富意义和历史现实的具体变化，这些是钱理群学术研究中的遗憾。

尽管如此，钱理群的鲁迅研究仍然至少存在两个方面的突破。第一，钱理群的鲁迅研究是现代文学研究中一次由外向内的成功转化，第一次在一本专著中集中、系统地研究鲁迅个体精神心理结构，研究视角不再局限于唯物论中作品和社会之间的互动关系，而是将关注的中心转移到作家内心的变化活动之上，打破了鲁迅研究史上长期存在的那种单一、静止的思维模式和阐释方法，摒弃了一些先验性的前提和概念，更真实地接近鲁迅精神的本体。第二，钱理群提出了多个现代文学研究中可广泛运用的理论概念，并发现了一种更有效接近研究对象的方法。钱理群的著述中，曾提出多个关键概念，如"心灵辩证法""单位观念和单位意象""主体参与"等都对鲁迅研究以及现当代文学研究予以了积极的启发。钱理群的研究为学界提供了一个研究视角的转变，重视作家的主体意识，运用心理分析方法，以"单位意象"为入口切进研究对象的历史和心灵，便于后来研究者厘清意象本身的意义，以更加接近最真实的精神主体。这两点都是钱理群先生为现代文学研究尤其是鲁迅研究所做出的难以磨灭的贡献。

学术研究诚然应该具备严谨性和客观性，回到历史情境既应该有个人经验的介入，也应懂得"入乎其内，出乎其外"，保持情感与理智的合理距离。然而，笔者认为《与鲁迅相遇》这本书以丰沛的热情进入精神场域，钱理群将自己的心灵情感与鲁迅相连，与读者相连，完成研究者、研究对象和读者的双重共情，达到"以心契心"的多层情感体验，虽有很强的主体性，但钱理群在书中更注重的是如何将鲁迅思想转化为精神资源，有效地解决他以及同他一样的知识分子在现实中的精神困境、思想难题。也因此，即使身处在现代化如此发达的今天，我们同样也能从中获得力量。

时代赋予了学者跌宕的体验，同时也塑造了一代学者的精神立场。尽管以钱理群为代表的这一代学人不似前辈学人有学科开创之功，也不如第四代学人对理论游刃有余地运用，但是他们却拥有年轻一代学者无法复制的情感体验和精神共鸣，在他们有温度的精神中，我们也能体味时代的流动和言说的力量。

还原真实与张扬精神

——读汪晖《反抗绝望》

吴雨涵

《反抗绝望——鲁迅的精神结构与〈呐喊〉〈彷徨〉研究》是汪晖1988年的博士学位论文，1991年该书由上海人民出版社出版。后再版时改名为《反抗绝望——鲁迅及其文学世界》。因汪晖革命性的研究范式动摇了以往鲁学的研究方法，该书一出版便在鲁迅研究界引发热议。然争议事实上代表着另一种肯定，标示着汪晖以新颖的理路与深邃的思索被学界所接受。

一、开启"生命哲学"的研究范式

纵观鲁迅研究史，可以梳理出一条从政治革命到思想革命再到生命哲学的研究脉络。陈涌的《鲁迅论》、王富仁的《中国反封建思想革命的一面镜子——〈呐喊〉〈彷徨〉综论》和汪晖的《反抗绝望》，分别是中国鲁迅研究的阶段性成果的代表性著作。自20世纪50年代起，陈涌延续了毛泽东《新民主主义论》中的意识形态阐释基调，标榜鲁迅彻底的革命民主主义的思想，具体呈现了鲁迅思想从民主主义到共产主义的发展过程。20世纪80

年代，王富仁在《中国反封建思想革命的一面镜子——〈呐喊〉〈彷徨〉综记》中，提出了"回到鲁迅那里去"的口号，形成对以往泛政治化解读的反拨，为新时期的鲁迅研究注入新的动力。王富仁认为："《呐喊》《彷徨》不是从中国社会政治革命的角度，而是从中国反封建思想革命的角度来反映现实和描写生活的。"[①] 由此将长期以来"圣化"鲁迅的政治革命研究范式转向思想文化革命范式，其理性启蒙层面上的思考对此后鲁迅研究影响深远。

在《反抗绝望》一书的附录《鲁迅研究的历史批判》中，汪晖批判陈涌"从政治意识形态的角度，把鲁迅的生活道路和精神历程简化为从民主主义到共产主义的'根本方向'和'根本规律'"，对陈涌研究的阐释系统加以质疑和否定。汪晖意识到，以革命民主主义、反封建、阶级性等普泛性的意识形态概念来界定和分析鲁迅具有局限性。任何神圣化的绝对的鲁迅形象都与真实的鲁迅相去甚远，遮蔽了鲁迅作为精神主体的独特性、完整性和复杂性。而王富仁"回到鲁迅那里去"的批判在汪晖眼中仍旧是有限的、非历史主义的。汪晖指出，"回到鲁迅"以思想革命为起点和终点，带有先验论、决定论和启蒙论色彩，构筑了一个唯鲁迅至高的图式。

汪晖选择与以往的鲁迅研究决裂，跳脱出任何既定框架、循环论证，同时解构一切规律必然、先定判断，代之以研究对象自我与世界关系的思考。汪晖的研究方法可称之为生命哲学范式，他参照存在主义哲学的理念，吸取伽达默尔阐释学的思想理论资源，致力于鲁迅深层心理动因的发现、探索，进而把握了鲁迅个体精神世界的悖论性、复杂性、独特性，把鲁迅还原为一个独立的能动的思想者和认识者。汪晖挖掘鲁迅内在精神的努力实现了思维

---

① 王富仁：《中国反封建思想革命的一面镜子——〈呐喊〉〈彷徨〉综论》，中国人民大学出版社2010年版，第7页。

方式和研究范式上的巨大突破，不仅标识出研究者自身深广的思考、敏锐的思辨和鲜明的学术个性，而且在中国的鲁迅研究中具有划时代的意义。

在《反抗绝望》中，汪晖重点从思想史的角度观照鲁迅及其创作，他以"历史的中间物"的意识概括了鲁迅的精神结构，以"反抗绝望"阐释了鲁迅的人生哲学，并执着于探讨鲁迅小说世界与鲁迅精神世界之间的内在联系。《反抗绝望》前两章集中讨论了鲁迅思想的悖论性。第一章探讨了鲁迅早期思想中非理性主义哲学与理性主义思潮的斗争交错。第二章考察了鲁迅"五四"以后的思想，在传统与反传统、价值与历史、理性观念与感性经验三组悖论关系中，具体呈现出对民族解放事业的热忱与个人经验的矛盾。第三、四章中提出的"历史中间物""反抗绝望"等原创性命题是汪晖对鲁迅研究的重要贡献，高度概括了鲁迅复杂的文化心理结构。第五、六章研究了鲁迅小说叙事原则和叙事方法，较前几章更具有文学研究的特征，而汪晖同样偏重从鲁迅精神结构及其与文学的关系进行探讨，其研究的核心问题是鲁迅如何把主体精神结构及其内在矛盾性与真实客观的社会生活描绘相融合，开拓了鲁迅小说研究的新角度。

二、探索复杂性

汪晖在鲁迅身上所作的一切努力，都可以概括为对复杂性的探索。汪晖将鲁迅的精神结构具体呈现为反现代性的现代性、历史与价值、理性观念与感性经验几对悖论关系。这些悖论在不同时期的鲁迅思想中此消彼长、共存发展，形成了独具张力的精神结构。

以往鲁迅研究的共识在于，从逃异地、走异路开始到弃医从文的文学转向，从接受达尔文到尼采再到马克思主义的艰难曲折的思想演变，鲁迅毕其一生始终执着于对现代性的探寻,其中孕育着对民族未来的希望。传统鲁学往往关注理性启蒙主义对鲁迅的启发,汪晖在延续这一思考的同时,更强调了非理性主义对鲁迅早期的影响。汪晖认为,鲁迅在民族主义潮流和世界主义潮流的时代趋势中不被任何主义裹挟,他超越于潮流之外并诉诸批判,由此建构了自己独特的现代性。汪晖阐释了鲁迅文化哲学的双重历史文化基础。第一重历史基础来源于对中国封建政治传统和文化传统的沦落而作出的历史选择,因此鲁迅选择了以自由、平等和民主为中心内容的理性精神和启蒙主义,为近代中国社会变革提供思想资源,代表了一种直面中国现实问题的世界性的现代眼光。第二重历史基础来源于对现代性的怀疑精神。20世纪初,尼采、施蒂纳等西方非理性主义思潮将人的存在的根本问题置于哲学思考的中心,批判传统理性主义哲学忽视人的生活需要。非理性主义哲学深刻影响了鲁迅思考人生与世界的方式和内容,鲁迅从个体性出发,试图唤起个人的主观性和自觉性,将赋予价值与意义的行动交给个体自己去承担。同时,鲁迅将"个体"注入了"人道"的内容,追求人的解放这一人类共同价值目标。汪晖强调正是在非理性主义哲学与理性主义复杂矛盾的"自我搏斗"中,鲁迅构建了自己渗透着深刻"反现代性的现代性"色彩的文化哲学。

鲁迅在民族文化发展的内在变动过程中进行了复杂的心灵探索。鲁迅一方面承认西方现代文明的优越性,接受科学、理性、进化、个人等价值观,由此理智抨击了中国传统文化。但另一方面又受历史制约,在情感上与传统相联系。由此鲁迅立足于本土的社会现实,将所有精神资源运用于民族自强的实践之中,执着于对中国现代性追求的思考。这正展现出"一个敏感的知识分子对于过渡时代的中国的全部复杂性的精神承担"。汪晖评价鲁迅"既然作为民族智慧的中国文化又是这个民族得以生存发展所积累下来的内在因素和文明，那么追求民族的平等与独立也就不能不对自身的历史传统有所肯定。变革自身传统的外来的价值理想必须在自身的历史中找到某种契合点，同时，对西方价值的认可和推崇必须是对西方文明的一种有目的的选择，而不能导致西方文明对中国历史文化的整体性优势"①。鲁迅不是以西方与中国的二分法来解决历史与价值之间的冲突，而是通过历史的否定来重建自己的文明，在对自身文化传统的分析中寻找文化价值之类似。汪晖的这一评价，我们可以在竹内好的鲁迅研究中找到源头。竹内好曾用"回心"和"转向"两词分别表征了中日两国的近代化模式。两者都表现着一种改变，转向是向外的运动，没有抵抗作为媒介，通过自我放弃来实现转型。日本文化在转向西方文化时放弃了自我，成为"欧洲近代文化投影"本身。而回心是向内的运动，以自我生命欲求为动力，以抵抗为媒介，在与时代作战中洗涤自己、自我更新。②竹内好以鲁迅为回心的代表，鲁迅作为亚洲的努力超越现代性的伟大先驱，成为启示日本近代化的强大精神资源。汪晖同样以鲁迅为媒介来理解世界，以中国为基本视野提供了一种超越欧洲中心主义的超越现代性的叙述。

进化论促进了鲁迅的理性自觉，使他获得了一种人类历史有规律、有方向、有目的发展的乐观信念。由此鲁迅认识到变革历史文化是首要之义，试图以进化论来激励中国人为自强保种，打破平和不争的历史状态。但与此同时，鲁迅对历史与经验悲剧性的循环往复有着深刻的感性经验。汪晖指出："在鲁迅的心目中存在着两个辛亥革命，一个是作为全新的历史开端

---

① 汪晖：《反抗绝望——鲁迅及其文学世界》，河北教育出版社2001年版，第140—141页。
② 参见 [日] 竹内好《近代的超克》，孙歌等译，生活·读书·新知三联书店2005年版，第211—213页。

的革命,以及这个革命对于自由和摆脱一切等级和贫困的承诺,另一个是以革命的名义发生的、并非作为开端的社会变化,它的形态毋宁是重复。"①在《灯下漫笔》中,鲁迅提出了"想做奴隶而不得的时代"与"暂时做稳了奴隶的时代"的历史循环论。②任何现实的革命在鲁迅看来都只是倡导者和方式的变化,无法实现彻底的变革。竹内好阐释鲁迅的革命观为"只有自觉到'永远革命'的人才是真正的革命者"③。汪晖同样强调,"鲁迅倡导的始终是那种不畏失败、不怕孤独、永远进击的永远的革命者"④自觉于坚持"与黑暗捣乱"以摆脱历史的重复与循环。

汪晖以反现代性与现代性、历史与价值、理性观念与感性经验三组矛盾展现了鲁迅个人经验与西方价值之间的分裂张力。在第三章中,汪晖进而以"历史中间物"表现鲁迅对自身矛盾性的自觉理解和不断超越。

三、"历史中间物"与"反抗绝望"

汪晖以"历史中间物"标示了鲁迅深刻的自我意识、自我历史评价和把握世界的具体世界观。鲁迅"中间物"这一生命哲学源于达尔文进化论。1926年底,鲁迅在《写在〈坟〉后面》中说:"以为一切事物,在转变中,是总有多少中间物的……或者简直可以说,在进化的链子上,一切都是中

---

① 汪晖:《阿Q生命中的六个瞬间——纪念作为开端的辛亥革命》,《现代中文学刊》2011年第3期。
② 鲁迅:《灯下漫笔》,《鲁迅全集》第1卷,人民文学出版社2005年版,第225页。
③ [日]竹内好:《近代的超克》,孙歌等译,生活·读书·新知三联书店2005年版,第113页。
④ 汪晖:《反抗绝望——鲁迅及其文学世界》,河北教育出版社2001年版,第28页。

间物。"[1]鲁迅以"中间物"自处，将自己定位于传统与现实、新与旧之间的一环，在否定传统的同时否定了自我。汪晖独具慧眼拈出"中间物"一词，同时用历史的眼光加以审视。他将鲁迅定位为"历史中间物"，彰明其在进化链条上的历史位置，而非静止的神庙之中，从而在哲学层面解构了任何对于鲁迅的神化。这是借鲁迅本人的思想理论翻新鲁迅研究的一次重要尝试，也以高度的思想性阐发了鲁迅矛盾的生命及创作体验。

伽达默尔指出："历史性是人类存在的基本事实，无论是理解者还是文本，都内在地嵌于历史性中。"[2]"历史中间物"这一概念高度表征了现代知识分子在传统和现代、东西文化碰撞之间遭遇的尴尬处境：他们在西方文化中获得了现代意义上的价值标准，又处于相对立的传统的结构当中，不但"在而不属于一个社会，而且还在而不属于两个社会"。"鲁迅的深刻之处就在于，他在'反传统'的过程中同时洞悉了自身的历史性，即自己是站在传统之中'反传统'。"[3]这一"中间物"的自我意识最终成为鲁迅写作的动因。鲁迅承认自身的矛盾性、悖论性、历史性，体认"中间物"必然消亡，以"坟"为终点。正是这种对历史的传统的自我的反省与否定，以及对终点的体认，获得了肯定当下的契机，于深渊中见希望。"中间物"体认"只能这样，也需要这样"的历史使命，最终使鲁迅衍生出执着于当下、反抗绝望的精神，以写作为"曾经活过"的证明。

汪晖提出的"历史中间物"这一概念还具有广延性。鲁迅对"历史中间物"的自觉不仅渗透在精神情感，还涉及了创作实践乃至语言的方方面

---

[1] 鲁迅:《写在〈坟〉后面》,《鲁迅全集》第1卷，人民文学出版社2005年版，第301—302页。
[2] 张汝伦:《意义的探究》，辽宁人民出版社1986年版，第175页。
[3] 汪晖:《反抗绝望——鲁迅及其文学世界》，河北教育出版社2001年版，第129页。

面,可以说鲁迅以"中间物"意识构建了自己的现实主义艺术体系。当鲁迅以历史中间物的眼光观照历史与生活、编织文学世界时,作品的精神特征、情感方式、话语方式、风格等方面俱呈现出复杂、矛盾的特点。汪晖以为"《呐喊》《彷徨》展示的正是'中间物'对传统社会以及自我与这一社会的联系的观察和斗争过程"。鲁迅塑造的狂人、魏连殳、吕纬甫、夏瑜等一系列中间物形象,既悲剧性地体验到自身处于古老残败的土地,又期许微弱光明的未来,以自己的生命言说了自觉的悲剧,这些"先知"的人物序列是鲁迅"历史中间物"的个人体验的投影。而鲁迅半文半白、亦中亦西的小说语言,也都呈现出"混合的""过渡的"的"中间物"色彩。

竹内好以为《野草》的二十四篇短文与《呐喊》《彷徨》中的小说的每个系统都多少有点联系……构成了《呐喊》《彷徨》的缩图,也可以认为是他们的解释"[1]。竹内好与汪晖不约而同地关注到了《野草》这一散文诗在鲁迅作品系统中的独立性与独特性,致力于阐释《野草》这一思想著作与鲁迅人生哲学、心灵图式的关系。竹内好以《野草》为小说原型,汪晖在竹内好基础上进一步探讨《野草》如何与小说完成"隐秘的融合"。汪晖提道:"竹内好在他那本极富启发性的《鲁迅》中,曾隐约感到鲁迅小说中的各种倾向中至少有一种本质上的对立,可以认为是不同质的东西的混合。"[2]竹内好最后把这种具有根源性而难以用语言表达的对立性归结于"无"。汪晖远不满足于这一结论,试图把鲁迅作品中的对立与统一归于真实的存在,并进一步认为正是在这种对立与统一中形成了鲁迅独特的心灵逻辑。

汪晖以鲁迅自述的"绝望之为虚妄,正与希望相同"一句展开了心灵

---

[1] [日]竹内好:《近代的超克》,孙歌等译,生活·读书·新知三联书店2005年版,第93页。
[2] 汪晖:《反抗绝望——鲁迅及其文学世界》,河北教育出版社2001年版,第321页。

图解。虚无的体验是反抗绝望的起点。鲁迅体认传统历史与现实人生的虚无，无意渲染生命的亮色，但同时拒绝在绝望中退避与颓丧，他超越了希望与绝望的二分法，以"虚妄"的真实将两者彻底否定。正是在这一独特的心灵辩证法下，诞生了反抗绝望这一特殊的生命活动。汪晖将这种生命方式明确概括为"明知前路是坟而偏要走"的过客精神。"以这种'走'不断领会'现在'，在虚无的过去与虚无的将来之间不断铸就'现在'的长堤，成为生命和时间的主宰。"[1]鲁迅正是以尼采式的悲剧精神进行生命之反抗，赋予个体生存和当下以意义，彰显着新生的可能性，这一矛盾冲突中的巨大张力，震撼了人们的心灵。这种人生原则也成为贯穿《呐喊》《彷徨》的内在精神结构的重要原则。

四、心灵的追寻

20世纪80年代初，竹内好《鲁迅》一书伴随着思想解放运动引入了新时期的鲁迅研究界，影响了一代学人。伊藤虎丸曾提及："竹内的名字很快就最早出现在北京大学钱理群等一些人的论文里，文学研究所汪晖的大著《反抗绝望》一九八九年出版，书名上就藏不住竹内的影响。"[2]竹内好曾认为"抵抗"或言"挣扎"为鲁迅独有的一种强烈而凄怆的活法，强调鲁迅"拒绝成为自己，也拒绝成为自己以外的任何东西，抵抗作为绝望的行

---

[1] 汪晖：《"反抗绝望"的人生哲学与鲁迅小说的精神特征》下卷，《鲁迅研究月刊》1988年第10期。
[2] [日]伊藤虎丸：《鲁迅终末论：近代现实主义的成立》，李冬木译，生活·读书·新知三联书店2008年版，第388页。

动"①。竹内好具体论述了鲁迅对外界和对自己的双重否定和抵抗，正在抵抗这一精神搏斗中生成了"文学家"鲁迅。而汪晖在竹内好的抵抗论的启发下，进而提炼出"反抗"一词。

汪晖曾在书中多次引用竹内好的《鲁迅》，足见汪晖对竹内好鲁迅论的认同。二人在鲁迅研究方法认知、对鲁迅的思想认识等方面表现出契合。从研究角度来看，竹内好批判意识形态的制约，在《鲁迅》中他打破单一的阐释方法，推动了研究者主体精神的解放，使研究者步入鲁迅复杂矛盾的精神世界，使研究重心从客体向主体迁移。而汪晖的鲁迅研究也标志着中国鲁迅研究学史的一个从外向内的转折点，表现出对竹内好的研究范式的认同和发扬。在20世纪80年代以前，政治阐释系统凌驾于其他阐释系统之上，显示出了鲜明的排他性，对鲁迅精神世界进行了简化和误读。而汪晖站在80年代的时间点上，对以往固化的研究范式进行了反拨，张扬了文本理解的开放性、当下性、多元性，将研究重心转移到主体方面，具体呈现了鲁迅的精神世界和心理内容。

《反抗绝望》一书在彰显了研究者本人的深邃思考之余，也存在些许遗憾偏颇之处。《反抗绝望》存在一些没有展开的话题，汪晖在《无地彷徨："五四"及其回声》自序中坦言，《反抗绝望》未能详细考察鲁迅晚年思想，以及未能论证鲁迅精神结构的独特性在中国近代史上的意义与其对后世的影响，是一大缺憾。同时，汪晖着力于以存在主义靠近鲁迅主体精神的过程中，对鲁迅思想生成的社会现实基础有所忽视。丸山升也曾评价："他只偏重于原理的检视，却淡漠了史的考察。"② 此外，《反抗绝望》一书在展开

---

① [日]竹内好:《近代的超克》，孙歌等译，生活·读书·新知三联书店2005年版，第206页。
② [日]丸山昇:《汪晖〈鲁迅研究的历史批判〉寄语——读后感二三》，《上海鲁迅研究》1991年第1期。

观点时有重复之感,在不同章节都有相似的论述。然瑕不掩瑜,《反抗绝望》一书在80年代这一参考资料相对较少的时期横空出世,最大限度地还原了鲁迅的主体精神,无论从作品本身对鲁迅精神世界复杂性探索之深度,还是从研究史的意义来说,都掷地有声。

汪晖在《鲁迅与向下超越——〈反抗绝望〉跋》中言:"许多年来,每当我体验到绝对零度写作的不可能之时,重新阅读鲁迅就会再一次成为我展开思考和试图突破的契机。"[1]鲁迅研究是汪晖学术的起点,也是他孜孜不倦、持之以恒的过程和终点,近作《阿Q生命中的六个瞬间》将阿Q置于中国革命的历史中解读,用力颇深。可以说,汪晖在鲁迅身上感受到了灵魂深处的共振,获得了不竭的思考的力量。这种真诚的心灵契合展现了一位鲁迅研究者可贵的精神素质。

《反抗绝望》中,汪晖创造性地以"历史中间物"的意识概括了鲁迅的精神结构,而汪晖及其鲁迅研究同样秉承着"历史中间物"这一意识,汪晖用悖论式、变化的思维积极探索鲁迅的全部复杂性,而打破以往单一、静止的解读范式,显示出巨大的活力。但他不仅批判过去和"定论",也批判自我。汪晖在《反抗绝望》后记中写道:"这本书是我学生时代的句号——一个画得不圆的圈圈。"[2]从中可以看出,他既力求真实地理解鲁迅,也不避讳理解的本身的历史性和主观性。正如汪晖所言,理解是一个不断变化的过程。而他所做的努力,正是从更广阔的文化历史背景上,不断以心灵去靠近、探索、契合鲁迅复杂而特殊的伟大心灵,开拓鲁迅对当下的深刻启示意义,启示一代代研究者的探寻。

---

[1] 汪晖:《鲁迅与向下超越——〈反抗绝望〉跋》,《中国文化》2008年第1期。
[2] 汪晖:《反抗绝望——鲁迅及其文学世界》,河北教育出版社2001年版,第435页。

重审"鲁迅的黑暗面"
——评李欧梵《铁屋中的呐喊》

王思娜

《铁屋中的呐喊》构思于20世纪60年代末，英文稿于20世纪80年代初在芝加哥完成，并于1987年正式出版。1991年尹慧珉的中译本经由香港三联书店出版，1999年内地的岳麓书社首次出版。此后，2002年河北教育出版社、2010年人民文学出版社也相继出版该书。截至2010年，现存的这三个版本差异不大。2016年浙江大学出版社再版时增加了李欧梵亲自撰写的再版序《我研究鲁迅的心路历程》。本文对《铁屋中的呐喊》一书的评述，主要参照的版本是人民文学出版社版与浙江大学出版社版。

一

全书分为三个部分。

第一部分讲述了家庭教育与传统文化对鲁迅创作生涯的影响：鲁迅自小读书，对幻境、鬼怪和神话一类的神秘事物十分痴迷，他在《中国小说史略》中给予神话与传说以重要地位，这扩充了他往后写小说的想象力。

第二部分是本书的主体部分，李欧梵从短篇小说集《呐喊》《彷徨》《故事新编》，散文诗《野草》，以及杂文这三大文类的角度分别阐释鲁迅小说的创作技巧。他概括了鲁迅短篇小说的两个艺术特点，即"现代化技巧"以及"独异个人"与"庸众"。他认为鲁迅《野草》写作深受厨川白村《苦闷的象征》的影响，散文诗中一系列奇异景象的排列形成召唤的、联想的隐喻，重构一个作者内心的世界，从而将浓烈的感情转化为深沉的艺术。对鲁迅杂文创作的评价分为前期和后期，前期杂文在形式试验上开创了鲁迅风格的"杂文"，后期杂文艺术成就不高，但也保留了前期艺术特色，比如个人感情的溢出与想象和隐喻的偶尔飞出。

第三部分讲述了鲁迅对文学和革命看法的变化和发展，以及政治对鲁迅文学后期创作道路的影响。在李欧梵看来，鲁迅首先是一位文学家，他对社会革命的观察也正是基于这一身份。鲁迅后期与政治联系紧密，他在后期的政治转向深受苏联理论家托洛茨基、沃龙斯基、卢那察尔斯基、普列汉诺夫的影响。虽然李欧梵并不赞同鲁迅这种政治转向，但他认为这是鲁迅在所处时代语境中作为文学家做出的选择，最终指向对内心世界的追求，这与政治家们完全服务于现实政治指令的动机不同。

在原序中，李欧梵解释了全书的组织架构，并且寄予了"反正统"的学术期望。而他在2016年撰写的再版序《我研究鲁迅的心路历程》一文中，详尽地回顾了该书从雏形到完本，再到今日反思的学术心路历程。李欧梵多年后的回头反思，体现了他学术心态上的成长与鲁迅研究的发展。他指出，自己在分析鲁迅的小说时只是借用了当时流行的叙事学理论，今天看来失之肤浅。而他偏重杂文的文学价值，忽视这一文体的社会性与现实性，"仅将之和中国传统的'文章'风格比较，没有探讨其文体和内容的辩证关系"①。总体而言，李欧梵的反思确实深刻，但他从后设视角来看又未免过于苛刻。《铁屋中的呐喊》构思于 20 世纪 60 年代，那是一个"理论"的年代，理论促成了中国现代文学新研究范式的生成，年轻的李欧梵自然也紧随潮流。而从"理论热"到回归文本，这必然要经历大浪淘沙的阅读与长年累月的沉淀。

全书最受争议的部分是李欧梵对《野草》的研究，但我认为这一章恰是全书最大的亮点，这也正代表李欧梵对鲁迅研究一以贯之的态度。李欧梵的《野草》研究深受夏济安影响，夏济安高度评价《野草》："书中其他作品都已初具雏形，可算是真正的好诗：意象里蕴藏浓郁的情感，形式奇特的诗句间暗含幽光，文字与诗情且行且止，仿佛失去模子的烧熔的金属。"② 以夏济安为导师，李欧梵开始关注《野草》在"黑暗"主题之下的意义。他认为，《野草》在形式上具有突破文体界限的试验精神，它用文白言组合的奇特形式尝试开辟一个潜意识层面的精神世界。而在这个精神世界中，属于鲁迅的"私"一面的黑暗面得以充分表达。他在《野草》研究下了很深的功夫，在普林斯顿任教期间早已撰写了《野草》研究初稿，此后辗转修改多次才得以发表，2016 年在再版序中又给予了《野草》"世界文学经典"的高度评价，这都体现了他对《野草》深深的执念。他自觉地将《野草》一章编排在全书的中间，寓意鲁迅世界有一个黑暗的中心的主题，而《野草》正是走进黑暗中心的入口。

---

① 李欧梵：《我研究鲁迅的心路历程》，《铁屋中的呐喊》再版序，尹慧珉译，浙江大学出版社 2016 年版，第 8 页。
② 夏济安：《黑暗的闸门》，万芷均等合译，香港中文大学出版社 2016 年版，第 134—135 页。

二

研究鲁迅的"黑暗面"是李欧梵在《铁屋中的呐喊》的中心主题,这一主题以其师夏济安为影响中心,还借鉴了艾理生的历史心理学方法与普实克的"抒情"传统研究。

"黑暗面"这一提法源自夏济安《黑暗的闸门》第四章《鲁迅的黑暗面》。在这一章中,夏济安概括了鲁迅肩住闸门的两重压力来源,"对鲁迅来说,'黑暗闸门'的重压大致有两个来源:一是中国传统文学与文化,二是他自身不安的内心"[1]。夏济安强调了传统文化以及内心的黑暗面对鲁迅的影响,李欧梵也正是在其研究基础上展开,"正如夏济安所指出的,鲁迅对他幼年时世界的描写标志着一种对'黑暗之力'的迷恋"[2]。和夏济安一样,李欧梵的书名也取自鲁迅作品的意象,而运用作家的意象话语来研究其著作是最贴合他的精神世界的描述。《铁屋中的呐喊》书名出自《呐喊·自序》鲁迅在S会馆与钱玄同的对话:

"假如一间铁屋子,是绝无窗户而万难破毁的,里面有许多熟睡的人们,不久就要闷死了,然而是从昏睡入死灭,并不感到就死的悲哀。现在你大嚷起来,惊起了较为清醒的几个人,使这不幸的少数者来受无可挽救的临终的苦楚,你倒以为对得起他们么?"

"然而几个人既然起来,你不能说决没有毁坏这铁屋的希望。"[3]

---

[1] 夏济安:《黑暗的闸门》,万芷均等合译,香港中文大学出版社2016年版,第134—135页。
[2] 李欧梵:《铁屋中的呐喊》,尹慧珉译,人民文学出版社2010年版,第5页。
[3] 鲁迅:《呐喊·自序》,《鲁迅全集》第1卷,人民文学出版社2005年版,第441页。

李欧梵则抓住了"铁屋子"这一隐喻，从对话内容中指涉的"社会"这一铁屋子，引申出鲁迅本人的精神世界也困在"铁屋子"中："'铁屋子'是个双重的隐喻：既指中国社会和文化当时的状态，也指他本人的精神状态。鲁迅对这两个状态的感知使他发出了独特的'声音'，不仅是'呐喊'和彷徨中的寂寞之声，还有他选取来表达他内心痛苦的文学之声。"[1]《铁屋中的呐喊》对"铁屋子"的譬喻内涵有所选择和侧重，与夏济安引用"黑暗的闸门"这一隐喻相比，夏济安将重心放在鲁迅现实中与左翼文学这一谱系的联合与分化的过程，而李欧梵则关注鲁迅在动荡时代里个人精神世界的表达空间与真实面貌。

　　在附录文章《鲁迅与现代艺术意识》中，李欧梵以鲁迅卧室的两幅裸体画作为切入点，从卧室这一私密空间与裸体画的颓废现代意味揭示鲁迅不为人知的"私"的一面，又从鲁迅话语"公"与"私"的分裂指出其心理的矛盾与纠结，而《野草》正是其内心的颓废黑暗的精神底色。[2]这与其早年的学术经历有关，李欧梵在哈佛求学期间曾选了艾理生的课程，艾理生当时正尝试以心理传记的方法撰写《非暴力，甘地的精神起源》，而这件事在李欧梵心中播下了一颗种子，自那时起他决定运用"心理传记"的手法来分析鲁迅。[3]艾理生在书中提到甘地由于个人享乐错过了父亲之死，由此产生了罪恶感，这种罪恶感纠缠着甘地的一生并作用于其人生的每一个选择上。而李欧梵吸纳了艾理生的方法，以《父亲的病》为例，"我"在童年时因加深父亲临死前的痛苦而产生内疚，这像心理诅咒

---

[1] 李欧梵:《铁屋中的呐喊》，尹慧珉译，人民文学出版社2010年版，第228页。
[2] 参见李欧梵《铁屋中的呐喊》，尹慧珉译，人民文学出版社2010年版，第207—230页。
[3] 参见李欧梵《我研究鲁迅的心路历程》，《铁屋中的呐喊》再版序，尹慧珉译，浙江大学出版社2016年版。

一样推进鲁迅去日本留学以及用文学疗愈人心的文学观,"父亲的病和死一定向青年鲁迅的头脑里带来他儿时世界的全部'黑暗力量',从而促成了他的心理危机"[1]。尽管他在芝加哥大学任教后已经决定扬弃这种"心理传记"的手法,但他在分析鲁迅作品——尤其是《野草》——的艺术特色时,仍不免流露出心理分析的痕迹。但笔者认为这样的写法远比纯粹的"心理传记"写法要高超得多,作品的艺术特色与作者的情感心理本就是一体的,《野草》正是极具情感能量的作品,需要研究者深入地理解鲁迅的心理状态。

普实克对抒情传统的研究也对李欧梵产生了深远影响,他是欧洲自由派马克思主义和布拉格学派的代表人物,在中国现代文学研究中的主要贡献是对五四文学的抒情与史诗传统的讨论,他认为《野草》继承了中国古典诗歌的抒情传统。这恰好又与李欧梵的学术趣味遇合,对抒情传统的关注已经在李欧梵的早期学术生涯里萌芽生根,他在博士学位论文《中国现代作家的浪漫一代》中,对郭沫若、蒋光慈、萧军这类左翼作家的浪漫情怀进行研究。普实克揭示了鲁迅的文言体小说《怀旧》文本内部不断向叙事渗透的抒情性,这使得其成为现代文学的先声。[2] 李欧梵深受其启发,并在其基础上做了更深入的现代性解读,他常常辨析中国抒情传统在鲁迅作品中的继承与变异,如《秋夜》在技巧方面与中国古诗的情景交融、寓情于景的写法十分相似,但结尾处"夜半的笑声"打断了"我"诗意的想象,暗示现实世界对主观世界的反拨,主观与现实的互相挤压蕴含着对传统的

---

[1] 李欧梵:《铁屋中的呐喊》,人民文学出版社2010年版,第228页。
[2] 参见[捷克]亚罗斯拉夫·普实克《鲁迅的〈怀旧〉——中国现代文学的先声》,《抒情与史诗——现代中国文学论集》,郭建玲译,上海三联书店2010年版,第101—108页。

叛逆意味。当鲁迅处于精神压抑时期，他在自我的黑暗中心徘徊与彷徨，也不乏在传统与"抗传统"之间摆荡。

三

《铁屋中的呐喊》构思于20世纪60年代末，此时中国的鲁迅研究深受政治理念的牵引，鲁迅的神化、偶像化现象并不鲜见。汪晖在《鲁迅研究的历史批判》中总结这一时期的鲁迅研究情况："鲁迅形象是被中国政治革命领袖作为这个革命的意识形态的或文化的权威而建立起来的，从基本的方面说，那以后鲁迅研究所做的一切，仅仅是完善和丰富这一'新文化'所做的一切，其结果是政治权威对于相应的意识形态权威的要求成为鲁迅研究的最高结论，鲁迅研究本身，不管它的研究者自觉与否，同时也就具有了某种政治意识形态的性质。"[①]《铁屋中的呐喊》讨论了鲁迅思想中"公"与"私"的分裂及其创作的现代性，揭露鲁迅思想何以为黑暗面。这一观点与鲁迅作为"圣人"的上纲上线的解读氛围相比，可以说是别具一格。

总的来说，《铁屋中的呐喊》在鲁迅的生平、文学创作及其与政治的联系的基础上，试图还原鲁迅的精神世界，关注鲁迅在人生道路选择、创作过程中充满激烈矛盾的心态。鲁迅作为清醒的启蒙者试图去改变周围黑暗的现实，但清醒以后作为"独异个人"成为众矢之的，他越是想冲破铁屋子，越是感受到强大的阻力；他一边肩住黑暗的闸门，另一边又不免被黑暗所侵蚀。李欧梵认为《野草》是鲁迅以"向内看"的自省与接受的方

---

① 汪晖：《鲁迅研究的历史批判》，《文学评论》1988年第6期。

式来尝试摆脱精神困境的虚空绝望，而"向内看"也正是李欧梵的研究所站立的基点，在此可以看见鲁迅的精神领域未经现实世界折射的原始模样。而在现实世界与精神世界交界处，鲁迅面对现实的"公"与面对自我的"私"在交界处经过了剧烈的对抗，即使鲁迅最后选择了公开的人道主义的一面，"私"的一面也会不断地对"公"进行召唤，这使得作家在日常生活与写作的之间会不自觉地溢出"私"的人道主义。

李长之在《鲁迅批判》中提出，鲁迅的情感存在病态的一面，"病态"与"黑暗"在李长之和李欧梵的眼中都是中性词。但是，李长之将鲁迅当作战士，而李欧梵则将鲁迅当作文学家来研究，或许这可以作为不同时期和地域两位学者遥远的对话，但我认为李欧梵对鲁迅"黑暗面"的理解基础主要还是来自夏济安、艾理生以及普实克。"黑暗面"从夏济安的《黑暗的闸门》中师承而来，但李欧梵在运用的过程中还是据此衍生及鲁迅创作的现代性。他在分析鲁迅的童年与家庭经历时，运用艾理生的历史心理方法，追溯了鲁迅"黑暗面"何以形成。普实克善于进入作家所处的社会时代，分析蕴藏在鲁迅散文诗背后的抒情传统，这又让李欧梵注意到了鲁迅的散文诗与传统的勾连，以及背后隐秘情感的表达。李欧梵对这三位学者的传承是有所选择、有所突破的，最终形成了具有个人学术特色的"黑暗面"研究。"现代性"与"抒情"是李欧梵在探索鲁迅的精神世界时所找到新的思想内涵，这两个关键词也贯穿于李欧梵此后学术生涯的始终。

那么，今天应该如何评价《铁屋中的呐喊》这一部鲁迅研究的学术经典著作呢？纵观全书会发现李欧梵更注重作品的艺术性以及情感心理，较少涉猎社会历史研究。这固然与他早年培养形成的研究兴趣有关，但对于杂文这类与社会时政紧密相联的文体来说，他的研究倾向显然避重就轻，没能够充分挖掘其中的社会历史价值。因此在今天看来，关于杂文研究一章则显得过于单薄，缺乏历史感。除此之外，李欧梵以"黑暗面"作为进入鲁迅精神世界的钥匙固然是一个新的路径，但是在这个概念的背后，也就是李欧梵所赋予的新内涵——"现代性"与"抒情"，究竟能多大程度上容纳鲁迅的精神世界呢？

一篇小说的命运史
——评藤井省三《鲁迅〈故乡〉阅读史——现代中国的文学空间》

张程玉

藤井省三1952年出生于日本，是东京大学文学博士，东京大学文学部中国文学科教授，曾师从日本著名鲁迅研究专家丸山昇。藤井始终关注着鲁迅研究，1985年出版《俄罗斯之影——夏目漱石与鲁迅》，以俄国作家安德烈夫为联系纽带，将夏目漱石与鲁迅进行比较研究。1986年出版论文集《鲁迅——〈故乡〉的风景》，其中《故乡的风景》一文将鲁迅的《故乡》与契里珂夫的《省会》做了比较。1989年出版《爱罗先珂的城市故事——二十年代的东京、上海、北京》，虽不是专门论述鲁迅，但是详尽地论述了鲁迅与爱罗先珂的关系。[1]

《鲁迅〈故乡〉阅读史——现代中国的文学空间》一书的日文版于1997年11月由日本创文社出版，中文版则于2002年由新世界出版社出版。该书不同于上述以"比较研究"为主的著作，其切入点很小，仅仅围

---

[1] 参见于珊珊《藤井省三的鲁迅研究》，博士学位论文，吉林大学，2016年。

绕一篇小说被阅读的历史进行研究，考察了小说背后的社会空间。

沿着这一研究思路，藤井还于 2020 年出版了《鲁迅的都市漫游——东亚视域的鲁迅言说》一书，结合东京、北京、上海等都市文化空间，刻画了一个沉浸于都市文化体验中的"都市漫游者"的鲁迅形象。该书依旧体现了藤井不仅仅局限于文学文本，而是更加关注文本之外的广阔内容这一研究理路。

一、时代的解读

《鲁迅〈故乡〉阅读史——现代中国的文学空间》一书围绕鲁迅的短篇小说《故乡》，考察了小说自 1921 年诞生，在中国 70 余年间被阅读、被评论的历史，其中着重论述中学教科书对《故乡》的解读，特别是从中学教师对《故乡》的解读以及《故乡》教学参考书中的习题的变化等方面，来分析《故乡》在不同时期被阅读的历史。同时该书还关注了"读者群"，报纸、杂志等出版媒体，以及书店、邮政制度、人员流动等更为广阔的社会空间，具有一种社会史视野。

藤井在引言中提到，本书的理论来源是本尼迪克特·安德森的"想象的共同体"理论，藤井借助安德森对民族主义与出版资本主义的关系的讨论展开自己的论述，认为"在中华民国和中华人民共和国两个时期，《故乡》都是'叙述国家建设的意识形态的小说'"[①]。

在第一章《知识阶级的〈故乡〉——中华民国时期（上）》中，藤井

[①] [日]藤井省三:《鲁迅〈故乡〉阅读史——现代中国的文学空间》，董炳月译，南京大学出版社 2013 年版，第 2 页。

首先指出《故乡》的写作是鲁迅受到了翻译契里珂夫小说《省会》的影响。其次,他介绍了北京的"新兴读者层",他将在"北京的知识阶层中形成的,以大家庭或者地缘、血缘关系连接的共同体"称作"四合院共同体"[①]。而这一共同体的学生们会轮流阅读同一杂志或报纸,还会交流读后感,他们在阅读《故乡》时也会对"新兴知识阶级"抱有一种强烈的共鸣。此外他还从媒体的角度分别介绍了报纸文艺副刊和文学杂志的评价,并探讨了书店、邮政制度、北京大学生回乡而向各地流动对《故乡》这一文本的传播的影响。

第二章《教科书中的〈故乡〉——中华民国时期(下)》则引入了对民国时期"国语科"和"教科书"的介绍。首先,藤井对20世纪以来的"中国国语教育制度的变迁"做了描述。1922年颁布"壬戌学制",而与新学制相对应的就是编写新的国文教科书的必要。[②]其次,藤井概括了中国国语教科书的历史,商务印书馆和中华书局分别于1923年8月和1924年8月在其所出版的国语教科书中收录了《故乡》一文,然而最早收录《故乡》的却是上海世界书局1923年7月刊行的秦同培编选的《中学国语文读本》。[③]介绍完主要背景之后,藤井进入了对民国时期国语教学中的《故乡》的论述,他列举了李霁野、欧阳凡海、于漪等人在课堂上学习《故乡》的经历,甚至还把眼光延伸至教材中对《故乡》的注释、教材课后的练习题

---

① [日]藤井省三:《鲁迅〈故乡〉阅读史——现代中国的文学空间》,董炳月译,南京大学出版社2013年版,第19页。
② 参见[日]藤井省三《鲁迅〈故乡〉阅读史——现代中国的文学空间》,董炳月译,南京大学出版社2013年版,第44页。
③ 参见[日]藤井省三《鲁迅〈故乡〉阅读史——现代中国的文学空间》,董炳月译,南京大学出版社2013年版,第50页。

以至于高中入学考试试题等方方面面，可见藤井考虑到了《故乡》被传播与被解读的各个要素。最后藤井借用了升曙梦的理论，围绕"事实的文学"与"情感的文学"两种批评系统，介绍了民国时期对《故乡》的评价，藤井认为当时的左翼文学文坛多是这种"揭露农村经济的破产与阶级对立的解释"①，而这种变化中包含着"将'想象'国家的主体从市民阶层向农民转移的意图"②。

第三章《作为思想政治教育教材的〈故乡〉——中华人民共和国时期·毛泽东时代》首先指出，在毛泽东时代鲁迅逐渐被"圣人化"。接着介绍了取代"国文科"而出现的"语文科"的理念及其变迁。藤井认为，这一阶段的《故乡》阅读是以极"左"的情形展开的，《故乡》主要被用"阶级斗争"的观点来解释，语文教材中的《故乡》被当作思想政治教育的工具。接着藤井从"豆腐西施"的阶级性和讨论"谁是小偷"的问题展开论述。在这一时期，杨二嫂被看作"小市民阶级"，但是仍有许多文章为杨二嫂辩护，认为她也是属于"被压迫阶级"。而关于"谁是小偷"的问题，1954年徐中玉提出"闰土等于小偷"，但之后的文章和教科书中都在或明或暗地强调是"杨二嫂等于小偷"。最后藤井讲到了《故乡》在"文化大革命"中被从语文教材中删除的命运。

第四章《改革开放时期的〈故乡〉——中华人民共和国时期·邓小平时期》则论述了改革开放之后对《故乡》的解读。这一时期相继有了为"豆腐西施""平反"和"闰土等于小偷"观点的复活，而杨二嫂重新被强

---

① [日]藤井省三：《鲁迅〈故乡〉阅读史——现代中国的文学空间》，董炳月译，南京大学出版社2013年版，第73页。
② [日]藤井省三：《鲁迅〈故乡〉阅读史——现代中国的文学空间》，董炳月译，南京大学出版社2013年版，第80页。

调为"受压迫者"这种观点与改革开放发展、市民阶层形成有关。①

二、方法的得失

首先,该书的切入点非常独特,该书的中文译者董炳月将该书的研究方法概括为"小题大做,旁敲侧击"②。该书的切入点很小,仅仅是针对《故乡》这一文本被阅读的历史,但它运用了社会史、传播学等多种研究视角,又令读者能够更好地了解《故乡》背后广阔的社会历史空间。其中针对《故乡》中"谁是小偷"这一问题的论述,贯穿了全书的后两章,这一关注点也非常具有独特性和趣味性。

其次,该书具有很强的"科普性",比如在论述"豆腐西施"时,还特意交代了历史上西施的典故③,对于中国读者来说,这些交代有时未免流于琐屑,但是考虑到该书主要面向日本读者,这一特点也就有其合理解释了。就像该书译者董炳月在代译后记中所言的那样,如果中国读者将自己想象成日本读者,那么"某些看似陈旧的风景也会变得新鲜"④。

此外这本书对史料的爬梳非常细致,张全之评价这本书具有一种"重

---

① 参见[日]藤井省三《鲁迅〈故乡〉阅读史——现代中国的文学空间》,董炳月译,南京大学出版社2013年版,第141页。
② 董炳月:《文本与文学史》,载[日]藤井省三:《鲁迅〈故乡〉阅读史——现代中国的文学空间》代译后记,董炳月译,南京大学出版社2013年版,第197页。
③ [日]藤井省三:《鲁迅〈故乡〉阅读史——现代中国的文学空间》,董炳月译,南京大学出版社2013年版,第106页。
④ 董炳月:《文本与文学史》,载[日]藤井省三《鲁迅〈故乡〉阅读史——现代中国的文学空间》代译后记,董炳月译,南京大学出版社2013年版,第203页。

视史料、偏于考据的严谨学风和立足东亚、吸纳西学的理论视野"[①]。该书运用了许多实例，尤其注重对《故乡》教学现场的还原，如第二章中民国时期的李霁野、欧阳凡海、于漪等对语文课堂上老师讲授《故乡》场景的回忆，让读者得以了解民国时期《故乡》讲授的面貌。藤井在 2010 年与南京大学研究生的座谈中讲道，他会按照时间顺序来阅读鲁迅的作品，包括小说、散文、翻译、评论、书信等，还会根据鲁迅日记去阅读鲁迅购买过的书。[②] 上文提到的《故乡》与契里珂夫的《省会》之间的关系，就是藤井通过这样细致的阅读而发现的。由此也可知藤井的比较视野并非灵光一现，而是源于勤奋细致的阅读。

但是与藤井细致的史料爬梳相伴随的是，他翔实的资料背后所论述的问题却比较单一，他的大篇幅论述都是在反复论证一个问题，即教科书中对《故乡》的解读会受到当时的意识形态的影响，如此多的资料堆积在一起，似乎很难得出更深层次的结论。材料虽翔实却失之冗余，论述虽细致却不够深入。

关于该书的缺点，学界还有一些较为严厉的批评。首先，孙海平认为该书在方法论上的缺陷是只看到了"'权力'对'知识'的单方面影响，而忽视了'知识'对于'权力'的'再生产'功能"[③]。在藤井的论述中，《故乡》更像是一个傀儡，只能受到当时政治环境的影响而被肆意解读，文本自身的独立性却少有论述。但是也应注意的是，孙海平的这种批评在一定程度上或许忽略了藤井所论问题的具体性。

---

① 张全之：《对〈鲁迅《故乡》阅读史〉的阅读与思考》，《粤海风》2014 年第 4 期。
② 参见吴俊、[日] 藤井省三《关于鲁迅、当代大陆和台湾文学及其他——藤井省三教授与南京大学研究生的座谈》，《东吴学术》2010 年第 2 期。
③ 孙海平：《评藤井省三〈鲁迅《故乡》阅读史〉》，《中国现代文学研究丛刊》2014 年第 4 期。

其次，该书的论述上存在一些牵强之处，结论的得出缺乏足够的依据。如藤井在讨论 1963 年版《语文》为何没有收录《故乡》的时候，只是简单地认为因为"大跃进"、大饥馑刚刚过去，用《故乡》这种"描写贫困但并未涉及饥饿的作品"去宣传新中国成立以前的"农村经济的破产"[①]，不能发挥思想政治教育作用。笔者认为这一评价有些过于主观臆断，至少需要考辨一下 1963 年版《语文》收录的其他作品的情况以及当时编写教材的一些历史资料等，才能得出结论。例如，根据《初级中学课本语文第 2 册教学指导书》可以看出这一版教材选择了《梁生宝买稻种》和《卖炭翁》两篇关于农村的文章，前者是展现农民"吃苦也就是享乐"[②]的精神，后者则是展现"封建剥削的残酷"[③]。可见这一类的文章才是更符合当时的宣传要求的。而《故乡》中则是极写农村经济破产的悲凉，却并未将矛头直指"封建剥削"，这或许才是《故乡》未被选入的原因之一。

再次，藤井省三想要摆脱意识形态对文学作品阅读的影响，但是他自己的研究又是否能摆脱意识形态的影响呢？藤井对"闰土是否是小偷"这一问题进行了反复的论述，他在后记中言辞激烈地表示，旷新年等中国学者认为闰土不可能是小偷的观念是一种受到了意识形态影响的偏见。他通过 1987 年的教师用书中的一个"导读练笔"，有些牵强地分析说这个练笔暗示了"闰土等于小偷"。根据藤井的观点，只有认为农民阶级也可能是小

[①] ［日］藤井省三：《鲁迅〈故乡〉阅读史——现代中国的文学空间》，董炳月译，南京大学出版社 2013 年版，第 123 页。

[②] 人民教育出版社中学语文编辑室编：《初级中学课本语文第 2 册教学指导书（试用本）》，人民教育出版社 1963 版，第 28 页。

[③] 人民教育出版社中学语文编辑室编：《初级中学课本语文第 2 册教学指导书（试用本）》，人民教育出版社 1963 版，第 48 页。

偷的论述，才是摆脱了意识形态的偏见，而这种看法很明显有局限性。

最后在理论运用上，张全之认为藤井写到该书时运用了"想象的共同体"的理论，但它所运用的史料和相关分析，却和"国民国家想象"之间没有"必然性"和"唯一性"的关联，它的理论外套是处于悬置状态的。①

三、理论的来源

那么《鲁迅〈故乡〉阅读史》的理论外套是否真的是悬置的呢？该书究竟在何种程度上应用了安德森的理论？这还需要回到安德森的理论本身去进行考察。《想象的共同体——民族主义的起源与散布》一书的译者吴叡人指出，安德森"从现代小说的结构与叙事技巧以及诗歌的语言中，探讨文学作品如何'重现'人类对民族共同体想象的'前卫'尝试"②。而藤井也是从小说《故乡》出发，去探讨阅读者对共同体的想象。

首先，安德森通过对 18 世纪欧洲的两种想象方式——小说和报纸的研究，来分析民族的想象的共同体的诞生，他通过分析了四本来自不同文化、不同时代背景的小说来论证他的观点。在分析菲律宾的何塞·黎刹写作的小说《社会之癌》时，他认为小说使得"数以百计未被指名、互不相识的人，在马尼拉的不同地区，在某特定年代的某特定年份，正在讨论一场晚宴"③。而这种意象正能在读者心中召唤出一种想象的共同体。而藤井省三对

---

① 参见张全之《对〈鲁迅《故乡》阅读史〉的阅读与思考》，《粤海风》2014 年第 4 期。
② ［美］本尼迪克特·安德森：《想象的共同体——民族主义的起源与散布》，吴叡人译，上海人民出版社 2016 年版，第 15 页。
③ ［美］本尼迪克特·安德森：《想象的共同体——民族主义的起源与散布》，吴叡人译，上海人民出版社 2016 年版，第 25 页。

《故乡》被阅读情景的分析恰好与安德森这种分析有共通之处。在分析民国时期北京的四合院共同体中青年们共同阅读《故乡》时，藤井正是认为这种对同一文本的阅读而形成了一种共同体。然而笔者认为，除了对文学文本的一种共时阅读外，藤井的理解则更倾向于在解读文学文本时阅读者的立场。读者是站在"农民阶级"的闰土的立场上，还是对"小市民阶级"杨二嫂的立场上，和读者进行阅读时的社会背景是分不开的。阅读者对文学作品中人物的认同，是某一共同体的集体想象。

此外，安德森指出印刷资本主义使得"迅速增加的越来越多的人得以用深刻的新方式对他们自身进行思考，并将他们自身与他人关联起来"[①]。藤井在书中亦是充分注意到了印刷资本主义对作品传播的影响。他细细考察了《故乡》的出版情况，以及在教科书中的收入情况，进而考察了《故乡》传播的广泛性。扩大的印刷资本主义，扩大了《故乡》的阅读群体，而阅读者通过对《故乡》的认同也扩大了共同体的边界。

但是安德森也指出，"在这些新的以方言想象出来的共同体中，城市和乡村地区的群众参与到什么程度自然也有很大的差异"[②]。藤井指出民国时期的左翼文坛包含着一种将"想象"国家的主体从市民阶层向农民转移的意图，然而藤井却对农民中究竟有多少人具有一种"想象"国民国家的能力是抱有疑问的："在将不曾拥有国语、难以'想象'国民国家的农民假定为

---

① [美]本尼迪克特·安德森:《想象的共同体——民族主义的起源与散布》，吴叡人译，上海人民出版社2016年版，第33页。
② [美]本尼迪克特·安德森:《想象的共同体——民族主义的起源与散布》，吴叡人译，上海人民出版社2016年版，第77页。

主体的情形下，将出现怎样的共同体呢？"① 这一点值得深思。

四、结语

《鲁迅〈故乡〉阅读史》展示了一篇小说的命运史，从民国时期到改革开放这 70 余年被解读的历史，而这本书自身自问世以来也经历了多样性的评价。可见无论是一部小说还是一本学术著作，都摆脱不了不断被解读、被重读甚至被重构的历史。藤井从一篇小说的命运史入手，勾连了不同时代中阅读的社会背景，并巧妙应用了"想象的共同体"这一理论，发掘了一部小说被阅读和传播背后的复杂原因，具有很强的启发意义。

---

① ［日］藤井省三：《鲁迅〈故乡〉阅读史——现代中国的文学空间》，董炳月译，南京大学出版社 2013 年版，第 82 页。

附录：鲁迅研究的新探索与新境界
——2019鲁迅文化论坛·北京师范大学分论坛侧记 *

汤晶

2019年是五四运动一百周年。作为中国近现代史上具有划时代意义的重大事件，五四运动开启了中国文化发展的新纪元。在新文化、新文学、新教育的百年历程中，鲁迅无疑是一面引领潮流的旗帜，具有高度的文化示范意义和精神标杆作用。

在百年"五四"语境下，怎样探讨鲁迅、推进和深化鲁迅研究，以及通过教育实践更好地传承鲁迅精神，是学界甚至社会各界都需要面对的重大课题。2019年12月3日，由鲁迅文化基金会、北京师范大学文学院共同主办的"2019鲁迅文化论坛·北京师范大学分论坛暨北京师范大学鲁迅研究中心成立典礼"在北京师范大学举行。论坛会聚了鲁迅研究领域众多知名专家学者，围绕"百年五四·百年树人"的主题展开研讨，取得了丰硕的思想成果。

---

* 本文为国家社会科学基金重大项目"京津冀文脉谱系与'大京派'文学建构研究"阶段性研究成果（项目编号：18ZDA281）。

北京师范大学作为中国现代教育重镇，在推动教育理念革新与探索教育发展模式方面做出过巨大贡献。同时，北京师范大学具有深厚的鲁迅渊源，不仅鲁迅本人曾经在此执教，众多北京师范大学学人在鲁迅研究领域也都堪为中坚。教育传统与鲁迅传统的融会，铸就出北京师范大学鲁迅研究厚重的学术积淀与深沉的使命担当。在"五四"百年之际，组织召开此次论坛以及成立"北京师范大学鲁迅研究中心"便正是这份积淀与这一使命的彰显。

著名鲁迅研究专家、吉林大学哲学社会科学资深教授张福贵、北京师范大学文学院院长过常宝、鲁迅文化基金会会长周令飞（书面）、鲁迅文化基金会首席专家王锡荣与北京师范大学文学院教授刘勇先后在论坛开幕式上致辞，并且共同为"北京师范大学鲁迅研究中心"揭牌。周令飞与刘勇共同出任中心主任。北京师范大学现当代文学所所长沈庆利主持了开幕式。

本次论坛的与会专家共同关注到鲁迅语言的独特价值、鲁迅思想的当下阐释与鲁迅经典的教育意义三大议题，而这三者也正是鲁迅研究中最具生长性与创造力的领域。

一、丰饶的复杂：聚焦鲁迅语言

对于鲁迅语言的高度关注成为了本次论坛的最大亮点。值得一提的是，这是与会专家不约而同达成的共识，可谓未来鲁迅研究的新起点。文学是一种语言艺术，语言是一个民族人文精神的密码，经典文学的语言更是民族审美与智慧的结晶。要理解任何一个经典作家在文学上的根本贡献，必须深刻理解作家的语言经验。鲁迅的语言是鲁迅文学最为亮眼的标志和独特的精神符号。多年以来，学术界一直强调要回到鲁迅，而回到鲁迅就是要回到鲁迅的文学，回到其语言实践。

李怡（四川大学）从近年来语文教育界关于鲁迅语言的歧见说起，认为鲁迅的文学语言是一笔丰富的"语文遗产"。他在发言中指出，1935年李长之在考察鲁迅语言文字上的独特性时曾举出两个例证：鲁迅的笔常是扩张又收缩的，通过对"转折字"出神入化般的使用达到扩张的效果；同时，用"总之"、用补充、用旧话来加以紧缩，形成鲁迅作品的幽默。这说明鲁迅语言的丰富性在于"丰饶的复杂"，即古雅的文言文和繁复的欧化文俱在并美。而在民国年间，这不仅是李长之一个人的观察，早在1923年便有人提议将《呐喊》选入中小学国文教材。李怡循此认为鲁迅的语言同时包含了多种语文资源，是具有创造性的"新语文"，实现了在各种语言资源之间的游走和往返，高度自觉地践行了文化上的"拿来主义"。李怡提出鲁迅语言的根本特点是"采说书而去其油滑，听闲谈而去其散漫"，追求成为一种"四不像"的白话文。而能够创造这种"四不像"的"新语文"的鲁迅，不仅是文化资源的继承者，更是有清晰现实追求和强大主体意识的创造者。

张莉（北京师范大学）提出，鲁迅是终生致力于语言革命的人，他实现了文体和写作内容的更生，鲁迅的语言是一种"硬骨头"的语言，不是能够"编"出来的语言，在鲁迅的语言和文字里，住着作家最诚挚的灵魂。同时，张莉还结合王富仁的鲁迅研究，呼吁再次回到鲁迅自身，回到启蒙的视角重新认识鲁迅，从鲁迅的身上获得给养，而王富仁的鲁迅研究正是由鲁迅研究而"立己"的典范，王富仁对于鲁迅语言的高度评价，说明了继承鲁迅的语言风格实为传承鲁迅精神的一种方式。

那么，鲁迅的语言从何而来？又如何糅合在其各种创作表达之中？在探源与追溯影响的考察中，李松睿（《文艺研究》杂志社）从鲁迅的翻译语言的角度进行了透视。他通过分析鲁迅在20世纪30年代翻译《死魂灵》中某些译法的艺术效果，认为鲁迅这一时期的翻译是建立在鲁迅杂文的基础上。读者阅读鲁迅翻译的《死魂灵》时会受到双重吸引：既能进入果戈理的文学世界，又能感受到鲁迅语言的独特魅力。李松睿认为鲁迅的个人经历影响了鲁迅翻译时采用的表达方式，鲁迅的翻译作品影响了鲁迅自身的思想和表达，鲁迅惯用的词语、意象和表达方式，影响了鲁迅翻译时的语词选择，这三点共同影响了鲁迅翻译实践，形成了鲁迅翻译语言的独特风格。

同样是考察鲁迅与域外文学的关系问题，姜异新（鲁迅博物馆）则把视野推到早期鲁迅的生命历程中。她以"百来篇外国作品寻绎——兼论周树人的文之觉"为题发言，致力重构一个早年青年周树人的历史形象。她通过梳理鲁迅早期的外国文学作品阅读史，认为在日本时期他就带着自身的古典文学传统进入了世界文学的整体结构。那时鲁迅的思维坐标生发出了更多维度，向着多元的人类文明无限延展。她认为翻译事业才是鲁迅自青年时代孜孜以求的文化启蒙目标，而小说创作只是其文艺实践活动中收获的副产品，我们不能以后来鲁迅强势的文学家身份，忽略尚未成为文学家之前的周树人的意义。她提出鲁迅文学的创生必定有存在于民族觉醒之外的属于自己的文学发生学的逻辑，有鲁迅内在的觉察和审视，这些都需要进行细致而深入的研究。

关于鲁迅语言研究怎样与鲁迅思想研究结合起来的问题，曹禧修（绍兴文理学院）通过分析鲁迅《示众》中"看与被看"的形式逻辑，《狂人日记》的文言小序与白话正文形成的巨大张力，以及《祝福》属于鲁迅作品的独特例外等具体个案，指出鲁迅文学形式研究的指归应是鲁迅的生命哲学。他进一步将鲁迅语言带回到鲁迅的生命哲学中来理解，认为冷峻犀利的语言形式背后饱含着大爱与大憎的生命关怀。阅读鲁迅作品，需要探寻超越简单的语法规范之外的宏大与深远，唯有如此才能触摸到现代教育最根本的东西——人的本质。而以人的本质的高度再思考鲁迅语言的成就，就会发现正如王富仁所强调的，鲁迅的语言乃是一种最人性的语言。在这种层面上，鲁迅的语言与思想完全是相通相融的。

二、深邃的遥指：关注鲁迅当下阐释

在聚焦鲁迅语言之外，与会专家还呼吁开掘鲁迅思想的当代意义，将鲁迅的启示价值与当下社会发展紧密结合起来，用透视的眼光思考鲁迅文学在现实世界中具有的独特精神力量。而鲁迅之为鲁迅，正在于他并没有成为过去式，始终是一个活的传统。鲁迅研究只有不断带入时代的问题意识，才能真正为当下贡献思想资源。关注鲁迅在当下社会的文化影响力，思考鲁迅在当代社会的作用与意义，是为了从纷繁复杂的世相中回归到中国人的生命、生存上来，让人拥有一种深度反思和批判的能力。我们看到，鲁迅提出的问题、进行的质疑以及做出的展望在当代社会依然奏效，鲁迅对中国人精神世界根本的追问随着时代的演进更加深刻和明显，鲁迅对理想人性的呼唤还远未真正实现，所有这些都是当下继续阐释鲁迅精神资源的必要性与必然性所在。

张福贵（吉林大学）以"技术主义道路与人文学术的选择"为题发言，颇具现实性与历史感。他提出人文学术不能丧失提升民族思想质量与扩大人类思想容量的追求。鲁迅当年所秉承的夙愿——"致人性于全"，就是希望传统中国人都变成现代中国人，"非人"都变成"真人"，国民都变成世界人。这说明鲁迅早年即认为物质主义不是中国现代化转型的唯一目的，中国的现代化还应当包括人的精神转型。张福贵认为在这一点上，鲁迅超越了当时的绝大多数中国知识分子，甚至走在世界思想文化的前列。他提出，在当下这样一个技术主义至上的时代中，要自觉思考如何让技术成为人文学术发展的翅膀和车轮，同时也使人文学术渗透、制约与引导技术的发展，这是中国社会转型、民族思想提升甚至是人类思想进步的重要举措，而鲁迅正是思考这些问题的先驱。

鲁迅为何始终是一种"现在进行时的存在"？吴晓东（北京大学）以钱理群的鲁迅研究为例做出了深入阐发。他指出，鲁迅之所以可以穿透历史进入未来，成为当代中国的精神资源，是与鲁迅文学的"独立自主性"和"无以归类性"，以及由此生成的深刻性与超越性紧密相关的。钱理群在多年的鲁迅研究中对此进行了精准概括。吴晓东认为钱理群强调的"有缺憾的价值"的命题，正是鲁迅的一种重要思想方法，意味着价值困境本身成为历史中的本体。吴晓东将这种"有缺憾的价值"的思想方法理解为鲁迅式的以人为本体论的文学方法，是在现代文化谱系中无以归类的鲁迅贡献的弥足珍贵的思想方法。

鲁迅对中国社会清醒而深刻的把握，带来了鲁迅精神世界中剧烈的矛盾性，冷峻与热忱、孤傲与谦逊、忧愤与悲悯在鲁迅身上共存。针对这样的生命状态，赵稀方（中国社会科学院）特别从鲁迅对五四运动的冷淡态度入手，剖析了鲁迅的生存哲学。他认为鲁迅冷淡"五四"有具体与抽象、表层与深层两个方面的原因。表层原因是鲁迅的思想具有超前性，甚至超过了"五四"的普遍水准；深层原因则是鲁迅内心的"黑暗"使他无法像其他人一样保持着乐观、理性的心境。正是这种"绝望"的认识创造了鲁迅"反抗绝望"的战斗。赵稀方认为鲁迅的文章中没有对乌托邦理想的歌颂，有的只是"与黑暗捣乱"。鲁迅的"反抗绝望"，注重的是战斗过程本身，这样的战斗不会因挫折而停止，所以必定是坚韧持久的，这正是鲁迅的生存哲学。而这对于当下的思想建设无疑也深具启发性。

论及鲁迅的思想方法与精神力量，郭娟（《新文学史料》杂志社）在发言中提出鲁迅不仅是研究对象，更是一种精神补给，是一种知人论世的方法论本身。她结合自己的体会，认为鲁迅建立了一种正确的思维方式，帮助她认识了中国的近现代史与近现代学人。她强调鲁迅的文学品质是雅正的，思想是深刻的，对历史现实的洞察是高超的。

关于鲁迅研究的当下意义，李浴洋（北京师范大学）通过论述"新时期"以来鲁迅研究与中国现代文学研究的关系问题做出了说明。他以这40年间现代文学研究历程中的四个与鲁迅有关的案例，指出了鲁迅研究曾经是中国现代文学研究的核心，牵动现代文学学科建设的全局，并且贡献了自成机杼的学术方法。他认为鲁迅研究与中国现代文学研究一度是同构共生的。不但国内学界如此，在海外的现代文学研究中，鲁迅研究同样也是支点与重心。在他看来，目前的鲁迅研究一方面取得了诸多成就，但另一方面也存在不少问题。对此，应当在与当下不断对话的同时，也回到鲁迅研究与现代文学研究的传统中去寻求启示。最后他还对北京师范大学鲁迅研究中心的成立表达了自己的理解与期待。

三、树人传统：综论鲁迅价值本源

鲁迅的语言也好，其当下意义也罢，都是可供不断阐释与生发的宝藏。教育是传承鲁迅精神最为重要的媒介，所以与会专家也高度评价了教育实践在鲁迅研究中不可取代的作用。

教育从来都不是一种单纯的理念、方法、模式，而是一套养成人的精神品格、铸就人的文化品行的综合系统。鲁迅对于教育的思考，从不是从理念出发，而是带有自己的成长经验的。王锡荣（上海交通大学）在发言中探讨了鲁迅教育思想的源头。他从鲁迅《我们现在怎样做父亲》谈起，他认为鲁迅在成为父亲之前,已经从自己父亲的身上开始把脉父亲的心理,提出了家庭教育与社会教育的问题并且尝试开出药方。王锡荣进而把《二十四孝图》《父亲的病》《五猖会》与《风筝》等多篇文本纳入讨论,从鲁迅的人生体验与文学创作角度对于鲁迅教育思想进行了探源式的研究。他指出,正是基于自身经验与西方教育理念的启发,促成了鲁迅教育思想的形成。

在对鲁迅教育思想追本溯源的同时,与会学者也讨论了鲁迅进入当下教育实践的方式,主张从教育的终极目标,即理解问题、感受生活与认识世界,来重新定义鲁迅作品应当如何"教"与怎样"学"。林分份(北京师范大学)以"新人文生态下鲁迅经典教育的几点思考"为题,分享了他对鲁迅经典教育的几点看法。他认为鲁迅经典的教育,其核心是一个"为什么教""教什么"以及"如何教"的问题,是一个涉及鲁迅经典教育的动机、内容和手段的系统性工程。首先,对于"为什么教"的授课动机,他认为教师需要站在历史的、理性的立场,引导学生比较客观地认识作家丰富的内心世界及作品独特的历史价值。其次,关于"教什么"的问题,他认为要尽可能引导学生去感受一个真实而且丰富的鲁迅,要让学生去了解鲁迅各种公开或私人面相。最后,关于"怎么教"的问题。他提出以训练学生阐释鲁迅经典作品的能力,作为语文训练和学术训练的基本手段之一。这三点问题是当下鲁迅经典教育面临的切实需要解决的问题,是鲁迅走进基础教育、发挥鲁迅教育作用的必由之路。

值得一提的是,尽管与会专家具体讨论的问题各异,但对于鲁迅与教育关系问题的思考却几乎贯穿在每一篇发言中。正己与树人,不止是鲁迅,更是"五四"一代学人为之思索和跋涉的主题。"五四"走过了一百年,"五四"一代人的启蒙追求从社会活动走进了教育课堂。教育,成为承传"五四"精神、鲁迅精神的重要方式。论坛在鲁迅与教育的主题下,从理论层面探讨鲁迅的教育思想，从实践层面落实鲁迅精神的传承，在百年"五四"的契机下，寻找拓展鲁迅的当代价值的方式，在深化文学教育的意义中，揭示"鲁迅本是树人"的重要内涵。这也就决定了此次论坛不仅具有重要的学术收获，同时也是学界立足教育发展而面向社会的一次郑重发言。

最后，论坛主持人、北师大鲁迅研究中心主任刘勇进行了学术总结。他指出，12位专家学者的精彩发言从中国近现代的历史流淌进当下的社会现实，从各个角度揭示出鲁迅真实而复杂的面相。他认为专家学者不谋而合关注到鲁迅的语言、鲁迅在当下、鲁迅与教育三个方面，是在以往鲁迅研究基础上的新的开拓和深入探索。刘勇强调，鲁迅的价值不仅属于过去，还属于当下，甚至未来，而举办此次论坛以及成立北师大鲁迅研究中心正是要在新时代中更进一步地彰显鲁迅精神。随后，他还从"北师大的鲁迅传统是深厚而独特的""北师大的教育传统是安身立命之本""鲁迅与教育的融合必将成为新时代北师大新的传统"三个方面介绍了北师大鲁迅研究中心成立的重要意义。北师大鲁迅研究中心是为传承鲁迅精神搭建的新的学术与教育平台，显示了北师大的鲁迅传统与教育传统新的紧密融合，而拥有这两大传统优势的北师大，今后也致力为深化鲁迅研究辛勤耕耘、不懈努力。

王锡荣也做了总结发言。他代表学界再次祝贺北师大鲁迅研究中心的成立，希望以教育教学研究为强项的北师大能将鲁迅经典研究与当下教育发展更好地结合在一起，锻造出具有扎实学识和强烈使命感的鲁迅研究新阵地，开拓出研究鲁迅文学与践行鲁迅精神的新境界。

此次论坛是"2019鲁迅文化论坛"的重要组成部分，也是北师大鲁迅研究中心的首次学术活动，更是北师大纪念百年"五四"的系列活动之一。在论坛之后，北师大鲁迅研究中心还计划推出一系列学术研究与教育实践活动，具体落实此次论坛的成果。

后记：承继传统，再次出发

李浴洋

一

在鲁迅先生诞辰 140 周年之际，编辑出版《无以归类的现代精神：鲁迅文化论集》是我们的一份心愿。

前辈学者常言，一位鲁迅就是半部中国现代文学史。其实，鲁迅不仅在文学史上成就卓著，他的思想、写作、多种形式的文化实践以及立体的人事关系脉络，同样也覆盖了现代中国思想史、学术史、文化史甚至政治史上的诸多议题。而他本身的独特性、创造性、丰富性与复杂性更是在现代中国的作家与知识分子群体中极为突出。所有这些都使得鲁迅研究不仅具有重要的学科意义与学术价值，还是现代中国人与中国社会的精神建设的重要内容与资源。即使在鲁迅逝世 85 年后的今天，他的文学、思想乃至人生道路的选择也非但没有过时，反而依旧充满当下启示与现实力量。

在过去百余年间，鲁迅研究成果丰硕。特别是依托大学与研究机构，形成了众多各具风格与自成传统的鲁迅研究阵地。北京师范大学便是其中之一。鲁迅本人与北师大关系密切，诸多鲁迅的至交、弟子与同道也曾经在此任教，从而奠定了北师大关注鲁迅、研究鲁迅与传播鲁迅的学风。一代又一代鲁迅研究者在北师大讲学、著书、言传身教。无论是李长之、李何林、王富仁这些在鲁迅研究史上做出划时代贡献的学人，还是并不以鲁迅研究名世，但对此也有重要建树的钟敬文、郭预衡等学者，都是北师大校史上的丰碑。更不用说在北师大的校友中，还涌现出了更多爱鲁迅、读鲁迅、研究鲁迅的杰出人物。

2019年，五四运动百年纪念。我们会同鲁迅文化基金会举办了"百年五四，百年树人——鲁迅文化论坛"，诸多鲁迅研究名家齐聚一堂。正是在那次会议上，我们动议发起成立"北京师范大学鲁迅研究中心"。此后，在学校、学院以及学界同人的支持下，经过认真筹备与严格审批，中心在2021年正式成立。因为疫情的缘故，让我们的筹备与审批流程格外漫长，但也由于如此，我们方才有机会把每一步都走得更加稳健。

中心致力以坚实的研究、踏实的教学、朴实的服务，在北师大鲁迅研究的深厚传统的基础上，继往开来。而面向海内外学界诚挚开放，团结校内外学术力量共同奋进，也是中心的宗旨所系。中心聘请德高望重的顾明远先生、严家炎先生与刘中树先生为名誉顾问，同时也广邀学界同人出任研究员，围绕鲁迅研究的重要课题切磋琢磨，踵事增华。

《无以归类的现代精神：鲁迅文化论集》便是我们策划出版的一部旨在呈现鲁迅研究新成果与新动向的专题文集。论集作者既有资深鲁迅研究专家，亦有青年学术先进。他们的研究成果囊括了鲁迅生平、思想、文学创作、翻译实践以及鲁迅研究史与接受史等诸多领域，可谓对于近年学界鲁迅研究"实绩"的一次集中彰显。我们希望把这本论集献给广大热爱鲁迅与阅读鲁迅的朋友，也期待大家的赐教与指点。

二

编辑论集时,一件往事涌入我们的脑海。1982 年,受教育部委托,北师大中文系现代文学教研室举办了首届现代文学教师进修班。进修班从当年 9 月一直持续到次年 1 月,邀请了在京各大高校与研究机构的 35 位学者举办了 58 场专题讲座。唐弢、王瑶与李何林三位现代文学学科的奠基人联袂出席,分别做了"关于中国现代文学史的编写问题》《关于现代文学的民族传统问题"与"《野草》产生的社会背景与其思想倾向和艺术特点"三场演讲,轰动一时。而樊骏、严家炎、孙玉石、唐沅、林志浩、袁良骏、黄侯兴、林非、肖凤、王景山、朱正、陈漱渝与田本相等"第二代"现代文学研究者也悉数到场,就他们当时正在研究的课题做了报告。此外还有著名文艺理论家刘再复、出版家王士菁与古典文学专家郭预衡加盟。北师大现代文学教研室的教师杨占升、张恩和、朱金顺、黄会林、蔡清富、蓝棣之与李岫等人同样纷纷上阵。杨占升先生是这次进修班的组织者与负责人。两年以后,由他编选的《现代文学讲演集》在北师大出版社出版,其中收录了研修班上的 25 篇专家演讲稿。时间已经证明,这 25 篇讲稿都是"一时之选",多篇还可谓现代文学学科史上的名文,迄今也毫不过时。《现代文学讲演集》首印 35000 册,风行学界。不少日后知名的现代文学研究者都是这次进修班上的学员或者《现代文学讲演集》的读者。

在现代文学学科史上,1982 年的进修班是一件大事,尤其在"文革"之后学科重建的历史关头,发挥了举足轻重的作用。此后,北师大又继续组织了三届现代文学教师进修班,延续了这一传统。在学界具有重要影响的钱理群与吴福辉等先生,以及作家柯岩等人,都曾经来授课。而如今想到这则往事，是因为在我们看来，其体现了北师大现代文学研究（当然也包括鲁迅研究）的三大特点。

第一，在注重"厚积"与"博采"的基础上，尤其关注作家作品研究。正如杨占升先生概括的，1982年进修班上的报告"既有史的研究考察，又有作家作品专论，还有文学思潮流派的探讨和治学经验的介绍"，但"作家作品研究是现代文学教学科研中的重要课题"，"占有较多的篇幅"。我们可以看到，进修班上"作家作品专论"的部分北师大学者承担的最多。譬如，张恩和的"郁达夫和他的小说创作"、朱金顺的"朱自清散文琐谈"、黄会林的"夏衍戏剧创作的艺术成就"、蔡清富的"'托情于幽微远渺之中'——论穆木天的〈旅心〉"与蓝棣之的"现代派诗歌的形成、特征和评价问题"，都是他们的学术专长的结晶。此外，李何林先生与杨占升先生的鲁迅研究，郭志刚先生的孙犁研究，也都具有广泛影响。在现代文学学科史的视野中看，北师大学人贡献最大的部分正是作家作品研究。这当然与北师大作为一所师范大学的身份定位直接相关。

第二，北师大现代文学研究"教学"与"研究"并重，但更强调以"教学"引导"研究"。如何处理"教学"与"研究"的关系问题，究竟更多是以"研究"促"教学"，还是以"教学"带"研究"，这是一个值得专门讨论的学术课题。但在实践中，由于不同高校的传统、定位与优势（自然也包含短板）不同，也就形成了不同的选择与不同的风格。通观北师大现代文学研究者的学术生涯，大都可以看出教学工作在其间扮演的关键角色。与其他类型的高校相比，师范大学教师的基础性课程多、课时量大，这不能不反过来影响其治学。北师大现代文学专业的教师大都有参与文学史编纂的经历，也写出了大量的作家作品研究论著，就是教学工作延伸到学术研究中的一种体现。而教育部在为现代文学教师进修班物色主办单位时，选择了北师大，也正是看重我们的这一特点。

第三，具有自家的学术个性与立场，但更注重团结学界与做好桥梁。无论是唐弢、严家炎主编的《中国现代文学史》，还是郭志刚等主编的《中国当代文学史初稿》，这些大型文学史编纂工程，都以北师大学者作为枢纽，其承担了大量具体工作。1982年的进修班同样如此。这不仅是北师大学术力量的一次展示，更是在京现代文学研究界少长咸集的一次盛会。而在整个学科史上，北师大都是善做与甘做这样的事务工作的。直到近年，"新时代中国语言文学的创新与发展"长江学者论坛的举办，以及"百年五四，百年树人——鲁迅文化论坛"的召开，也都是这样的例证。北师大学人从不关门治学，而更愿意兼收并蓄；从不以建构一家一派为追求，而更愿意团结学界，成人之美。这是鲁迅"中间物"意识的遗泽，也是我们对于"学术者天下之公器"的坚守。从当年的《现代文学讲演集》，到这本《无以归类的现代精神：鲁迅文化论集》，我们都是这样想的，也是这样做的。

1985年，《中国现代文学研究丛刊》发表书评，倡导发扬进修班与《现代文学讲演集》的精神，"但愿这样的讲演今后在更广的范围里，能以更多的形式继续下去，使整个现代文学的研究达到更高的水准"（作者刘勇、张强）。北师大鲁迅研究中心的实力当然一时还不能比拟前贤，这本论集距离《现代文学讲演集》也还有不小的差距，但我们愿意以此书的出版，标示我们承继北师大现代文学传统，再次出发的决心与信心。

三

北师大鲁迅研究中心自2021年伊始成立以来，先后举办了"鲁迅研究与现代文学史书写——张恩和先生学术思想研讨会"与"鲁迅研究与现代文学新视野——研究生学术素养系列讲座"等活动,在《鲁迅研究月刊》上策划了"鲁迅研究的前瞻与展望"专辑。这一系列动作都在学界广受好评。2021 年底我们还召开了"世界文明视野下的鲁迅"国际学术研讨会。但我们自知,这些还仅是"万里长征的第一步"。不少学界前辈与同人对于我们多有勉励。北师大文学院资深教授王宁先生多次给予中心建设以切实可行的学术建议。未来,中心将在鲁迅与现代文学研究、北师大学术传统的整理与阐释、校际国际学术交流,以及教学实践与社会服务等方面更加努力地展开工作。

在中心成立与论集编辑出版的过程中,学校领导、科研院与文学院的负责老师始终给予了大力支持。过常宝、王立军、康震、齐元涛与马然五位老师一直关心我们的工作进度,每求必应。过常宝与王立军二位院长还拨冗为论集作序。徐春姣、赖彦斌和陶梦真三位老师提供了许多具体帮助。汤晶、解楚冰、张程玉、王思娜、陈蓉玥、吴雨涵与杨玉雯七位同学承担了论集的部分编辑工作。陈蓉玥为全书整理了作者简介。感谢他们的辛劳与付出。

论集是北师大文学院资助出版的学术成果。感谢文化艺术出版社王红总编辑与责编刘锐桢老师在第一时间接受了本书选题,并且以高效率与高质量的工作玉成了此书问世。

最后,特别令我们感动的是,德高望重的严家炎先生为中心题词——"鲁迅是超前的,也是说不尽的;鲁迅不仅属于过去,更属于 21 世纪,属于未来"。这不仅道出了中心同人的共识与根本追求,也是我们编辑出版论集的初衷。前辈的鞭策是推动中心前进的巨大动力。我们相信 140 周年纪念必将成为鲁迅研究的新的学术起点。中心谨以本书共话"说不尽的鲁迅",同襄盛举,与有荣焉。

2021 年 11 月 22 日
于北京师范大学鲁迅研究中心

作者简介

（按照文章先后为序）

张福贵

吉林大学哲学社会科学资深教授、博士生导师，国家级教学名师，国家重大人才工程特聘教授，"万人计划"领军人才，国务院学位委员会第七届中文学科评议组召集人，教育部高等学校中文学科教学指导委员会主任委员，中国世界华文文学学会会长，中国现代文学研究会副会长，中国文学批评研究会副会长，全国大学语文研究会副会长，《华夏文化论坛》主编，《文学评论》编委。

刘勇

北京师范大学文学院教授、博士生导师，国家重大人才工程特聘教授，北京师范大学文学院学术委员会主任，北京师范大学鲁迅研究中心主任，马工程"20世纪中国文学史"首席专家，国家社科重大项目首席专家，中国现代文学研究会常务副会长，《中国现代文学研究丛刊》副主编。著有《中国现代作家的宗教文化情结》《中国现代文学研究的视域与形态》《20世纪中国现代文学研究》《现代文学讲演录》《北京历史文化十五讲》等。

林分份

北京师范大学文学院副教授、硕士生导师。主要研究领域为中国现代文学史，"五四"思想与文化史，周氏兄弟研究，现代小说诗学等。出版《中国现代文学编年史（1906—1915）》《为学与做人》等多部著作。多篇论文被《新华文摘》等转载。

王锡荣

中国鲁迅研究会副会长，上海交通大学访问特聘教授、人文学院中国作家手稿研究中心主任，鲁迅文化基金会首席专家，《鲁迅全集》编委，《鲁迅手稿全集》编委，中共上海市委党史研究室特约研究员。著有《鲁迅学发微》《鲁迅画传》《鲁迅生平疑案》等。

沈庆利

北京师范大学文学院教授、博士生导师，中国作家协会会员，中国现代文学研究会理事，中国世界华文文学研究会理事。著有《现代中国异域小说研究》《啼血的行吟："台湾第一才子"吕赫若的小说世界》《巫女的眼光——中国现代文学：细读与史论》《写在心灵边上·中外抒情诗歌欣赏》《中国现代历史文学的传统与经验》《溯梦"唯美中国"——华文文学与"文化中国"》等。

姜异新

文学博士，北京鲁迅博物馆研究室主任、研究馆员，中国鲁迅研究会副会长。著有《互为方法的启蒙与文学》《走读胡适》《读懂鲁迅》《一代文宗，刹那锦云》《北大红楼——新文化景观》；编有《民国那些人》《民国那些事》《胡适论教育》《他山之石：鲁迅读过的百来篇外国作品》《〈呐喊〉导读》《鲁迅致姚克信札》等；发表学术论文近百篇。

李松睿

文学博士，中国艺术研究院副研究员，《文艺研究》杂志社编辑部主任，中国现代文学馆特邀研究员。主要研究领域为中国现当代文学研究、影视剧研究、文化研究等。著有《书写"我乡我土"——地方性与20世纪40年代中国小说》《文学的时代印痕：中国现代文学论集》《时代的面影：当代文艺论集》；译有《道德与哲学的修辞术——柏拉图的〈高尔吉亚〉和〈斐德若〉》（合译）；编有《太阳社小说选》（合编）。

曹禧修

浙江师范大学人文学院教授，浙江鲁迅研究会副会长，中国鲁迅研究会理事。著有《20世纪中国文学形式批评理论与实践》、《文学研究：理论方法与实践》（合著）；参撰《初中语文教师教学能力培养》《精神中原——20世纪河南文学》、《任访秋先生纪念集》、《薪火集：河南大学学人传》（上下册）等。

张莉

北京师范大学文学院教授、博士生导师，中国作家协会理论委员会委员，中国现代文学馆特邀研究员，第九届茅盾文学奖评委，第九、第十届全国优秀儿童文学奖评委。著有《浮出历史地表之前：中国现代女性写作的发生》《姐妹镜像：21世纪以来的女性写作与女性文化》《持微火者：当代文学的二十五张面孔》《众声独语："70后"一代人的文学图谱》《魅力所在：中国当代文学片论》《野生的力量》《来自陌生人的美意》等。

汤晶

北京师范大学文学院 2021 级博士研究生。

乔宇

北京师范大学文学院 2020 级博士研究生。

苗帅

北京师范大学文学院 2019 级博士研究生。

张悦

文学博士，中国政法大学师资博士后。

吴晓东

北京大学中文系教授、博士生导师，国家重大人才工程特聘教授，中国现代文学研究会副会长。著有《阳光与苦难》《象征主义与中国现代文学》《记忆的神话》《镜花水月的世界——废名〈桥〉的诗学研读》《从卡夫卡到昆德拉：20世纪的小说与小说家》《漫读经典》《文学的诗性之灯》《临水的纳蕤思：中国现代派诗歌的艺术母题》等。

李怡

四川大学文学与新闻学院院长、博士生导师，中国现代文学研究会副会长，中国郭沫若研究会副会长，中国闻一多研究会副会长，中国当代文学研究会理事，海峡两岸梁实秋研究会副会长，四川鲁迅研究会会长。著有《为了现代的人生——鲁迅阅读笔记》《作为方法的"民国"》《东游的摩罗：日本体验与中国现代文学的发生》《现代四川文学的巴蜀文化阐释》《中国现代新诗与古典诗歌传统》《大西南文化与新时期诗歌》等。

李春雨

北京师范大学汉语文化学院教授、博士生导师，入选"新世纪优秀人才支持计划"、"北京市青年英才计划"，《国际汉语教师证书》面试官，主持国家社科基金重点项目、北京市社科基金重大项目及省部级课题多个项目。在《文艺研究》《中国比较文学》《中国现代文学研究丛刊》《鲁迅研究月刊》等刊物发表论文数十篇。著有《出版文化与中国文学的现代转型》、《中国文化·文学》（中、英文版）、《新文化运动与世界文明》（合著）、《比较视野中的北京文化》（合著）等。

解楚冰

北京师范大学文学院 2019 级硕士研究生。

罗帅

北京师范大学文学院 2015 级硕士研究生，现为中国人民大学文学院现当代文学专业博士研究生。

田明月

北京师范大学文学院 2013 级硕士研究生，现就职于中国作家出版集团。

何彦君

北京师范大学文学院 2014 级硕士研究生，现为中国人民大学文学院现当代文学专业博士研究生。

陈蓉玥

北京师范大学文学院 2020 级硕士研究生。

杨玉雯

北京师范大学文学院 2020 级硕士研究生。

吴雨涵

北京师范大学文学院 2020 级硕士研究生。

王思娜

北京师范大学文学院 2020 级硕士研究生。

张程玉

北京师范大学文学院 2020 级硕士研究生。

李浴洋

文学博士，现任北京师范大学文学院讲师、北京师范大学鲁迅研究中心执行主任。主要研究领域为现代中国文学史与学术史。在 A&HCI 与 CSSCI 期刊发表中英文学术论文 20 余篇，另有学术访谈与评论文章若干。参与编译《哈佛新编中国现代文学史》。获颁第十届"士恒青年学者"。